漳州年鉴

2021

中共漳州市委党史和地方志研究室 编

方志出版社
Publishing House of Local Records

图书在版编目（CIP）数据

漳州年鉴. 2021/中共漳州市委党史和地方志研究室编。-- 北京 ：方志出版社，2021.12

ISBN 978-7-5144-4960-0

I. ①漳… II. ①中…III. ①漳州—2021一年鉴 IV. ①Z525.73

中国版本图书馆CIP数据核字(2021)第275607号

漳州年鉴（2021）

编　者：中共漳州市委党史和地方志研究室
责任编辑：刘方圆

出 版 社：方志出版社
地址 北京市朝阳区潘家园东里9号（国家方志馆4层）
邮编 100021
网址 http: // www.zgfzcb.cn
发　行：方志出版社图书营销中心
电话（010）67110500
营　销：各地新华书店
印　刷：大通（福建）图文数字印刷有限公司

开　本：889×1194毫米　1/16
印　张：22.25
字　数：577千字
版　次：2021年12月第1版　2021年12月第1次印刷
印　数：001—500册

ISBN 978-7-5144-4960-0　**定价：**280.00元

《漳州年鉴》编纂委员会

《漳州年鉴》编辑部

编辑说明

一、《漳州年鉴》是由中国共产党漳州市委员会、漳州市人民政府主办，中共漳州市委党史和地方志研究室负责编纂的大型地方综合年鉴。《漳州年鉴》创办于1999年，公开出版，本卷为第20卷。

二、《漳州年鉴》以马克思列宁主义、毛泽东思想、邓小平理论、“三个代表”重要思想、科学发展观、习近平新时代中国特色社会主义思想为指导，坚持辩证唯物主义和历史唯物主义的立场、观点和方法，力求全面、客观地记载2020年漳州市政治、经济、社会、文化发展等方面的基本情况，反映各行各业新成就、新经验、新趋势。

三、《漳州年鉴（2021）》按分类法编辑，主体内容分为类目、分目、条目三个层次。全书框架结构结合漳州实际情况，在2020卷的基础上，对部分类目名称、排列顺序、所辖分目做了适当调整。

四、全书主要数据由漳州市统计局提供，其余由漳州市有关部门、各承编单位提供并经过严格审核。文中数据比较除特别说明外，均为2020年与2019年相比，“上年”指2019年，其他年份之间数据的比较写明年份。因统计范围、统计口径的调整，部分数据与往年不具可比性，以统计部门公布的为准。

五、文中“党”或“党的”特指中国共产党，其他党派名称用全称或规范化简称。全市指漳州市。市直属各单位和相关单位名称根据有关文件规定使用规范化简称。因党政机构改革或机构调整前后名称不一致的，据文中具体时间使用实际名称。供稿单位署名按党政机构改革后确定的新名称。全书新型冠状病毒感染肺炎疫情均简称为新冠肺炎疫情。

六、《漳州年鉴（2021）》由市直各委、办、局和各县（区）人民政府及有关单位参加编写并提供照片资料，所提供资料由编写单位领导审定。

编制单位：福建省地图出版社 审图号：漳S〔2021〕007 号

资料截至：2020年12月

数字漳州

行政区域面积	12888 平方千米
耕地面积	178.85 千公顷
市区建成区面积	71.00 平方千米
陆地海岸线	715 千米
户籍人口	523.95 万人
常住人口	506.00 万人

森林覆盖率	64.78%
地区生产总值	4545.61 亿元
地方一般公共预算收入	218.56 亿元
港口吞吐量	3748.34 万吨
公路通车里程	10010 千米
高速公路里程	673 千米

资料来源《漳州统计年鉴（2021）》

东园镇埭美村（龙海区委党史方志室 供图）

2020年1月3日，政协第十三届漳州市委员会第四次会议在漳州宾馆开幕　　（市政协办 供图）

2020年1月4日，漳州市第十六届人民代表大会第四次会议在市人民剧场开幕　　（林 忠 摄）

2020年1月21日，中共漳州市纪委十一届五次全会在漳州宾馆召开 （杨特团 摄）

2020年9月21日，中共漳州市委十一届十二次全会在漳州宾馆召开 （林 忠 摄）

2020年11月24日，省委宣讲团在漳州宣讲中共十九届五中全会精神。图为宣讲团在长泰县新时代文明实践中心向基层宣讲（陈逸帆 摄）

2020年12月24日，中国共产党漳州市第十一届委员会第十三次全体会议在漳州宾馆召开（游斐渊 摄）

2020年1月26日，漳州市第一批援助湖北医疗队出征。图为医护人员搬运救援物资

（李 林 摄）

2020年1月28日，疫情防控工作人员在国道324线诏安段汾水关检查点为过路人员测量温度

（游斐渊 摄）

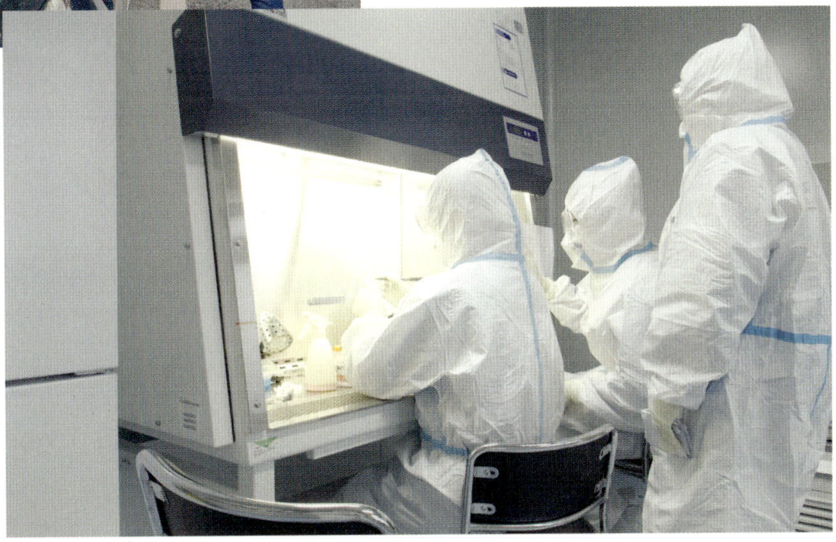

2020年1月31日，市疾控中心工作人员在实验室开展新冠病毒检测初筛

（市卫健委 供图）

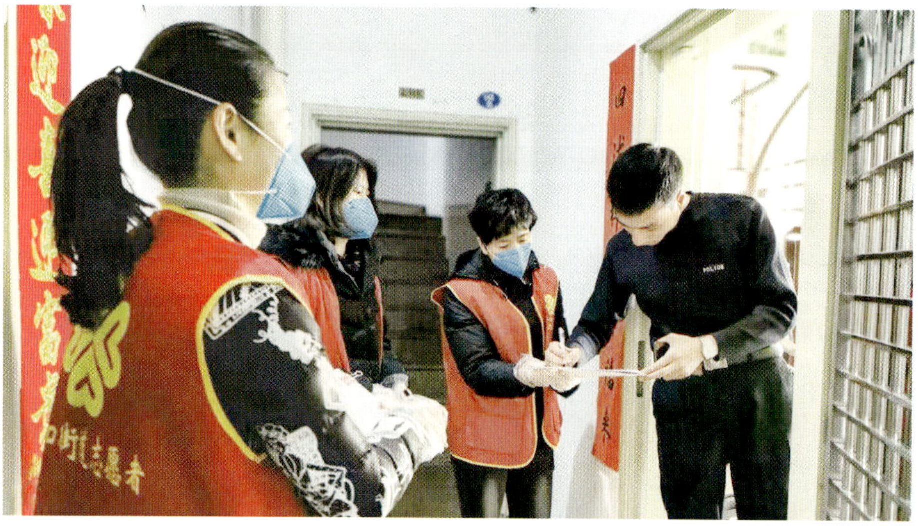

2020年2月1日，芗城区九龙社区干部开展新冠肺炎疫情摸底排查
（芗城区委报道组 供图）

2020年2月2日，市医院医生探讨患者治疗方案
（肖和勇 摄）

2020年2月17日，三宝集团股份有限公司复工复产的工人疏通铁水
（郑文典 摄）

2020年3月2日，漳州“点对点”接送农民工返回漳州复工

（叶国华 摄）

2020年3月12日，漳州立达信光电子科技有限公司复工复产工人在自动化车间组装灯具

（王文强 摄）

2020年4月7日，漳州市援鄂医疗队第二批队员凯旋

（陈逸帆 摄）

2020年8月18日，孩子们在社工指导下，养护绿苗。图为孩子们在了解绿苗生长情况

（郑文典 摄）

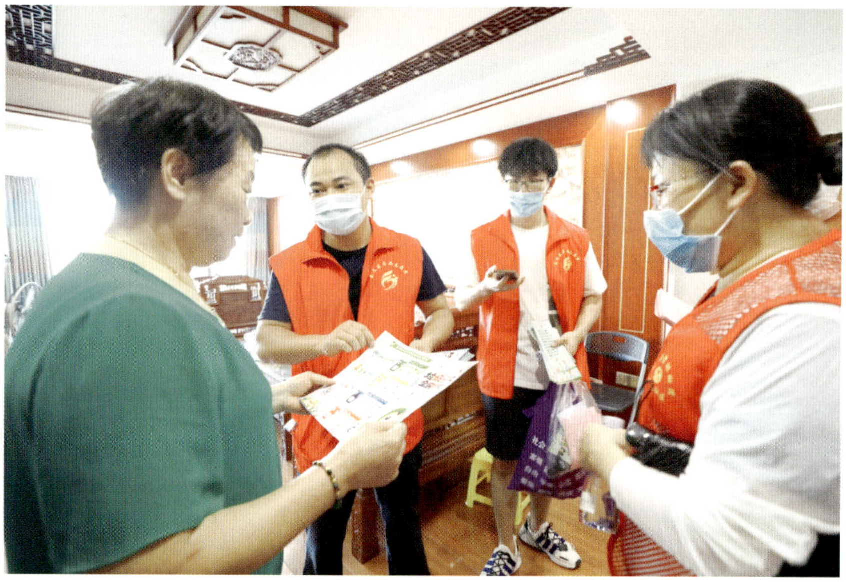

2020年9月18日，志愿者进家入户分发《市民文明手册》

（李 林 摄）

2020年12月5日，漳州首个新时代文明实践中心揭牌。图为龙文区常备志愿服务队授旗仪式

（李 林 摄）

2020年1月16日，中海油漳州LNG项目一号储罐成功升顶。图为施工现场

（钟璐科 摄）

2020年3月18日，古雷炼化一体化项目环氧乙烷、乙二醇装置配套的全球最大洗涤塔运抵项目现场

（游斐渊 摄）

2020年3月24日，漳州核电1号机组首个钢衬里模块吊装成功。图为吊装现场

（杨景 摄）

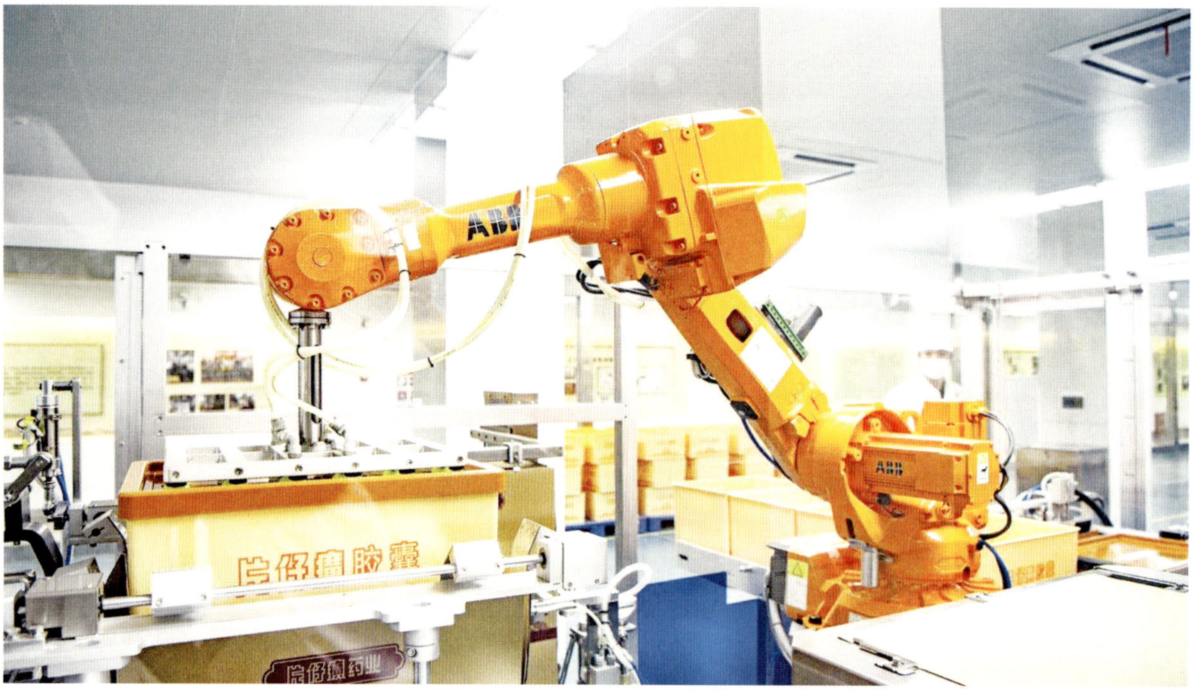

2020年7月8日，漳州片仔癀药业股份有限公司车间内，智能化机械臂进行产品包装

（游斐渊 摄）

2020年8月2日，雅歌乐器(漳州)有限公司的生产车间里，工人为吉他上漆 （游斐渊 摄）

2020年7月20日，漳州市文化旅游体育会展夜间经济融合发展大会开幕。图为“世遗文创展”吸引众多市民参观（林忠 摄）

2020年8月22日，“全闽乐购·漳州产全球销”启动仪式在漳州古城西广场举行。图为现场（游斐渊 摄）

2020年9月1日，漳州一中时隔近二十年复办初中部。图为漳州一中芝山校区迎来初一新生

（沈昊鹏 摄）

2020年9月29日，漳州市博物馆新馆正式开馆。图为博物馆一角

（市文旅局 供图）

2020年10月，中共漳州市委党史和地方志研究室编纂的《漳州市志（1991—2007）》由中国文史出版社出版。图为《漳州市志（1991—2007）》

（陆秀丽 摄）

2020年10月16日，漳州“中国女排娘家”基地项目核心区正式开工。图为“三连冠”纪念碑

（游斐渊 摄）

2020年10月29日，大型芗剧现代戏《谷文昌》在市区人民剧场展演（林 忠 摄）

2020 年 12 月 17 日，漳州市“送王船”项目被列入联合国教科文组织“人类非物质文化遗产代表作名录”。图为漳州开发区“送王船”场面

（许小燕 摄）

2020年8月20日，新建福厦铁路漳州段新照镜尾一号隧道贯通。图为施工现场

（陈逸帆 摄）

2020年10月6日，金峰大桥通过验收。图为金峰大桥全景

（沈昊鹏 摄）

2020年12月5日，马洲大桥主拱合龙。图为马洲大桥

（曾婷婷 摄）

2020年7月29日，宁夏中卫市功能名特优农产品推介暨消费扶贫发布会在漳州市举行。图为嘉宾了解海原县特产

（曾雅碧 摄）

2020年8月27日，闽姐姐筑梦行动之“巾帼有爱·八闽同心”扶贫消费直播（华安专场）在华安县新圩镇官畲村举办。图为主播介绍华安的特色产品

（黄建和 摄）

2020年9月27日，云霄县电商网红在下河村杨桃生态观光园采摘现场直播 （林忠 摄）

2020年1月14日，九十九湾水系整治工程第五标段全线完工。图为九十九湾

（李杰摄）

2020年11月9日，漳州古城延安南路入口改造提升工程完工。图为古城延安路入口

（郑文典 摄）

2020年11月23日，龙海月港新区内楼村安置房封顶。图为内楼村安置房

（蓝毅辉 摄）

2020年12月4日，漳州市医保工作人员到东铺头社区开展医保政策宣传活动。图为活动现场

（市医保局 供图）

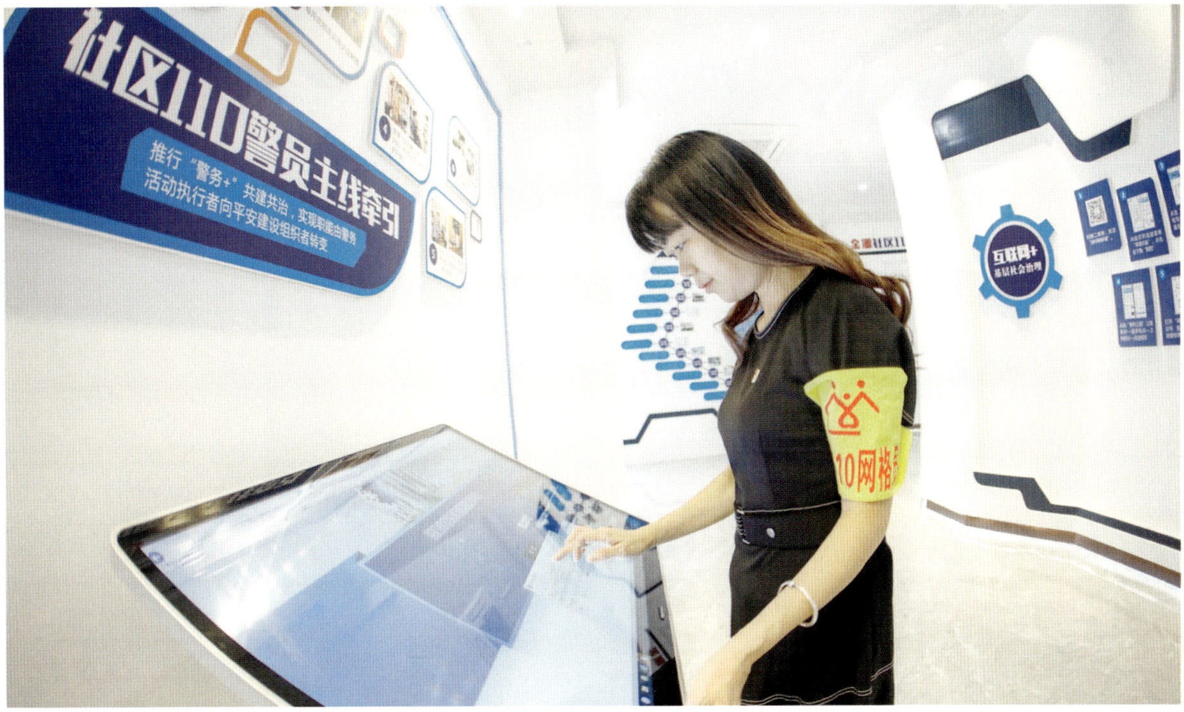

2020年12月9日，芗城区金源社区“网格E通”工作站110网格员在“网格E通”后台查看相关数据

（郑文典 摄）

2020年9月26日，第十二届海峡论坛第四届海峡两岸（漳州）青年交流周系列活动举办。图为青少年合影

（市摄影协会 供图）

2020 年 10 月 16 日，漳台青年“汽车后备箱”夜市文化节在漳州市闽南水乡举办

（陈逸帆 摄）

2020年11月22日，海峡两岸（福建·漳州）融晴文化艺术展闭幕式暨文艺展演在漳州人民剧场举行

（沈昊鹏 摄）

目 录

漳州市人民代表大会

漳州市人民政府

政协漳州市委员会

纪检监察

民主党派·工商联

群众团体

外事侨务·港澳台事务

法 治

军事

退役军人事务管理

综合经济管理

应急管理

农业农村

工 业

商贸服务业

经贸合作

财政·税务

金融

交通·邮政·通信

口岸管理

开发区

城乡建设

环境·资源

科学技术

教育

文化旅游

卫生·体育

人力资源

社会民生

县（市、区）概况

附录

索引

特载

乘势而上　砥砺前行
奋力开启富美新漳州建设新征程
——在市委十一届十三次全会上的讲话

（2020年12月24日）

中共漳州市委书记　邵玉龙

同志们：

这次全会的主要任务是，深入学习贯彻党的十九届五中全会和省委十届十一次全会精神，审议《中共漳州市委关于制定漳州市国民经济和社会发展第十四个五年规划和二〇三五年远景目标的建议》，确定我市“十四五”时期经济社会发展的总体要求、主要目标和重点任务。《建议（讨论稿）》及市委常委会向全会作的工作报告，已经以书面形式印发给大家，请各位委员和候补委员认真审议。现在，根据市委常委会研究的意见，我讲四个问题。

一、站位新历史起点，深刻领会党的十九届五中全会和省委十届十一次全会精神

党的十九届五中全会是我们党在全面建成小康社会胜利在望、全面建设社会主义现代化国家新征程即将开启的重要历史时刻召开的一次十分重要的会议。习近平总书记在全会上的重要讲话，科学回答了一系列方向性、根本性、战略性重大问题，创造性地提出了许多新思想新观点新论断新要求，为我国未来发展指明了前进方向、提供了根本遵循。全会通过的《建议》，是开启全面建设社会主义现代化国家新征程、向第二个百年奋斗目标进军的纲领性文件。省委十届十一次全会深入学习贯彻十九届五中全会精神，紧密联系全方位推动高质量发展超越，明确了“十四五”时期我省经济社会发展的主题主线、历史使命、奋斗目标、重要原则、主要任务、重大举措和2035年远景目标。我们要从全局和战略的高度，吃透精神实质，把握精髓要义，切实把思想和行动统一到党中央和省委部署要求上来。

（一）深刻认识决胜全面建成小康社会取得的重大历史性成就。面对错综复杂的国际形势和艰巨繁重的国内改革发展稳定任务，以习近平同志为核心的党中央团结带领全党全国各族人民砥砺前行、开拓创新，“十三五”规划目标任务即将完成，全面建成小康社会胜利在望，中华民族伟大复兴向前迈出新的一大步。特别是十九届四中全会以来，习近平总书记领导全国人民在危机中育先机、于变局中开新局，疫情防控取得重大战略成果，经济社会发展明显好于预期。在中央和省委、省政府的坚强领导下，我市坚持不懈“大抓工业、抓大工业”，全方位推动高质量发展超越，“十三五”以来地区生产总值接连突破三千亿元、四千亿元大关，首次进入全国城市GDP前五十强，提前四年完成比2010年翻一番的小康目标。事实充分证明，有习近平总书记作为党中央的核心、全党的核心领航掌舵，中国特色社会主义巨轮就有了定海神针。只要坚决做到“两个维护”，充分发挥政治优势和制度优势，团结一心、顽强奋斗，我们完全有信心、有底气、有能力战胜前进道路上的各种艰难险阻。

（二）深刻认识新发展阶段、新发展理念、新发展格局的科学内涵。新发展阶段，是全面建设社会主义现代化国家向第二个百年奋斗目标进军的阶段。创新、协调、绿色、开放、共享的新发展理念，是我们党在深刻总结国内外发展经验教训、深刻分析国内外发展大势基础上形成的，集中反映了党对经济社会发展规律认识的深化。构建以国内大循环为主体、国内国际双循环相互促进的新发展格局，是党中央根据我国发展阶段、环境、条件变化，基于我国比较优势变化，审时度势作出的重大决策，是与时俱进提升我国经济发展水平、塑造我国国际经济合作和竞争新优势的战略抉择。三个“新”构成一条清晰的逻辑主线，贯穿全会通过的规划《建议》始终，具有极强的继承性、创新性、时代性、指导性，为我们指明和确定了未来发展的历史方位、发展理念、战略决策。

（三）深刻认识到2035年和“十四五”时期发展的重大战略部署。十九届五中全会着眼“两个一百年”奋斗目标有机衔接、接续推进，对2035年基本实现现代化的远景目标进行了清晰展望，从9个方面明确了基本实现现代化目标。对于“十四五”时期经济社会发展，全会《建议》明确了从科技创新、产业发展、国内市场、深化改革、乡村振兴、区域发展，到文化建设、绿色发展、对外开放、社会建设、安全发展、国防建设等12个重点领域的思路和重点工作。省委十届十一次全会深入贯彻落实党中央重大决策，从12个重点方面进行了部署。这些目标给人以信心、给人以鼓舞。这些部署抓住了高质量发展、构建新发展格局的关键问题，必将有力推动社会主义现代化国家建设和新时代新福建建设，确保发展行稳致远。

（四）深刻认识“十四五”时期经济社会发展必须遵循的首要原则。党的领导是坚持正确发展方向、实现未来发展目标最根本的保证。进入新发展阶段，我们将面临更加复杂多变的国内外环境，面临诸多新的风险挑战。形势越是纷繁复杂，就越离不开中国共产党这个指引方向的指南针、凝心聚力的主心骨、社会稳定的压舱石，就越要坚持党的全面领导；实现“十四五”规划和2035年远景目标，无论在哪个领域、哪个方面、哪个环节，党的领导都只能加强，绝不能削弱。十九届五中全会《建议》把坚持党的全面领导作为“十四五”时期经济社会发展必须遵循的首要原则。我们要充分认识坚持党的全面领导的极端重要性，充分发挥党总揽全局、协调各方的领导核心作用，不断提高党的领导水平和执政能力，为实现“十四五”规划和2035年远景目标提供坚强的政治保证。

二、把握新发展阶段，进一步明确我市2035年远景目标和“十四五”时期经济社会发展总体要求、主要目标

新发展阶段在我国发展进程中具有里程碑意义，是中华民族伟大复兴进程的大跨越。科学把握新发展阶段的新特征，是谋划推动“十四五”时期和到2035年发展的认知前提和现实依据。对新发展阶段的特征，要从整体与局部、历史与现实、理论与实践的角度，全面加以把握。从国际看，世界百年未有之大变局进入加速演变期，和平与发展仍是时代主题，同时国际环境日趋错综复杂，不稳定性不确定性明显增加。从国内看，我国已进入高质量发展阶段，经济长期向好的基本面没有改变，潜力足、韧性大、活力强、回旋空间大、政策工具多的基本特点没有改变，继续发展具有多方面优势

和条件。从省内看，我省正全方位推动高质量发展超越，处在工业化提升期、数字化融合期、城市化转型期、市场化深化期、基本公共服务均等化提质期，发展基础更加扎实，发展动力加快转换。综合分析国内外形势，当前和今后一个时期，我市发展仍然处于重要战略机遇期。

任何一个区域的发展，既要科学判断所处的历史方位、外部形势，也要准确把握区域阶段性发展特征，充分分析自身资源禀赋、比较优势，厘清发展的思路和任务。我市现阶段的主要特征是：一是工业发展加快提速，但产业总体实力仍然不强。与周边发达地区相比，我市三次产业结构仍然不优，一产较大，二产不强，三产偏弱，工业比重和总量偏小、质量效益还不高，产业发展不足仍是漳州发展的主要矛盾，工业支撑不力仍是矛盾的主要方面。二是城市建设持续提升，但辐射带动效应不大。尤其是中心城区面积偏小，仅占全市的3.1%；人口偏少，常住人口仅占全市的15.5%；经济体量偏小，去年地区生产总值仅占全市的23.9%，“小马拉大车”问题日益突出。各地县城在县域经济发展中的带动作用也很有限。三是农业发展基础扎实，但质量效益和竞争力不高。农业生产的现代化集约化程度不高，农产品初级加工多、精深加工少，农业龙头企业带动和产业集群效应不明显，资源优势还没有真正转化为竞争优势。四是自然生态本底优良，但环境保护任重道远。产业布局、生产方式、增长方式及发展模式与资源环境承载能力不相适应的问题日益凸显，环境污染问题时有发生，污染源头治理不够彻底，全市大气、水环境质量考核排名仍然靠后。五是改革开放持续深化，但集聚要素能力不足。机制运行不够高效，服务水平不够优，要素自由有序流动的效能有待释放。实际引进利用台资的规模和质量有待提升，与深度融合发展的要求还有差距。六是群众需求不断提升，但民生保障存在短板。全市居民人均可支配收入低于全省平均水平，基层教育、医疗、养老和福利事业短板明显，返贫风险依然存在。基层社会治理体系不够健全，现代化治理能力有待提升。要用全面、辩证、长远的眼光看问题，坚持目标导向、问题导向、结果导向，坚持系统观念，着力固根基、扬优势、补短板、强弱项，推动经济社会全面协调可持续发展。

综合考虑我市发展基础、发展趋势和发展条件，“十四五”时期经济社会发展的总体要求是：**高举习近平新时代中国特色社会主义思想伟大旗帜，深入贯彻党的十九大和十九届二中、三中、四中、五中全会精神，全面贯彻党的基本理论、基本路线、基本方略，紧紧围绕统筹推进“五位一体”总体布局和协调推进“四个全面”战略布局，增强“四个意识”、坚定“四个自信”、做到“两个维护”，坚持党的全面领导，坚持以人民为中心，坚持新发展理念，坚持深化改革开放，坚持系统观念，坚持稳中求进工作总基调，以全方位推动高质量发展超越为主题，以深化供给侧结构性改革为主线，以改革创新为根本动力，以满足人民群众日益增长的美好生活需要为根本目的，统筹发展和安全，加快构建以高质量工业为主导的现代化经济体系，在服务新发展格局上展现更大作为，在深化漳台各领域融合上迈出更大步伐，在推进市域治理体系和治理能力现代化上取得更大突破，实现经济行稳致远、社会安定和谐，不断增强人民群众获得感、幸福感、安全感，奋力谱写富美新漳州建设新篇章，当好新时代新福建建设先锋、新增长极和重要引擎。**根据上述总体要求，《建议》确定到2035年我国基本实现社会主义现代化之时，我市实现地区生产总值1万亿元以上、财政总收入达千亿元，基本实现全方位高质量发展超越，城市发展能级跃升到一个新的高度，富美新漳州基本建成。我们锚定2035年远景目标，确定了“十四五”时期经济社会发展六个方面目标和十一项重点任务。这些目标都是经过反复测算、审慎论证的，是积极稳妥的。要深入把握世界格局之变、发展阶段之变、发展格局之变，紧紧抓住和用好重要战略机遇期，按照既定的发展目标，发扬“钉钉子”精神，一任接着一任干、一年接着一年干，一步一个脚印，坚定信心、奋发有为，努力把蓝图变为现实、把愿景变为实景。

三、服务新发展格局，奋力在全方位推动高质量发展超越中当先锋、新增长极和重要引擎

习近平总书记强调，“构建新发展格局是事关全局的系统性、深层次变革，是立足当前、着眼长远的战略谋划”。我们要坚持正确的历史观、大局观、发展观，对标坐标系、找准新方位，胸怀大局、服务全局、开辟新局，坚持抓具体、具体抓、抓到底、抓到位、全覆盖，强化系统思维、整体思维、闭环思维，加强前瞻性思考、全局性谋划、战略性布局、整体性推进，不断提升漳州在构建新发展格局中的嵌入度、贡献率，在全方位推动高质量发展超越中展现更大作为、迈出重要步伐。重点做好八个方面工作：

（一）加快构建现代产业体系。现代产业体系在动力特征上体现创新性，在效能特征上体现开放性，在结构特征上体现融合性，在空间特征上体现集聚性，这是构建新发展格局的核心和迫切需要。要把制造业高质量发展作为主攻方向，把创新摆在发展全局的突出位置，推进一、二、三产业融合发展，增强经济高质量发展的战略支撑。一要强化工业主导地位。旗帜鲜明、坚持不懈、久久为功“大抓工业、抓大工业”，推动工业发展体制机制固化优化常态化。要坚持推动传统产业转型升级和发展壮大战略性新兴产业两手齐抓，持续强链补链延链，推进强龙头重引领专项行动，加快发展大石化、大健康、大装备和新一代信息技术、新材料、新能源“三大三新”产业，促进产业基础高级化和产业链现代化，打造一批百亿龙头企业、千亿产业集群。要着力提升产业集聚度，加强产业规划和国土空间规划的衔接，严格控制开发区外新增工业用地，引导新增工业项目进区入园，引导同类型、相关联企业向固定区域聚集，做到布局集中、产业集聚、用地集约，打造具有较为完善的产业链、较大产业规模、较高产业水准的集聚群。今后，新引进的化工项目原则上落户古雷开发区，其他重点产业集中区也要抓紧谋划，这样既可以提高企业的抗风险能力，也有利于提高企业根植性。要加快发展数字经济，推进数字经济产业化和产业数字化，推动数字经济和实体经济深度融合，更好地为高质量发展赋能。二要加快服务业扩容升级。大力实施现代服务业提升工程，加快培育现代物流、金融、研发设计、会展、知识产权服务等生产性服务业，提升康养、育幼、家政、物业等服务业发展水平，推动生产性服务业向专业化和价值链高端延伸，生活性服务业向高品质和多样化升级。要深入实施文化、旅游、体育、会展和夜间经济五大行动计划，加快推进中铁世博城、“中国女排娘家”基地、闽南老家等十大工程，整合激活优质静态资源，促进业态融合和人气集聚，催生产业发展“核裂变”效应，加快把漳州打造成为区域性目的地城市。三要推动现代农业提质增效。坚持以工业化理念、产业化思维发展现代农业，加快农业生产经营体制机制和组织方式改革创新，推进生产标准化、产业特色化、主体法人化、营销品牌化、发展绿色化、服务社会化，加快构建特色现代农业产业体系、生产体系、经营体系，推动我市农业由增产导向转向提质导向、由农业大市迈向农业强市。重点要深入实施特色现代农业“六百工程”，做大做强水果、蔬菜、水产、食用菌、茶叶、花卉等十一大优势特色产业，不断提高农业的质量效益和竞争力。四要坚持创新驱动发展。围绕产业链部署创新链、围绕创新链布局产业链，推动创新链、产业链、资金链、政策链“四链融合”。要实施高水平科创平台建设行动，高标准建设产业技术研究院，全力支持企业技术中心等研发机构建设，争创一批省创新实验室和国家实验室“预备队”，增强关键核心技术领域的攻关能力。要发挥企业在技术创新中的主体地位，实施企业创新能力提升行动，完善高技术企业成长加速机制，促进各类创新要素向企业集聚，打造一批拥有核心技术和具有较强集成创新能力的科技小巨人、单项冠军、专精特新企业。

（二）深入实施扩大内需战略。习近平总书记强调，加快培育完整内需体系，是畅通国民经济循环、增强国内大循环主体地位的重要基础。我们要牢牢把握扩大内需这个战略基点，紧紧扭住供给侧结构性改革这条主线，注重需求侧管理，形成需求牵引供给、供给创造需求的更高水平动态平衡。一要扩大有效投资。优化投资结构，保持投资合理较快增长，充分发挥投资对优化供给结构的关键作用。当前和今后的一个时期，优化投资结构要突出三个重点：一是战略性投资，主要是推进新型基础设施、新型城镇化、交通水利等强基础、增功能、利长远的重大工程建设。二是效益型投资，主要是加大一些带动面宽的民生项目投入，重点补齐市政工程、农业农村、公共安全、生态环保、公共卫生、物资储备、防灾减灾、民生保障等领域短板。三是产业类投资，要把扩大产业投资与产业结构优化升级结合起来，围绕“三大三新”特别是先进制造业投资，策划推进一批项目。要深化“五个一批”项目推进机制，完善常态化协调调度和超常规协调推进机制，保持项目建设滚动接续。二要全面促进消费。顺应消费升级趋势，提升传统消费，大力发展商贸、餐饮、旅游等业态，补齐农村消费短板。要培育新型消费，挖掘夜间消费、体育消费、健康消费等潜力，培育支持新能源汽车消费，以“互联网+”为依托培育发展直播带货、云购物等新型消费模式，扩大消费规模。要强化消费者权益保护，加强消费领域企业和个人信用体系建设，创造安全放心的消费环境。三要健全流通体系。把建设现代流通体系作为一项重要战略任务，依托我市港口资源、交通资源，着力提升港口物流、冷链物流等服务能力，加强供应链管理，努力打造区域性物流节点城市。要扎实推进综合性物流园区建设，推动台商投资区保税物流中心（B型）向综合保税区升级，争取设立古雷保税物流园区。

（三）推动城乡区域协调发展。按照“尊重客观规律、发挥比较优势、完善空间治理、保障民生底线”的要求，建立更加有效的区域协调发展新机制，促进要素合理流动和高效集聚，提高发展的平衡性和协调性，推动区域良性互动、城乡融合发展。一要优化国土空间格局。产业和人口向优势区域集中是客观经济规律。要主动融入闽西南协同发展区和厦漳泉都市圈，突出“强核扩容、拥江达海、环湾集聚、轴线推进、山海协作”，加快打造“一核、两湾、三片、四极”，推动形成主体功能明显、优势互补、高质量发展的国土空间开发保护新格局。“一核”就是中心城区，是全市的内核。要提升芗城、龙文现有主城区建设品质，积极稳妥推进龙海市、长泰县撤市（县）改区，规划建设东部新城，带动主城区跨江面海发展，加快推动我市从滨江城市向滨海城市转变，在更大范围、更深层次整合优化资源配置，促进空间结构、产业结构、社会结构、人文结构有机耦合，推动“产城人”深度融合发展，不断增强中心城区首位度和辐射力，真正让内核成为“硬核”。“两湾”就是厦门湾和东山湾。湾区经济作为重要的滨海经济形态，是当今国际经济版图的突出亮点，是世界一流滨海城市的显著标志。要抓住大力建设“海上福建”的重大机遇，充分发挥我市海岸线长、深水港口资源丰富等优势，加快发展湾区经济，使之成为高质量发展的重要动力源。厦门湾南岸，要加强与厦门分工协作，完善港口集疏运体系，拓展后方腹地空间，重点发展临港工业，打造现代化湾区。东山湾南翼的东山岛，旅游资源特色突出，目标就是建设国际旅游海岛；北翼深水港口优势明显，重点发展大进大出的石化工业。“三片”就是北部片、西部片、南部片。北部片的华安、长泰山区和西部片的平和、南靖，重点加强生态保护，因地制宜发展绿色经济，提升现代农业、生态旅游业，构建全市生态屏障。南部片的漳浦、云霄、诏安、常山，工业用地多、发展空间大，要重点布局重大产业项目，打造石化、清洁能源等优势产业集群。“四极”就是古雷开发区、台商投资区、漳州高新区、漳州开发区4个国家级开发区。古雷开发区是全市发展的“重中之重”，要围绕建设世界级一流石化基地的目标，加快石化产业集聚，打造全省重要增长极。台商投资区是厦漳同城化的“桥头堡”，要靠紧漳州、对标厦门，注重产城融合，深化对台合作，加快从工业园区向现代化新城区转型。高新区是市区跨江南扩的“第一站”，要加快城市建设和公共配套，重点集聚新产业、发展新技术、培育新业态，促进主城区做优做美。漳州开发区是中心城区面海发展的“窗口”，要加强与周边的协调联动，合作共建产业园区，促进产业、港口、城市一体发展，建设现代化新港城。这四个开发区是将来全市聚引重大产业项目的主阵地、主战场，是加快新型工业化、城镇化进程的重要载体，要用好体制机制改革创新成果，进一步理顺机制、建强平台、集聚产业，打造产城一体、宜居宜业的现代化产业示范区，引领带动全市开发区转型升级、创新发展，力争“十四五”末开发区规模工业产值、工业投资对全市的贡献率达到80%以上。二要推进以人为核心的新型城镇化。坚持人民城市为人民，顺应城市工作新形势、改革发展新要求、人民群众新期待，以现代化理念推进城市建设，把全生命周期管理理念贯穿城市规划建设管理全过程各环节，实施城市更新行动，深入推进提升老城区建设管理水平“十项行动”，打造宜居城市、韧性城市、智能城市，让城市成为人民群众高品质生活的空间。城市环境是市民对城市品质最直接的感受，要坚持不懈抓好精细化管理，打造“干干净净、整整齐齐、亮亮堂堂、安安全全”的城市环境。要加强县城建设，大力提升县城公共设施和服务能力，切实满足人民群众多层次多样化需求。三要全面推进乡村振兴。以实施乡村建设行动为抓手，“一村一方案”压茬推进，推动乡村产业、人才、文化、生态、组织等全方位振兴，奋力推动漳州乡村振兴走前头、树标杆。要全力做好巩固拓展脱贫攻坚成果同乡村振兴有效衔接，健全防止返贫监测和帮扶机制，确保全面小康的底子更厚、成色更足。

（四）扎实推进生态文明建设。深入贯彻习近平生态文明思想，牢固树立“绿水青山就是金山银山”的理念，本着对历史负责、对子孙后代负责、对长远发展负责的态度，持续实施生态市建设战略，促进经济社会与生态保护协调发展，争创生态文明先行示范区。一要深入打好污染防治攻坚战。坚持方向不变、力度不减、标准不降，深入实施蓝天、碧水、净土、碧海工程，推动生态环境质量持续好转。要按照“源头治理、标本兼治、表里如一”的要求，完善和用好生态环境污染源头治理大数据库，推动问题发现在平时、解决在当下。二要强化生态保护和修复。统筹推进山水林田湖草一体化保护和修复，实施东山八尺门海域综合治理、长泰吴田山和漳浦蔡坑矿山生态修复、漳江口红树林综合整治修复等重要生态系统保护和修复工程，全面扩大优质生态产品供给，提升生态系统质量和稳定性。要突出加强九龙江流域等水资源的保护、开发和利用，加快推进罗溪水库、浙溪水库、北水南调等项目建设，建立水资源刚性约束制度，全面提高水资源管理水平和利用效益。三要加快转变生产生活方式。落实生态保护、基本农田、城镇开发等空间管控边界，建立以“三线一单”为核心的生态环境分区管控体系。要全面推进重点行业清洁生产和绿色化改造，深入推进农业“三减量三利用三提升”工程，推动形成节约资源和保护环境的空间格局、产业结构、生产方式、生活方式，真正让生态优先、绿色发展成为漳州高质量发展的鲜明导向。

（五）坚定不移深化改革开放。改革开放是推动高质量发展的根本动力，是服务新发展格局的“关键一招”。要坚持改革开放正确方向，进一步解放思想、大胆创新，拿出更多首创性改革、引领性开放、开拓性创新成果，以更大魄力、在更高起点上推进改革开放。一要持续优化营商环境。对标先进、争创一流，完善“五个一”工作机制，做到优惠政策“一步到位”，服务企业“一呼百应”，推进项目“一路绿灯”，破坏环境“一查到底”，亲清政商关系“一以贯之”，努力营造市场化、法治化、便利化、国际化营商环境。要聚焦企业关切，深化“放管服”改革，建立健全“马上就办”常态化机制，推动“互联网+政务服务”效能升级，充分激发市场主体活力。二要推动更深层次改革。聚焦“牵一发而动全身”的重点领域和关键环节，着力在开发区体制机制改革创新、深化国有企业改革、支持民营经济发展、农业农村综合改革等领域取得更大突破，依靠改革破除发展瓶颈、汇聚发展优势、增强发展动力。要着眼提升产业发展平台，推进市管开发区体制机制改革创新向纵深发展，并逐步向全市开发区全面推开，推动资源向一线配置、权限向一线下放、力量向一线下沉，充分释放开发区发展动能。三要实行更高水平开放。积极参与“海丝”核心区建设，持续提升构建开放型经济新体制综合试点试验成果，充分发挥国家跨境电子商务综合试验区等作用，发展更高层次的开放型经济。要依托国内大市场优势，创新招商引资机制，力争引进一批世界五百强和高新技术企业，让更多高端资源要素汇聚漳州。

（六）探索漳台融合发展新路。贯彻落实党中央对台大政方针，围绕“建设台胞台企登陆第一家园”要求，以两岸同胞福祉为依归，充分发挥我市对台独特优势，深化漳台各领域融合，为促进两岸关系和平发展、促进祖国统一发挥更大作用。一要深化经济领域融合。实施新一轮对台产业合作计划，深化机械装备、食品加工、现代农业等优势产业融合，持续抓好石油化工、新一代信息技术、文化创意、冷链物流等领域合作。要建强产业融合平台，提升发展古雷台湾石化产业园、南靖闽台精密机械产业园、漳浦台湾农民创业园等现有载体，加快建设漳州高新区漳台“智创区”、东山国家级台湾渔民创业园等新平台，推动漳台产业合作向更高层次、更高水平发展。二要深化基础设施领域融合。完善对台直航相关基础设施，谋划建设一批便利两岸往来的码头、港口、航道等项目，积极构建漳台深入融合的综合交通体系。要充分挖掘台湾海峡海上风力资源潜力，探索共同投建海上风力发电项目，促进能源资源互通，构建漳台协作发展的现代能源体系。三要深化社会领域融合。进一步研究促进台胞在漳文化教育、医疗卫生、社会保障等方面享受同等待遇的新举措，打造惠台“升级版”。要拓展提升台胞台商服务中心功能，创新台胞司法服务，推进基本公共服务均等化、普惠化、便捷化。要以漳州台商投资区、台湾农民创业园和台湾青年创业基地等为载体，探索创建两岸民生融合示范区，打造“产城人文”高度融合的“台湾小镇”。四要深化文化领域融合。实施对台文化交流品牌提升工程，持续办好海峡论坛漳州活动、海峡两岸农博会•花博会、海峡两岸（福建漳州）融晴文化艺术展等品牌活动。要促进民间基层交流，大力推进祖地寻根、祖庙交流、族谱对接等对台文化交流，办好闽南文化宝岛行等活动。要运用线上线下相结合方式，突破时空限制，扩大教育、科技、卫生等各领域交流，不断提升文化交流质量体量能量。

（七）持续提高人民生活品质。让老百姓的日子越过越好，是我们一切工作的出发点和落脚点。要坚持以人民为中心的发展思想，加强普惠性、基础性、兜底性民生建设，推进基本公共服务均等化，提高社会建设水平，让人民群众共享现代化成果。一要着眼共同富裕，促进居民增收。发挥优势特色产业和优势企业促进就业作用，通过援企稳岗、创业带动和公益性岗位开发，持续扩大就业岗位供给。要实施职业技能提升行动，健全技能人才激励机制，持续提升城乡劳动者技能素质和收入水平。二要着眼群众关切，补齐民生短板。围绕“幼有善育、学有优教、劳有厚得、病有良医、老有颐养、住有宜居、弱有众扶”目标，实施教育提质、居民增收、健康漳州、养老服务、社会保障、城乡民生基础设施“六大专项行动”，持续增加优质公共服务供给。要积极推动职业本科高校创建工作，提升市属高校办学层次。三要着眼文化繁荣，建设文化强市。坚持马克思主义在意识形态领域的指导地位，以社会主义核心价值观引领文化建设，深化群众性精神文明创建，不断提高社会文明程度。要推进城乡公共文化服务体系一体建设，加快建设闽南文化生态保护区，推动市区“五馆”、县级“三馆”、基层综合性文化服务中心等文化场馆提质升级，创新实施文化惠民工程，提升公共文化服务水平。要实施文化产业龙头促进计划，大力发展文化服务业、文化贸易业，提升文化产业园区建设水平，推动文化产业高质量发展。

（八）牢牢守住安全发展底线。坚持底线思维，增强忧患意识，着力防范化解各种风险和挑战，扎实推进依法治市，努力建设更高水平的平安漳州。一要全力维护国家安全。贯彻落实总体国家安全观，严密防范和坚决打击敌对势力渗透、颠覆、破坏、分裂活动，扎实做好意识形态安全、网上政治安全等工作。当前，境外疫情仍在持续蔓延，要充分发挥党政军警民合力强边固防工作机制作用，筑牢防范境外输入性疫情的严密防线。二要全力维护人民安全。完善和落实安全生产责任制，加强房屋结构安全、道路交通、危险化学品、工贸等重点行业领域专项整治，严防重特大事故发生，确保全市安全生产形势持续稳定向好。要完善应急管理体系，加强灾害风险隐患的普查和防治，提高防灾减灾抗灾救灾能力。三要全力维护社会安全。大力弘扬“四下基层”“四个万家”优良传统，坚持和发展新时代“漳州110”精神，构建社会矛盾综合治理机制，切实把问题解决在基层，把矛盾化解在萌芽状态。要完善立体化信息化社会治安防控体系，坚决防范和严厉打击各类违法犯罪，推动扫黑除恶专项斗争长效常治，维护社会良好秩序。要加强和创新社会治理，全面提升城乡社区网格治理“2+N”模式，高水平创建全国市域社会治理现代化试点合格城市。

四、落实新时代党的建设总要求，切实提高党领导贯彻新发展理念、服务新发展格局的能力和水平

习近平总书记强调，“办好中国的事，关键在党”。全市各级党委（党组）要认真贯彻党把方向、谋大局、定政策、促改革、抓落实的要求，坚持和完善党领导经济社会发展体制机制，充分调动方方面面的积极性、主动性、创造性，把党的政治优势、组织优势转化为治理效能，为实现高质量发展提供根本保证。

（一）保持政治定力，确保把“两个维护”扎根思想深处、体现在实际行动中。“两个维护”是党的领导的最高政治原则和根本政治规矩，坚持党对经济社会发展的领导，首先要增强“四个意识”、坚定“四个自信”、做到“两个维护”。对“国之大者”要心中有数，始终关注党中央在关注什么、强调什么，切实把思想和行动统一到党中央对经济社会发展形势的科学判断和决策部署上来。在涉及经济社会发展的方向性、原则性问题上，要自觉向党中央看齐、向党的理论和路线方针政策看齐、向党中央决策部署看齐，切实把“两个维护”落实到经济社会发展各领域各方面各环节。要深入落实省委“三四八”贯彻落实机制，坚决把习近平总书记重要讲话重要指示批示精神和中央决策部署、省委省政府工作要求落深落细落实落到位。

（二）践行群众路线，持之以恒深化作风建设。习近平总书记指出，“人民是我们党执政的最大底气，是党和国家最深厚的根基”。全市各级党员领导干部要清醒认识到，自己手中的权力、所处的岗位，是党和人民赋予的，是为党和人民做事用的，只能用来为民谋利。要始终保持党同人民群众的血肉联系，把群众的小事当成自己的大事，切实解决基层群众“急难愁盼”的问题，做到发展为了人民、发展依靠人民、发展成果由人民共享。要大力弘扬“马上就办、真抓实干”等优良作风，对每项工作，都要具体化，实施清单化管理、销号式推进、溯源性评估，确保干一件成一件、抓一项成一项，力求取得让群众看得见、摸得着、得实惠的成果。要驰而不息纠治形式主义、官僚主义，持续减轻基层负担，深入推进反腐败斗争，以正风肃纪反腐的实效取信于民。

（三）坚持正确导向，打造一支过硬的高素质干部队伍。加强党对经济社会发展的领导，各级领导干部是关键。要全面贯彻新时代党的组织路线，按照新时期好干部“五条标准”，突出政治导向和

实绩导向，切实把政治过硬、具备领导现代化建设能力的干部选出来、用起来。要加强干部教育培养特别是年轻干部培养，强化思想淬炼、政治历练、实践锻炼、专业训练，提高各级领导班子和干部贯彻新发展理念、服务新发展格局的能力。要坚持严管厚爱相结合，严格落实“三个区分开来”要求，完善容错纠错机制，切实为勇于负责的干部负责、为勇于担当的干部担当、为敢抓敢管的干部撑腰，进一步营造想干事、能干事、干成事的良好氛围。

（四）发扬斗争精神，激励党员干部勇于担当作为。抓发展，不可能不会碰到问题，解决小问题就是小进步，解决大问题就是大发展。各级领导干部要强化无限责任的意识理念和担当作为，保持“越是艰险越向前”的刚健勇毅，敢于斗争、勇于碰硬，深入开展突破“难、硬、重、新”工作行动，在解决问题中推动发展。要讲究斗争艺术和策略，依法依规、科学民主、尊重规律，善于抓住主要矛盾和矛盾的主要方面，善于“十个指头”弹钢琴，更好地推动中央和省市各项部署要求落到实处。

同志们，新蓝图开启新征程，新格局呼唤新作为。让我们更加紧密地团结在以习近平同志为核心的党中央周围，以习近平新时代中国特色社会主义思想为指导，认真贯彻落实省委、省政府部署要求，以更加强烈的无限责任的责任感、勇于担当的使命感、时不我待的紧迫感，拼搏奋进、砥砺前行、不懈奋斗，为建设富美新漳州，全方位推动高质量发展超越，当好新时代新福建建设先锋、新增长极和重要引擎作出新的更大贡献！

政府工作报告

——2021年1月12日在漳州市第十六届人民代表大会第五次会议上

漳州市人民政府市长　刘远

各位代表：

现在，我代表漳州市人民政府，向大会报告政府工作，请予审议，并请市政协委员提出意见。

一、2020年和“十三五”时期工作回顾

2020年是极不平凡的一年，在以习近平同志为核心的党中央坚强领导下，在省委和省政府以及市委的正确领导下，我们坚持以习近平新时代中国特色社会主义思想为指导，全面贯彻党的十九大和十九届二中、三中、四中、五中全会精神，深入学习贯彻习近平总书记对福建工作的重要讲话重要指示批示精神，统筹推进常态化疫情防控和经济社会发展，扎实做好“六稳”工作、全面落实“六保”任务，坚持不懈“大抓工业、抓大工业”，全方位推动高质量发展超越。全市完成生产总值4545.61亿元；一般公共预算总收入350.65亿元，下降1.6%，地方一般公共预算收入218.56亿元，下降0.4%；进出口807.5亿元，增长11.3%；实际利用外资41.14亿元，增长8%；社会消费品零售总额1697.15亿元；居民消费价格指数（市辖区）上涨1.7%；城镇居民人均可支配收入40008元，增长2.7%；农村居民人均可支配收入21103元，增长6.1%；城镇登记失业率3.59%；完成年度节能减排任务。

过去的一年，我们战疫情、保发展，双胜利目标基本实现。始终把人民群众生命安全和身体健康放在第一位，建立健全联防联控机制，坚持常态化防控和应急处置相结合，2020年2月14日至今持续保持新冠肺炎本土确诊病例和疑似病例“零新增”，具备5日内完成全市全员核酸检测能力。迅速推动复工复产复商复市，深入开展“奋战下半

年、勇夺双胜利”竞赛活动和突破“难、硬、重、新”工作行动，出台促进“六稳”工作18条等一揽子政策，开展产业链供应链固链、中小微企业纾困等行动，累计新增减税降费55.35亿元，金融机构本外币贷款增量突破500亿元，创历年新高。加快打造工业新城，实施“1144”工程，启动工业园区标准化建设三年行动计划，古雷开发区跻身“中国化工园区30强”。落实农业稳产保供，扎实推进乡村振兴，特色现代农业加快发展。

过去的一年，我们扩内需、稳外贸，双循环效应初步显现。坚定实施扩大内需战略，深化“五个一批”项目建设，持续开展“云招商”“云签约”，谋划实施“中国女排娘家”基地、古雷炼化一体化二期等一批重大项目，漳州核电三期等752个、总投资超4800亿元的新项目顺利签约，97个、总投资589亿元的重大项目集中开工，市级在建重点项目完成投资1724亿元。加快打造区域性旅游目的地城市，推进文化旅游体育和会展夜间经济融合发展。通过开展“全闽乐购”“你消费、我买单，亿元奖励等你拿”等促进消费活动，拉动消费超50亿元。创新“田野直播间”等模式，电商交易额突破500亿元、增长19.7%，邮政快递业务总量增长75.8%。出台支持外贸企业稳定发展系列政策，落实扶持资金9857.5万元，获批国家跨境电子商务综合试验区，漳州台商投资区保税物流中心（B型）封关运营。

过去的一年，我们促改革、补短板，攻坚战取得显著成效。深化“放管服”改革，推进开发区体制机制改革向县管开发区延伸，企业开办审批时间压缩至1个工作日内，企业开办“零成本”改革经验在全省推广，全市92.4%的审批事项“一趟不用跑”、82.86%的事项全流程网办，位居全省第一。深入开展国资国企综合改革，组建农业发展集团、信息产业集团、人才发展集团，推动国有企业做强做优做大。深化漳台全面融合，漳浦台湾农民创业园考核位居全国第一，台资实际到资金额位居全省第一。围绕打好打赢“三大攻坚战”，落实“四个不摘”要求，全面推行缓解相对贫困人口政策，市本级扶贫资金增长39.8%；加快推进中央环保督察反馈问题整改，探索开展市级环保督查，大力开展矿山环境整治专项行动，启动东山八尺门综合治理生态修复工程，推动河湖长制落实，排查整治污染源1.88万个，市区空气质量优良率为98.1%、提高0.8个百分点，主要流域国、省考断面Ⅰ-Ⅲ类水质比例均为100%；有效防控重点领域金融风险，严控政府债务余额，全市不良贷款率降至0.93%。

过去的一年，我们兜底线、惠民生，幸福感持续巩固提升。完成23项为民办实事项目，财政民生支出占比达77.72%。落实就业优先政策，发放1.16亿元用于企业稳岗稳工，城镇新增就业5.12万人。继续提高城乡低保和特困人员救助供养标准，疫情发生以来累计发放副食品补助9627万元。加快补齐社会事业短板，漳州市职业教育园区、漳州一中新高中部建成投用，市医院新总部业务楼封顶、市医院朝阳分院负压病房完成改造，全市新增中小学学位1.3万个、公办幼儿园学位1.6万个、病床位2408张、卫技人员2906人、养老床位4137张，义务教育教师平均工资收入水平不低于公务员政策得到落实。完善民生基础设施建设，建成保障性安居工程7560套，新增公共停车位5151个、公园绿地面积2180亩，市殡仪馆改扩建一期工程完工，52个老旧小区完成改造，中心城区农贸市场提升改造建设三年行动取得良好成效。持续深化扫黑除恶专项斗争，启动创建全国市域社会治理现代化试点合格城市，群众安全感满意率保持在99%以上。开展安全生产专项整治等行动，实现生产安全事故起数和死亡人数“双下降”。蝉联第六届全国文明城市，实现全国双拥模范城创建“七连冠”。

过去的一年，我们抓作风、转职能，服务型政府加快建设。坚持把政治建设摆在首位，巩固深化“不忘初心、牢记使命”主题教育成果，认真落实全面从严治党主体责任，扎实推进省委巡视反馈问题整改。强化为民担责，持续解决不动产权证办理、文川里片区保护等一批历史遗留问题。加强法治政府建设，推行行政执法“三项制度”，基层政务公开标准化、规范化工作有序推进。坚持把有限的财力用到防控疫情、发展经济和保障民生的“刀刃上”，严格执行中央八项规定及其实施细则精神和省市实施办法，大力压减一般性支出，市本级“三公”经费支出下降28.68%。进一步加强机关效能建设，集中整治形式主义、官僚主义。全面执行市人大及其常委会的决议、决定，办理人大代表建议126件、政协委员提案298件，满意率分别为100%和99.8%。妇女儿童、青少年、残疾人、民族宗教、精神文明、档案管理、社会科学、防汛防台、防震减灾、红十字会、退役军人事务、国防动员、外事及援藏援疆援宁等工作取得明显成效。

2020年是“十三五”规划的收官之年。“十三五”时期，全市生产总值和城乡居民人均可支配收入均比2010年翻一番，全市建档立卡贫困人口全部脱贫，全面建成小康社会目标圆满完成。**这五年，是“大抓工业、抓大工业”，产业结构不断优化的五年。**培育形成食品加工、装备制造、新材料三大千亿产业集群，“4+4”产业体系日趋完善，三次产业结构优化为11.0:45.2:43.8。**这五年，是科技引领、创新驱动，发展动能换挡提速的五年。**全市拥有国家级高新技术企业350家，比2015年增加235家，全社会研发投入年均增长超20%。这五年，是深化改革、扩大开放，体制机制日臻完善的五年。“会审制”改革、“商务110”等经验做法在全国推广，开放型经济新体制综合试点试验成果顺利通过国家验收，累计新引进台资项目334个、实际利用台资127.2亿元。**这五年，是生态优先、绿色转型，人居环境持续提升的五年。**探索推进“生态+”模式，布局建设“五湖四海”项目，全市森林覆盖率从63.58%提高到64.78%。**这五年，是统筹城乡、加快融合，基础设施显著改善的五年。**全市常住人口城镇化率预计从54%提高到61%，中心城区建成区面积扩大到123.47平方公里，乡村振兴战略开局良好，“四难一差”问题明显缓解，高速公路密度达到发达国家水平。

各位代表，五年来的成绩特别是抗击疫情取得的重大成果，是以习近平同志为核心的党中央坚强领导的结果，是省委、省政府和市委的正确领导以及市人大及其常委会和市政协监督支持的结果，是全市人民勠力同心、接续奋斗的结果。在此，我谨代表市人民政府，向全市人民，向市人大代表、政协委员、各民主党派、各人民团体、社会各界人士及离退休老同志，向驻漳部队、武警官兵、消防救援指战员和中直省直单位，向来漳创业务工人士，关心支持漳州发展的港澳台同胞、海外乡亲和国际友人，致以崇高的敬意和衷心的感谢！

在总结成绩的同时，我们也清醒看到存在的问题和不足，主要是：支撑高质量发展的新动能仍然不足，部分企业受疫情影响生产经营困难增多，产业结构不优、能级不高等问题依然突出；中心城区辐射带动能力不强，教育、医疗、养老等供给质量与人民群众期盼还有差距；生态环境保护和修复任务繁重；政府服务质量和效能有待提高，形式主义、官僚主义尚未彻底根除等等。这些问题我们要高度重视，采取有力措施加以解决。

二、着力实施“十四五”规划，谱写全面建设社会主义现代化国家的漳州篇章

各位代表，“十四五”时期是我国开启全面建设社会主义现代化国家新征程、向第二个百年奋斗目标进军的第一个五年，也是我市全方位推动高质量发展超越、加快富美新漳州建设的关键五年。我们要坚决贯彻党中央、国务院的战略部署，按照省委和省政府的工作要求，以及市委十一届十二次、十三次全会的工作安排，当好新时代新福建建设先锋、新增长极和重要引擎，全方位推动高质量发展超越。

我们要坚定不移推进“大抓工业、抓大工业”，着力实现更高质量的发展。把发展经济的着力点放在实体经济上，加快建设现代产业体系，重点壮大“三大三新”产业，大力培育新兴产业，发展现代服务业，提升现代农业“六化”水平，加快向工业新城、农业强市迈进，力争到2025年全市生

产总值超过6500亿元，规模工业总产值突破万亿大关，服务业增加值比重超42%，数字经济规模达到3000亿元，农业全产业链总产值超4000亿元。创建国家创新型城市，强化企业创新主体作用，力争国家级高新技术企业突破500家、研发经费投入强度达到2.4%。

我们要坚定不移实施深层次改革、高水平开放，着力实现更有效率的发展。深化重点领域和关键环节改革，破除制约高质量发展的体制机制障碍。把实施扩大内需战略同深化供给侧结构性改革有机结合起来，加强需求侧管理，加快形成需求牵引供给、供给创造需求的更高水平动态平衡。高质量参与“海丝”核心区建设，加快国家跨境电子商务综合试验区建设，推动贸易和投资自由化、便利化，努力建设更高水平开放型经济新体制。继续发挥好台胞主要祖籍地优势，在闽台融合发展上迈出更大步伐，为促进祖国统一作出更大贡献。

我们要坚定不移推动富民增收、促进共建共享，着力实现更加公平的发展。全面实施乡村振兴战略，打造宜居宜业乡村样板。强化就业优先政策，实施居民增收行动，城镇新增就业15万人，居民人均可支配收入年均增长7.2%。构建高质量教育体系，推进健康漳州建设，健全多层次社会保障、养老服务和住房保障体系，努力提高基本公共服务均等化水平，力争到2025年主要劳动年龄人口平均受教育年限达到12年、新增各类养老床位5000张、人均预期寿命提高到79.63岁。

我们要坚定不移建设现代都市、打造生态之城，着力实现更可持续的发展。围绕“一核、两湾、三片、四极”，构建主体功能明显、优势互补、高质量发展的国土空间格局，加快推进以人为核心的新型城镇化，全面提升城市能级和综合承载力，到2025年常住人口城镇化率达到65%。全面树立绿色发展导向，构建绿色低碳产业体系，持续深化污染防治，提升生态系统碳汇能力，确保森林覆盖率不低于63%，单位GDP能耗和二氧化碳排放等生态文明指标严格控制在省下达目标内。

我们要坚定不移提升治理能力、建设平安漳州，着力实现更为安全的发展。统筹发展和安全，持续完善防范和化解重大风险体制机制。加强应急管理，落实安全生产责任制，有效遏制较大及以上生产安全事故发生。维护区域金融稳定，牢牢守住不发生系统性金融风险底线。推进扫黑除恶专项斗争长效常治，完善社会治安防控体系，健全矛盾纠纷多元化解、源头稳控机制，推动创建全国市域社会治理现代化试点合格城市。

三、扎实做好2021年工作，全方位推动高质量发展超越

做好今年的政府工作，事关“十四五”开局，事关新发展阶段起步，事关全方位推动高质量发展超越。我们要**以习近平新时代中国特色社会主义思想为指导，全面贯彻党的十九大和十九届二中、三中、四中、五中全会精神，坚持稳中求进工作总基调，立足新发展阶段，贯彻新发展理念，积极服务并深度融入新发展格局，以全方位推动高质量发展超越为主题，以深化供给侧结构性改革为主线，以改革创新为根本动力，以满足人民日益增长的美好生活需要为根本目的，坚持系统观念，巩固拓展疫情防控和经济社会发展成果，更好统筹发展和安全，扎实做好“六稳”工作、全面落实“六保”任务，突出抓防控抗疫情、抓工业强实体、抓开放扩内需、抓改革优环境、抓城乡促协调、抓民生补短板，努力保持经济运行在合理区间，确保“十四五”开好局，加快建设富美新漳州，奋力当好新时代新福建建设先锋、新增长极和重要引擎，以优异成绩庆祝建党100周年。**

主要预期目标是：全市生产总值增长7.5%左右；一般公共预算总收入增长4%左右，地方一般公共预算收入增长3%左右；固定资产投资增长8%左右；进出口增长3%左右，实际利用外资增长5%左右；社会消费品零售总额增长6.5%左右，居民消费价格指数（市辖区）涨幅3%左右；城镇登记失业率控制在5%以内；城镇居民、农村居民人均可支配收入分别增长7%和8%左右；完成节能减排任务。重点

抓好以下七个方面工作：

（一）坚持创新驱动发展，加速新旧动能转换

大力推动产业技术创新。围绕产业链部署创新链，立足“三大三新”产业共性技术需求，组建产业技术研究院，建立健全重点攻关技术目录，实施好关键核心技术攻关工程，落实“揭榜挂帅”等机制，尽快解决一批“卡脖子”问题。围绕创新链布局产业链，实施“人才、项目、技术”一揽子引进计划，精准对接国内外著名高校、科研院所、行业领军企业及研发机构，推动一批技术对接项目和科技成果落地，促进产业结构转型升级。

搭建高水平创新载体和人才队伍。积极引进国内外科研大院名所或分支机构，大力培育国家级科技企业孵化器，支持具备条件的企业争创省创新实验室，力争新认定重点实验室、新型研发机构、技术转移机构等省级创新平台6家，新增市级示范众创空间5家。依托漳州人才发展集团，实施“高精尖缺”人才引育计划，完善科研人员职务发明成果权益分享机制。探索科技人才服务工业发展新路，打造科特派“升级版”。举办市级创新创业大赛，继续评选一批“双创之星”“首席科技官”。

提升企业自主创新能力。完善高技术企业成长加速机制和激励评价机制，培育壮大科技企业集群，完成科技型中小企业评价300家以上，力争国家级高新技术企业突破400家、省级高新技术企业突破450家。开展规模工业企业研发活动广覆盖行动，支持行业龙头企业组建创新联合体，带动中小企业加强创新，推动全社会研发投入增长20%以上。加强知识产权保护，激发创新创业创造活力。

（二）提效工业新城建设，构筑现代产业体系

做大做强“三大三新”产业。主动融入国家和省域产业链布局，一体推进强链补链延链，着力打造大石化产业、大健康产业、大装备产业，推动新一代信息技术、新材料、新能源发展提速。大石化产业重点依托古雷，着力延伸乙烯、丙烯、芳烃产业链，力促古雷炼化一体化、中沙古雷乙烯等一批项目顺利投产或投建，石化产业产值突破650亿元。培育壮大数字经济，加大人工智能、5G、物联网、大数据等新一代信息技术在制造业领域应用与融合，数字经济增长15%以上。大力发展海洋经济，推动港湾、产业、城市联动发展。实施龙头企业“培优扶强”工程，培育省级制造业单项冠军1家以上、“专精特新”企业8家以上，新增新上规模企业超100家。推进工业园区标准化建设试点工作，打造若干个标杆园区。

加快现代服务业提质升级。开展制造业“主辅分离”专项行动，加快发展现代物流、金融服务等“五大生产性服务业”。推进文化旅游体育和会展夜间经济融合，实施全域旅游发展总体规划，加快建设“中国女排娘家”基地等服务业载体，重点建设漳州古城、闽南水乡等夜间经济集聚区，扶持培育食品交易博览会等专业展会，持续打响“花样漳州”旅游品牌，打造区域性旅游目的地城市。以碧湖、建元、西湖等板块为重点，加快培育和发展总部经济、楼宇经济。大力发展生活性服务业，推动养老、育幼、康养、家政等向专业化和多样化升级。

推动特色现代农业高质高效发展。提高粮食和重要农副产品供给保障能力，开展耕地“非农化”“非粮化”整治，建设高标准农田15万亩，稳定粮食播种面积，落实粮食储备35万吨，保持生猪存栏110万头以上。实施现代农业发展三年行动，持续打造现代农业产业园和产业强镇，推进60个重点项目建设，新建54个省级优质农产品标准化示范基地、30个省级农产品产地初加工中心，新增“三品一标”产品30个。强化农业科技和装备支撑，推进现代种业创新，实施主要农作物全程机械化行动，加快农产品仓储保鲜冷链物流设施建设。培育发展农业产业化龙头企业、农民合作社和家庭农场，新组建4家省级农业产业化联合体，省级以上农业龙头企业达到200家。扎实做好动物疫病防控和农作物病虫害防治工作。

（三）抓实扩大内需战略，畅通国内国际循环

拓展有效投资空间。抓实“五个一批”项目，深入实施新基建三年行动计划，安排落实281个“两新一重”项目，加快推进“北水南调”、罗溪水库等项目前期工作，力促漳汕高铁、鹰厦铁路漳州支线外迁等项目开工，确保全年重点项目投资不低于上一年度。扩大制造业设备更新和技改投资，完成300项以上市级重点技改项目。鼓励新兴产业投资，试行政府首购制度。发挥政府投资撬动作用，引导民间资本参与重点领域项目投资，激发全社会投资活力。加强签约项目履约率考核，力促项目提速转化、加快落地。

全面促进消费。持续开展“乐购漳州”系列活动，打造“一县一商圈”，完善便捷停车、便利消费的软硬件配套，培育一批重点商圈和特色街区。加快发展“直播带货”“网上餐厅”“网上超市”等新业态，支持实体商业发展线上业务，引导零售企业向“新零售”转型。开拓城乡消费市场，配套完善区域性商贸物流配送中心和乡村末端配送网点，畅通农产品进城和工业品下乡渠道。开展“A级景区+星级酒店”创建行动，加快组建旅游车队，建设旅游特色商品购物点，落实带薪休假制度，扩大节假日旅游消费。鼓励新能源汽车消费，促进家电家具家装消费，推动住房消费健康发展。

推动内外贸一体化。坚持用好国内国际两个市场，建设“漳州产”内外贸展示平台，扩大内外销产品“同线同标同质”实施范围，引导出口企业打造内销品牌、开拓国内市场。发挥国家跨境电子商务综合试验区和台商投资区保税物流中心（B型）平台优势，加快建设线上公共服务平台、国际快件中心等，打通“关、税、汇、商、物、融”产业链条，一体化发展保税物流、仓储、电商、展示，促进“买全球、卖全球”。拓展外贸空间，组织中小企业“抱团出海”，开展线上线下“漳州产·全球销”“漳州味·世界行”活动，鼓励企业参展进博会，扩大服务进口。

（四）全面深化改革开放，争创一流营商环境

强化重点领域改革攻坚。深化“放管服”改革，加快工程建设项目审批制度改革和开发区体制机制改革创新，支持古雷开发区升格为国家级开发区，推进5个县（开发区）相对集中行政许可权改革试点工作。实施国企改革三年行动，积极推行国企混改。深化农村集体产权制度和农村土地制度改革。推行政务服务标准化、规范化、便利化，全面落实“跨省通办”“省内通办”事项，建成新行政服务中心，推动审批服务事项统一进驻政务实体大厅和网上办事大厅，各单位自建政务服务APP统一整合进入漳州通APP。全面推行证明事项告知承诺制，落实政务服务“好差评”制度，提高服务质量和效率。

培育国际合作和竞争新优势。推动更深层次、更宽领域、更大范围的对外开放，积极融入“海丝”核心区建设，拓展“一带一路”技术合作，加强与东盟国家港口、物流和产业合作。主动对接区域全面经济伙伴关系协定和中欧投资协定，深化货贸、服贸和投资等经济技术对外合作。加大国际贸易“单一窗口”推广应用，推行汇总征税和关税保证保险等新型担保措施，进一步优化进出口环节监管服务，巩固跨境贸易便利化成果。

打造闽台融合先行区。持续探索漳台融合发展新路，依托五大国家级对台合作平台，深化石化、精密机械、现代农业等产业融合。加强基础设施联通，加快东山5000吨级对台客货码头项目建设，推进东山与澎湖、高雄客货运直航。突出能源资源互通，支持古雷石化企业开展对台原油委托加工业务，加强漳台渔业技术、农业资源和旅游资源交流合作。推动行业标准共通，鼓励台资企业在漳设立第三方检验检测和认证机构，参与制定国家和行业标准。落实落细惠台政策，实施乡情亲情延续工程，持续推动台湾青年创业基地建设，用产业、项目、事业、待遇吸引台湾青年人才来漳发展。

（五）优化国土空间布局，加快城乡融合发展

主动融入闽西南协同发展区建设。强化规划引领，编制实施《厦漳泉都市圈发展规划》，配合完成闽西南协同发展区专项规划编制，进一步推动产业共建、服务共享、政策共用。用好闽西南城市

协作开发集团和发展投资基金，扎实推进闽西南协同发展区重大项目建设，加快建设漳武高速、福厦（漳）客运专线、厦门轨道交通6号线漳州（角美）延伸段，尽快开工厦漳泉城际铁路R1线。健全区域环境治理联动机制，开展大气环境联防、水环境联治、海漂垃圾联控。

*精心建造城市和县域核心区。*完成市、县国土空间规划编制。稳妥推进中心城区行政区划调整，提速东部新城、市区北部片区、西湖片区、南江滨片区开发建设，推动主城区跨江面海发展。主动融入“211”省内交通网建设，完善城市路网和对外快速通道，新建改造城市道路120公里以上。实施城市更新行动，深化城市建设管理“十项行动”，改造提升77个老旧小区。启动创建国家生态园林城市，新增公园绿地1500亩以上、绿道100公里以上。推进智慧城市建设，提高城市管理科学化、精细化、智能化水平。实施“小县大城”战略，做强各县城区和副中心镇，引导县域人口、产业和公共服务设施集约高效布局。全面放开落户限制，加快农业转移人口市民化。

*深入实施乡村振兴战略。*巩固拓展脱贫攻坚成果，保持5年过渡期内主要帮扶政策总体稳定，在规划、政策、工作、机制上同乡村振兴有效衔接，防止返贫致贫。落实乡村振兴“一村一方案”，打造28条串点连线成片的乡村振兴示范线路。实施乡村建设行动，完善乡村规划体系和农房建设管理制度，落实农村宅基地“一户一宅”政策，保护传统村落和乡村风貌，打造一批原山原水、古色古香、宜居宜业的特色乡村。实施村庄基础设施改善工程，完善农田水利、水电路气、物流通信配套，推进县乡村公共服务一体化。开展农村人居环境整治五年提升行动，加快推进农村生活垃圾治理市场化，完成70个村庄生活污水治理提升任务，整治裸房1.6万栋。

（六）严格生态空间管控，守住蓝天碧水净土

*坚持山水林田湖草系统治理。*严守“三线一单”，深化河湖长制，全面推行林长制，强化自然保护地和湿地监管，完成植树造林9.9万亩。加强矿山生态修复，严格落实“矿长制”“净矿出让制”“绿色矿山承诺制”，持续推进漳浦县蔡坑矿山生态修复和龙海市一比疆、长泰县吴田山废弃矿山综合治理。扎实推进涉海（河）非法采运砂综合治理行动，加快漳江口红树林综合整治修复，完成东山八尺门综合治理生态修复工程海堤贯通。落实耕地占补平衡，加强永久基本农田保护和管理，完成年度补充耕地及水田任务。完善九龙江流域（漳州段）生态补偿机制，全面实施九龙江流域（漳州段）山水林田湖草生态保护修复，探索推进环境污染第三方治理。

*继续打好污染防治攻坚战。*加快中央环保督察反馈问题整改，“一表一图”系统治理，“一源一策”逐项销号。实施“蓝天、碧水、净土、碧海”四大工程，深化污染源头排查整治，推动臭氧和颗粒物协同治理，确保空气环境质量稳定好转；基本完成千人以上农村集中供水饮用水水源地生态环境整治，确保主要流域国、省考断面Ⅰ-Ⅲ类水质比例达到考核要求；开展农业面源污染、工业固废(危废)排查整治等专项行动，推动受污染耕地、地块安全利用率分别达到93%和90%以上；加强海漂垃圾综合治理，建立海上环卫队伍，推进岸滩整治修复，建设美丽海湾。

*加快推动绿色低碳发展。*实施绿色制造工程，大力支持节能技改、资源综合利用和循环经济项目建设，加快清洁能源替代，降低碳排放强度。开展重点用能单位“百千万”行动、农业“三减量三利用三提升”行动，畜禽养殖粪污资源化利用率达到98%以上。倡导绿色低碳生活，推行“光盘行动”，减少一次性塑料制品使用，有序推行生活垃圾分类，主城区垃圾分类覆盖率达到60%以上。

（七）致力推动民生提档，改善人民生活品质

*着力稳就业、增收入。*实施高质量就业行动，以创业促就业，扎实做好高校毕业生、退役军人、农民工、就业困难人员等重点群体就业，新增城镇就业3.4万人。突出调高、扩中、提低“三轮驱

动”，实施城镇居民、农村居民、困难居民等三大群体增收计划，增加居民工资性、经营性、财产性、转移性收入。大力发展企业年金、职业年金、个人储蓄性养老保险和商业养老保险，增加退休人员收入来源。

*着力重防范、护健康。*巩固拓展疫情防控成果，毫不放松抓好“外防输入、内防反弹”工作，坚持“人”“物”同防，严格实施高中风险地区和境外入漳人员闭环管理，全面加强进口货物特别是冷链食品检测和消毒，有序组织疫苗接种，充分做好应急物资和医疗救治准备，确保不出现规模性输入和反弹。健全公共卫生应急管理体系，深化医药卫生体制改革，推进县域综合医改，完善紧密型医共体建设。加快市医院新总部、市中医院新院区等项目建设，促进优质医疗资源扩容和区域均衡布局。巩固提升医疗“创双高”成果，推进一批重点专科和薄弱学科建设，新增卫技人员1520名。坚持中西医并重，加大中医药政策扶持，促进中医药事业高质量发展。启动“体医融合”进社区试点，支持医养结合、安宁疗护项目建设，提升全生命周期医疗服务能力。加强医保基金监管，严打欺诈骗保行为。加大药械监管力度，确保群众用药安全。

*着力补短板、办实事。*认真抓好20项为民办实事项目。坚持教育优先发展，加快市属本科院校创建工作，建设高素质专业化创新型教师队伍，加强中小学生心理健康教育，新建公办幼儿园17所，新增中小学学位8000个。加强全民健身场地设施建设，办好第十四届市运会、第十一届老健会。重视文物保护与利用，落实“六个一批”项目，做好在闽举办的第44届世界遗产大会漳州考察路线筹备工作。加大保障性租赁住房建设力度，发展长租房市场，实施公共租赁住房租赁补贴，推动棚户区改造1万套以上，完成2000户困难老年人家庭适老化改造。

*着力强治理、保稳定。*加快创建市域社会治理现代化试点合格城市，弘扬新时代“枫桥经验”、新时代“漳州110”精神，推广城乡社区网格治理“2+N”模式，夯实基层治理基础。深入开展社会治安、公共安全隐患专项整治，建立扫黑除恶专项斗争长效机制。防范化解金融风险，严厉打击逃废债行为，加强重点非法集资案件查办，力争陈案积案化解率超60%。深入开展安全生产专项整治三年行动和安全隐患大排查大整治行动，遏制较大及以上生产安全事故发生。持续治理餐桌污染，建设食品放心工程。抓实抓细防台防汛各项工作，提升防灾减灾救灾能力。推进基层群众性自治组织规范化建设，完成村级组织换届选举工作。

深化与各民主党派、工商联和无党派人士的合作共事和民主协商，支持工会、共青团、妇联、残联、红十字会等群团组织发挥更大作用，推动社会组织多元健康发展。全面贯彻党的宗教工作基本方针，帮扶老区苏区、少数民族乡村加快发展。持续加强国防教育、国防动员、人防、海防、双拥共建和退役军人优抚安置等工作。

四、持续提升治理效能，努力建设人民满意的政府

新发展阶段、新发展格局对政府工作提出新的更高要求，我们要初心如磐、使命在肩，强化自身建设、勇于自我革命，提升政府治理能力现代化水平，努力建设人民满意的服务型政府。

*永葆绝对忠诚的政治本色。*始终把政治建设摆在首位，深入贯彻落实习近平新时代中国特色社会主义思想，增强“四个意识”、坚定“四个自信”、做到“两个维护”，不断提高政治判断力、政治领悟力、政治执行力，自觉在思想上政治上行动上同以习近平同志为核心的党中央保持高度一致。增强“八大本领”，提升“七种能力”，练就担当作为的硬脊梁、铁肩膀、真本事。树牢以人民为中心的发展思想，认真解决群众反映强烈的突出问题，让人民群众有更多的获得感、幸福感、安全感。

*锤炼依法行政的过硬本领。*坚决贯彻落实习近平法治思想，注重运用法治思维和法治方式深化改革、推动发展、化解矛盾、维护稳定，构建职责明确、依法行政的政府治理体系。认真执行重大行政

决策公众参与、专家论证、合法性审查等制度，不断提高行政决策科学化、民主化、法治化水平。推进科学立法，加强立法与改革决策有机衔接，做好土壤污染防治、水仙花原产地保护管理等法规起草和政府规章制定工作。深化行政执法体制改革，全面落实行政执法“三项制度”。坚持依法统计，切实提高统计数据质量。启动“八五”普法，学好用好《民法典》等法律法规，营造良好法治氛围。

打造政务生态的“绿水青山”。自觉在市委的领导下开展工作，执行好重大事项向市委报告制度。严格执行市人大及其常委会决议、决定，自觉接受人大法律监督、工作监督和政协民主监督，积极配合监察监督、司法监督、审计监督、社会监督和舆论监督，全面推行政务公开标准化、规范化。深入落实全面从严治党主体责任和意识形态工作责任制，严格执行中央八项规定及其实施细则精神和省市实施办法，树牢过紧日子的思想，严控一般性支出和非重点支出，兜牢基层“三保”底线。全面深化机关效能建设，认真落实《政府督查工作条例》，力戒形式主义、官僚主义，切实提高行政效能。加强廉洁政府建设，一体推进不敢腐、不能腐、不想腐，形成风清气正的政务生态。

各位代表，站在“两个一百年”奋斗目标的历史交汇点上，我们要更加紧密地团结在以习近平同志为核心的党中央周围，在省委和省政府以及市委的正确领导下，不忘初心、脚踏实地、砥砺前行，全方位推动高质量发展超越，以优异成绩庆祝建党100周年。

·2020年漳州市脱贫攻坚纪实·

根据精准识别和动态调整，漳州市共有建档立卡贫困人口66157人（其中国定41018人、省定25139人）、贫困村183个、贫困县3个（云霄县、诏安县、平和县）。自2016年启动“推进精准扶贫打赢脱贫攻坚战三年行动”以来，我市紧紧围绕“两不愁三保障”突出问题，通过实施“七大脱贫攻坚工程”，创新开展扶贫“三千工程”，全面推进“养鸡生蛋工程”，以党建引领机制壮大村集体经济，到2018年底，全市贫困户、贫困村全部实现脱贫摘帽，2019年6月经省委、省政府公告，3个贫困县实现退出。此后，全市以“四个不摘”为基本要求，以“稳定提质”为工作目标，组织实施“打赢脱贫攻坚战稳定提质三年行动”，创新开展缓解相对贫困人口扶持机制，重点县发展基础更加扎实，贫困村公共服务配套进一步完善，“两不愁三保障”进一步夯实，贫困人口饮水安全水平进一步提升，脱贫成果进一步巩固拓展。

一、精心组织，压紧压实责任

1. 组织领导到位。强化党政一把手负总责的领导责任制，市、县、乡（镇）三级均成立以党政主要负责人任组长、分管负责人任副组长的扶贫开发领导小组，统筹推进脱贫攻坚工作。市委常委会、市政府常务会每年多次专题研究脱贫攻坚工作，传达贯彻落实上级工作部署及会议精神。市委书记邵玉龙、市政府市长刘远多次听取有关工作情况汇报，提出具体要求，推动脱贫攻坚各项工作有效落实。2020年，市委、市政府主要负责人和分管负责人召开4次全市层面的决战脱贫攻坚工作推进会，对2019年脱贫攻坚工作和问题整改进行再部署、再推动、再落实。市委常委会召开10次会议、市政府常务会（党组会）召开17次会议、扶贫开发领导小组召开4次会议研究部署扶贫工作。市委市政府负责人对扶贫工作作出批示达60次。

2. 责任落实到位。相关职能部门围绕产业、就业、教育、住房、医保、低保、健康等出台一系列扶贫政策，分工协作，高标准抓好落实。如，农业农村部门把抓党建与脱贫攻坚工作列入局党组重要议事日程，每个月都召开一次专题会议研究部署。制定了《漳州市农业农村扶贫三年行动实施方案》，出台了“每月一下沉”工作制度，建立了“五个一”工作机制，直达一线、靠前服务，深入农村贫困地区一线解决问题。商务部门认真落实《漳州市人民政府关于推动电子商务助力精准扶贫六条措施的意见》，主动作为、积极开展电商扶贫，带动贫困地区、贫困户增收创收，我市“电商助力精准扶贫案例”入选国务院扶贫办《脱贫攻坚典型案例选编》(全省唯一)，市商务系统和云霄县两个案例入选国务院扶贫办“全国电商精准扶贫典型案例 50 佳名单”(福建省仅两例)。

3. 挂钩帮扶到位。安排 32 名市四套班子厅级干部、51 名处级干部分别挂钩 17 个欠发达乡镇，选派第四批、第五批 596 名党员干部到贫困村担任“第一书记”(省派 55 名、市派 90 名、县派 451 名)，提升贫困地区基层党组织战斗。在落实一户一帮扶责任人的基础上，增加安排 105 名市直机关和企事业单位的干部对 20 个乡镇 89 个村的贫困人口进行叠加帮扶。同时选派 183 名科技特派员到 183 个建档立卡贫困村开展“一对一帮扶”，实现贫困村科技特派员全覆盖。

二、精密监测，确保不落一人

建立全覆盖、盯重点、防遗漏的减贫机制，确保不漏一户、不落一人。

1. 强化动态管理。把牢贫困人口识别和退出关口，严格对照国家、省定农村贫困标准，按照农户申请、村民评议和“两公示一比对一公告”的程序开展贫困人口识别，通过信息核查、入户查看、数据比对等方法，全面摸清底数，及时纠偏查错，确保贫困户信息的完整性、真实性和准确性。

2. 开展重点监测。紧盯全市 634 户、2198 人已脱贫不稳定重点对象和 409 户、1535 人受疫情影响存在返贫风险对象，开展定期监测、重点帮扶，因户因人落实差异化的精准扶持政策。针对 634 户、2198 人已脱贫不稳定重点对象，选派 827 名副科级以上干部挂钩帮扶，安排 366 名当地党员或创业致富带头人结对帮扶，做到监测对象挂钩帮扶全覆盖。2020 年以来，挂钩帮扶干部已入户走访监测对象 11930 人次，实施各类帮扶措施 6744 项，累计落实专项扶贫资金 313.33 万元。

3. 落实“一键报贫”措施。充分运用“一键报贫”手机信息平台，严格按照有关要求、相关程序和时限，全面受理全市贫困农户申报监测对象，至 2020 年 12 月共受理 1869 户农户申报，经入户核实均不符合贫困标准，其中 10 户 23 人符合低保标准，已纳入低保对象进行管理。

4. 开展相对贫困人口扶持。出台产业发展、义务教育、基本医疗、住房安全、就业培训、临时救助等“六项政策”，明确资金来源（县级“养鸡生蛋”收益）和帮扶机制（挂钩帮扶、一户一档动态管理机制），对全市摸排出来的 145 户 537 个相对贫困人员进行帮扶，建立相对贫困群众有效增收机制，防止发生新的贫困。

三、精细施策，强化基本保障

始终将“两不愁三保障”和饮水安全作为精准扶贫精准脱贫的基础工作常抓不懈，强化保障措施，及时补齐短板。

1. 保障义务教育。持续开展控辍保学行动，完善行政督促复学和动态监测机制，及时劝返复学，所有贫困家庭义务教育阶段适龄儿童全部实现就学，无一辍学退学。创新开展教育扶贫“三千工程”(招收 1000 名贫困地区学生到漳州五家职业技术学院就学，征集 1000 个以上就业岗位，筹措 1000 万元资金用于资助贫困生)，市属五所高职院校共录取家庭经济困难学生 1091 人，共减免学费 1133.99 万元（2018 年共补助学费 407 万元，2019 年共补助学费 392.7 万元，2020 年共补助学费 334.29 万元），市人社局征集 3641 个工作岗位，帮助 1091 个贫困学生与企业签订毕业后就业意向协议，实现“一人就业全家脱贫摘帽”。

2. 保障基本医疗。落实城乡居民基本医疗保险、大病保险、医疗救助、精准扶贫医疗叠加保险等健康扶贫政策。建立“精准扶贫临时就诊卡”制度，全面解决无户籍信息贫困户的医疗保障问题。完善村卫生所医保结算系统建设，提高家庭医生签约服务质量，减轻医疗费用负担，降低因病致贫返贫风险。精准扶贫医疗叠加保险从 2017 年 7 月启动至 2020 年 12 月，共补偿人数为 28075 人，共获得医保各类补偿 34485.29 万元。全市 31 种重大疾病医疗保障共补偿 4617 人，医疗总费用 19492.51 万元，报销总金额 19124.11 万元，补偿比例达 98.11%。（其中：2020 年精准扶贫医疗叠加保险共补偿人数为 18073 人，共获得医保各类补偿 13819.41 万元。全市重大疾病补偿共 3910 人，总医疗费用 8604.39 万元，总报销金额 8463.62 万元，补偿比例达 98.36%。）云霄、诏安、平和三个重点县和华安、长泰两县还为建档立卡贫困户购买医疗费兜底商业保险，减少贫困户因病刚性支出，有效防止贫困户因病返贫。

3. 保障住房安全。2016 年我市启动实施贫困户“安居工程”，市、县两级政府筹集资金为全市 989 户无房户和 4169 户危房户修建房屋，率先在全省实现“居者有其屋”。在此基础上，于 2018 年再次为新排查识别的 28 户无房户、665 户危房户修建房屋。2018 年 9 月至今，累计排查 6.3 万户，全市建档立卡贫困户住房安全等级全部达到 B 级以上（含 B 级）。

4. 保障饮水安全。实施农村饮水安全巩固提升工程，对照《农村饮水安全评价准则》要求，以水量、水质和运行管护为重点，在全市范围内对贫困人口饮水安全开展排查复核。今年来共入户排查 19585 户、60280 人，组织开展水质检测 5370 份，排查发现的问题全部整改到位。

四、精准帮扶，提升脱贫成效

以提高经营性收入为抓手，充分挖掘资源禀赋，谋划发展路子，增强造血功能，培育脱贫内生动力。贫困户人均可支配收入从 2015 年的不足 3500 元，增长到 2019 年的 1.1 万元，年均增长 33%，2020 年预计为 1.37 万元。183 个贫困村村均集体经济的经营性收入从 2015 年 5.5 万元增长到 2019 年的 15.5 万元，年均增长 29%，2020 年预计为 15 万元。

一是加大资金保障力度。市县两级财政部门在全省率先按照不低于本级上一年度地方级财政收入的3‰比例安排扶贫资金，高出省里要求标准一个千分点。2016年至今，市县两级累计投入扶贫资金18.83亿元，其中市本级累计投入扶贫资金3.36亿元。2020年市级财政统筹安排用于扶贫投入9203万元，比2019年6582万元增长39.8%，占上级下达我市扶贫资金的44.36%。2020年我市共投入各级各类扶贫资金4.68亿。探索出台《支持整合财政扶贫资金建立长效机制的实施意见》，在全市全面推广精准扶贫“养鸡生蛋”工程，截至目前，累计整合扶贫资金4.58亿元，累计收益7166万元，投资收益全部用于扶持贫困村及贫困户。**二是加大产业扶持力度。**出台《漳州市农业产业扶贫三年行动实施方案》，大力推行“一镇一业、一村一品”，打造“特色种养+”“农旅结合+”“互联网+”“生态农业+”“致富带头人+”等产业扶贫模式，培育出诏安县雄鸡村富硒鸡蛋、云霄县下河村杨桃、漳浦县前亭镇骆驼牛产业等典型，促进一产接二产连三产融合发展，延伸产业链条，提高产品附加值，增强造血功能，促进贫困户增收。五年来累计扶持贫困户58910户、185779人次，共计增收8827万元。**三是加大就业帮扶力度。**全面落实贫困劳动力就业优先政策，向有转移就业意愿及就业能力的建档立卡贫困劳动力推送人岗匹配的岗位信息，出台政策鼓励企业、新型农业经营主体吸纳贫困户就业。2016年以来，累计帮助18674名贫困劳动力就业，其中通过保洁员、护林员、河道专管员等公益性岗位安置就业1588人。**四是加大金融扶贫力度。**把金融扶贫作为扶持贫困户产业发展的一项重要举措，抓紧抓实抓出成效。自2016年6月推进扶贫小额信贷工作以来，全市共配套风险补偿金12091.53万元（其中省级7620万元、县级4000万元、其他资金471.53万元），累计发放扶贫小额贷款51571.01万元，受益贫困户11933户，累计发放贴息资金2426.98万元。2020年新增贷款3103.97万元，新增扶持建档立卡贫困户951户。**五是加大对口扶贫协作力度。**协调推动山海协作、东西部扶贫协作以及市辖区内经济发达县（区）结对帮扶欠发达乡镇活动，推动区域协调发展。市主要负责人、分管负责人分别带队赴宁夏开展扶贫对接工作，有关县（区）党政主要负责人主动开展交流合作，另选派8名干部、12名专技人员，组织2个援宁工作组深入宁夏一线帮扶协作，助力宁夏全面打赢脱贫攻坚战。优选39家企业、39个行政村、5所学校、4家医院与宁夏开展结对帮扶，协助招商引资13家企业到宁夏投资兴业，总投资额10.12亿元。筹集市、县财政资金4138万元用于闽宁协作，筹集社会帮扶资金1362.59万元支持海原县和闽宁镇，帮扶资金及时拨付到位。承担帮扶重点县任务的龙海市和受帮扶的云霄县、诏安县、平和县分别与对口帮扶方共同引进2个以上企业落地共建产业园区。全市9个非贫困县的县（区）结对帮扶重点县17个欠发达乡镇，落实帮扶资金4100万元，为加快欠发达乡镇发展提供了有力支持。**六是抓好易地扶贫搬迁后续帮扶。**通过发展特色产业，加大产业扶持力度，带动全市1392户易地扶贫搬迁户实现产业发展、就业脱贫。如，平和县实施“三凤”（养凤生财、筑巢引凤、引凤还巢）工程，引导易地搬迁户依托迁入地的产业特色，探索“一镇一品、一村一业、多村共建”的新路子。南靖县创新“五位一体”合作模式（政府+企业+农户+金融+保险），由政府主导、公司运作、金融支持、保险保障、农户管理，实现五方共赢。华安县实施“公司+贫困户”模式，推进百香果、茂谷柑等特色产业发展，10家企业带动贫困户289户，实现户均年增收2138元。

五、着力克服疫情影响

采取针对性措施，克服新冠肺炎疫情对脱贫攻坚的影响，确保高质量打赢脱贫攻坚战。

1. 加大财政资金投入。追加2020年市级财政专项扶贫资金1846.54万元，其中用于补助183个建档立卡贫困村1526万元，补助已脱贫不稳定重点对象和受疫情影响存在返贫风险对象发展生产共167.7万元，配套省“十九条措施”补助121.1万元，发放野生动物养殖退产转产补助31.74万元。

2. 帮助就近就学就业。落实省《关于做好面向全省中学毕业班家庭经济困难学生开展“提网速、免流量”助学行动的通知》，让家庭经济困难学生在家也能上线学习，不让一个贫困学生掉队。积极改进服务模式，通过举办招聘会、开展“扶贫入户、送岗上门”服务等，积极向有就业意愿的贫困户推送3个以上岗位信息，为422户受疫情影响的贫困户解决务工就业需求，其中推荐到企业务工362人、公益性岗位60人。鼓励当地企业、新型农业经营主体和扶贫车间就近吸纳贫困户就业，每吸纳一个贫困人口稳定就业3个月以上的给予一次性补助2000元（其中市级补助300元），共有258名贫困人口受益。

3. 保障困难群众生活。完善延保渐退政策，对经济状况改善并符合延保渐退条件的老区苏区低保贫困户家庭，给予6—12个月延保渐退期。在疫情防控期间，向低保对象和集中供养特困人员发放每人每月100元副食品补贴，累计发放8706.41万元，受益建档立卡贫困人口20129人。

4. 落实产业保险政策。简化理赔手续，将参保贫困户的保费承担比例从10%降为5%，进一步提升产业保险保障水平，减轻贫困户负担，全市产业扶贫保险覆盖率达到79.22%。如平和县在产业扶贫保险的基础上推行蜜柚产业价格指数保险，为全县2261户有种植蜜柚的建档立卡贫困户8952亩蜜柚购买价格指数保险，进一步稳定贫困柚农的收益预期，为脱贫产业系上“安全带”，有效防范和化解贫困户返贫风险。

（苏英顺）

责任编辑：江细珍

大事记

1月

1月1日，漳州市数字城市管理“智慧管家”的升级版——漳州智慧城管启动试运行。

1月2日，市委书记邵玉龙、市长刘远到芗城区、古雷开发区，参加2020年首季项目集中开工签约活动，推动“大抓工业、抓大工业”、建设工业新城再加温、再提速。

1月3—5日，政协第十三届漳州市委员会第四次会议在漳州宾馆召开。会议审议通过政协第十三届漳州市委员会第四次会议决议。戴鹏飞、卢力当选为政协第十三届漳州市委员会副主席，叶淑端当选为政协第十三届漳州市委员会常务委员。

1月4—6日，漳州市第十六届人民代表大会第四次会议在芗城召开。市委书记邵玉龙出席并讲话，市长刘远作政府工作报告。欧龙光当选为市人大常委会副主任。

1月9日，漳州云平高速建成通车，云霄县城至平和县城的车程比原来缩短约半小时。

1月10日，省十三届人大三次会议漳州代表团在代表团驻地举行全体会议。市委书记邵玉龙主持会议并讲话。

1月13日，中央电视台科教频道《地理•中国》栏目播出《探秘无人岛》纪录片，实地探访揭秘漳浦南碇岛。

1月16日，市委书记邵玉龙、市长刘远见证中海油漳州LNG项目一号罐体成功升顶。

1月22日，《中国减贫奇迹怎样炼成——全国脱贫攻坚案例选》由中国研究出版社出版，“漳州市‘一户一店一码’电商扶贫模式”被编入该书，为福建省唯一入选案例。

1月23日，全省新冠肺炎防控工作电视电话会议后，漳州市紧接着召开视频会议，贯彻落实全省电视电话会议精神，部署具体防控工作。市委书记邵玉龙、市长刘远出席会议并讲话。

1月26日，漳州市第一批援助湖北医疗队出征仪式在漳州宾馆举行。

2月

2月6日，漳州市首例新冠肺炎患者从漳州市医院治愈出院。

2月6日，市委副书记、政法委书记、市应对疫情工作领导小组副组长阮开森不打招呼、随机察看芗城、龙文部分街道社区、单位的疫情防控措施落实情况，走访慰问一线工作人员。

2月19日，全市第一季度安全生产工作暨保障疫情防控工作和节后企业复工复产安全视频会召开。

2月21日，漳州明鑫智能科技股份有限公司研发的口罩生产设备正式通过验收，标志着本土企业研发的口罩生产设备具备生产资格。

2月24日，由市商务局推出的“商务复工e网帮”小程序正式上线，通过线上接单、后台表单化处理、指定专人限时办结的方式，为企业提供全方位、无接触式的便捷政务服务。该举措为全省政务领域首创。

2月27日，市委书记邵玉龙主持召开市委常委会暨市委教育工作领导小组第二次会议，传达《中共中央、国务院关于学前教育深化改革规范发展的若干意见》《中共中央、国务院关于深化教育教学改革全面提高义务教育质量的意见》等文件精神，研究漳州市贯彻意见。

2月，省委常委周联清深入漳州基层一线，调研指导漳州市统筹做好疫情防控和经济社会发展工作。

3月

3月1日，中央电视台综合频道播出电视剧《谷文昌》。

3月4日，市长刘远带队到云霄县、诏安县，调研指导农业复工复产和巩固脱贫攻坚成果工作。

3月5日，市委书记邵玉龙主持召开市委常委会会议暨市扫黑除恶专项斗争领导小组第一次会议。

3月9日，漳州市召开工作调度会，对“抓实抓细疫情防控、有力有效推进复工复产”进行再部署、再推进。

3月10日，漳州市政府办印发《关于漳州市重点项目建设提速提效的若干意见》，进一步加快全市重点项目的前期工作，优化审批流程，提高项目审批效率，推进重点项目建设进度。

3月12日，漳州市安全生产委员会印发《漳州市全面开展安全生产隐患大排查大整治实施方案》，规定从即日起至当年底，全市各行业、各领域和所有生产经营建设单位全面深入开展安全生产隐患大排查大整治行动。

3月13日，谷文昌纪念馆“全国爱国主义教育示范基地”授牌仪式举行。

3月15日，漳州市中心城区市场、摊位、商铺家禽交易开始实施集中屠宰、集中检疫检验、白条配送上市的管理办法。

3月17日，市委书记邵玉龙深入市属高校走访调研，强调毫不放松抓好疫情防控，积极谋划加快学校建设发展，不断提升市属高校的办学层次和水平。

3月17日，漳州市联合阿里巴巴1688发起的“源头产地复苏计划——漳州网上食品名城”直播日大促销活动成功举办。

3月18日，古雷炼化一体化项目环氧乙烷/乙二醇装置配套的洗涤塔运抵项目现场，成为漳州市项目复工建设后首台到货的超千吨级大型设备。

3月19日，漳州市推进文化和自然遗产保护“六个一批”项目和“一城七线”考察展示路线视频会议召开。

3月24日，中核集团全球在建的第5台华龙一号核电机组——中国核电漳州核电1号机组首个钢衬里模块顺利吊装成功。

3月27日，厦漳两地共同建设的长泰枋洋水利枢纽工程取得重大节点性进展，大坝的上存水库正式下闸蓄水。

4月

4月1日，漳州市中心城区（含芗城、龙文、高新区）餐饮业者对照新修订后的《新冠肺炎疫情防控期间漳州市主城区餐饮服务提供者恢复营业工作指引》，自主开放堂食经营。

4月9日，市委组织部在全省率先印发《开展农村基层党建“整乡推进、整县提升”行动聚力脱贫攻坚乡村振兴的实施方案》，要求加强农村党的组织体系建设，突出政治功能和组织力，强化系统思维、整体思维，为决战决胜脱贫攻坚、实施乡村振兴战略、确保如期实现全面小康提供坚强组织保证。

4月10日，漳州“中国女排娘家”基地项目建设启动工作会在市区召开。

4月13日，漳州市召开视频会议，对决战决胜脱贫攻坚进行再动员、再部署、再落实、再推进。

4月16日，全市房屋结构安全隐患排查整治“百日攻坚”专项行动工作推进会议召开。市委常委、常务副市长张慧德出席会议并讲话。

4月20日，农业农村部公布国家现代农业科技示范展示基地名单，福建省3个基地入选，其中，位于云霄县佳洲岛的漳州绿州农业发展股份有限公司蔬菜基地榜上有名。

4月21—22日，省人大常委会组织部分在闽全国人大代表到漳州市开展企业复工调研，省人大常委会党组书记、副主任张广敏，省人大常委会副主任邓力平以及市长刘远以全国人大代表身份参加调研，市人大常委会主任陈汉夫陪同调研。

4月22日，漳州市与福建省交通运输集团合作项目签约仪式在漳州宾馆举行。

4月27日，漳州获批中国跨境电商综合试验区。

4月27日，漳州市第七次人口普查动员会召开，对全市的人口普查工作进行动员部署。

4月28日，漳州市政府与中国进出口银行福建省分行签署战略合作框架协议。市委书记邵玉龙、市长刘远，省企业与企业家联合会会长刘捷明、省进出口银行行长王须国等共同见证签约。

4月28日，漳州片仔癀药业有限公司、漳州天福茶业有限公司两家企业入选省级工业旅游示范基地。

4月29日，福建省出台《实施一二三产业“百千”增产增效行动方案》并公布第一批102家农业企业名单，漳州绿宝食品、紫山集团、天福茶业等18家企业上榜。

4月30日，福建省下达2020年度第二批中央财政专项扶贫资金。其中，漳州获资金8593万元，重点支持产业扶贫、就业扶贫、贫困村提升工程、扶贫改革、国有贫困农场及易地扶贫搬迁后续扶持等工作。

4月，全国城市GDP百强名单正式出炉。其中，漳州市以4741.83亿元的国内地区生产总值首次跻身榜单50强，位居第47位。

5月

5月6—7日，中共中央候补委员、全国人大常委会委员、全国台联党组书记、会长黄志贤一行，深入芗城区、南靖县和闽南师范大学，调研漳州市对台工作。

5月7—9日，省人大常委会组织部分全国、省、市三级人大代表到漳州就爱国卫生工作开展集中视察。省人大常委会副主任吴洪芹参加视察，并走访慰问部分医疗卫生和企业领域省人大代表。

5月9日，芗城区交通运输局向漳龙物流园区开发有限公司颁发《网络平台道路货物运输经营许可证》，这是自交通运输部和国家税务总局印发《网络平台道路货物运输经营管理暂行办法》以来，漳州市发出的首张“网络货运”运营牌照，同时也是福建省首批“网络货运”牌照发放。

5月10日，中国品牌建设促进会联合新华社、中国资产评估协会等单位，权威发布“2020中国品牌价值评价信息”。片仔癀以品牌价值304.55亿元、品牌强度925在中华老字号品牌中蝉联第二，品牌价值首破300亿元，再创新高。

5月12日，中国铁路南昌局集团有限公司党委书记、董事长王培带队到漳州，与漳州市进行对接座谈，共商项目合作事宜。市委书记邵玉龙、市长刘远等出席座谈会。

5月13—15日，省人大常委会党组副书记、副主任梁建勇率调研组到漳州调研禁毒工作。

5月14日，市委书记邵玉龙主持召开市委常委会会议，研究脱贫攻坚、生态环保及“六稳”“六保”等工作。

5月19日，市委书记邵玉龙与宁夏中卫市委书记何健率领的代表团一行座谈。

5月20—21日，省委常委、组织部部长杨贤金到漳州调研疫情防控、复工复产、抓党建促脱贫攻坚促乡村振兴等工作。

5月21日，省委巡视二组向漳州市委反馈巡视情况。省纪委常委、省委巡视办主任游美萍主持召开向漳州市委书记邵玉龙的反馈会议，出席向漳州市委领导班子反馈巡视情况会议，对巡视整改提出要求。

5月22日，“国际茶日·漳州茶品鉴会”在市海峡两岸茶文化交流中心举行。

5月26日，五市政府（厦门市、漳州市、泉州市、三明市、龙岩市）共同发起成立的区域性引导基金——福建闽西南发展投资基金合伙企业（有限合伙）（简称“闽西南发展投资基金”）正式完成工商注册，注册地厦门，管理人为中交投资基金管理（北京）有限公司。漳州市九龙江集团认筹3亿元，占各地市出资比例20%。

5月26日，由省农业农村厅、中国农业银行福建省分行联合举办的“深化政银企合作 促进生猪产业转型升级”发布会在漳州宾馆举行。副省长郭宁宁出席并讲话，市委书记邵玉龙致欢迎辞。

5月26日，“中国·福建—韩国双向贸易云对接会”举行。对接会采取“网络视频会议+直播”的方式进行，在福州、漳州分设会场，并同时连线韩国首尔、北京、上海等地，在两国八地连线举行。副省长郭宁宁在漳州分会场参加活动。

5月，2020中国最具品牌价值100强名单公布，漳州片仔癀药业股份有限公司以566.96亿元的品牌价值位居榜单第55位，品牌价值较去年增加超百亿，排名上升4位。

5月，漳州首次使用探地雷达系统排查市政道路地下隐患。

6月

6月3日，漳州中院率先在全省建立生态环境技术专家库，入选专家根据案件需要和所涉技术领域，经过漳州中院指派，担任具体案件技术调查官。

6月5日，漳州中科智谷科技有限公司与中国航天科工二院七〇六所在漳州宾馆签署合作协议。

6月8日，漳州首推“企业+N秒办”模式，打造“企业开办一次办成”平台。新开办企业可一并完成办理营业执照、印章刻制备案、银行预开户及社保登记、公积金开户等诸多事项。

6月9日，漳州市政府办印发《加快数字经济发展实施方案》。

6月9日，由人民日报、新华社现场云、央视新闻移动网、央视频、闽南TV联合漳州市档案馆和漳州档案新媒体矩阵，共同推出《档案见证小康路聚焦扶贫决胜期——漳州市档案馆“6·9”国际档案日》特别直播节目。

6月11日，漳汕高铁项目可行性研究报告审查全体会议在漳州宾馆举行。

6月16—17日，省政协副主席洪捷序带领调研组，到漳州市就“培优做强重点产业，推进‘十四五’产业基础高级化和产业链现代化”与“促进开发区高质量发展”开展专题调研。

6月19日，以“助燃烟火气，点亮夜经济”为主题的2020漳州“汽车后备箱”夜市文化节，在漳州市区红星美凯龙家居广场启幕。

6月21—24日，省政协副主席许维泽，省政协原副主席、省扶贫“两会”（省扶贫基金会、省扶贫开发协会）会长叶继革带队到漳州，开展脱贫攻坚圆满收官专题调研。

6月23日，全市脱贫攻坚工作推进会召开。

6月，漳州市举办自有品牌采供对接会。来自全国各地的十余家自有品牌零售商30余人到漳州采购，包括上海盒马、上海欧发、许昌胖东来、果语控股、福建冠业股份、杭州华味亨、杭州联华华商集团等零售商家与漳州80余家企业进行贸易接洽。

7月

7月1日，漳州农业发展集团、漳州信息产业集团正式挂牌成立，为漳州市市属重点国有企业。

7月9日，漳州市委、市政府印发《漳州市现代农业发展三年行动方案（2020-2022年）》。

7月9-10日，省委常委、厦门市委书记胡昌升，省人大常委会党组副书记、副主任梁建勇带领省直有关部门负责同志到漳州市开展工业调研。

7月13日，漳州市现代农

业发展大会召开。

7月14日，航天科工信创产业计算机漳州中科智谷生产基地整机产品成功下线，总投资105亿元的华晴卫星应用产业园项目签约落地，市委书记邵玉龙、市长刘远为出席。

7月16日，漳州市召开创建全国市域社会治理现代化试点合格城市动员大会。

7月16日，在漳州海关申报的首票以跨境电商B2B直接出口（监管代码“9710”）货物顺利通关。这也是漳州被列入新一批跨境电商综合试验区的城市名单后，全市范围内办理的首票跨境电商业务。

7月20日，漳州市文化旅游体育会展夜间经济融合发展大会开幕。

7月20日，漳州市“云上文化节”暨第二届“网络文化季”启动仪式在漳州宾馆举行。

7月21日，《习近平在福州》采访实录读者见面会在漳州市新华图书城举行。

7月22日，市委理论学习中心组举行扩大学习会，特邀工信部信息化和软件服务业司原司长陈伟作“新基建、新机遇、新作为”专题辅导报告。市委书记邵玉龙主持学习会。

7月23日，市长刘远主持召开市政府廉政工作会议。

7月26日，由中国音乐家协会、省文联、市委宣传部共同主办，市文联、市音乐家协会承办的第六期全国优秀中青年词曲作家高级研修班在漳州开班，来自全国30个省（市）自治区、直辖市推荐遴选出的49位青年词曲作家参加培训。

7月27日，海峡两岸（福建·漳州）融晴文化艺术展在东山县开幕。这是新冠肺炎疫情发生以来闽台两岸共同主办的首个综合性文化交流活动。

7月27日，漳州九龙江集团获评国内最高信用等级，系全市首家、全省地市级工商类国有产业投融资集团首家获AAA主体信用等级的企业集团。

7月28日，厦门大学与漳州市深化战略合作联席会议举行，厦门大学党委书记张彦、校长张荣，市委书记邵玉龙、市长刘远出席会议。

7月28日，中央环保督察反馈问题整改暨污染源头治理工作推进会召开。

7月28日，厦门大学古雷石化研究院在厦门大学漳州校区揭牌成立。

7月29日，宁夏中卫市功能名特优农产品推介暨消费扶贫发布会在漳州市举行。

7月31日，全省首家“军地司法协作诉非联动中心”在东山县正式挂牌成立。

7月，省政府办公厅印发《中国（漳州）跨境电商综合试验区实施方案》，明确中国（漳州）跨境电商综合试验区的发展目标、主要建设任务、创新举措和保障措施等。

8月

8月4日，华龙科技文化园项目在云霄县签约。

8月11日，第6号台风“米克拉”在漳浦沿海登陆，给漳州市带来大风强降雨。

8月11—24日，“中国福建漳州·日本北海道伊达缔结国际友好城市十周年”纪念图片展在日本北海道伊达市顺利举办。

8月14日，市管干部学习贯彻中共十九届四中全会精神轮训主题报告会召开。

8月16日，2020年“福腾200”福建省优秀青年人才成长营（漳州站）正式启动。

8月18日，漳州市行政服务中心项目正式开工建设。

8月22日，“全闽乐购·漳州产全球销”活动在漳州古城启动。

8月25日，惠誉上调漳龙集团国际信用评级至BBB-，漳龙集团成为全国首家由非投资级上调为投资级的城投类企业。

8月25日，“老外看漳州——不见外老潘漳州行”活动在漳州古城启动。

8月25—27日，省委常委、省纪委书记、省监委代理主任李仰哲到漳州市东山县、云霄县，就贯彻落实十九届中央纪委四次全会和省委十届十次全会部署、推进纪检监察工作高质量发展开展调研。

8 月 27 日，全市抓党建促乡村振兴推进会召开。

8 月 29 日，由福建省政协文化文史和学习委员会指导，朱子学会、福建省闽南文化研究会主办的“阳明学在福建”学术研讨会在漳州召开。

8 月，福建省发改委（省营商办）印发推广 16 个优化营商环境典型经验做法，供各地互相学习借鉴。其中，《漳州市推行企业开办“一窗受理”和“零成本”改革》典型案例上榜。

8 月，福建省营商环境评价结果出炉，漳州市在全省 2019 年度营商环境指数考核中位列第二，在全省九市一区营商环境第三方评估中位列第三。

9月

9 月 8 日，全国抗击新冠肺炎疫情表彰大会在北京人民大会堂隆重举行。漳州市医院呼吸与危重症医学科主任、主任医师林立参加会议并荣膺“全国抗击新冠肺炎疫情先进个人”称号。

9 月 8—10 日，省人大常委会党组副书记、副主任雷春美带领检查组一行到漳州，深入芗城区、龙文区、漳浦县、诏安县开展慈善法执法检查，并听取市政府和相关部门贯彻实施情况汇报。

9 月 11 日，农业农村部联合武警部队、交通运输部、福建省人民政府共同举办的 2020 全国渔业水上突发事件应急演练在漳州东山县大澳中心渔港西侧海域举行。

9 月 11 日，全市创建模范机关暨机关党建重点工作推进会召开。

9 月 14 日，“小康在福建•主播说脱贫”大型主题采风采访漳州行创作活动启动仪式在漳州电商直播产业园举行。

9 月 17 日，全国政协常委、副秘书长，致公党中央常务副主席蒋作君带领致公党中央调研组到东山县，就协调推进海洋资源保护与开发工作进行专项调研。省政协副主席、致公党福建省委会主委薛卫民，市领导吴文团、兰万安分别参加调研座谈。

9 月 21 日，中共漳州市委十一届十二次全会召开。出席这次全会的市委委员 42 名、候补委员 9 名。市委书记邵玉龙作报告。会议通过《中共漳州市委关于深入学习贯彻习近平总书记重要讲话重要指示批示精神全方位推动高质量发展超越的决定》。

9 月 23 日，中共宁夏回族自治区党委常委、固原市委书记张柱带领固原市党政考察团到漳州考察。副省长郑建闽、市委书记邵玉龙、市人大常委会主任陈汉夫陪同考察。

9 月 24 日，“健康使命——2020”漳州市秋冬季新冠肺炎疫情防控应急演练在漳州体育场举行，省秋冬季疫情防控督导组组长张剑平一行及省卫健委专家到场观摩演练。

9 月 25—26 日，省长王宁率省直有关部门负责人，先后赴漳州市东山县、诏安县、云霄县调研，深入基层一线，详细了解经济运行、增产增效、乡村振兴、民生保障等情况。

9 月 26 日，由漳州市青年联合会、漳台交流协会、台湾有关单位共同主办的第十二届海峡论坛•第四届海峡两岸（漳州）青年交流周在漳州启动。此次活动以“共同梦想•共筑未来”为主题，采取线上线下相结合的方式进行。

9 月 28 日，由南靖县人民政府、福建省闽南文化研究会主办的“世遗土楼•海丝文化”南靖高峰论坛、福建省闽南文化研究会 2020 年学术年会在南靖县举办。

9 月 28 日，全市深化全面从严治党保障“六稳”“六保””任务落实推进会召开。

9 月 28 日，由中交二航局承接施工的金峰大桥通过交工验收。

9 月 29 日，漳州人才发展集团正式挂牌成立。

9 月 29 日，漳州市闽运公共交通有限公司在漳州客运南站举行揭牌暨新能源纯电动公交车投放仪式。

9月29日，漳州市博物馆新馆正式开馆，免费向市民开放。该馆馆藏11098件文物，其中一级文物81件。

9月29日，漳州市召开十一届市委第十轮巡察、第八轮县级交叉巡察工作动员部署暨业务培训视频会议。

9月29—30日，由省台港澳办联合省直有关单位组成的“惠台政策措施集中宣讲团”到漳州举办集中宣讲会活动。

9月，“21财经”统计338个城市2020年上半年经济数据（港澳台地区未计入），2020年上半年漳州市以2220.3亿元地区生产总值继续保持在50强之列，位居46位，较上年排名晋升一位。

10月

10月5日，中国石化集团公司党组书记、董事长张玉卓一行到漳州，考察调研古雷石化基地和石化项目建设。省委常委、常务副省长赵龙，中国石化集团公司党组成员、副总经理凌逸群，中国石化及省直有关部门领导，市领导邵玉龙、刘远等参加调研。

10月8日，央视新闻频道《新闻直播间》栏目以《闽南古厝瓦红檐翘 水上古村焕发新生》为题，报道龙海市东园镇埭美古厝群，为全国观众奉上一场水上古村、闽南古厝的人文风光大片。

10月10日，东山县入选全国“两山”实践创新基地。

10月15日，2020中国化工园区与产业发展论坛在漳州召开。古雷开发区首次跻身中国化工园区30强。

10月15日，福建漳州与广东潮州两地在漳州举办政务服务“跨省通办”签约仪式，正式推出“跨省通办”政务服务高频事项66项。

10月15—17日，国家发改委环资司有关负责人带领国家考核组到漳州，对漳州市创建国家节水型城市进行现场考核。

10月16日，漳州“中国女排娘家”基地项目正式开工。

10月16日，漳州开发区与中国国储能源化工集团举行漳州LNG接收站项目合作签约仪式，选址漳州开发区，投资60亿元。

10月16日，工业和信息化部节能与综合利用司发布国家第五批绿色制造名单，漳州金峰经济开发区成为福建唯一入选的绿色工业园区。

10月17日，国家发改委党组成员、国家粮食和物资储备局党组书记、局长张务锋一行来漳调研粮食安全和物资储备工作。

10月20日，在全国双拥模范城（县）命名暨双拥模范单位和个人表彰大会上，漳州再次被命名表彰为“全国双拥模范城”，东山县被命名表彰为“全国双拥模范县”。这是漳州市连续七届摘取该荣誉，东山县连续五届获得该称号。

10月22日，民进华东六省一市第二十二次工作研讨会在漳州召开。

10月22日，漳州市乡村振兴“一村一方案”编制工作专题推进会召开。

10月26日，漳州市突出生态环境问题整治暨污染防治攻坚战工作推进会召开。

10月27日，漳州市人民政府与厦门国际银行股份有限公司签署战略合作框架协议。

10月，《漳州市大气污染防治条例》（以下简称《条例》）正式颁布。

10月，漳州开发区威驰腾（福建）汽车有限公司研发生产的L3级自动驾驶氢燃料重型卡车“威方德”下线并整车全功能联调完成。

11月

11月3日，市委党校2020年秋季学期中青年干部培训班在谷文昌干部学院开班。市委书记邵玉龙在开班式上作动员讲话。

11月4日，市委书记邵玉龙、市长刘远分别在芝山大院参加人口普查登记。

11月4—5日，省人大常委会副主任吴洪芹带领省人大常委会调研组到漳州调研漳州市《中华人民共和国公共文化服务保障法》实施情况等。

11月4—7日，市长刘远带

领福建省交易团漳州分团到上海参加第三届中国国际进口博览会，开展“一把手”招商对接考察活动。

11月6日，国家民族事务委员会副主任边巴扎西带队到漳调研民族工作。

11月8—9日，全国人大常委会委员、海峡两岸关系协会会长张志军、省人大常委会副主任梁建勇一行到漳州，走访调研在漳台企台胞生产生活情况。市领导邵玉龙、刘远参加有关活动。

11月10日，全市党建引领构筑最大同心圆推进会召开。

11月10日，第八届闽粤漳州、潮州、梅州“平安边界”建设联席会以视频会议形式召开。

11月11日，漳州市在东山隆重召开百人大会，正式全面启动八尺门海域综合治理生态修复工程。

11月11日，中国计划生育协会“向日葵计划”项目现场培训班在漳州宾馆举行，向全国各省推广漳州原创的“亲子小屋”工作经验。

11月13日，漳州台商投资区招商推介暨中科智谷新品发布会在中科智谷电子信息产业园举行。

11月14日，由省教育厅主办、闽南师范大学承办、市教育局协办的首届福建教育督导高峰论坛在闽南师范大学举行。本次论坛汇聚省内外专家智慧，聚焦深化新时代教育督导体制机制改革进行深入研讨。

11月17日，漳州市政府新闻办召开首创“春蕾安全员”机制，打造困境儿童安全保护的“漳州模式”新闻发布会。

11月17日，市委书记邵玉龙主持召开市委专题会议，研究推进县管开发区体制机制改革创新工作。

11月20日，中央文明委公布的复查确认继续保留荣誉称号的往届全国文明城市名单中，漳州市名列其中，蝉联第六届“全国文明城市”荣誉称号。

11月22日，海峡两岸（福建·漳州）融晴文化艺术展闭幕式暨文艺展演在漳州人民剧场举行，标志着历时4个月的海峡两岸（福建·漳州）融晴文化艺术展圆满落下帷幕。

11月23日，漳州首创餐厨垃圾“秒收集”收运模式。

11月24日，全国劳动模范和先进工作者表彰大会在北京召开。漳州市林智勇、吴长锡、顾克宏、刘火城、叶高发、林丽琴6人晋京参会，分别被授予“全国劳动模范”“全国先进工作者”荣誉称号。

11月25日，市委书记邵玉龙、市长刘远在漳州宾馆与晋京受奖归来的漳州市全国劳动模范和先进工作者座谈。

11月25日，福建省抗击新冠肺炎疫情表彰大会在福州召开。会上，40位来自漳州的“抗疫英雄”和30位“抗疫英雄集体”代表，与漳州全省优秀共产党员和先进基层党组织代表，一同接受省委省政府的表彰。

11月26日，漳州市政府先后与中国大唐集团有限公司福建分公司、福建金风科技有限公司、宁波东方集团有限公司、福建南平太阳电缆股份有限公司签署合作框架协议，4个海洋装备制造产业项目正式落地。

11月27日，福建省法院涉台司法研究（漳州）中心在漳州市中级人民法院文化中心揭牌，这标志着漳州法院推动两岸司法交流合作有新平台、法院涉台理论研究和司法实践迈上新台阶。

11月27日，漳州三中举行建校100周年庆典。市领导邵玉龙、刘远出席庆典活动。

11月27—28日，第三届全国钢铁行业绿色发展大会在漳州召开。11月28—29日，省委常委、政法委书记罗东川，副省长崔永辉率省督导检查组到漳州，深入冷链食品企业、监狱、医院等重点单位、重点场所、重点部位，督导检查新冠肺炎疫情常态化防控措施落实情况。市领导邵玉龙、刘远参加有关活动。

11月，国家人力资源和社会保障部、全国博士后管委会公布全国获批设立博士后科研工作站单位名单。漳州市福建傲农生物科技集团股份有限公司、漳州市立达信光电子科技有限公司、绿新（福建）食品有限公司3家重点企业获批。

12月

12月3日，漳州市城市展示馆正式开馆。

12月3日，市政府举行法治专题讲座，中央党校（国家行政学院）政治和法律教研部法学理论教研室主任、副市长（挂职）李勇应邀作专题讲座。市长刘远主持并讲话。

12月4日，中国新闻社福建分社在漳州举行通联工作会议暨对台及网络新媒体报道业务研讨培训活动。

12月7日，全国总工会党组书记、副主席、书记处第一书记李玉赋率全国总工会调研组一行，到漳州市开展调研活动。省人大常委会党组副书记、副主任、省总工会主席黄琪玉，省总工会领导丁文清、张彩珍参加调研。

12月8日，2020年全市社会宣传工作专题会召开。

12月9日，省长王宁在漳州调研产业发展情况，强调要坚定不移贯彻新发展理念，积极服务新发展格局，着力优化产业结构，大力发展实体经济，加快建设工业新城，全方位推动高质量发展超越。

12月10日，人力资源和社会保障部、全国博士后管委会公布全国获批设立博士后科研工作站单位名单，漳州市福建傲农生物科技集团股份有限公司、漳州市立达信光电子科技有限公司、绿新（福建）食品有限公司3家重点企业榜上有名。

12月11日，全国台联台胞青年创业发展研讨会在漳州宾馆召开。

12月11日，海峡两岸农机产业视频交流会在漳浦台湾农民创业园举办。

12月15日，福建漳浦农村商业银行股份有限公司挂牌开业。其前身为漳浦农村信用联社，截至12月15日，该行各项存贷款余额分别达113亿元和59亿元。

12月16日，全省打击非法采砂采矿暨“两违”综合整治工作现场推进会在龙海市召开。副省长李德金、田湘利出席会议并讲话。

12月23日，国家民族事务委员会教育科技司司长田联刚到华安调研民族团结进步宣传教育工作。

12月23日，中国非物质文化遗产传承人群研修研习培训班在漳州广播电视大学结业，并举行汇报演出。此次培训班由文化和旅游部、教育部主办，上海戏剧学院承办，漳州市文化和旅游局协办，从11月10日开始，历时45天。

12月24日，中共漳州市委十一届十三次全会召开，市委常委会主持市委书记邵玉龙讲话，审议通过《中共漳州市委关于制定漳州市国民经济和社会发展第十四个五年规划和二〇三五年远景目标的建议》。

12月26日，南靖丹桂品鉴会在漳州市海峡两岸茶文化交流中心举行。

12月30-31日，省委书记尹力在漳州调研闽台工作。省长王宁一同调研。

责任编辑：蔡婉玲

市情总貌

·自然地理·

【位 置】 漳州位于台湾海峡西岸，地处福建东南。陆域南北长187公里，东西宽127公里，面积12888平方公里（统计年鉴数据），介于北纬23°33′至25°12′、东经116°54′至118°15′之间。东邻厦门，东北与厦门市同安区、泉州市安溪县接壤，北与龙岩市的漳平永定等县（市）毗邻，西与广东省大埔、饶平县交界，东南与台湾省隔海相望，距台湾高雄约96海里，离香港210海里。自古以来就是闽、粤、赣的交通要冲，依靠较为优越地理位置和产业基础，为福建南部地区极富发展潜力的重要城市。

【面 积】 漳州市行政辖区有陆域和海域面积2.03平方千米，其中陆地面积1.29万平方千米，海域面积0.74万平方千米（漳州市海洋功能区范围）。

【地质地貌】 漳州市位于西太平洋边缘构造带，戴云山西南坡和博平岭南坡。境内中生代地层发育，母岩种类较多，主要有花岗岩、流纹岩、玄武岩、凝灰岩、砂岩、石灰岩、石英岩等，其中以花岗岩、流纹岩分布最广。境内受燕山运动和晚期新华夏分构造以及新构造运动的影响，产生大量断裂层，构成复杂多样的地貌组合。主要地貌类型分为中山、低山、丘陵和平原四种，主要以中山为主，中部为低山丘陵，其间多河谷盆地。最高峰大芹山主峰海拔1545米。九龙江为境内第一大河、福建第二大河。九龙江下游孕育福建最大的冲积平原——漳州平原。

【水资源】

2020年漳州市行政分区年降水量情况表

表1

分区名称	芗城	龙文	龙海	漳浦	云霄	东山	诏安	平和	南靖
年降水量（毫米）	1094	1045	971	1102	1230	678	1105	1284	1385
折合水量（亿立方米）	2.84	1.29	9.26	21.96	11.54	1.76	14.08	25.59	25.59
与上年比较（±%）	-23.4	-24.8	-30.6	-20.1	-19.7	-34.6	-26.9	-20.3	-20.3
与多年平均比较（±%）	-30.7	-29.1	-33.6	-27.2	-27.0	-44.0	-33.6	-22.8	-22.8

续表1

分区名称	长泰	华安	台商投资区	漳州开发区	常山开发区	古雷开发区	高新区	全市
年降水量（毫米）	1381	1387	813	728	1114	832	1115	1206.5
折合水量（亿立方米）	12.43	17.70	1.33	0.41	1.28	1.08	2.73	155.00
与上年比较（±%）	-11.4	-20.7	-39.2	-44.8	-31.1	-30.6	/	-21.2
与多年平均比较（±%）	-16.5	-16.9	-39.7	-44.3	-34.7	-41.1	-30.4	-27.0

【土 壤】 根据1985年福建省第二次土壤分类系统的规律，漳州市土壤类型分为7个土类、13个亚类、31个土属。其中，砖红壤性红壤279710.6公顷，占全部土类的34.5%；红壤488245.07公顷，占全部土类的60.24%；黄壤26842.6公顷，占全部土类3.31%；紫色土201.4公顷，占全部土类的0.025%；冲积土468.87公顷，占全部土类的0.05%；风沙土8292.4公顷，占全部土类的1.02%；盐土1265.33公顷，占全部土类的0.15%。

【气 候】 2020年，漳州市主要气候特点是总体呈温高雨少，气象干旱严重，极端天气气候事件频发，气象灾害总体较重，年景较差。年降水量偏少，与常年相比偏少470.8毫米；全市平均气温偏高，与常年相比偏高1.3℃；年日照偏多，与常年相比偏多127.4小时。台风影响时间偏晚，影响个数为5个，其中1个登陆台风，影响台风个数略多，影响程度偏重。综合评价：漳州市气候属较差年景。

【气象要素】 **降 水** 2020年，全市年平均降水量1206.5毫米，比上年减少21.2%。年降水量728毫米（漳州开发区）—1387毫米（华安），其中长泰、南靖、华安3个县在1300毫米以上，最多为华安县1387毫米；东部沿海一带较少，最少为漳州开发区728毫米。与多年平均值相比，各县（市、区）偏少16.5-44.3%。

气 温 2020年，年平均气温21.9℃（华安）—23.5℃（市区），呈以市区、云霄为高值中心，向沿海和西北山区逐渐降低

2020年漳州市行政分区水资源总量表

表2

分区名称	芗城	龙文	龙海	漳浦	云霄	东山	诏安	平和	南靖
地表水资源量（亿立方米）	0.99	0.44	3.15	7.68	4.19	0.47	4.93	10.85	9.98
地下水资源量（亿立方米）	0.37	0.17	1.16	2.80	1.58	0.12	1.70	4.69	4.02
地下水与地表水不重复量（亿立方米）	0.09	0.08	0.06	0.07	0.05	0.03	0.03	0	0
水资源总量（亿立方米）	1.08	0.52	3.21	7.75	4.24	0.50	4.96	10.85	9.98

续表2

分区名称	长泰	华安	台商投资区	漳州开发区	常山开发区	古雷开发区	高新区	全市	/
地表水资源量（亿立方米）	4.91	6.94	0.44	0.13	0.45	0.36	0.96	56.87	/
地下水资源量（亿立方米）	1.93	2.81	0.20	0.06	0.19	0.15	0.35	22.30	/
地下水与地表水不重复量（亿立方米）	0	0	0.03	0.01	0.01	0.01	0.02	0.49	/
水资源总量（亿立方米）	4.91	6.94	0.47	0.14	0.46	0.37	0.98	57.36	/

的趋势，其中市区23.5℃为最高；华安21.9℃为最低。与常年相比，全市年平均气温均属异常偏高。

年极端最高气温34.9℃（东山）—40.7℃（南靖），主要集中出现在7月13—14日的高温过程中，其中日极端最高气温全市最高值为40.7℃，出现在南靖（7月14日）。全市极端最高气温高于2019年。

全市各地年极端最低气温1.8℃（华安、平和）—7.5℃（东山），全市极端最低气温除云霄、南靖和漳浦（1月31日）外，均出现在12月31日。全市极端最低气温高于2019年。

全市年平均气温22.7℃，高于2019年。

日 照 2020年，各地年日照时数1793.8小时（华安）—2330.1小时（东山），东部和南部沿海县市多，西部和北部少。其中芗城、龙文、龙海、诏安、东山5个地年日照时数在2000小时以上，东山县最多，达2330.1小时，华安最少，仅1793.8小时。

与常年相比，市区年日照时数属异常偏多，平和属偏高，其他各县（市、区）年日照时数属正常。

全市年平均日照时数2014.3小时，比2019年偏多67.1小时。

【主要气象灾害】 **低温霜冻** 2020年，全市共受2次较明显冷空气天气过程影响，冷空气影响程度总体偏强。

受强冷空气影响，1月29日—2月1日漳州市出现低温霜冻天气。1月30—31日全市出现过程极端最低气温，西北部县出现霜冻。1月30日全市有76个自动站最低气温≤4℃，其中8个自动站气温≤0℃，以平和芦溪镇-2.4℃为最低；1月31日全市有96个自动站最低气温≤4℃，其中19个自动站气温≤0℃，以南靖高港-2.2℃为最低。12月30—31日漳州市出现低温霜冻天，12月31日西北部县出现霜冻，全市有95个自动站最低气温≤4℃，其中24个自动站气温≤0℃，以平和九峰镇大芹山-3.6℃为最低。

干 旱 2020年以来，漳州市降水偏少，全市平均降水量1206.5毫米，与常年同期偏少21.2%。截至12月中旬，全市大部分县市出现气象轻旱到中旱。

高 温 2020年，漳州市日最高气温≥35℃的日数从0天（东山）—79天（龙海）。平和、华安、南靖、漳浦、云霄、东山、诏安极端最高气温出现在7月14日，长泰、市区、龙海出现在7月13日。2020年国家气象观测站测到的极端最高气温分别为：南靖40.7℃，平和40.5℃，龙海39.9℃，市区39.7℃，华安39.7℃，长泰39.5℃，云霄38.8℃，诏安38.4℃，漳浦38.3℃，东山34.9℃。

暴 雨 2020年，全市出现13场暴雨，其中全市性暴雨（≥6个站）1场，发生在8月11日；部分性暴雨（≥3个站，<6个站）4场，局部性暴雨（≤2个站）8场。全市日极端最强降水为漳浦的125.3毫米（8月11日）。

台 风 2020年，对漳州市有影响的台风5个，其中登陆台风有1个，台风影响个数与常年相比略多。

2020年第6号台风“米克拉”于8月10日11时在南海海面生成，17时加强为强热带风暴，

2020年漳州市行政分区气候情况表

表3

县区＼温度	年平均气温（℃）	年极端最高气温（℃）	年极端最低气温（℃）	年平均相对湿度（%）	全年日照时数（小时）	全年降水量（毫米）
芗城区	23.5	39.7	4.8	73.6	2142.5	1160.2
龙文区	23.5	39.7	4.8	73.6	2142.5	1160.2
龙海市	23.2	39.9	5.1	77.2	2053.8	832.2

续表3

温度 县区	年平均气温（℃）	年极端最高气温（℃）	年极端最低气温（℃）	年平均相对湿度（%）	全年日照时数（小时）	全年降水量（毫米）
漳浦县	23.2	38.8	5.1	76.8	1960.7	1153.8
云霄县	22.3	38.3	3.6	76.7	1987.4	1357.2
诏安县	22.7	38.4	2.8	78.5	2151.9	1019.0
东山县	23.0	39.5	4.4	79.1	1967.2	1150.0
平和县	22.4	34.9	7.5	79.8	2330.1	665.5
南靖县	22.7	40.7	2.3	79.5	1884.6	1348.1
长泰县	22.4	40.5	1.8	80.0	1876.0	1515.8
华安县	21.9	39.7	1.8	78.2	1793.8	1337.9

11日7时30分在漳州漳浦登陆，登陆时中心最大风力33米/秒（12级，台风级），登陆后继续向偏北方向移动，中心经过漳州市的漳浦县、平和县、南靖县和华安县。受“米克拉”正面登陆影响，10日夜里到11日漳州市沿海出现11—15级大风，台风中心经过的县（市、区）出现9—11级大风。

2020年第7号台风“海高斯”于8月17日17时生成，18日8时加强为强热带风暴，19日6时前后在广东省珠海市金湾区沿海登陆，登陆时中心附近最大风力35米/秒（12级，台风级），最低气压为970百帕。“海高斯”登陆后继续向西偏北方向移动，强度逐渐减弱，19日20时在广西苍梧县减弱为热带低压。受台风“海高斯”影响，漳州市沿海风力7—8级，阵风9—10级。漳州市南部地区出现大雨到暴雨，局部大暴雨。

2020年第16号台风“浪卡”于10月11日14时，在南海中部海面的热带扰动发展为热带低压，12日8时加强为16号台风，此后向西北偏西方向移动，强度逐渐加强，13日19时20分前后以强热带风暴级（10级，25米/秒）在海南省琼海市沿海登陆，登陆时中心附近最大风力10级（25米/秒），中心最低气压988百帕，14日18时在越南清化沿海再次登陆，23时停止编号。受台风“浪卡”外围和冷空气共同影响，12—15日漳州市沿海和闽南渔场、台湾浅滩渔场出现8—10级阵风。

2020年第17号台风“沙德尔”于10月19日8时菲律宾以东洋面有热带低压生成，20日8时加强为热带风暴级。“沙德尔”10月21日上午移入南海，26日凌晨在越南洞海附近沿海登陆，登陆后迅速减弱消失。受台风“沙德尔”外围和冷空气共同影响，10日22—25日漳州市沿海和闽南渔场、台湾浅滩渔场出现9—11级阵风。

2020年第20号台风“艾莎尼”于10月29日21时在关岛东南洋面生成，11月6日6时中心位于台湾省鹅銮鼻东南方向约200公里的海面上，之后向西偏北方向移动，7日早晨擦过台湾浅滩渔场，转向西南方向移动，强度减弱。受台风“艾莎尼”外围和冷空气共同影响，11日6—8日漳州市沿海和闽南渔场、台湾浅滩渔场出现7—9级阵风。

·人文地理·

【建置沿革】 漳州市系国家历史文化名城。据考古发现，漳州在距今约一万年就有人类活动，后成为闽越族部落支系。秦王政二十五年（前222年），闽越地划为闽中郡，漳州境域开始纳入秦中央版图。汉至南北朝时，漳州境域以梁山蒲葵关为界，长期分属两个不同的郡县。晋义熙九年（413年），析揭阳立绥安县（范围为今漳州梁山以南）。

南朝梁天监六年（507 年），析晋安郡晋安县，在九龙江北溪下游地区及滨海地置龙溪县，在西溪中上游地区置兰水县（龙溪置县另一说为梁大同六年，即 540 年）。

隋开皇十二年（592年），兰水、绥安并入龙溪县。至此，漳州境域同属龙溪县，这也是漳州旧称“龙溪”的历史渊源。

唐总章二年（669 年），镇守龙溪的曾溥年老乞休，又因泉（治今福州）、潮两州之间发生动乱，朝廷晋升归德将军陈政为朝议大夫，率府兵 3600 人入闽平乱。

垂拱二年（686年），陈元光经奏准在泉、潮二州之间析龙溪县南境设置一州，辖怀恩、漳浦二县（范围为今漳浦、云霄、诏安、东山县及平和县南境）。州治最初设在云霄的西林，因旁有“漳江”，故州名为“漳州”。陈元光被任命为漳州史上的首位刺史。开元四年（716年），徙州治至李澳川（今漳浦县绥安镇）。

开元二十九年（741 年）后，划龙溪县、龙岩县来属。贞元二年（786 年）州治再徙龙溪县桂林村（今漳州城区）。

元世祖至元十六年（1279年）撤州，漳州升为路，属福建行省，辖龙溪、漳浦、龙岩、长泰四县。至治二年（1322 年），置南胜县。至此漳州辖五县。至正十六年（1356 年），南胜县改称南靖县。

明洪武元年（1368年），改漳州路为漳州府，明代中叶，漳州府先后增设5个县，共辖龙溪、漳浦、龙岩、长泰、南靖、漳平、平和、诏安、宁洋、海澄10个县。

清雍正十二年（1734年），龙岩县升为直隶州后，析漳平、宁洋2县属之，时漳州府辖龙溪、漳浦、长泰、南靖、平和、诏安、海澄7县。

民国2年（1913年）废府设汀漳道。民国2年（1913年），改云霄抚民厅为云霄县，民国17年（1928年）置华安县。民国23年（1934年）设督察区后，今漳属各县基本上稳定为同一区域。

1949年10月1日，中华人民共和国成立后，原第五行政督察区改为第六行政督察区，设第六行政督察专员公署。1950年3月，改第六行政督察区为漳州行政督察区（简称漳州专区）。1950年9月，改称龙溪区，漳州专区、龙溪区均辖10个县。1951年，析龙溪县城关一、二区置漳州市（县级）。1955年3月，改龙溪区为龙溪专区，成立龙溪专员公署。1960年8月，龙溪、海澄两县合并为龙海县。1985年5月，撤销地区建制，漳州市升为地级市，辖龙海、漳浦、云霄、东山、诏安、南靖、平和、长泰、华安9个县和芗城区（原漳州市）。1993年5月，撤销龙海县，设市辖龙海市（县级）。

1996 年 5 月，设市辖龙文区。2020 年，漳州市辖有二区一市八县，分别为芗城区、龙文区、龙海市和漳浦、云霄、东山、诏安、南靖、平和、长泰、华安 8 个县。

【行政区划】

表4 2020年漳州市行政分区划情况表

县（市、区）名称	乡、村单位数（个）						乡级行政单位名称	
	乡、镇、街道				社区、居委会、村		镇人民政府及街道办事处	乡人民政府
		镇人民政府	街道办事处	乡人民政府	社区、居委会	村民委员会		
总　计	123	87	13	23	502	1559		
芗城区	10	4	6		144	31	东铺头、南坑、西桥、新桥、巷口、通北办事处；天宝、浦南、石亭、芝山镇	

续表4

县（市、区）名称	乡、村单位数（个）						乡级行政单位名称	
	乡、镇、街道	镇人民政府	街道办事处	乡人民政府	社区、居委会、村：社区、居委会	社区、居委会、村：村民委员会	镇人民政府及街道办事处	乡人民政府
龙文区	7	1	6		64	12	东岳办事处、步文办事处、碧湖办事处、蓝田办事处、朝阳办事处、景山办事处；郭坑镇	
龙海市	14	11	1	2	49	239	石码办事处；海澄、角美、白水、程溪、浮宫、港尾、紫泥、榜山、东园、九湖、颜厝镇	隆教（畲）、东泗乡
长泰县	5	4		1	30	58	武安、岩溪、枋洋、陈巷镇	坂里乡
云霄县	9	6		3	40	162	云陵、陈岱、莆美、列屿、东厦、火田镇	下河、马铺、和平乡
漳浦县	21	17		4	71	265	绥安、佛昙、旧镇、赤湖、杜浔、官浔、霞美、前亭、深土、长桥、盘陀、六鳌、古雷、马坪、石榴、沙西、大南坂镇	南浦、赤土、湖西（畲）、赤岭（畲）乡
诏安县	15	10		5	36	217	南诏、四都、官陂、梅岭、霞葛、桥东、秀篆、深桥、太平、西潭镇	白洋、红星、金星、建设、梅州乡
东山县	7	7			19	61	西埔、铜陵、陈城、杏陈、樟塘、康美、前楼镇	
南靖县	11	11			18	183	山城、靖城、船场、龙山、和溪、奎洋、南坑、金山、丰田、梅林、书洋镇	
平和县	15	10		5	22	240	小溪、九峰、山格、南胜、文峰、霞寨、芦溪、大溪、坂仔、安厚镇	长乐、秀峰、崎岭、国强、五寨乡
华安县	9	6		3	9	91	华丰、高安、新圩、沙建、仙都、丰山镇	湖林、高车、马坑乡

【人口】 2020年年末，全市户籍总户数147.46万户，户籍人口523.95万人，比上年末增加1.65万人，比上年增长0.315%。全年户籍出生人口6.11万人，出生率为11.67‰；死亡人口3.35万人，死亡率为6.40‰；自然增长率为5.27‰。

【民族】 2020年，漳州市常住人口有48个少数民族成分，分布在11个县（市、区）、5个开发区（投资区）。全市有3个民族乡（龙海市隆教畲族乡、漳浦县湖西畲族乡、赤岭畲族乡），33个民族村（芗城区宏道村、松洲村、茶铺村，云霄县坡兜村，漳浦县京野村、杨美村、油坑村、赤岭村、前园村、石椅村、山坪村、土塔村、大行村、石坑村、顶坛村、丰卿村、山后村、下浦村、后洞村、苏溪村，诏安县港头村、美营村、汀洋村、深湖村、太平村、四都村，华安县官畲村、坪水村，龙海市屿上村、红星村、新厝村，平和县土田村、合溪村），3个农场作业区（石步溪作业区、和坑作业区、大南坂农场蓝厝作业区）。少数民族人口7.54万多人，占全市总人口的1.44%。其中，畲族人口6.59万人。少数民族流动人口6.27万人，有51个少数民族成分，主要是外来务工、经商和求学、旅游等方式暂时居住在漳州。

·国民经济和社会发展·

【概 况】 2020年，全市地区生产总值4545.61亿元；一般公共预算总收入350.65亿元，地方一般公共预算收入218.56亿元；规模工业增加值1526.66亿元；固定资产投资1882.46亿元；进出口总值807.5亿元，比上年增长11.3%；实际利用外资41.14亿元，比上年增长8%；社会消费品零售总额1697.15亿元；城镇居民人均可支配收入40008元，比上年增长2.7%；农村居民人均可支配收入21103元，比上年增长6.1%。

【农业农村】 2020年，漳州市现代农业发展大会召开，推动全市现代农业做强做优，表彰十强农业产业化龙头企业、十佳农业科技创新企业、十佳农民合作社、十佳家庭农场和十佳科技特派员。组建漳州农业发展集团，漳浦台湾农民创业园考核位居全国第一。平和蜜柚入选中国特色农产品优势区，成为漳州市首次获认定的优势区。龙海市东园镇、诏安县太平镇、南靖县书洋镇荣获国家级农业产业强镇。漳州发展“六条鱼”：石斑鱼、鲈鱼、罗非鱼、对虾、鲍鱼、河豚；推广“五泡茶”：平和白芽奇兰、诏安八仙茶、南靖丹桂、华安铁观音、云霄黄观音。“国际茶日·漳州茶品鉴会”在漳州市海峡两岸茶文化交流中心举行。

【商贸流通】 2020年，漳州市加快打造区域性旅游目的地城市，推进文化旅游体育和会展夜间经济融合发展。开展“全闽乐购”“你消费、我买单，亿元奖励等你拿”等促进消费活动，创新“田野直播间”等模式。第十五届中国（福建）消费品全球采购交易会漳州食品专场线上对接会举办，达成意向签约总额1200万元。延安北夜市搬迁到漳州旧火车站站前广场，形成站前广场新夜市。平和县举行第十六届平和蜜柚节暨庆丰收蜜柚开采活动。漳州台商投资区保税物流中心（B型）封关运营。

【生态环境】 2020年，漳州市启动东山八尺门综合治理生态修复工程，华安县入选国家生态综合补偿试点县，诏安县荣获2020年度“中国天然氧吧”称号。漳州19个村落入选福建省第三批省级传统村落名录，至此，漳州共有52个村落入选省级传统村落名录。漳州市23个村上榜第二批“国家森林乡村”，至此，全市共有46个村荣获“国家森林乡村”称号。

【社会民生】 2020年，漳州市健全联防联控机制，坚持新冠肺炎常态化防控和应急处置相结合。从1月26日开始，全市先后选派4批共77名医护人员驰援武汉。漳州市职业教育园区、漳州一中新高中部建成投用，市医院新总部业务楼封顶，市医院朝阳分院负压病房完成改造，全市新增中小学学位1.3万个、公办幼儿园学位1.6万个、病床位2408张、卫技人员2906人、养老床位4137张。建成保障性安居工程7560套，新增公共停车位5151个，新增公园绿地面积2180亩，市殡仪馆改扩建一期工程完工，52个老旧小区完成改造。全国第12个“全民健身日”漳州分会场启动仪式暨漳州市全民健身运动会2020年乡村（社区）健身广场舞比赛在漳州市体育中心举行。

【电子商务】 2020年，漳州获批中国跨境电商综合试验区。“漳州市电商助力扶贫案例”和“云霄县打造电商助力精准扶贫生态圈”入选《中国样本》一书。东山县入选国家级农村电商示范县，至此，漳州市获评的国家级农村电商示范县数量达到5个。“漳州市农村电商精准扶贫”作为代表案例参加福建省“决战脱贫攻坚、决胜全面小康”暨“福建影响力”系列活动评选，并在《福建日报》报道。

2020年7月27日，“天然影棚”——东山岛影视放映周在东山县铜陵镇朝圣广场启动 （欧东茵 摄）

【文化旅游】 2020年，《漳州市新华东路（岳口段）历史文化街区保护规划（2019—2030）》出台，规划形成“两街七巷、一港三坊多点”的保护结构。龙海石码历史文化街区入选第四批省级历史文化街区。漳州市打造最佳影视外景地，整合全市各地的天然取景地资源，向全国乃至全世界展现漳州文化旅游资源，将东山岛作为“闽台影视创作中心”，打造“天然影棚”。漳州市历史文化名城管理委员会揭牌，漳州市城市展示馆正式开馆，为全省首个城市展示馆。漳州木偶艺术表演馆和展示馆在漳州古城开馆。

（谢王辉）

责任编辑：林 倩

中国共产党漳州市委员会

·主要会议和活动·

【市委十一届十一次全会】 2020年4月3日，中共漳州市委召开十一届十一次全会。会议研究相关重要事项。

【市委十一届十二次全会】 2020年9月21日，中共漳州市委召开十一届十二次全会。会议以习近平新时代中国特色社会主义思想为指导，深入学习贯彻习近平总书记对福建工作的一系列重要讲话重要指示批示精神，按照省委十届十次全会的部署要求，研究部署全方位推动高质量发展超越目标和举措。会议听取和讨论市委书记邵玉龙所作的报告，审议通过《中共漳州市委关于深入学习贯彻习近平总书记重要讲话重要指示批示精神，全方位推动高质量发展超越的决定》和《中国共产党漳州市第十一届委员会第十二次全体会议决议》，讨论全方位推动高质量发展超越《科技创新行动计划》《优化产业结构行动计划》《促进居民增收行动计划》。

【市委十一届十三次全会】 2020年12月24日，中共漳州市委召开十一届十三次全会。会议深入学习贯彻中共十九届五中全会和省委十届十一次全会精神，听取和讨论了邵玉龙受市委常委会委托作的工作报告和在第一次全体会议上的讲话，审议通过《中共漳州市委关于制定漳州市国民经济和社会发展第十四个五年规划和二〇三五年远景目标的建议》。

【市委常委会（扩大）会议】

2020年1月27日，市委书记、领导小组组长邵玉龙主持召开市委常委会（扩大）会议暨市应对新型冠状病毒感染肺炎疫情工作领导小组会议召开，传达学习贯彻习近平总书记在中共中央政治局常务委员会会议上的重要讲话精神、李克强总理在中央应对新型冠状病毒感染肺炎疫情工作领导小组会议上的讲话精神和省委常委会扩大会议暨省应对新型冠状病毒感染肺炎疫情工作领导小组会议精神，对漳州市疫情防控工作进行再具体研究、再具体部署、再具体动员。

2020年1月30日，市委书记、领导小组组长邵玉龙主持召开市委常委会扩大会议暨市应对新型冠状病毒感染的肺炎疫情工作领导小组第二次会议召开，传达学习贯彻习近平总书记重要指示、中共中央《关于加强党的领导、为打赢疫情防控阻击战提供坚强政治保证的通知》和省委书记于伟国批示、省委视频会议精神，研究部署漳州市市下一步疫情防控工作。

2020年4月16日，市委书记、市应对新冠肺炎疫情工作领导小组组长邵玉龙主持召开市委常委会（扩大）会议暨领导小组第八次会议，传达贯彻习近平总书记在3月27日中共中央政治局会议、4月8日中共中央政治局常委会会议和在浙江考察时的重要讲话精神，对四川西昌市经久乡森林火灾作出的重要指示精神，以及给武汉市东湖新城社区全体社区工作者的回信精神，研究漳州市贯彻落实意见。

2020年5月29日，市委书记邵玉龙主持召开市委常委会（扩大）会议暨领导小组第十一次会议，传达学习贯彻习近平总书记在山西考察和在5月14日中共中央政治局常委会会议、5月15日中共中央政治局会议上的重要讲话精神，研究部署漳州市贯彻落实意见。

2020年6月17日，市委书记邵玉龙主持召开市委常委会（扩大）会议暨领导小组第十二次会议，传达学习贯彻习近平总书记在宁夏考察和主持专家学者座谈会时的重要讲话精神、给科技工作者代表的回信精神，研究进一步统筹做好常态化疫情防控和经济社会发展工作。

2020年6月30日，市委书记邵玉龙主持召开市委常委会（扩大）会议，传达学习贯彻习近平总书记在中共中央政治局第二十次集体学习时的重要讲话和对禁毒工作的重要指示精神，研究部署漳州市贯彻落实意见。

2020年8月10日，市委书记邵玉龙主持召开市委常委会（扩大）会议，传达学习贯彻习近平总书记在7月30日中共中央政治局会议上、在7月17日中共中央政治局常委会会议上、在企业家座谈会上、在吉林考察时、在中共中央党外人士座谈会上的重要讲话精神，研究进一步统筹推进常态化疫情防控和经济社会发展工作。

2020年9月10日，市委书记邵玉龙主持召开市委常委会（扩大）会议时强调，要认真学习贯彻习近平总书记在中央第七次西藏工作座谈会上的重要讲话精神，切实把思想和行动统一到以习近平同志为核心的党中央战略部署上来，全面贯彻新时代党的治藏方略，增强“四个意识”、坚定“四个自信”、做到“两个维护”，全面提高对口支援工作的质量和水平，助力新时代西藏长治久安和高质量发展。

2020年9月17日，市委书记邵玉龙主持召开市委常委会（扩大）会议，传达学习习近平总书记在全国抗击新冠肺炎疫情表彰大会上的重要讲话精神，听取漳州市近期新冠疫情防控工作汇报，研究部署统筹推进常态化疫情防控和经济社会发展工作。市长刘远、市人大常委会主任陈汉夫、市政协主席张祯锦出席。

2020 年 9 月 30 日，市委书记邵玉龙主持召开市委常委会（扩大）会议，传达学习贯彻习近平总书记在湖南考察时、在科学家座谈会、在基层代表座谈会上的重要讲话精神和对新时代民营经济统战工作作出的重要指示精神，研究部署漳州市贯彻落实意见。

2020年10月30日，市委书记邵玉龙主持召开市委常委会（扩大）会议，传达学习贯彻习近平总书记在深圳经济特区建立40周年庆祝大会上和在广东考察时的重要讲话精神，研究漳州市贯彻落实意见。

2020年11月2日，市委书记邵玉龙主持召开市委常委会（扩大）会议，认真传达学习贯彻中共十九届五中全会精神，按照省委常委会（扩大）会议要求，研究漳州市贯彻落实意见。

2020年12月23日，市委书记邵玉龙主持召开市委常委会（扩大）会议，传达学习贯彻省委十届十一次全会和省委经济工作会议精神，研究市委十一届十三次全会有关事宜。

【2019年度市委领导班子成员述责述廉会议】 2020年1月21日，市委书记邵玉龙主持召开2019年度市委领导班子成员述责述廉会议。会议深入贯彻落实习近平新时代中国特色社会主义思想，贯彻落实中共十九届四中全会精神，以及中纪委四次全会、省纪委五次全会精神，按照《中国共产党党内监督条例》规定和《福建省党的领导干部述责述廉工作意见》要求，认真开展市委领导班子成员述责述廉并接受评议工作，进一步促进市委领导班子成员廉洁从政、履职尽责。会上，市委常委逐一述责述廉，邵

玉龙逐一点评并讲话。省纪委监委第七纪检监察室有关负责人到会指导。市委委员，市纪委监委领导班子成员，各县（市、区）党政主要负责人参加会议，并对市委领导班子成员述责述廉情况进行评议。

【中国铁路南昌局集团有限公司与漳州市委市政府对接座谈】

2020年5月12日，中国铁路南昌局集团有限公司党委书记、董事长王培带队到漳州，进行对接座谈，协调解决具体问题，共商项目合作事宜。市委书记邵玉龙、市长刘远等出席座谈会。座谈会上，南昌局集团公司和漳州市分别介绍需要对方协调支持的问题事项，共同商议提出解决问题的办法和举措，就下一步深化合作达成共识。南昌局集团公司工会主席、副总经理黄少雄及集团公司下属有关部门负责人，市领导张琳光、张慧德、兰万安，相关县（区）、开发区（投资区）和市直有关部门负责人参加座谈。

【省委巡视二组向漳州市委反馈巡视情况】 2020年5月21日，省委巡视二组向漳州市委反馈巡视情况。省纪委常委、省委巡视办主任游美萍主持召开向漳州市委书记邵玉龙的反馈会议，出席向漳州市委领导班子反馈巡视情况会议，对巡视整改提出要求。会议向邵玉龙传达省委书记于伟国在听取十届省委第七轮巡视情况综合汇报时的讲话精神。省委巡视二组组长张才毕分别向邵玉龙和漳州市委领导班子反馈巡视情况。邵玉龙主持向领导班子反馈会议并就做好巡视整改工作作表态讲话。省纪委监委、省委巡视二组、省委巡视办有关人员，在漳市委委员等参加会议。

【漳汕高铁项目可研审查全体会议在漳州举行】 2020年6月11日，漳汕高铁项目可行性研究报告审查全体会议在漳州宾馆举行。市委书记邵玉龙、市长刘远，国家铁路集团工程设计鉴定中心副主任俞祖法出席会议。会议听取漳汕高铁项目可研设计汇报和与会单位针对项目技术标准、线路方案、经济评价等方面的意见建议。市领导兰万安、柳建聪，福建和广东省直相关部门，汕头市、潮州市以及南昌铁路局、广州铁路局、中铁二院等有关负责人参加会议。

2020年7月13日，全市现代农业发展大会在漳州宾馆召开
（沈昊鹏 摄）

【全市深入推进扫黑除恶专项斗争工作会议】 2020年10月27日，全市深入推进扫黑除恶专项斗争工作会议召开。市委书记、市扫黑除恶专项斗争领导小组组长邵玉龙强调，要深入学习贯彻习近平总书记关于扫黑除恶专项斗争的重要指示精神，认真落实全国、全省扫黑除恶专项斗争推进会议精神，扎实开展“六清”行动，建立健全长效机制，坚决夺取扫黑除恶专项斗争全面胜利。市长、市专项斗争领导小组第一副组长刘远主持会议。市领导阮开森、李东河、张琳光、刘伟泽、余溪、李勇，市法院、市检察院领导，市直有关单位主要负责人参加会议。

【全市现代农业发展大会召开】

2020年7月13日，全市现代农业发展大会召开。会议表彰一批现代农业先进单位、个人，举行校地（院地）战略合作、现代农业招商项目签约仪式。市长刘远主持会议，市委书记邵玉龙到会讲话。省直有关部门单位负责人和专家代表，陈汉夫、张祯锦等市领导，市直有关部门和各县（市、区）、开发区（投资区）主要负责人等参加会议。

【2020 中国化工园区与产业发展论坛在漳召开】 2020 年 10 月 15—16 日，2020 中国化工园区与产业发展论坛在漳州市召开。来自全国各化工园区管委会、国内外大型化工企业、工程设计与科研院所的 1600 名代表齐聚一堂，围绕化工园区“十四五”及中长期发展规划、化工园区的评价标准与高质量发展等议题，为中国化工园区与产业发展建言献策。本届论坛由中国石油和化学工业联合会、漳州市人民政府、中国化工经济技术发展中心主办，设有 1 个主论坛、6 个分论坛。活动中，中国石油和化学工业联合会化工园区工作委员会发布 2020 中国化工园区 30 强和潜力园区 10 强名单，古雷开发区首次上榜 30 强。

【漳州市“云上文化节”暨第二届“网络文化季”启动】 2020 年7月20日，漳州市“云上文化节”暨第二届“网络文化季”启动仪式在漳州宾馆举行。此次活动由省委网信办、省文旅厅指导，市委宣传部、市委网信办、市文旅局主办，开展为期三个月的网上文化宣传活动。活动紧扣全面建成小康社会、决战脱贫攻坚、全面深化改革、全方位推动高质量发展超越、助力复工复产等内容，依托全媒体传播矩阵、发动各方力量参与，全力打造一场网上文化盛宴，全方位、立体化展示漳州“大抓工业、抓大工业，建设工业新城”的新风貌、新气象、新发展。活动设置云展厅、云生活、云服务、云舞台、云书房、云教育六大板块。

·小资料·

六清：线索清仓、逃犯清零、案件清结、伞网清除、黑财清底、行业清源。

六建：源头治理的防范整治机制、智能公开的举报奖励机制、打早打小的依法惩处机制、精准有效的督导督办机制、激励约束的考核评价机制和持续推进的组织领导机制。

（卢建兴）

·重点课题调研·

【概 况】 2020 年，市委政研室聚焦经济社会发展的关键问题，组织开展调查研究，做好市重点课题调研的协调工作，形成了一批调研成果。其中，《强化工业化理念产业化思维 加快推动漳州由农业大市迈向农业强市》《巩固职务与职级并行制度实施成果的若干思考》等调研报告被省委政研室《调研文稿》刊发。

【产业高质量发展研究】 2020 年，市工信局牵头开展“新冠疫情对漳州市工业经济高质量发展影响”专题研究，古雷开发区管委会牵头开展“加快古雷精细化工发展”专题研究，市商务局牵头开展“外资助力工业新城建设”专题研究，人行漳州中心支行牵头开展“金融助推工业转型升级有效路径”专题研究，各自从不同领域、不同层面对推进漳州工业高质量发展提出建议和对策。市农业农村局牵头开展“强化工业化理念产业化思维、加快推动漳州由农业大市迈向农业强市”专题研究，从推进生产标准化、产业特色化、主体法人化、营销品牌化、发展绿色化、服务社会化，提出漳州发展现代农业的思路和对策。市文广新局开展“催生融合发展聚变效应、打造区域性目的地城市”“加快全市文化旅游体育和会展夜间经济融合发展”等专题研究，从产业融合的视角，探讨文旅体和会展、夜间经济融合发展的理论逻辑、路径选择。

【漳台融合发展研究】 2020 年，市科技局牵头开展“深化对台科技合作、助力打造台胞台企登陆第一家园”专题研究，探讨在新的历史条件下，推进漳台科技合作面临的问题与挑战，从优化创新环境、强化承接载体平台建设、完善服务体系、构建创新共同体等方面，提出新时期推进漳台科技合作向更高层次发展的对策建议。

【“十四五”发展研究】 2020年，市发改委牵头开展“‘十四五’漳州高质量发展思路”专题研究，总结梳理“十三五”时期漳州市经济社会发展成效，深入分析当前制约漳州高质量发展存在的问题，从深入实施创新驱动发展战略、加快构建现代产业体系、深入实施扩大内需战略、坚定不移深化改革开放、推动城乡区域协调发展、扎实推进生态文明建设、持续提高人民生活品质、牢牢守住安全发展底线等八个方面，提出“十四五”时期漳州市高质量发展的对策建议。

【国土空间保护利用研究】 2020年，市自然资源局牵头开展“新时代漳州国土空间保护利用”专题研究，对漳州市国土空间基础条件进行评价，深入分析漳州国土空间保护利用存在的问题，从统筹发展、融合发展、协同开放、创新引领、魅力提升等五个方面提出国土空间保护利用战略。

【品质城市建设研究】 2020年，市政府办牵头开展“提升漳州城市品质”专题研究，从经济发展、社会文化、生态环境、公共服务和城乡居民生活等五个方面，全面总结漳州近年来品质城市建设所取得的成效；从体制机制、规划水平、公共服务、创新动能等方面，深入分析影响城市品质提升的主要因素；从规划引领、创新驱动、以城促产、提升品位、绿色发展等方面，提出漳州加强品质城市建设的对策建议。

【社会治理研究】 2020年，市委政法委牵头开展“漳州社会治理现代化试点工作”专题研究，总结梳理近年来市域社会治理的特色做法，从党委领导、政府负责、民主协商、社会协同、公众参与、法治保障、科技支撑等层面，提出漳州市域社会治理的对策建议。市公安局牵头开展“创新城乡社区治理”专题研究，在创新城乡社区网格治理“2+N”模式暨“社区（乡村）110”等方面进行实践探索，促进构建共建共治共享的基层社会治理格局。市委网信办牵头开展“网络综合治理体系与治理能力建设”专题研究，积极探索加强网络综合治理的“八大工程”，全面提高网络治理能力，营造清朗的网络空间。市卫健委牵头开展“公共卫生应急能力建设”专题研究，从指挥体系、队伍建设、救治体系、应急保障等四方面，提出漳州公共卫生应急能力和治理能力的思考和建议。市委编办牵头开展“推进相对集中行政许可权改革”专题研究，从健全依法行政的法制保障、建立坚强有力的工作推进机制、完善互联互通的政务信息保障、构建运行有序的审管互动机制等四方面提出建议。

【党建工作研究】 2020年，市纪委监委牵头开展“党和国家监督体系视域下的问责制度探析”专题研究，从制度规范维度探索精准问责的思路与对策。市委组织部牵头开展“优化新时代乡镇公务员队伍考、调、培工作体系”“巩固职务与职级并行制度实施成果”专题研究，深入分析当前公务员队伍建设面临的现实问题并提出相应对策。市教育局牵头开展“培养高层次实用型人才”专题研究，深入分析补齐创建“漳州职业技术大学”、培育“漳州医学院”存在的短板和差距，提出推进升本创建工作的对策建议。市委统战部牵头开展“构建新时代高校大统战工作格局”等专题调研，从统战工作领导机制、联席会议制度、工作考评机制、工作激励机制等四方面，提出健全完善职责清晰、分工明确、密切配合、运转高效的大统战工作格局。

（卢建兴）

·组织工作·

【概 况】 2020年，全市组织工作坚持以习近平新时代中国特色社会主义思想为指导，学习贯彻党的十九大和十九届二中、三中、四中、五中全会精神，贯彻落实党的建设总要求，践行新时代党的组织路线，聚焦主责主业，围绕中心大局，精准施策发力，为建设富美新漳州提供坚强组织保证。年内，市委组织部被中组部办公厅评为“全国组织系统信息报送先进单位”，在市直机关绩效考评中位列第一。

【巩固深化“不忘初心、牢记使命”主题教育成果】 2020年，市委组织部总结“不忘初心、牢记使命”主题教育形成的好经验、好做法，以制度形式固化教育成果。把学习贯彻习近平新时代中国特色社会主义思想作为党员干部学习教育的主课、必修课，组织党员干部读原著、学原文、悟原理，增强“四个意识”、坚定“四个自信”、做到“两个维护”。开展“党课开讲啦”活动，全市各级党员领导干部积极讲党课，引导广大党员自觉做习近平新时代中国特色社会主义思想的坚定信仰者和忠实实践者。

【疫情防控组织保障】 2020年，漳州市发挥基层党组织的战斗堡垒作用和党员先锋模范作用，全市7392个基层党组织直接参与疫情防控工作，12万多名党员奋战在疫情防控第一线，25.5万多名党员为支持疫情防控工作自愿捐款2100多万元。落实关心关爱一线抗疫人员措施，市县两级共下拨党费399.55万元，慰问疫情防控第一线的医务工作者和基层党员干部，支持基层党组织购买疫情防控相关药品和物资。在疫情防控一线开展专项考核，从防疫一线调任一批事业干部、晋升一批公务员职级、提拔使用一批优秀干部、发展一批党员，激励广大党员干部奋战疫情防控一线。选树宣传疫情防控优秀事迹和先进典型。

【干部队伍建设】 2020年，市委组织部落实新时期好干部标准，将年度考核、绩效考评和一线考察等考核结果与干部评优评先、调整使用相挂钩，选优配强干部队伍，稳妥推进国有企事业干部和机关干部交流任职，推进全市干部人事档案数字化建设。把培养选拔年轻干部作为一项战略工程，举办中青年干部培训班，加大力度择优选拔一批“80后”市管干部，推进年轻乡镇党政正职配备。实施干部能力素质提升工程，加强干部思想教育、专业培训和实践锻炼，提升干部综合素质。重视传承弘扬谷文昌精神，打造党性教育特色品牌，不断提升谷文昌干部学院办学水平。强化对干部选拔任用过程监督，坚持抓早抓小，把纪律和监督挺在前面，干部管理监督更加严实有力。

【公务员管理】 2020年，漳州市深入实施《中华人民共和国公务员法》，落实公务员管理制度体系，全市共招录346名公务员，其中县乡单位招录253人，占73.1%。一批在抗疫和扶贫一线表现突出的事业干部调任县乡科级领导职务。完善职务与职级并行制度，不断激励公务员队伍履职尽责。推进公务员年度考核、记功嘉奖、规范津补贴等措施落实落地，不断完善正向激励体系，调动激发广大公务员干事创业的积极性。

【基层党建】 2020年，市委组织部建立区域联动、部门联建、全面覆盖的党建体系。开展农村基层党建“整乡推进、整县提升”行动，打造一批党建示范项目、党建示范片区。

【近邻党建】 2020年，市委组织部扎实开展近邻党建工作，探索实行党员街巷长、楼栋长、网格员的“两长一员”制度，定期举办社区“邻里节”等活动，促进社区和谐、睦邻友好；成立市级物业服务行业党委，探索构建“党建先行、机制保障、多元参与”的“红色物业”党建，推动物业管理与社区治理融为一体。

【两新组织党建“扩面提质”行动】 2020年，市委组织部开展两新组织党建“扩面提质”行动，推动园区党建提质提效，以“示范园区”创建为抓手，创新园区党建“阵地联盟”“联合主题党日”等做法，发挥园区党群活动服务中心政治、服务、孵化、辐射“四项”功能，推动孵化一批党组织、党员、党建工作品牌。

【人才引进】 2020年，全市共引进省级高层次人才82人、市级高层次人才28人、工科类青年专业人才100人、市主导产业人才75人、名校优生20人。市委组织部设立漳州市人才“一站式”综合服务大厅，通过提供全方位、全周期、全过程的人才服务体系，着力打造从人才政策咨询、项目申报到资金拨付、后勤保障等方面“一站式”服务链条。实现服务与需求“零距离”对接，不断优化人才发展环境。

【“整乡推进、整县提升”行动】 2020年4月，市委组织部印发《开展农村基层党建“整乡推进、整县提升”行动聚力脱贫攻坚乡村振兴的实施方案》，要求加强农村党的组织体系建设，突出政治功能和组织力，强化系统思维、整体思维，为决战决胜脱贫攻坚、实施乡村振兴战略、确保如期实现全面小康提供坚强组织保证。

【全市基层党建业务专题培训班举办】 2020年11月26—27日，市委组织部在谷文昌干部学院举办全市基层党建业务专题培训班。全市各县（市、区）委组织部、开发区（投资区）党工委（党委）党群工作部、市直有关单位业务科室负责人参加培训。主要目的是深入学习贯彻习近平总书记关于加强机关、国企和基层党组织选举工作等基层党建重要指示精神，贯彻落实新时代党的组织路线，进一步明确基层党建基础性法规重点，全面提高基层党建工作质量。

【漳州人才发展集团成立】 2020年10月26日，漳州人才发展集团揭牌成立。漳州人才发展集团为市属重点国有企业，按正处级机构管理，注册资本5亿元。公司立足当好“政府抓人才工作的经纪人、各类人才来漳就业创业的经纪人、技术成果转移孵化的经纪人”的目标定位，着力打造一个服务高效、政策聚合、资本运作、项目孵化为一体的大型综合性人力资源服务平台。

（李志清）

·宣传工作·

【概 况】 2020年，市委宣传部结合“大学习”热潮，组织市委理论学习中心组开展14场专题学习研讨，示范带动各级中心组学习研讨2500多场次，在《福建日报》发表市委理论学习中心组署名文章《加快推进富美新漳州建设》《学深悟透明方向、真抓实干促落实，奋力夺取全方位推动高质量发展超越新胜利》，在“学习强国”学习平台发布涉漳稿件947篇（条）。组建“稻花香宣讲队”入选2020年度省委宣传部基层理论宣讲创新项目。推动“漳州110”基地等3家单位获评省级习近平新时代中国特色社会主义思想实践示范基地。市委宣传部获“全省抗击新冠肺炎疫情先进集体”荣誉称号。

【新冠疫情防控宣传引导】 2020年，漳州市把新冠疫情防控作为头等大事，在全省率先启动应急处置机制，提炼总结“走好疫情防控网上群众路线”的经验做法在中宣部《宣传工作》上作交流推广。市委宣传部开展“抗疫斗争的漳州实践”系列报道，策划“全力以‘复’全网战疫——漳州市助力复工复产大型网上宣传”等活动，推出“欢迎援鄂英雄回家”及网络直播“春天已在路上”“万众一心、守望相助——防控疫情特别节目”等全媒体产品，发布权威信息近300篇（条）。推出阅读量亿级抖音短视频作品1条，千万级短视频作品11条，《一令降疫魔 志在全胜》入选全国第五届“五个一百”网络正能量精品评选活动。广泛开展精神文明教育、爱国卫生运动和志愿服务活动，创作推出2200多件文艺精品，举办漳州市“文艺战疫”书画摄影文学音乐作品展，展出近

400件战“疫”文艺作品，并集结成册出版。推出抗疫MV三部曲《伟大的祖国永远向东》《真情依旧浓浓》《梦想在远方》。

【重大主题网上宣传】 2020年，漳州市在重大主题网上宣传活动中，以“网络文化季”活动为载体，探索建立“全资源融合、全视角讲述、全品类呈现、全过程造势”的网络宣传“爆款”生产线，打造一批传播广、关注高、口碑好、点击量“过亿”的宣传“爆款”产品，使网上重大主题宣传成为一场全民参与的时政传播。该做法入选中宣部《2020年宣传思想文化工作案例选编》。

【精神文明建设】 2020年，漳州市实现“全国文明城市”三连冠，共有21个村镇、30个单位、3所学校、2户家庭获评或继续保留全国荣誉称号，漳州市未成年人思想道德建设中心获评第五届全国未成年人思想道德建设工作先进单位。传承弘扬漳州“五种精神”，举行谷文昌纪念馆“全国爱国主义教育示范基地”授牌仪式，新命名第五批6个市级爱国主义教育基地，“漳州110”入选中宣部“时代楷模”。

【公共文化服务】 2020年，市委宣传部实施文化惠民工程，市博物馆、艺术馆全面开馆，县级“三馆”、基层综合性文化服

2020年5月28日，漳州市“文艺战疫”书画摄影文学音乐作品展在市美术馆（新馆）开幕。图为漳州市驰援湖北医疗队医护人员代表参观展览（游斐渊 摄）

务中心等重点文化设施建设稳步推进。创新开展“全民阅读·书香漳州”线上系列活动，“书香漳州·云端阅读”、“读享你我他”读书月、城市文化人物访谈等深受读者喜爱，持续开展“兴起大学习热潮、十万图书下农村”活动，在全社会营造“多读书、读好书、好读书”的浓厚氛围。组织漳州市首届图书文化节等53项“三节”文化惠民活动，开展文化科技卫生“三下乡”集中服务活动，筹款100多万元。

【意识形态工作】 2020年，市委宣传部贯彻落实《党委（党组）意识形态工作责任制实施办法》，推动成立市委宣传思想工作领导小组（意识形态工作领导小组），配合召开全市抓党建促意识形态工作提升推进会。建立健全巡视巡察整改常态机制、意识形态领域分析研判常态化机制和督查考评办法，配套开展专题督查考评，不断提升意识形态工作规范化水平。加强对各类论坛、讲座、报告会、研讨会以及高校课堂论坛、理论刊物、网络平台的管理，持续强化对各类纪念馆、展览馆、博物馆等常设性展馆和其他重点公共领域宣传载体的监管和检查力度，深入开展“扫黄打非”，确保意识形态领域始终保持积极健康、昂扬向上的良好态势。

【漳州城市宣传】 2020年，市委宣传部组织开展“第一家园建设”“老外看漳州——不见外老潘漳州行”“走进闽西南”等主题采访活动，推出“‘花样漳州 美不胜收’百处佳景任你游”系列宣传报道，举办“云上文化节”暨第二届“网络文化季”等特色活动。圆满举办福建省“决胜全面小康、决战脱贫攻

坚”主题新闻发布会漳州专场，策划学习宣传贯彻中共十九届五中全会精神系列新闻发布会，全景呈现辉煌“十三五”、奋进“十四五”的富美新漳州。承办“2020年家味·年味台湾青少年春节习俗研习营”活动，联合闽西南四市（厦泉三龙）在台湾设立“旅游形象店”。依托首届2020年海丝国际茶文化论坛开展茶产业宣传和茶文化交流。

【海峡两岸（福建·漳州）融晴文化艺术展】 2020年7月27日海峡两岸（福建·漳州）融晴文化艺术展在漳州开幕，历时近四个月，为新冠肺炎疫情发生以来闽台首个共同主办的综合性文化交流活动。省委宣传部部长邢善萍出席开幕式。活动以“推动海峡两岸融合发展、建设闽台文化第一家园”为主题，吸引6家台湾单位参与主办，突出体现“地域、文化、线上、青年”四大特色，举办闽台影视创作中心揭牌、闽台影视展播展演、“两岸好声音”漳台青年文艺展演、闽台木偶剧展演、“两岸一家亲”少儿文艺展演、闽台摄影作品展览、电视剧《谷文昌》拍摄开机仪式、“天然影棚”——东山岛影视放映周等多项活动。在“海峡两岸首届水仙花微电影短视频展”中，面向两岸征集原创作品1320部，有175部优秀作品入围，在全国同类活动中范围最广、规模最大、水平最高。

【“中国女排娘家”基地建设】

2020年，漳州市推进“中国女排娘家”基地建设。“中国女排娘家”基地项目规划总用地面积约466.5亩，规划建筑面积65.28万平方米，将打造成为“四地一区”，成为中心城区地标。中国女排腾飞纪念馆修缮提升工程完成，中国女排精神展示馆加快动工建设，组织开展新时代中国女排精神“六进”活动100多场。

【文化旅游体育和会展夜间经济融合发展】 2020年，漳州市以打造成目的地城市为目标，加快推动文化旅游体育和会展夜间经济融合发展。年内，推出漳州市文化、旅游、体育、会展产业高质量发展三年行动计划（2020—2022年）和进一步繁荣夜间经济促进消费增长的实施意见等5份政策文件。7月20日，举办漳州市文化旅游体育和会展夜间经济融合发展大会，采用线上线下相结合的方式，创新举办“云会议”“云招商”“云签约”等配套活动，共有45个项目参与签约，其中线上签约8个，线下签约37个，总投资约286亿元。

·小资料·

“四地一区”：中国女排精神展示地、中国女排训练首选地、市民全民健身聚集地、体育旅游观光目的地、全市文体旅融合发展综合示范区。

（吴霖）

·统战工作·

【概况】 2020年，中共漳州市委统一战线工作部（简称市委统战部）联合市委组织部、漳州市委党校等举办民主党派新成员培训班、代表人士培训班，共培训学员118人。支持民主党派参政履职，年内，八个民主党派共提出团体提案85件、个人提案109件，被市领导批示20件；反映社情民意信息569件，被采纳396件，中央及省领导批示4件；完成调研文章53篇，其中重点调研课题12篇，获省级以上奖励5篇。八个党派共创建“党（盟、会、社）员之家”22家，其中1家获党派中央表彰，2家入选全省精选案例；开展社会服务42次，受惠群众1万多人次。

【民族宗教工作】 2020年，市委统战部建立民族工作联席会议制度，开展第十三个“民族团结进步宣传月”活动。完成中央、省、市三级少数民族专项资金1054万元指标下达，助推民族村巩固脱贫成果和振兴发展。持续深化落实中央宗教督查“回头看”整改工作，建立宗教工作专题会制度，推动全覆盖建立宗教工作专题会议制度以及宗教工作三级网络和两级责任制。

【港澳台统战工作】 2020年，市委统战部健全县一级香港社团联络联谊机制。围绕建设台胞登陆“第一家园”，与全国、省、市台联共同主办2020年两岸农产品主播实训营暨福建省台联第十二期电商实训营，帮助台胞提升创新创业技能。指导市台联健全与在漳州重点台胞、台商及各界知名人士的定期沟通联谊机制，并与闽南师范大学建立校地合作机制。

【非公经济工作】 2020年，市委统战部开展“送政策、解难题、促发展”调研活动，编印发放惠企政策口袋书2000册，发动工商联会员800多家民营企业和商会会员捐赠总额3687万元，助力漳州市新冠肺炎疫情防控工作。开创“小分队招商”“靶向招商”“屏对屏招商”等多种方式，组织民营企业参与世界闽商大会漳州招商推介、异地商会招商活动等。推进“五好”县级工商联、“四好”商会创建工作，指导2个县级工商联、2个本地商会、5个异地商会完成换届，组建1个异地商会，推动统战工作向商会组织有效覆盖。

【新社会阶层统战工作】 2020年，市委统战部建立16家市级、15家县级新的社会阶层人士统战工作实践创新基地，基地建设工作经验在全省新阶层统战工作实践创新基地建设经验交流会上进行交流。抓好新媒体负责人、党外网络评论、网络宣传“三支队伍”建设，成立漳州自媒体联盟、漳州青年创业联盟，建立全市100名网络重点人士队伍，首次举办全市新媒体网络人士培训班。推动首家县级社会主义学院在东山挂牌成立。

【侨务侨政工作】 2020年，市委统战部加强民生保障工作，盘活沉淀侨政资金70.02万元，预算使用补助救济资金117.62万元，扶贫救济对象440人次。核准市属困难破产企业退休归侨职工265人，发放补助资金30.96万元。做好归侨救济识别筛选，细化救济对象标准，组织筛查出残疾归侨198人、大病归侨54人、失依侨眷儿童1人、散居社会贫困归难侨187人，并给予补助。抓好侨刊《芗江》转型编印工作，持续落实《漳州华侨华人通史》编纂工作，传递侨情乡音。

【民族特色村寨建设】 2020年，市委统战部争取官畲村、坪水村、四都村、大行村、顶坛村等5个村被列入省级乡村振兴试点村，扶持长泰畲族文化长廊、合溪文化园等民族乡村发展文化建设项目14个。推动全市33个民族村建设专业合作社或家庭农场达75家，涌现出国家级专业合作社“官畲茶叶合作社”等先进典型。

【统一战线“两支队伍”建设】 2020年，市委统战部加强统战“两支队伍”的学习培训工作，抓好“民主党派新成员培训班”“民主党派代表人士培训班”等5期培训班，参加培训240人次。培育先进典型，市侨联等4个单位被授予“2016—2019年度全省统战系统先进集体”称号，1人被授予“福建省抗击新冠肺炎疫情先进个人”称号。

【“同心121”工程】 2020年，市委统战部持续开展“同心121”工程，谋划推动乡村基础建设项目18个，投入资金2500余万元；接引落地“产业振兴”大型项目4个，投资6000万元；引入民企回归注资2000万元配套实施“五个一百”乡村人才振兴计划；实现41个“空壳村”平均增加村级财力2万元，助推完成全市行政村“全面脱壳”。

【扶贫助学】 2020年，市委统战部选派优秀干部云霄县火田镇圆峰村驻村第一书记，协调争取257万元帮扶资金投入圆峰村基础设施和民生项目。深入开展“百企帮百村”活动，扶持贫困乡村特色产业，为生活困难群众提供就业岗位。组织开展“同心·光彩助学”活动，为全市贫困学子募捐200多万元。协调香港信和集团“黄廷方慈善基金”捐助高考应届贫困生奖学金30多万元。

【助力疫情防控】 2020年，市委统战部引导全市统战系统捐款

2020年1月14日，市委统战部组织各民主党派会员到民进龙文总支会员之家调研
（民进龙文总支 供图）

捐物总价值6000多万元，其中工商联会员800多家民营企业和商会会员捐赠总额3687万元。开通24小时海外热线电话30部并安排专人轮班值守，在40多个漳籍重点人士微信群及海外社团微信圈、公众号以及统战系统自媒体平台发布防控政策1000多条、防护知识2000多条，及时宣传国内疫情防控政策，严防境外疫情输入。

【全市党建引领构筑最大同心圆推进会召开】 2020年11月10日，全市党建引领构筑最大同心圆推进会召开。会议强调，要以党的政治建设为统领，更加自觉用好统一战线这个重要法宝，形成最大公约数，画好最大同心圆。会上，市民宗局、市工商联、漳浦县委统战部、平和县委统战部、长泰县委统战部等作经验交流。

【2020年两岸农产品主播实训营开营】 2020年11月30日，由全国台联、福建省台联、漳州市委统战部、漳州市台联共同主办的。2020年两岸农产品主播实训营暨省台联第十二期电商实训营在漳州市开营，对69名两岸学员进行为期4天的实训。

【漳州市首家县级社会主义学院成立】 2020年12月23日，漳州市首家县级社会主义学院——东山县社会主义学院成立。学院由东山县委统战部指导管理，将根据教学和研究相结合的原则，进行统一战线历史和理论的教育与研究等工作。

（裴冰墙）

·机构编制·

【概 况】 2020年，市委编办贯彻落实《中国共产党机构编制工作条例》，推进体制机制改革创新和事业单位改革，持续优化各类编制资源配置。年内，推进相对集中行政许可权改革，漳州高新技术产业开发区、漳州台商投资区、漳州古雷港经济开发区、南靖县、平和县等试点单位的相对集中行政许可权改革试点方案获省政府批复，相对集中行政许可权改革试点迈入实质性实施阶段。

【重点领域机构职能优化】 2020年，市委编办围绕“大抓工业、抓大工业”部署要求，在开发区体制机制创新基础上，实行综合设置、扁平化管理，完成古雷开发区和高新区涉及漳浦、龙海、南靖、芗城相关事业单位和人员、编制划转、调整工作，并对调整后的事业单位进行规范更名。

【政府部门权责清单梳理】 2020年，漳州市全面完成市、县级部门权责清单梳理调整工作，市直38个部门共公布权责事项5461项，全市11个县（市、区）公布县级部门权责事项47310项。年内，市委编办修订完善乡镇（街道）权责清单，明晰乡镇（街道）行使的权责事项，理顺县乡权责关系，全市111个乡镇公布权责事项22962项，11个街道公布权责事项1235项。

【镇街机构改革】 2020年，市委编办调研4个经济发达镇（芗城芝山镇、漳浦绥安镇、长泰岩溪镇、台商投资区角美镇），指导所在县（区）根据中央和省文件精神制定经济发达镇行政管理体制改革方案，突出经济发达镇地域特色，强化基层党的建设、社会治理和便民服务。印发全市各县（市、区）乡镇（街道）机构改革实施方案和乡镇（街道）“三定”规定，组织实施机构挂牌组建和人员转隶工作，并于上半年全面完成改革各项工作。

【事业单位改革】 2020年，漳州市率先在全省开展生产经营类事业单位转企改制和整合撤并工作，比省规定的时间提前了两个半月全面完成经营类事业单位改革，走在全省前列。改革后，全市174个经营类事业单位，完成转企改制49个，撤销撤并125个，其中市直45个经营类事业单位，转企改制22个，撤销撤并23个。全市事业单位基本实现“去两头、保公益”的目标，确保了事业单位回归公益属性。

【机构编制资源配置】 2020年，市委编办在保证“两个不突破”的前提下，重新核定市直中小学校教师编制，重点保障专任教师用编。为加强疫情等重大公共卫生事件防控力量，积极与人社等相关部门协商，年初为市级疾病预防控制中心核增编制，为4个市属开发区设立疾控机构，弥补市级及各开发区疾病预防控制不足的短板。

（陈文钦　高艺惠）

·机关党建·

【概　况】 2020年，中共漳州市委市直机关工委（简称市直机关工委）统筹推进机关党的各项建设工作，推动机关党建高质量发展，发展新党员176名，走访慰问老党员和生活困难党员425人次。截至年底，下辖市直65个机关党委（直属党委）、20个基层党委，33个党总支、60个党支部，党员1.7万余名。

【机关党组织投入疫情防控】 2020年，市直机关工委建立逐级督导工作机制，督促经费保障防控，从党费中划拨63.5万元专项资金，支持市直基层党组织用于慰问一线医务工作者和基层党员干部。印发《关于开展市直机关党组织和党员到社区报到参与疫情防控工作的通知》，督导和发动市直机关党员干部做到“双报到”，共有251个组织、在职党员1200多人次到66个社区参与疫情防控工作。扎实做好疫情防控宣传督导工作，悬挂各类宣传标语230多个，张贴分发宣传资料3600多份。

【机关体制机制创新案例征集评选】 2020年，市直机关工委牵头组织全市机关开展第三届“推进机制活、建设新福建”机关体制机制创新优秀案例征集评选活动，评选30个市级优秀案例，其中有6个案例获得省里表彰，市直机关工委选送的《创新“四步法”、推动“四转向”，有效破解城市基层党建工作中的形式主义问题》荣获党建类一等奖，成为全省唯一个连续两年荣获一等奖的设区市工委。

【党员学习培训】 2020年，市直机关工委举办学习贯彻中共十九届四中、五中全会精神市直机关专场报告会。建立市直单位党组（党委）理论学习中心组常态化学习通报制度，督促机关党组织完善党组（党委）书记定期为党员干部上党课制度。研究制定机关党员教育培训计划，组织市直机关党务干部赴东山谷文昌干部学院进行党建工作研修，轮训党务干部、党员发展对象等4个班（次）、580余人。深化工委机关带头宣讲指导机制，工委领导班子成员按照挂钩党建工作片区，深入市直基层党组织讲党课、讲业务。推进“机关讲坛”建设，拓展“领导带头学，每周讲一课”主题活动。以市直机关基层党组织书记示范培训班为载体，组织市直机关各级党组织认真研读规定书目和重点篇目，推进“新思想”党员教育培训。组织开展市直机关党组织“初心微党课”征集评选活动，60多个单位党组织的党员领导干部带头上党课，受教育党员近万人次。开通“漳州机关党建”微平台，组织党员干部围绕中共十九届四中、五中全会精神开展学习宣传和讨论，积极探索信息化条件下党务干部培训工作新载体。

【模范机关创建】 2020年，市直机关工委印发《关于在市直机关深入开展创建“让党中央放心让人民群众满意”的模范机关的实施意见》，明确开展模范机关创建活动的目标要求。实行领导班子成员挂钩联系机关党建片区制度，制定《关于调整委领导班子成员挂钩联系党建工作片区单位一览表》，实行“分片运作、一体管理”工作模式，不断拓展和延伸创建工作触角，加强对模范机关创建活动规范指导。

【机关党务队伍建设】 2020年，市直机关工委选优配强机关党组织负责人，对45名机关党委负责人任职条件进行审核把关；持续推动提高专职党务干部配备比例，开展机关专职党务干部配备情况调查摸底和督查检查，推动党务干部专职不专用问题逐步解决。全市直各机关党委（直属党委）正式任命的专职党务负责人61人，占93.9%。组织开展党组织书记示范培训、宣传发动党务骨干线上培训，共举办培训班33场，培训基层党组织书记636人，党务干部890人，接受线上培训192人，形成“线上搭平台、线下重实效”的良好氛围，推动党务干部队伍整体能力提升，努力打造过硬队伍。

【基层组织基础】 2020年，市直机关工委建立市直单位党组（党委）班子成员联系指导支部制度，常态化挂钩6个领域党支部574个，带动党员领导干部下支部、抓支部。严格落实基层党组织按期换届提醒制度，持续推进“五有八健全”基层支部规范化建设，不断深化支部“达标创星”活动，督促255个基层党组织完成换届选举工作，评定年度先进等次党支部245个，有效形成“巩固先进、带动后进”抓支部建设的常态机制。重点围绕落实“三会一课”制度等内容开展专项督查，严格党员领导干部过双重组织生活制度，督促党组（党委）梳理制定巡视整改措施180条，持续有效提升机关党组织党内组织生活质量。

【市直单位党建工作考评】 2020年，市直机关工委对年度市直机关党组（党委）全面从严治党主体责任落实情况进行全面检查考核；持续完善党组（党委）、机关党委、党支部“三个书记”党建工作考评，对市直单位72个党组（党委）、960多个基层党组织全面开展抓机关党建工作述职评议考核，并将述职评议情况逐一向各单位党组（党委）反馈；印发《漳州市直机关党建“六比六看”考核评价细化办法》，着力破解并列同分没有可比性、考核评价存在局限等问题；持续整治机关党建“灯下黑”，开展整治情况“回头看”，2019年排查的70个问题全部落实整改。

（市直机关工委）

·老干部工作·

【概 况】 截至2020年年底，漳州市有离休干部343人，其中市直单位162人，各县（区）181人。全市“5·12”（1950年5月12日前参加工作的干部）退休干部227人，其中市直单位58人，各县（区）169人。年内举办厅级老干部读书班、离退休干部党支部书记、骨干培训班10期，参加培训的离退休干部党支部书记、骨干600余人次。开展“我看脱贫攻坚新成就”主题实践活动，召开各类座谈会共232场次，引导老干部建言献策，收集到200余条意见建议。

【老干部参与疫情防控】 2020年新冠肺炎疫情防控期间，全市各离退休干部基层党组织开展防疫知识宣传、文艺作品创作、“经典诵读”等正能量活动300余次，带动近万名老干部参与抗疫工作。各级离退休干部党组织及时发布疫情防控信息2388条、宣传标语738条、先进典型事迹35个，开设网上宣讲报告会16场，全市离退休干部党员积极参与抗疫，为疫情捐款超200万元。

【离退休干部党组织建设】

2020年，市委老干部局推进“3个100”离退休干部党建升级版工程，即打牢基础工程，新组建40个党支部（含临时党支部），推动30个党支部换届选举，转化提升30个后进党支部；突出示范工程，打造100个党支部示范点；抓好素质工程，重点强化100名党支部书记的教育培训工作。市委老干部局深化达标创星活动，对获评“四星级”以上的党支部给予通报表彰、集中授牌。2020年，全市19个离退休干部党支部获评省级离退休干部先进党支部。

【老干部服务保障】 2020年，市委老干局走访慰问老干部1000多人次，发放慰问金187万余元，推动市县提高离休干部、“5·12”退休干部公用经费标准由800元提高到2500元。组织离退休干部体检，协调市直医院为老干部提供点单式体检服务，由医师根据体检结果针对性提出个性化预防治疗方案。提高离休干部定期定额生活补助费，审核落实市直改制、破产、关闭实体不存在等困难企事业单位的“5·12”退休干部无工作遗偶定期定额生活补助。聚焦“特困离休干部及遗偶、离休干部无工作遗偶、重病离休干部和困难家庭离休干部及遗偶”四类对象进行精准帮扶，市直共发放困难补助金212人49.2万元。

2020年9月28日，《九棵木麻黄》喜获“我看脱贫攻坚新成就”八闽离退休干部舞台剧展演金奖 （市委老干部局 供图）

【老干部活动】 2020年，通过宣讲访谈、诗书画影、文艺会演等形式，引导老干部发挥优势与作用。市老年大学干部和学员编排的舞台剧《九棵木麻黄》荣获“八闽离退休干部舞台剧展演”金奖，新挖掘55名具有专业性、权威性的老专家、老学者充实“银发人才”，开展“银龄正能量大讲堂”“掌上云宣讲”“银发助力创城”等活动引导老干部承诺践诺。各级关工委深入开展“五老”助困助学活动，推进农村青年致富“种子工程”，先后得到《福建日报》、“学习强国”等媒体平台的报道。市关工委还被中国关工委、中央文明办评为“全国关心下一代工作先进集体”，并荣获“中国火炬25周年先进集体”称号。

【“老党员之家”建设】 2020年，市委老干局印发《关于加强“老党员之家”建设的通知》，建立共享式“老党员之家”活动制度，在全市打造共享式离退休干部老党员之家17个。

【市老年大学被授予全国“敬老文明号”称号】 2020年，市老年大学投入176万元完成主体校舍修缮，被国家卫健委、全国老龄办授予全国“敬老文明号”称号，被中共福建省委老干部局、福建省教育厅评为“高水平示范性老年大学”。

（刘君雍）

·精神文明建设·

【概 况】 2020年，市委文明办推动出台《市区文明行为促进办法》，修订完善《市民文明公约》，开展“市民文明素质提升工程十大行动”“提升城市老城区建设管理水平十项行动”“中心城区城市管理提升行动”。11月，中央文明委复查确认漳州市继续保留“全国文明城市”荣誉称号，连续三届入选全国文明城市。

【新冠肺炎疫情防控公益宣传和志愿服务】 2020年，市委文明办结合疫情防控推进移风易俗工作，全市按规矩劝停民俗庙会活动293场、文体活动528场，延期、暂停婚宴313场。开展“文明健康、有你有我”公益宣传，在《闽南日报》、漳州电视台联办《文明守护、防控疫情》专栏，在“文明在漳州”微信公众号开设《文明评论》专栏，宣传公筷公勺、“一米线”、网络祭扫、垃圾分类等社会新风尚。3月31日至4月2日，市委文明办组织开展迎接“抗疫英雄”归来亮屏活动，全市各户外屏幕集中播出“白衣执甲、不辱使命、英雄凯旋、欢迎回家”等标语，用漳州美丽夜景点赞抗“疫”英雄。2020年，全市共有2437个志愿服务组织、25.8万人次志愿者参加疫情防控志愿服务活动，6人获评福建省五星级志愿者，共有2名志愿者、2个志愿服务组织、1个志愿服务项目、3个志愿服务社区、2个疫情防控志愿者获评2020年福建省学雷锋志愿服务“四个最美”先进典型。

【文明单位创建】 2020年，市委文明办组织开展省级文明单位（非公组织单位、社区、风景旅游区）创建总评工作，向省文明委推荐115个省级文明单位（非公组织单位、社区、风景旅游区）候选对象。漳州片仔癀药业股份有限公司等31个单位获评或继续保留“全国文明单位”荣誉称号，其中10个培育对象全部入选全国文明单位，全国文明单位推荐工作取得历史性突破，绝对数量、新增数皆居全省第一名。

【文明村镇创建】 2020年，全市21个村镇获评或继续保留“全国文明村镇”荣誉称号。市委文明办组织开展省级文明村镇创建总评工作，向省文明委推荐115个省级文明村镇候选对象。

【文明家庭创建】 2020年，全市2户家庭获评或继续保留“全国文明家庭”荣誉称号。市委文明办组织开展省级文明家庭推荐活动，推荐13户家庭为第二届福建省文明家庭候选对象。

【文明校园创建】 2020年，市委文明办组织实施文明校园提升行动，全市3所学校获评或继续保留“全国文明校园”荣誉称号。开展“全国文明校园风采”网络宣传活动，组织3所全国文明校园开展全国文明校园风采网络宣传活动。组织开展省级文明校园创建总评工作，向省文明委推荐63个省级文明校园候选对象。

【未成年人思想道德建设】 2020年，市委文明办开展“心手相牵·情暖漳州”关爱青少年活动，联合市教育局举办“诗韵漳州·遇见美好”经典诵读大赛优秀作品展演活动，开展“清明网上祭英烈”活动，组织广大未成年人参与网上献花、抒写感言寄语、到烈士陵园祭扫和宣誓等活动，开展未成年人暑期网络环境专项整治，建成7所中央专项彩票公益金支持的乡村学校少年宫。市委文明办成立“漳州市校外未成年人心理健康辅导中心”，被评为第五届全国未成年人思想道德建设工作先进单位，推荐1人上榜福建省“新时代好少年”，评出18名漳州市“新时代好少年”。

【道德模范评选】 2020年，全市报送“福建好人”参评人选36人，8人上榜“中国好人”，12人上榜“福建好人”，是近年来上榜人数最多的一年。市委文明办评出第六届漳州市道德模范19人，在春节期间组织慰问11名生活困难的市级道德模范，组织东山歌册宣讲队参加全省“崇德向善 榜样力量——福建省道德模范、身边好人故事汇”展演活动，演绎全国道德模范林建德的故事。

【制止餐饮浪费】 2020年，市委文明办发出《珍惜粮食 勤俭节约》倡议书，在漳州电视台、闽南日报社连续刊播《文明餐桌》典型，组织街道社区志愿者进家入户宣传教育，制作电子版文明手册、线下手册和线上电子

2020年12月5日，龙文区新时代文明实践中心揭牌仪式暨“共创文明·情暖龙文”志愿服务活动在龙文区闽南水乡举行

（市委文明办 供图）

版，广泛刊播“厉行节约、反对浪费”等宣传标语、公益广告。

【乡风文明建设】 2020年，市委文明办印发《2020年漳州市移风易俗工作要点》，召开全市文明办移风易俗工作部署会，深化移风易俗“一县一重点、一镇一治理”工作，持续推进5个省级家风家训乡贤文化馆建设，如期实现县级及以上文明村镇占比50%以上的目标。

【新时代文明实践中心试点】 2020年，漳州市将新时代文明实践中心建设试点工作纳入2020年市级为民办实事项目，给予长泰县、东山县和芗城区、龙文区、龙海市5个试点各50万元的经费补助。龙文区实践中心于12月5日正式揭牌。全市共建成新时代文明实践中心5个、乡镇（街道）实践所52个、村（社区）实践站324个，常态化开展各类文明实践志愿服务活动3200多场次，受益群众约200万人次。

（吴少军）

·党校工作·

【概 况】 2020年，市委党校（行政学院）培训17个班次（含计划内15期和计划外2期），培训学员2068人次；谷文昌干部学院共培训185个班次，培训学员10713人次，被中央文明委授予第六届“全国文明单位”称号。

【教学精品建设】 2020年，市委党校推出30个教学新专题，聘请17位兼职教师，每个主体班次都开设专门的教育模块。邀请中央党校教授、省校系统精品课教师进行示范教学，评选推荐党史课程《百年党史人物志：华侨抗日女英雄李林》、案例式专题《困境与变革：民营经济高质量发展之路——三宝钢铁发展历程的启示》参加省校院精品课比赛。按照“四个一”（一座主题展示馆、一支品牌现场教学师资队伍、一部10—15分钟专题宣传片、一条特色现场教学体验专线）标准，打造以红色文化、廉政传统文化、谷文昌精神等为主题的精品现场教学线路。

【课题调研和理论研究】 2020年，市委党校共受理申报省、市各类社科课题164项（市委党校73，县级党校91），获得立项95项（市校49、县级党校46）。围绕“十四五规划建议”“疫情防控”“漳台融合”“弘扬漳州五种精神”及“大抓工业、抓大工业”等5个主题形成一批研究成果，《共建产业链，助推闽西南产业协同发展》一文，作为福建省委党校与漳州市委党校合作重要成果，入选省委党校《决策参考》。

【后勤服务保障建设】 2020年，市委党校投资800多万元，完成学校食堂维修改造，满足300名学员同时用餐，争取财政资金1500多万元，完成学员宿舍楼改造。

（高宠）

·史志工作·

【概 况】 2020年，中共市委党史和地方志研究室以开展创建模范机关活动为抓手，以巡察整改为契机，充分发挥党史方志存史资政育人作用，高质量开展各项工作。年内《漳州年鉴（2019）》获福建省年鉴质量评比二等通报表扬。

【党史编研】 2020年，市委党史和地方志研究室编纂特色史志书籍，《漳州改革开放时期党史专题资料汇编》《市委执政纪要（2019卷）》《中国女排精神读本》先后出版。

【县区志书编纂与出版】 截至2020年12月底，长泰、诏安、云霄、漳浦、龙海二轮志书正式公开出版，龙文、芗城、东山、南靖、平和、华安交付出版并取得书号，全面完成二轮志书出版任务。

【年鉴编纂与出版】 2020年，市委党史和地方志研究室创新《漳州年鉴（2020）》编纂工作，重新设计封面和标志，调整内容框架，优化条目质量，更具可读性和实用性。加强与撰稿单位沟通联系，建立反馈机制，提高出版速度，提升总体质量。各县（市、区）均实现公开出版，漳浦、诏安参加福建省精品年鉴工程。

【史志宣传教育】 2020年，市委党史和地方志研究室构建“互联网＋史志宣教”模式，建成“漳州党史方志网”，开通“漳州党史方志”微信公众号，全年推送15期共69篇公众号文章，28篇文章刊登于学习强国APP。陆续推出纪念红军攻克漳州系列广播剧，联合举办“讲好漳州故事，传承红色基因”主题征文活动，开展史志宣教“六进”活动（进机关、进校园、进军营、进社区、进乡村、进企业）。

【史志成果开发转化】 2020年，市委党史和地方志研究室撰写《人民生命健康重于泰山——漳州防控新冠肺炎疫情工作纪要》《漳州抗击非典的历史回顾和启示建议》《新行街番仔楼的红色往事》《福建工农革命军独立第一团》等文章和《漳州二轮修志工作回顾与思考》《浅谈年鉴工作创新的实践与思考——以〈漳州年鉴〉为例》等论文，参与编纂《闽西南协同发展区概况》。

【《漳州市志（1991—2007）》出版】 2020年10月，中共漳州市委党史和地方志研究室编纂的《漳州市志（1991—2007）》由中国文史出版社出版发行。该志全书共分四册，设政区环境、自然资源与利用、国土资源管理、农业与农村经济、口岸管理、漳台关系、土楼、人物等42编，约600万字，全彩色印刷。《漳州市志（1991—2007）》全面系统地记述1991年至2007年间全市自然、政治、经济、文化、社会等各方面的历史进程，反映漳州在世纪之交深化改革开放、推动经济社会全面发展，是漳州贯彻落实国务院《地方志工作条例》

2020年10月29日，市委党史和地方志研究室组织全体党员到丹霞记忆馆调研史志工作 （市委党史和地方志研究室 供图）

和国务院办公厅印发《全国地方志事业发展规划纲要（2015—2020）》中提出的推动实现地方志事业“两全目标”的核心任务和关键成果。

·小资料·

“两全目标”：到2020年实现第二轮省、市、县三级地方志书和省、市、县三级综合年鉴全部出版。

（蔡钰臻）

·档案工作·

【概 况】 2020年，市档案馆推进新馆项目建设，12月新馆大楼主体结构顺利封顶。芗城、龙海、漳浦、长泰、华安等5个县（市、区）新馆大楼封顶。年内，市档案馆被中国档案报社授予“一报一刊”发行先进单位，南靖县档案馆被福建省人力资源和社会保障厅、省档案局授予“全省档案系统先进集体”荣誉称号。

【信息化建设】 2020年，市档案馆推进“存量档案数字化、增量档案电子化”服务，融入全省数字档案资源体系，建立涉民数字档案专题数字库，实现数字档案资源的社会共享。

【依法行政与业务指导】 2020年，市档案馆（局）配合环保、民政部门做好第二次全国污染源普查档案验收工作，开展全国地名普查档案整理归档和验收工作；联合市重点办对沿海大通道、古雷港泊位等省、市重点建设项目进行专项验收，确保重点建设项目顺利开展；联合市退伍军人事务管理局制定退伍军人档案处置工作方案和整理细则；完成行政审批改革工作任务，梳理行政审批和公共服务事项清单、权责清单，受理8项档案服务机构备案。

【档案宣传】 2020年，市档案馆（局）推出“侨批记忆”“币章春秋”“图说故城”“经世学府”“故纸留韵”5个系列共108集短视频，策划12集纪录片《乙纸云烟 万顷乡愁——漳属侨乡档案解读》和1集微电影，以原创短片的形式打造档案宣传精品。年内，选送的《一座红楼和一段不能忘记的红楼记忆》短视频作品，被评为漳州市“云上文化节”暨第二届网络文化季“优秀作品”。

【档案资料征集】 2020年，市档案馆发布抗疫档案征集令收到九大系列战疫档案资料，形成专题档案库；从闽南师范大学征集3套大型涉台丛书240册，填补漳州市在两岸姓氏族谱文化权威资料方面的空白。11月，市档案馆首次通过网络竞价方式，征集到一组（5张）《漳州江东古桥》珍贵老照片，把市档案馆馆藏档案起始提前至19世纪末晚清时期。龙海市以东园镇东宝村“乡村记忆”档案为试点，收集整理特色档案526件（卷）和实物档案1360件；漳浦县征集清乾隆至光绪年间地契69张，抗疫相关艺术作品14件。

【档案编研】 2020年，市档案馆续编《漳州市档案志》20多万字，聘请40多名档案专家组建档案编研专家库，综合开发档案资源，实现馆际、馆室之间、馆与社会和个人之间合作。

【档案安全保管】 2020年，市档案馆（局）在每季度及重大节假日前定期开展档案安全大检查，印发《漳州市档案馆防范汛期应急处置预案》。6月，按照《福建省档案馆管理办法》要求档案异地备份相关规定，组织专人赴宁夏银川开展馆藏数字化成果异地异质备份。

【档案查询利用】 2020年，市档案馆（局）为“习近平在漳州”专题、漳州“中国女排娘家”基地项目、最美家乡河等专题项目，提供查阅档案资料300多份；同时将“漳州档案APP”与“漳州政务网”“漳州通APP”对接，提供查档预约服务及在线咨询，共接待查档服务431人/次，查阅档案资料3789卷/次，收到感谢信4封、锦旗3

2020年5月11日，龙海援鄂医疗队档案捐赠仪式在市档案馆（局）举行
（市档案馆 供图）

幅。签订省、市、县三级档案馆档案跨馆利用协议，建立覆盖全省的“跨馆查档、异地出证”馆际联动查档机制，利用数字档案远程共享成果，实现让“数据多跑路，群众少跑腿”。优化“全国示范数字档案馆”各系统功能，提升档案查全率、查准率，减少查档时间。按时按质完成政府公开信息接收工作，共接收政府信息纸质版总数3199条，在市政府指定的档案馆、图书馆接收公开信息中，接收公开信息率达99.7%，在上半年全省排名中位居第二。各县（市、区）档案馆也为当地党委、政府的中心任务积极开展档案查询利用服务。截至年底，全市查询利用24567人次，查阅档案165314卷（册）。

（刘舜全）

·保密工作·

【概 况】 2020年，市委保密局在全市各县（市、区）、开发区（投资区）开展保密检查，每个地区抽查2—3家基层单位。全年没有发生重大失泄密事件。

【保密宣传教育和培训】 2020年，市委保密局派出业务骨干到市、县机关单位开展专题授课，受训人数达2000多人次，组织全市机关、单位轮批播放警示光盘，加强反面警示教育。8月，市委保密局在谷文昌干部学院举办全市保密工作培训班，市委保密委成员单位保密办负责人、县（市、区）、开发区（投资区）党委办公室分管领导和保密办主任等参加培训。年内，市委保密局协调漳州电视台、市国资委等单位在电视台、公交平台播放《保密工作公益广告片》，发动各地各单位组织开展收看活动，撰写《漳州战役》《革命根据地里的阿庆嫂》《隐秘战线上的奇才》等文章报送省保密协会，讲述党的红色保密故事。

【保密服务保障】 2020年，市委保密局配合省委保密局向漳州市新任省管干部发放保密提醒函10份，联合市委组织部向市管新提任处级干部、临退休处级干部发放保密提醒函。对接资质企业实际需求，提供保密制度建立、教育培训、保密室建设等方面的指导服务，帮助企业完成资质申请、资质年审、到期复查等工作。发挥保密热线电话“0596—2031248”作用，为各单位提供定密、文件管理、计算机管理等业务指导和答疑解惑服务。配合教育、司法等部门开展试卷保管室检查，监督指导各考试主管部门完善保密管理防范的软硬件建设，做好高考、中考、硕士研究生考试、法律职业资格考试、全国卫生专业技术资格考试等大型考试的保密服务保障。

（市保密局）

责任编辑：李鹤鸣

漳州市人民代表大会

·重要会议·

【概况】 2020年，漳州市人民代表大会及其常务委员会（简称市人大常委会）召开11次常委会会议，听取审议23项专项工作报告，审议3部法规草案，任免国家机关工作人员81人次。

【市第十六届人民代表大会第四次会议】 2020年1月4—6日，市第十六届人民代表大会第四次会议在芗城召开，实到代表410人。会议听取和审议漳州市人民政府市长刘远所作的漳州市人民政府工作报告；审查和批准漳州市2019年国民经济和社会发展计划执行情况及2020年国民经济和社会发展计划草案的报告；审查和批准漳州市2019年预算执行情况及2020年预算草案的报告；听取和审议漳州市人民代表大会常务委员会主任陈汉夫所作的漳州市人民代表大会常务委员会工作报告；听取和审议漳州市中级人民法院院长罗雄所作的漳州市中级人民法院工作报告；听取和审议漳州市人民检察院检察长黄秀强所作的漳州市人民检察院工作报告。1月6日，会议选举欧龙光为漳州市第十六届人民代表大会常务委员会副主任；表决通过增补欧龙光为漳州市第十六届人民代表大会财政经济委员会主任委员；表决并通过上述六个工作报告。

【市十六届人大常委会会议】 2020年，市十六届人大常委会举行11次会议，即市十六届人大常委会第二十七次会议至第三十七次会议。

2020年2月14日，市十六届人大常委会第二十七次会议召开。会议线上听取和审议并表决通过《漳州市人民代表大会常务委员会关于依法全力做好新冠肺炎疫情防控工作的决定（草案）》。

2020年4月23日，市十六届人大常委会二十八次会议召开。会议传达学习《中共福建省委关于加强新时代人大工作和建设的决定》精神；听取和审议市政府关于市本级2020年第一批新增政府债务限额管理及新增政府债券资金安排使用预算调整方案（草案）的报告，并表决通过关于批准该调整方案的决议；听取和审议市政府关于市区商品住宅专项维修资金管理与使用情况的报告；听取市政府关于全市新型冠肺炎疫情防控工作情况的报告；听取市政府关于地方政府性债务管理情况的报告；听取市人大常委会法工委关于2019年度规章和规范性文件备案审查工作情况的报告。会议审议并表决通过关于接受个别代表辞职请求的决定。

2020年5月20日，市十六届人大常委会第二十九次会议召开。会议表决通过关于接受张志南辞去福建省第十三届人民代表大会代表职务的决定。

2020年6月15日，市十六届人大常委会第三十次会议召开。会议传达学习贯彻习近平总书记重要讲话重要指示批示和十三届全国人大三次会议精神。会议通过有关人事任免议案。会议听取和审议市政府关于漳州市本级2020年第二批新增政府债务限额管理及新增政府债券资金安排使用预算调整方案（草案）的报告，并表决通过关于批准该调整方案的决议；听取和审议市政府关于2019年市本级财政决算（草案）的报告，并表决通过关于批准该报告的决议；听取和审议市政府关于2019年市本级预算执行情况和其他财政收支的审计工作报告、市政府关于2019年度行政事业性国有资产管理情况的报告、市政府关于《中华人民共和国土壤污染防治法》实施情况的报告、市政府关于漳州市应急体系建设情况的报告；听取市政府关于国有资产管理情况的综合报告；听取和审议市法院关于刑事审判工作情况的报告；审议并表决通过《漳州市人大常委会任免国家机关工作人员的规定（修正案）》。会议还向新任命的国家工作人员颁发任命书，并举行宪法宣誓仪式。

2020年8月4日，市十六届人大常委会第三十一次会议召开。会议通过有关人事任免议案。会议表决通过接受个别省人大代表辞职的决定；举办《中华人民共和国民法典》专题学习讲座。会议还向新任命的国家机关工作人员颁发任命书，并举行宪法宣誓仪式。

2020年8月25日，市十六届人大常委会第三十二次会议召开。会议表决通过有关人事任免议案。会议听取和审议市政府关于漳州市2020年上半年国民经济和社会发展计划执行情况与下半年工作意见的报告；听取和审议市政府关于2020年上半年预算执行情况和下半年工作意见的报告；听取和审议市政府关于漳州市本级2020年新增政府债务限额管理及新增政府债券资金（第三批）、抗疫特别国债资金安排使用预算调整方案（草案）的报告，并表决通过关于批准该调整方案的决议；听取和审议市政府关于《中华人民共和国食品安全法》及《福建省食品安全条例》执行情况的报告、关于贯彻落实《中华人民共和国促进科技成果转化法》及《福建省促进科技成果转化条例》工作情况的报告、关于《漳州市市区内河管理规定》实施情况的报告；审议通过《漳州市大气污染防治条例（草案）》。

2020年9月8日，市十六届人大常委会第三十三次会议召开。会议补选崔永辉、李东河为省第十三届人民代表大会代表。

2020年10月28日，市十六届人大常委会第三十四次会议召开。会议表决通过有关人事任免议案。会议听取和审议市政府关于2019年度漳州市级预算执行和其他财政收支审计查出问题整改落实情况的报告；听取市政府关于2020年全市环境状况和环境保护目标完成情况的报告；听取市政府关于市十六届人大四次会议代表建议办理情况的报告；听取市政府关于提请审议《漳州市户外广告设施和招牌设置管理办法（草案）》的议案及市城管局关于《漳州市户外广告设施和招牌设置管理办法（草案）》的说明，听取市人大常委会城环委关于《漳州市户外广告设施和招牌设置管理办法（草案）》的初步审查报告，并审议《漳州市户外广告设施和招牌设置管理办法（草案）》（初审）；听取和审议市检察院关于全市检察机关发挥职能服务保障“大抓工业、抓大工业”工作情况的报告；听取和审议市政府关于市区农贸市场改造建设工作情况的报告。会议对脱贫攻坚战稳定提质三年行动工作情况和加快市区老旧小区提升改造实施情况开展满意度测评，并对这两项工作取得的成效表示满意。会议就市区农贸市场改造提升工作情况开展专题询问。会议还向新任命的国家工作人员颁发任命书，并举行宪法宣誓仪式。

2020年11月10日，市十六届人大常委会第三十五次会议召开。会议表决通过有关人事任免议案，向新任命的国家机关工作人员颁发任命书，并举行宪法宣誓仪式。

2020年12月7日，市十六届人大常委会第三十六次会议召开。会议表决通过有关人事任免议案。会议表决通过市人大常委会关于召开漳州市第十六届人民代表大会第五次会议的决定（草案）；表决通过市人大常委会关于废止《漳州市人民代表大会常务委员会关于实施〈福建省各级人民代表大会常务委员会规范性文件备案审查规定〉的意见》的决定（草案）。会议还向新任命的国家机关工作人员颁发任命书，并举行宪法宣誓仪式。

2020年12月28日，市十六届人大常委会第三十七次会议召开。会议听取和审议市政府关于漳州市“十三五”规划实施情况及“十四五”规划和2035年远景目标纲要编制情况的报告；听取和审议市政府关于漳州市2020年部分主要经济指标调整草案的报告；听取和审议市政府关于2020年全市公共预算收入及市本级收支预算调整草案的报告；听取和审议市政府关于《漳州古城保护条例（草案）》的议案及草案的说明；审议《漳州市人民代表大会常务委员会关于加强九龙江流域水生态环境协同保护的决定（草案）》；审议市十六届人大五次会议相关文件草案。会议表决通过关于批准漳州市2020年部分主要经济指标调整的决议；表决通过关于批准2020年全市公共预算收入及市本级收支预算调整的决议；表决通过市十六届人大五次会议相关文件草案；表决通过有关决定。会议还表决通过有关人事任免议案，向新任命国家机关工作人员颁发任命书。

·立法工作·

【概 况】 2020年，市人大常委会审议漳州市户外广告设施和招牌设置管理办法（草案）、古城保护条例（草案）。调研养犬管理、物业服务与管理、革命遗址和纪念设施保护、土楼风景名胜区管理、水仙花保护等立法项目。推动九龙江流域水环境保护协同立法，表决通过加强九龙江流域水生态环境协同保护的决定。《漳州市大气污染防治条例》获省人大常委会批准。专项清理食品药品安全、野生动物保护以及民法典所涉及领域的地方性法规、规章和规范性文件，进一步维护法制统一。

【法律法规实施检查】 2020年，市人大常委会发挥执法检查“法律巡视”利剑作用，省市县三级人大联动开展食品安全“一法一例”执法检查，推动政府不断加大监管力度，健全完善长效机制，守护好群众“舌尖上的安全”。检查土壤污染防治法、市区内河管理规定实施情况，督促土壤污染风险管控和修复，依法加强内河水系综合治理，不断改善土壤环境质量和内河水质、水环境。配合省人大开展气象“一法一例”、慈善法、闽台职业教育合作条例执法检查，促进法律正确实施，维护法律权威。

【备案审查】 2020年，市人大常委会依法备案审查政府规范性文件20件，推动备案审查信息平台向县级延伸，建立线上报备工作机制。

·人事任免·

【市十六届人大常委会第二十八次会议人事任免事项】 2020年4月23日，市十六届人大常委会第二十八次会议决定接受陈水树辞去漳州市人民政府副市长职务的请求，报漳州市第十六届人民代表大会第五次会议备案；决定免去戴福康的漳州市人民政府秘书长职务；决定接受戴鹏飞辞去漳州市第十六届人民代表大会常务委员会委员职务的请求，报漳州市第十六届人民代表大会第五次会议备案；免去戴鹏飞的漳州市人大常委会财政经济委员会主任、漳州市人大财政经济委员会副主任委员职务；决定接受林绍坤辞去福建省第十三届人民代表大会代表职务的请求，报福建省人民代表大会常务委员会备案；免去陈亮的漳州市人民检察院副检察长、检察委员会委员职务；批准免去刘英俊的漳州市芗城区人民检察院检察长职务、任命吴锦棋为漳州市芗城区人民检察院检察长；批准免去吴锦棋的漳浦县人民检察院检察长职务、任命欧阳伟为漳浦县人民检察院检察长。

【市十六届人大常委会第三十次会议人事任免事项】 2020年6月15日，市十六届人大常委会第三十次会议决定任命李勇为漳州市人民政府副市长；任命李亚树为漳州市人民政府秘书长；免去陈彪的漳州市民政局局长职务；任命曾建新为漳州市民政局局长，免去其漳州市商务局局长职务；任命吴凌真为漳州市商务局局长；免去张文力的漳州市应急管理局局长职务；任命蓝良木为漳州市应急管理局局长。

【市十六届人大常委会第三十一次会议人事任免事项】 2020年8月4日，市十六届人大常委会第三十一次会议决定接受林叶萍辞去漳州市监察委员会主任职务的请求，报漳州市第十六届人民代表大会第五次会议备案；任命李东河为漳州市监察委员会副主任，决定李东河代理漳州市监察委员会主任职务，免去江智诚的漳州市监察委员会委员职务；决定免去李亚树的漳州市人民政府办公室主任职务、任命马桂秋为漳州市人民政府办公室主任；决定免去林兆波的漳州市医疗保障局局长职务、任命康元泰为漳州市医疗保障局局长；决定接受张文龙辞去福建省第十三届人民代表大会代表职务的请求，报福建省人民代表大会常务委员会备案。

【市十六届人大常委会第三十二次会议人事任免事项】 2020年8月25日，市十六届人大常委会第三十二次会议免去王文平的漳州市中级人民法院副院长职务；免去沈延辉的漳州市人民检察院副检察长职务。

【市十六届人大常委会第三十四次会议人事任免事项】 2020年10月28日，市十六届人大常委会第三十四次会议决定接受刘加来辞去漳州市第十六届人民代表大会常务委员会副主任、漳州市第十六届人民代表大会社会建设委员会主任委员职务的请求，报漳州市第十六届人民代表大会第五次会议备案；决定接受黄华安辞去漳州市人民政府副市长职务的请求，报漳州市第十六届人民代表大会第五次会议备案，免去黄华安的漳州市公安局局长职务；决定任命许毅忠为漳州市财政局局长、免去沈永祥的漳州市财政局局长职务。

【市十六届人大常委会第三十五次会议人事任免事项】 2020年11月10日，市十六届人大常委会第三十五次会议决定接受谢毅泰辞去漳州市人民政府副市长职务的请求，报漳州市第十六届人民代表大会第五次会议备案；决定任命林晓东为漳州市人民政府副市长、漳州市公安局局长。

【市十六届人大常委会第三十六次会议人事任免事项】 2020年12月7日，市十六届人大常委会第三十六次会议任命郭丹川为漳州市人大常委会人事代表工作委员会主任；任命吴灿辉为漳州市人大常委会财政经济委员会主任，免去其漳州市人大常委会人事代表工作委员会主任职务；决定任命杨素萍为漳州市体育局局长、免去周志聪的漳州市体育局局长职务；免去张镇国的漳州市人民检察院副检察长、检察委员会委员、检察员职务。

·监督工作·

【概 况】 2020年，市人大常委会着眼常态化疫情防控、提高经济发展质量、增进民生福祉、决胜全面建成小康社会等重点领域，监督和支持并重推进工作。受理来信来访239件次，稳妥推动人民群众合理合法诉求依法解决。

【疫情防控监督】 2020年，市人大常委会聚焦全市战疫情、保发展工作，听取全市新冠肺炎疫情防控工作情况报告，审查批准抗疫特别国债资金使用和预算调整，支持政府有力应对疫情冲击，有序推进复工复产，促进“六稳”“六保”目标任务落实。切实把保护人民群众身体健康和生命安全放在第一位，积极配合省人大开展爱国卫生工作集中视察和野生动物保护法执法检查，倡导健康文明生活方式，推动全社会加强公共卫生安全教育宣传，共同做好疫情防控。

【规划执行监督】 2020年，市人大常委会听取审议计划执行情况、“十三五”规划完成情况和“十四五”规划及2035年远景目标纲要编制情况报告，对标对表中央一系列新判断新要求新部署，贴近漳州发展实际提出工作建议，推动“十三五”规划收好官、“十四五”规划高质量。听取审议全市检察机关服务保障“大抓工业、抓大工业”工作情况报告，支持检察机关发挥职能作用，营造法治化营商环境。检查科技成果转化“一法一例”贯彻实施情况，促进创新主体培育、激励机制完善、支撑服务体系建立等工作的落实。专题调研漳台农业合作交流、三角梅产业发展、茶产业发展等情况，促进漳台特色现代农业深度融合、全市农业提质增效和农民持续增收。

【民生工作监督】 2020年，市人大常委会持续聚焦脱贫攻坚工作，听取审议脱贫攻坚战稳定提质三年行动工作情况报告，开展满意度测评，坚决守住脱贫攻坚成果，推动脱贫攻坚同乡村振兴有效衔接。组织专题视察，开展专题询问，监督市区农贸市场改造建设工作。开展专维金专项监督，听取审议商品住宅专项维修资金管理使用情况报告，推动专维金管理办法制定，着力解决群众切身利益问题。调研督查农村人居环境整治、应急体系建设、希望工程项目实施、特殊教育发展、城乡义务教育高质量一体化、漳台职业教育合作、居家养老服务水平提升等工作开展情况，提出有针对性、建设性的意见建议，督促相关工作改进，推动教育、医疗、养老、城市基础设施等短板加快补齐。

【环境保护监督】 2020年、市人大常委会听取年度环境状况和环境保护目标完成情况报告，紧盯水、气、土污染防治和中央环保督察整改任务完成情况，推动环境质量持续向好。

【预算审查监督】 2020年，市人大常委会推进人大预算审查监督重点向支出预算和政策拓展改革，促进政府强化预算约束、规范收支管理，更好发挥财政资金效益。听取审议预算执行情况、市本级财政决算、预算及新增政府债券资金调整的报告，审查批准市本级决算、政府债务限额及新增政府债券资金、预算调整，优先保障疫情防控、稳产保供、复工复产和民生领域等支出。听取审议地方政府性债务管理情况报告，加强政府性债务监督，防范债务风险。首次听取审议行政事业性国有资产管理情况报告，审议国有资产管理情况综合报告，促进资产管理机制完善、资源配置优化、使用绩效提高和国有资产保值增值。听取审议审计工作、审计查出问题整改情况报告，督促审计发现问题整改落实，推动审计整改跟踪机制建立和12项相关制度制订完善。

【司法工作监督】 2020年，市人大常委会听取审议全市法院刑事审判工作情况报告，支持审判机关深入推进以审判为中心的刑事诉讼制度改革，发挥好刑事审判的惩戒、震慑、预防功能。专题调研社区矫正工作，督促加强社区矫正法宣传贯彻，提高教育矫正质量，促进矫正对象顺利回归、融入社会。

【宗教工作监督】 2020年，市人大常委会开展宗教工作三级网络和两级责任制落实情况调研，提出依法规范有序开展宗教事务管理，健全宗教工作长效机制，推动宗教领域重点难点问题解决等意见建议。

·代表工作·

【概 况】 2020年，市人大常委会始终把发挥代表主体作用、保障代表依法履职作为工作重点，改进代表工作方式方法，充分激发代表履职热情。

【代表履职】 2020年，市人大常委会制订出台关于加强和改进市人大代表工作的具体措施。通过集中办班和专题辅导的形式，组织代表学习习近平总书记关于人大代表工作的重要论述，进一步提高代表履职站位和水平。围绕市委推动文旅体与会展、夜间经济融合发展等决策部署，组织代表开展专题调研和集中视察，进一步促进代表建言献策更聚焦、依法监督更精准。不断扩大代表对常委会工作的参与，邀请60名代表列席常委会会议，组织106名代表参加立法调研、执法检查、专题询问、满意度测评等活动，进一步拓宽代表知情知政渠道。

【代表服务疫情防控】 2020年，新冠肺炎疫情发生后，市人大常委会及时向全市各级人大代表，发出积极参与打赢新冠肺炎疫情防控阻击战的倡议书。全市各级代表发挥表率作用，投身疫情防控、推动复工复产、踊跃捐款捐物，勇担社会责任。医疗卫生领域的代表全力开展疫情监测预警、人员检测救治、阻断病毒传播渠道等工作，实现疫情发生以来全市确诊病例零死亡。企业界代表提前组织复工复产，快速研发转产，开足马力生产口罩、防护服、消毒水等急需的防疫物品；为医院购买急救车等防疫设备和物资，为疫情防控工作提供坚实的物质基础。基层一线代表宣传疫情防控知识政策，落实联防联控措施，构筑群防群治的严密防线，为疫情防控做好基础性工作。其他战线的代表立足岗位实际，奋勇争先、各尽所能，为夺取全市疫情防控和经济社会发展“双胜利”贡献力量。

【代表服务群众】 2020年，市人大常委会探讨完善代表活动室功能定位，深入开展“走基层、进活动室，联系基层代表和群众”主题活动，推动五级代表深入活动室，热情接待群众，积极反映群众诉求。

【代表议案和建议督办】 2020年，市人大常委会组织代表参与常委会日常监督工作，就代表建议办理涉及的问题，加强与“一府一委两院”沟通，提出意见建议，推动相关部门改进工作，解决好实际问题。筛选工业园区建设、基层医疗体系建设、提升社区治理能力和服务水平等6件关系发展大局和民生福祉的建议，常委会领导牵头重点督办，以点带面促进代表建议办理工作落实。强化在办事项的跟踪，建立答复承诺解决事项台账，连续四年跟踪督办市区部分小区不动产权证办理难问题的代表建议，推动历史遗留问题妥善解决。组织老旧小区改造建议办理工作专项视察，进行满意度测评。年内，市十六届人大四次会议132件代表建议在法定时限内全部办理完毕。

（张坤育）

责任编辑：王文潮

漳州市人民政府

·综述·

【重点项目推进】 2020年，漳州市推进古雷炼化一体化二期等一批重大项目。漳州核电三期等752个总投资超4800亿元的新项目顺利签约，总投资589亿元的97个重大项目集中开工。开展"奋战下半年、勇夺双胜利"竞赛，推动复工复产复商复市。古雷开发区跻身"中国化工园区30强"。片仔癀药业股份有限公司和天福茶观光工厂上榜第一批省级工业旅游示范基地名单。青蛙王子入围全国轻工业200强。三宝集团跻身全国民营企业500强。

【年度23个为民办实事项目如期完成】 2020年，漳州市围绕城市功能、现代乡村建设等领域，实施23个为民办实事项目并如期完成，解决一批群众关注度高、社会覆盖面广、关联度大的民生问题。

城乡统筹方面，市区22个无物业老旧小区、12条市区老旧街巷完成提升改造；既有住宅增设电梯累计核发52件施工许可证，已有55部电梯申领到补助资金；古城历史街区范围内博爱道、青年路、香港路等3条道路完成立面整治提升；3个新建农贸市场、8个改造农贸市场均建成投用。135座城市公厕、46座乡镇公厕、116座农村公厕、33座旅游厕所建设任务全面完成。建成投产110（35）千伏变电站8座（台），新增（改造）110（35）千伏变电总容量43.15万千伏安线路总长度114.47千米。完成7433名新型职业农民培育工程培训任务；整合、搭建7个新时代文明实践中心试点平台，并在长泰、东山2个全国试点的基础上，新增芗城、龙文、龙海等3个市级试点；全市注册志愿者23.34万人，常态化开展文明实践志愿服务活动5551场次，受益群众约164.1万人次。选送1110名科技特派员挂钩服务102家企业和1008个行政村。

公共服务方面，完成新建2个智慧体育公园、8个笼式足球场的建设任务并投入使用；全市共开展463场（次）全民健身运动会。基本公共卫生服务项目政府补助标准从2019年每人每年69元提高到2020年每人每年74元。8个养老服务照料中心、120个农村幸福院（居家养老服务站）建设任务全部完成。

社会事业方面，保障性安居工程全年新开工3078套、基本建成7560套。55所新建（改扩建）、续建公办幼儿园项目顺利实施，新增学位1.45万个；12个新建（改扩建）中小学项目有序推进，新增学位1.4万个。完成23座世遗土楼保养维护和保护修缮；完成9个全国重点文物保护单位、3个福建省文物保护单位的保护修缮和29个县级以上文保单位电气线路工程改造；完成2个历史文化街区、2个历史文化名镇、10个历史文化名村和传统村落、115处历史建筑修缮及规划保护利用。新增认证20个"三品一标”产品，完成12家省级、18家市级“明厨亮灶”示范单位创建和42家阳光小作坊示范单位改造升级；全市已有4013家企业纳入食品安全“一品一码”全过程追溯体系信息平台，录入数据5054万条；在147家哨点医院（覆盖所有二级以上医院）开展食品安全风险监测，监测报告相关信息8079条。市殡仪馆骨灰楼、祭拜广场、停车场等项目建成投用。

生态环保方面，完成500个明渠排口污染溯源治理、4000个店面污水收集治理、700千米雨污管网清淤检测和修复，污染源大数据库平台建成运行，达到国家黑臭水体治理“示范城市”验收标准。全市新建和改造市政主次生活污水管网111.4公里。600个新建微型空气站和微站设备全部安装，软件平台及手机APP已部署应用，系统已上线运行并提供有效数据。完成造林绿化10313.33公顷，森林抚育27306.67公顷，封山育林18333.33公顷。4条重点小流域综合治理有效实施，水质类别得到巩固提升，并建立河长机制；完成65.88公里安全生态水系建设和10413.33公顷水土流失治理。完成40个村庄污水处理设施；完成9400户农村户厕无害化改造建设，全市以村为单位无害化户厕普及率达99.72%以上；5个乡镇生活垃圾转运系统得到提升改造。

交通建设方面，主城区免费乘坐公交试点开通14条全天候免费公交路线；新增城市公共停车泊位2471个。35处道路交通安全隐患路段全部完成整治。完成农村公路建设和改造187千米、危桥改造11座、农村公路安全生命防护工程428公里。

饮水安全方面，第三水厂（一期）基本建成，华安一水厂完成提升改造，诏安凤寮水厂开工建设；30个市区老旧小区供水设施和市政供水管网204.19千米改造任务顺利完成。完成东山陈城镇、长泰城乡供水管道铺设46.862千米，受益人口24个村5万多人。

【公办民办中小学同步招生】 2020年，漳州市把全市所有民办初中学校和民办小学，以及漳州一中芝山校区，漳州一中龙文校区等市直公办初中学校和市直公办小学都纳入统一管理平台，实行网上报名，教育行政主管部门负责组织电脑随机派位录取，民办学校不得自行组织报名和录取。同时首次将民办普通高中纳入全市招生管理系统，将招生计划分解到每个县（市、区）。

（谢王辉）

·主要会议和活动·

【市政府第一次全体会议】 2020年1月6日，市长刘远主持召开2020年市政府第一次全体会议，动员全市各级政府各部门，在习近平新时代中国特色社会主义思想科学指引下，按照市委十一届十次全会、市委经济工作会议部署和市十六届人大四次会议决议，以及市委书记邵玉龙对贯彻落实市“两会”精神提出的要求，进一步凝聚思想共识、汇聚攻坚合力，以开局就是决战、起步就要冲刺的劲头，推动《政府工作报告》各项目标任务有效落实，确保全面建成小康社会和“十三五”规划目标任务圆满完成。

【第一次常务会议】 2020年1月19日，市长刘远主持召开市政府第一次常务会议。会议研究新修订的企业资金链应急周转资金管理办法、市本级2020年提前批新增政府债务限额管理及新增政府债券资金安排使用预算调整方案（草案）等事项，部署春节期间安全生产、市场供应、值班应急、遵守廉洁纪律等工作。

【第二次常务会议】 2020年1月27日，市长刘远主持召开市政府第二次常务会议，传达学习贯彻习近平总书记在中共中央政治局常务委员会会议上的重要讲话精神、省委常委会扩大会议暨省应对新型冠状病毒感染的肺炎疫情工作领导小组会议精神和市委常委会扩大会议暨市应对新型冠状病毒感染的肺炎疫情工作领导小组会议精神，研究部署漳州市疫情防控具体工作。

【第三次常务会议】 2020年2月20日，市长刘远主持召开市政府第三次常务会议。会议传达贯彻习近平总书记在中央全面依法治国委员会第三次会议、北京市调研指导新冠肺炎疫情防控工作、2月12日中共中央政治局常务委员会会议上的重要讲话精神和省委常委会（扩大）会议、2月16日全省视频会议精神以及市委常委会（扩大）会议精神，强调坚定不移抓防控、统筹兼顾抓防控、依法依规抓防控、务实落实抓防控，确保打赢疫情防控的人民战争、总体战、阻击战，努力实现2020年经济社会发展目标任务。会议传达学习习近平总书记对做好“三农”工作的重要指示和中央、省委农村工作会议精神，强调要以习近平总书记重要指示精神统一思想认识，紧扣全面建成小康社会目标，更加自觉地坚持农业农村优先发展，抓紧抓实“三农”领域重点任务，统筹做好疫情防控期间农业生产工作，坚决打赢脱贫攻坚战，为加快建设富美新漳州、奋力当好新时代新福建建设先锋和重要引擎提供坚实基础。

会议还研究关于切实抓好“三农”领域重点工作确保如期实现全面小康的实施意见、《省自然资源厅关于漳州市违建别墅问题整治情况的通报》反映问题的整改措施、推进建筑石料矿山企业复工复产的若干措施、市本级2020年第一批新增一般政府债务限额管理及新增一般政府债券资金安排使用预算调整方案等。

【第四次常务会议】 2020年2月27日，市长刘远主持召开市政府第四次常务会议。会议传达习近平总书记在2月21日中共中央政治局会议、统筹推进新冠肺炎疫情防控和经济社会发展工作部署会议上的重要讲话精神，以及省委常委会（扩大）会议、市委常委会（扩大）会议精神。会议研究市区2020年第一次国有建设用地使用权出让方案、漳州仲裁委员会组建工作方案。会后，市政府领导积极响应党中央号召，捐款支持新冠肺炎疫情防控工作。

【第五次常务会议】 2020年3月6日，市长刘远主持召开市政府第五次常务会议。会议学习习近平总书记在中共中央政治局常委会会议上的重要讲话精神、对全国春季农业生产工作作出的重要指示精神，以及省委、省政府研究部署抓紧抓实抓细当前疫情防控、复工复产和脱贫攻坚工作视频会议精神，按照市委常委会（扩大）会议工作要求，研究部署下阶段漳州市疫情防控和经济社会发展具体工作。会议还研究2020年项目服务攻坚活动实施方案、重点项目建设提速提效若干意见、地表水环境功能区划定方案、中心城区环境空气质量功能区划定方案、中心城区声环境功能区划定方案、防范化解金融风险工作等事项。

【第六次常务会议】 2020年3月12日，市长刘远主持召开市政府第六次常务会议暨市安委会专题会议，研究审议《漳州市全面开展安全生产隐患大排查大整治实施方案》，部署开展全市安全生产隐患大排查、大整治工作，强调要深入学习贯彻习近平总书记关于安全生产的重要论述和重要指示批示精神，全面落实党中央、国务院关于安全生产的决策部署，认真按照省委书记于伟国、省长唐登杰在全省安全生产工作视频会议上的工作部署和市委书记邵玉龙提出的工作要求，深刻吸取泉州市欣佳酒店“3·7”房屋坍塌事故教训，以对人民群众极端负责的精神，全面开展安全生产隐患大排查大整治行动，全力消除安全隐患，为打赢疫情防控阻击战和经济发展攻坚战提供安全稳定的环境。

【第七次常务会议】 2020年3月19日，市长刘远主持召开市政府第七次常务会议。会议传达3月6日习近平总书记在决战决胜脱贫攻坚座谈会上的重要讲话精神和3月11日省委常委会（扩大）会议精神、全省安全隐患大排查大整治工作暨统筹疫情防控和复工复产视频会精神，研究漳州市房屋结构安全隐患大排查大整治百日攻坚专项行动方案、进一步加强海上（水上）安全工作的若干意见、支持交通运输现代服务业发展若干措施、促进规模工业满产超产奖励措施等事项。

【第九次常务会议】 2020年4月2日，市长刘远先后主持召开市政府党组会议和第九次常务会议。会议传达学习省委书记于伟国到漳州调研时的讲话精神，要求全市政府系统要把学习贯彻省委书记于伟国到漳州调研指示精神与奋力当好新福建建设的先锋、成为新福建发展的新增长极和重要引擎的要求结合起来，按照市委书记邵玉龙在市委常委会会议上的工作部署，统筹疫情防控和经济社会发展工作，一件一件抓落实、抓到位、抓出成效，确保全年各项目标任务顺利完成。会议研究细化落实市委近期确定的雨洪工程、漳州市农业发展集团组建、市区北部片区规划建设、市行政中心建设、联盛纸业林浆纸一体化项目、“中国女排娘家”基地项目、筹划创建市属本科高校等一批重大项目的推进计划安排，研究解决具体落实推进过程中存在的相关问题。会议还研究市区国有建设用地使用权出让、安全风险源头治理体系建设工作方案、2019年度“三抓三比、十项竞赛”考评情况等。

【第十次常务会议】 2020年4月15日，市长刘远先后主持召开市政府党组会议和第十次常务会议。会议传达学习习近平总书记在3月27日中共中央政治局会议、4月8日中共中央政治局常委会会议和在浙江考察时的重要讲话精神、给武汉市东湖新城社区全体社区工作者的回信精神，以及省委常委会(扩大)会议精神，习近平总书记近期关于安全生产工作和对四川西昌市经久乡森林火灾作出的重要指示精神，以及全国安全生产电视电话会议精神。会议还通报分析一季度经济运行情况，部署二季度统筹推进疫情防控和经济社会发展工作；研究漳州市国土空间总体规划（2020—2035）编制工作方案、国有企业退休人员社会化管理工作实施方案、市政府2020年立法计划、在海峡两岸(漳州)设计创意中心建设国家级称号科技企业孵化器等有关事项。

【第十二次常务会议】 2020年5月12日，市长刘远主持召开市政府第十二次常务会议。会议传达学习中央第二生态环境保护督察组向福建省反馈督察情况、省委常委会会议暨省中央环境保护督察整改工作领导小组会议精神，深入研究漳州市相关问题整改工作。会议研究漳州市贯彻落实《扎实做好“六稳”工作落实“六保”任务实施方案》责任分工以及实施“八大行动”工作方案、市区第三次国有建设用地使用权出让方案等事项。

【第十三次常务会议】 2020年6月2日，市长刘远先后主持召开市政府党组会议和第十三次常务会议。会议研究贯彻落实习近平总书记对福建工作的重要批示精神、全国“两会”精神以及省委常委会（扩大）会议精神。传达学习习近平总书记在5月14日中共中央政治局常委会会议、5月15日中共中央政治局会议和在山西考察时的重要讲话精神。认真贯彻落实省委巡视二组巡视漳州市情况反馈会议和市委常委会会议精神，研究了市政府党组的整改任务与分解方案，部署政府系统巡视整改工作。研究地方政府专项债项目谋划储备、市本级政府债券资金安排调整、市级财政性投资信息化项目管理办法、繁荣夜间经济促进消费增长实施意见、加快数字经济发展实施方案、中国（漳州）跨境电子商务综合试验区实施方案、加强矿产资源开发管理的实施意见、漳州信息产业集团筹备、“五馆”建设布展等有关工作事项。

【第十四次常务会议】 2020年6月17日，市长刘远主持召开市政府第十四次常务会议，传达学习全国、全省普通高考考试安全工作视频会议精神，就做好漳州市疫情期间高考、中考安全保障工作进行具体部署，并研究有关事项。研究漳州市安全生产专项整治三年行动实施方案、推进市域社会治理现代化的实施方案、现代农业发展三年行动方案、文化产业高质量发展三年行动计划、旅游产业高质量发展三年行动计划、体育产业高质量发展三年行动计划、会展产业高质量发展三年行动计划、工业企业技改投资正向激励措施等事项。

【第十五次常务会议】 2020年7月15日，市长刘远先后主持召开市政府党组会议和第十五次常务会议。会议再次学习习近平总书记关于文化和自然遗产保护利用重要论述和《中共福建省委福建省人民政府关于深入学习贯彻习近平总书记重要论述加强新时代文化和自然遗产保护利用的意见》精神，研究漳州市城市建设过程中加强历史文物保护长效机制。传达贯彻习近平总书记关于防汛救灾工作的重要指示精神和省委书记于伟国、省政府代省长王宁的批示要求，根据市委书记邵玉龙的工作要求，研究部署全市防汛救灾工作。

【第十六次常务会议】 2020年7月22日，市长刘远先后主持召开市政府党组会议和第十六次常务会议。会议传达学习习近平总书记在中央政治局第二十一次集体学习、中央政治局会议审议《中国共产党基层组织选举工作条例》时的重要讲话精神和给复旦大学青年师生党员的回信精神。研究设立市政府行政复议委员会、政府投资项目预决（结）算及清算实施办法、市区文明行为促进办法、国有建设用地使用权出让、提高市直机关事业单位工作人员退休安家补助费标准、个人消费发票抽奖活动增设百万消费回馈奖等有关工作事项。

【第十八次常务会议】 2020年8月20日，市长刘远先后主持召开市政府党组（扩大）会议和第十八次常务会议。会议传达学习习近平总书记对制止餐饮浪费行为作出的重要指示精神。认真贯彻省委十届十次全会、市委常委会（扩大）会议精神，研究部署贯彻意见。研究市本级2020年新增政府债务限额管理及新增政府债券资金（第三批）、抗疫特别国债资金安排使用预算调整等工作事项。

【第十九次常务会议】 2020年8月31日，市长刘远主持召开市政府党组会议和第十九次常务会议。会议传达学习习近平总书记在安徽考察和主持召开扎实推进长三角一体化发展座谈会时的重要讲话精神。认真贯彻习近平总书记在经济社会领域专家座谈会上的重要讲话精神。深入贯彻习近平总书记在中国人民警察警旗授旗仪式上的重要训词精神。传达全省易地扶贫搬迁迎检工作视频会议精神，部署漳州市迎检工作；研究市“奋战下半年、勇夺双胜利”竞赛活动工作方案、市级划转部分国有资本充实社保基金纳入划转范围企业有关事项、工业园区标准化建设三年行动计划、推进农村乱占耕地建房整治等事项。

【第二十次常务会议】 2020年9月22日，市长刘远主持召开市政府第二十次常务会议，传达市委十一届十二次全会精神，部署政府系统贯彻意见。会议还研究漳州市严厉打击海域非法违法采砂专项行动工作方案、推进跨境电子商务综合试验区建设六条措施、沈海高速龙海至诏安段改扩建工程等事项。

【第二十二次常务会议】 2020年11月3日，市长刘远主持召开市政府第二十二次常务会议，研究漳州市进一步促进产业发展重大政策落地见效工作的实施意见、房屋结构安全专项治理三年行动方案、全面加强危险化学品安全生产工作的实施方案、市区房地产项目不动产权证办理历史遗留问题集中处置工作、给予市消防救援支队记集体二等功等事项。

【第二十三次常务会议】 2020年11月12日，市长刘远主持召开市政府党组（扩大）会议和第二十三次常务会议。会议传达学习习近平总书记在第三届中国国际进口博览会开幕式上的主旨演讲精神。认真贯彻习近平总书记在纪念中国人民志愿军抗美援朝出国作战70周年大会、参观“铭记伟大胜利 捍卫和平正义——纪念中国人民志愿军抗美援朝出国作战70周年主题展览”时的重要讲话精神以及全国双拥模范城（县）命名暨双拥模范单位和个人表彰大会精神。研究漳州市八尺门海域综合治理生态修复工程工作方案、2020年市级层面生态环境保护督查实施方案、“大抓工业、抓大工业”体制机制固化优化常态化工作实施意见、涉海非法采（运）砂船舶清零行动工作方案、提升统计数据质量专项行动等。

【第二十四次常务会议】 2020年11月26日，市长刘远主持召开市政府第二十四次常务会议，深入贯彻落实习近平总书记重要讲话重要指示批示精神和中共十九届五中全会精神，专题研究常态化疫情防控和经济社会发展工作，细化落实全市重点任务、重点项目、重点工作。会议听取2020年主要经济指标、“十三五”规划“纲要”目标预计完成情况以及“十四五”规划“纲要”编制进展情况汇报。还研究今冬明春新冠肺炎疫情防控工作、自然资源领域问题整治整改工作、突出生态环境问题整改工作以及2020年为民办实事项目完成情况等。

【第二十五次常务会议】 2020年12月15日，市长刘远主持召开市政府第二十五次常务会议，传达贯彻省长王宁到漳州调研讲话精神；研究有关工作事项。研究讨论政府工作报告（送审稿），审议了漳州市国民经济和社会发展第十四个五年规划和2035年远景目标的建议、2021年为民办实事建议项目、铁路项目投资建设补助方案、漳州古城保护条例，并听取了全市药品监管工作情况汇报。

【市防控新冠肺炎工作会议】

2020年1月21日，漳州市防控新冠肺炎工作会议召开，传达学习习近平总书记对新型冠状病毒感染的肺炎疫情作出的重要指示精神和李克强总理的批示要求，贯彻落实国务院常务会议、联防联控机制电视电话会议和省工作会议精神，部署安排漳州市疫情防控工作。市长刘远出席会议并讲话。副市长吴卫红、侯为东，各县（市、区）政府、开发区（投资区）管委会主要领导、卫健部门负责人，市防治重大疾病工作局际联席会议制度市直成员单位主要负责人等参加会议。

【市政府党组落实省委巡视整改专题民主生活会】 2020年6月19日，按照省委巡视反馈意见要求和市委整改工作安排，市长刘远主持召开市政府党组落实省委巡视整改专题民主生活会。市政府党组高度重视开好此次专题民主生活会，会前深入学习贯彻习近平新时代中国特色社会主义思想及中共十九大和十九届二中、三中、四中全会精神，深入贯彻落实习近平总书记对福建工作重要讲话重要指示批示精神，深刻领会习近平总书记关于巡视工作的重要论述、省委巡视二组巡视漳州市情况反馈会议精神；市政府各位党组成员深入开展谈心谈话和征求意见，认真撰写对照检查材料，为开好会议作充分准备。会议书面通报会前准备工作情况、落实省委巡视二组关于巡视漳州市的反馈意见的整改任务与分解方案。刘远代表市政府党组班子作对照检查，市政府党组成员逐一作个人对照检查，结合工作和思想实际，深刻检查剖析，开展严肃的批评和自我批评，达到红脸出汗、统一思想、凝聚力量的目的。市纪委监委、市委组织部、市委巡视整改办有关人员到会指导。

【市食品安全委员会工作会议】

2020年7月15日，市长刘远主持召开市食品安全委员会工作会议，强调要深入贯彻落实习近平总书记关于食品安全工作的重要讲话重要指示批示精神，紧密结合当前疫情防控新形势新任务新要求，按照党中央、国务院决策部署和省委省政府、市委市政府工作安排，坚持把最严谨的标准、最严格的监管、最严厉的处罚、最严肃的问责贯穿食品安全工作始终，牢牢守住食品安全底线，切实保障人民群众“舌尖上的安全”。会上通报2019年及2020年上半年全市食品安全工作情况，研究2020年全市食品安全重点工作安排、治理“餐桌污染”建设“食品放心工程”工作方案。

【市政府廉政工作会议】 2020年7月23日下午，在收听收看国务院、省政府廉政工作会议后，市长刘远主持召开市政府廉政工作会议，强调要深入贯彻落实习近平总书记在十九届中央纪委四次全会和在企业家座谈会上的重要讲话精神，按照国务院、省政府廉政工作会议部署和市委工作要求，把“严”的主基调长期坚持下去，一以贯之、坚定不移全面从严治党，扎实推进全市政府系统廉政建设和反腐败工作，全力打造担当、服务、创新、实干、廉洁政府，为全市决胜全面建成小康社会、决战脱贫攻坚、全方位推动高质量发展超越提供坚强保障。

【2020年中国化工园区与产业发展论坛召开】 2020年10月15日，2020中国化工园区与产业发展论坛在漳州市召开。来自全国各化工园区管委会、国内外大型化工企业、工程设计与科研院所的1600名代表，围绕化工园区“十四五”及中长期发展规划、化工园区的评价标准与高质量发展等议题，为中国化工园区与产业发展建言献策。本届论坛由中国石油和化学工业联合会、漳州市人民政府、中国化工经济技术发展中心主办，设有1个主论坛、6个分论坛，活动持续至10月16日。活动中，中国石油和化学工业联合会化工园区工作委员会发布2020中国化工园区30强和潜力园区10强名单，古雷开发区首次上榜30强。

【“全闽乐购·漳州产全球销”活动启动】 2020年8月22日，“全闽乐购·漳州产全球销”活动在漳州古城启动。活动由省商务厅、市政府指导，市商务局、市文旅局、市委网信办、芗城区政府主办，中国银联漳州业务部、阿里巴巴本地生活、闽南日报社、漳州城投集团、漳州旅投集团联办，活动时间持续至12月。主要以扩内需、促消费系列活动为载体，通过线上线下方式开展，有效融合文化、旅游、夜间经济、云经济、餐饮美食等产业和业态，进一步提振消费信心、繁荣消费市场。

【中关村e谷（漳州）创新中心开园】 2020年8月27日，中关村e谷（漳州）创新中心开园暨航空航天产业创新发展论坛在漳州开发区举行。漳州市副市长李勇，漳州开发区党委副书记黄强中，近百位国内航空航天领域专家学者、企业代表齐聚一堂，共同探讨未来航空航天产业的发展与趋势。

（谢王辉）

·数字漳州·

【概　况】 2020年，全市数字经济规模突破2000亿元，增速超过15%以上，占GDP比重达40%，数字经济整体规模及各分项规模指标处于省内中上游水平。3家企业入选2020年福建省数字经济领域“瞪羚企业”。漳州信产的企业公共资源采购平台、漳州科华微电网能量集中管控系统等7家企业深度场景应用项目入选全省数字经济百项应用场景典型案例。市级在建的39个“新基建”重点项目年度完成投资65亿元。漳州主城区5G基站专项规划编制完成，全市建成开通5G基站（含4G基站改建）1443个。

【第三届“数字中国”建设峰会对接】 2020年，在第三届“数字中国”建设峰会上，漳州市共对接洽谈数字经济项目50个，总投资638.4亿元。漳州大数据中心、华晴卫星应用产业园等4个项目参加峰会现场集中签约。

（市发改委）

·行政服务·

【概　况】 2020年，全市进驻省网上办事大厅事项数41506项，其中“一趟不用跑”事项占总事项比 92.4%，“全流程网办”占总事项比 82.86%。政务服务“好差评”中的主动评价率和“非常满意”率排名均位居全省第一。其中，全市共有评价数 205.8 万次，“非常满意”195.9 万次，占比 95.19%。

【公共资源交易】 2020年，全市完成公共资源交易项目2027宗，预算总额407.7973亿元，交易总额387.2125亿元，实现增收、节支29.1亿元。其中：政府采购项目317宗，采购预算7.38亿元，实际中标金额5亿元，节约2.38亿元，节约率32.25%。国有产权交易项目（不含土地使用权出让）359宗，评估金3.78亿元，成交金额8.04亿元，增收4.26亿元，增值率为112.66%。土地使用权出让项目43宗，成交金额115.79亿元。工程招标投标项目1308宗，投资预算总价280.85亿元，实际中标金额258.39亿元，节约22.46亿元，节约率为7.99%。

【“12345”便民服务平台】

2020年，市行政服务中心倾听群众诉求，关注社情民意，聚焦热点难点，为民排忧解难，切实打通服务人民群众“最后一公里”。疫情期间，24小时奋战“疫”线，助力疫情防控和复工复产复学。全年平台受理有效诉求件24.89万件，其中即问即答11.39万件。诉求受理率、反馈回复率、及时查阅率均100%。

【“一件事一次办”套餐服务】

2020年，市行政服务中心围绕高效办成“一件事”，立足企业、群众关注度高、办理频次高的事项进行跨部门、跨层级关联，系统性重构办理流程，实现“一件事一次办”。该项服务已经确定企业登记、变更、营利性医疗机构申办、不动产登记等多个领域的18项服务。融合市、区两级市场监管窗口和税务、医保、社保部门，设立企业开办“一件事一站式”窗口，群众原本需向4个部门提交20多份材料，调整后只需向1个窗口提供1套材料。

【减轻企业和群众负担】 2020年，市行政服务中心于8月底设立免费复印窗口，为来办事的企业和群众提供免费复印便民服务，凡在中心窗口办理行政审批、公共服务事项过程中所必需的各类复印件，可免费提供复印服务。市产权（物权）交易中心取消交易佣金和鉴证费，市政府采购中心取消交易服务费，市工程交易中心下调交易服务费，停止收取电子交易平台使用（维护）费，每年可为企业减负1000多万元。

【漳州市行政服务中心项目开工建设】 2020年8月18日，漳州市行政服务中心项目正式开工建设。邵玉龙、刘远、陈汉夫、张祯锦等市领导出席开工仪式。漳州市行政服务中心项目是市委、市政府研究确定的惠民利企重大工程，选址位于龙文区水仙大街以南、龙江中路以西、建元东路以北、龙溪南路以东地块，南临碧湖生态公园，区位及交通条件优越。该项目总投资5.6亿元，总用地面积约3.3万平方米，总建筑面积约8万平方米，地上7层主体建筑为钢结构建筑，配建2万平方米地下停车区域。项目建成后，可容纳60多个部门共410个办事窗口，设有社会事务、企业注册、税务等功能分区，实现服务事项全面进驻、服务资源全面统筹、服务标准全面统一，推动更多政务服务事项“马上办”“一次办”，打造现代高效一站式政务服务平台，为漳州市全方位推动高质量发展超越提供良好环境。

（林 深）

【“不见面”开标实现常态化】

2020年，市行政服务中心依托互联网，通过虚拟化、数字证书、音视频直播传输等先进的技术手段，将传统的实体开标场景搬到网络上，投标人无须到达开标现场，通过全程视频实时互动，同步解密投标文件，开标时长只有传统开标的十分之一，有效减轻企业负担、缩短交易时长、助力项目早日开工。全年全市工程项目交易共组织不见面开标项目1308个，工程中标总价258.39亿元，预算总价280.85亿元，节约22.46亿元。

【工程建设项目审批制度改革】

2020年，漳州市入库省工改系统2563个建设项目，累计办件7695件。政府性投资项目压减到81个工作日，社会投资房建类项目压缩时限49个工作日以内，分别比省里方案要求的时间缩短了10%和30%。对施工许可指标办理时限进行大幅度压缩。以社会投资简易低风险项目为例，全流程办理时限从164天压缩至39天。工改系统日趋完善。系统覆盖到全市各县市区、开发区共17个区域，12个大类流程图上保留的工程建设项目涉及的审批事项全部纳入工改平台运行，其中市级审批事项共69项。

【政务服务“跨省通办”】 2020年，市行政服务中心与广东省潮州、汕头两市分别签订政务服务“跨省通办”合作协议，正式推出“跨省通办”政务服务高频事项66项。建立“跨省通办”政务服务合作机制，以异地办理商事主体登记、社保关系查询和转移、养老金待遇资格认证、住房公积金、特种设备生产许可等重点领域为突破口，梳理跨城通办高频事项，在各自政务服务大厅设置“跨省通办”专窗、在政务服务网开设“跨省通办”专栏，积极破解人民群众反映强烈的异地办事“多地跑、折返跑”难题，着力提升企业群众异地办事便利度。

【全国首创银行“秒开户”】

2020年，市行政服务中心通过多方协调，全力攻坚流程再造，对银行开户环节进行流程重塑，打破银行开户时间空间壁垒，在全国首创企业开办银行“秒开户”，银行账号申请实现从“先审后批”到“先批后审”的转变。在该模式下，由漳州市银行向省行申请一定数量的账号，预先导入“漳州通”平台，企业在平台自主选择开户银行和开户网点后，即可拥有一个账号。同时，运用大数据、远程视频等技术，对企业通过“秒开户”获得的账号，实行“使用设限”和“激活监管”双重管理，有效加强事中事后监管，实现体制机制上的突破创新。中国银行、农业银行、工商银行、招商银行、兴业银行、中信银行、农信银行等11家银行入驻漳州通“企业＋N秒办”平台，约1100家企业通过该平台顺利开户。

·经济发展研究·

【课题调研】 2020年，漳州市发展研究中心牵头开展2020年度市委市政府重点课题《提升城市品质研究》调研工作。会同市政府办、卫健委、医保局等单位组成联合调查组，对诏安、长泰、云霄、东山、平和、华安等6个县医疗卫生共同体运行情况和医保基金超支问题进行调查，并形成报告提交市政府主要领导参阅。与市工信局联合开展专题调研，形成《关于我市工业用电与规模工业产值匹配情况的调研报告》，及时呈报市领导参阅，得到市长刘远批示。年内，建立市政府发展研究联络员制度。

【《漳州经济研究》编辑】 2020年，市发展研究中心严把办刊政治方向，把宣传好、阐释好习近平新时代中国特色社会主义思想作为第一职责，年内，对刊物进行改版，选取“聚焦产业支撑，做大做强产业集群”“突出项目带动，发展实体经济”“推动重点区域发展”等专题，筛选一批内容翔实、观点突出、切合实际的优质稿件53篇，约18万字，编辑出版《漳州经济研究》4期，并及时呈送给市领导和各相关部门参阅。

【《决策参考》编印】 2020年，市发展研究中心编印《决策参考》13期，其中，“关于加快漳州海丝建设推动月港跨国申遗的建议”“外地营商环境建设好做法摘编”2期简报得到市领导批示，“关于加快漳州海丝建设推动月港跨国申遗的建议”被纳入漳州市“十四五规划”建议内容。

（盖海峰）

·机关效能建设·

【效能督查】 2020年，全市各级效能办坚持“方案立项、督查通报、整改反馈、约谈问责、绩效运用”闭环式督查思维，采取“五不两直”方式，围绕中心工作开展督促检查，对发现的典型效能问题予以效能问责、通报，2020年全市效能问责2个单位、38名机关工作人员。年内，采取远程视频监控、实地督查、体验式暗访、发函跟踪等方式，对重大决策部署落实、政策落地兑现、重点项目建设等9个重点领域开展转作风抓落实专项行动督查，对发现的部分审批服务事项办理用时长、一些群众诉求件办理质量不高、工作纪律不遵守、服务流程不规范、硬件设备不智能等125个问题、7起典型案例以《督查专报》形式全市通报，限期整改，倒逼作风转变与工作落实，有力提振干部精气神。

【诉求受理】 2020年，市效能投诉中心建立投诉件办理反馈情况二级审核制，并将发函重办、重复投诉纳入绩效考评，确保投诉件办理质量，群众诉求合理解决；对涉企涉民诉求件，采取直查快办实地督查，发现典型工作效能问题，责成问责处理。全市机关效能投诉中心共受理投诉件151件（其中省转17件），办结率100%，直查快办4件，效能问责处理4人。“效能建设热线”播出42期，接听群众来电咨询(或反映)涉及医保社保缴费、农村危房改建、电商补贴等问题1739个，经现场解释或反馈职能部门办理后，均得到妥善解决，取得良好社会效果。

【改革创新项目评审】 2020年，市效能办精心组织三轮市级改革创新项目评审，选定“首创‘社区（乡村）110’——打造基层社会治理‘漳州样板’”（申报单位：漳州市公安局）和“全国首创生态环境技术调查官制度，打造生态司法治理新样本”（申报单位：漳州市中级人民法院）两个项目，作为漳州市代表项目上报参加省级评审，最终，“全国首创生态环境技术调查官制度，打造生态司法治理新样本”（申报单位：漳州市中级人民法院）项目在全省改革创新项目评审中，获得设区市第二名。

【机关效能建设20周年宣传】 2020年5月13日，漳州市召开深化机关效能建设工作座谈会暨绩效管理推进会，市委书记邵玉龙出席并讲话，市长刘远主持会议。会议强调，漳州作为全省最早开始探索机关效能建设的地方，要大力传承弘扬习近平总书记关于机关效能建设的创新理念和重大实践，为提升漳州治理效能提供有力保证。6月15日《闽南日报》刊发《牢记初心担使命 百尺竿头再进发》的综述报道；漳州电视台《漳州新闻》陆续播出主题为《深化管理体制改革 加强机关效能建设》的16条专题系列新闻；6月24日《福建日报》在“漳州观察”版面刊发《效能建设加“三度”》报道；福建电视台在《福建新闻联播》《福建卫视新闻》等陆续播出5条漳州效能建设相关新闻。各地主动积极配合全省机关效能建设20周年的市级宣传报道工作，认真总结提炼成效经验和培育树立先进典型，利用县区融媒体中心等宣传平台，组织做好辖区内机关效能建设成效的宣传报道，共同营造机关效能建设良好氛围。

（欧阳秋发）

·信访工作·

【概 况】 2020年，市信访局坚持以人民为中心，充分发挥联席会议机制作用，突出抓四门四访、网上信访、信访评理等工作，在解决涉疫信访问题、治理重复信访、保障重大活动等方面积极作为，维护群众合法权益、促进了社会和谐稳定，在省对市信访工作绩效考评、信访综治考评中均名列全省第一名。

【网上信访】 2020年，市信访局在全市推行“网上信访”，通过网上流转、网下办理，打通

“网上接访”和“网上投诉”办理渠道。围绕“四率”（受理率、办结率、参评率、满意率）的要求，进一步规范网上信访办理工作流程。漳州市网上信访事项平均办理时间为6.6天。全市网上信访占比77.7%，“最多投一次”一次性办结率97.4%，均位列全省设区市第一名。

【“最多投一次”推广】 2020年，市信访局制定出台《漳州市推进实施“最多投一次”阳光信访工作机制落实信访事项“马上就办”的实施意见》，要求凡群众初次实名反映、非涉法涉诉、求决申诉类的信访事项，以及国家、省、市信访局转送交办且标注“最多投一次”的信访事项，全部纳入“最多投一次”办理，对纳入“最多投一次”阳光信访工作机制的信访事项“马上就办”，做到特事特办、急事急办、易事快办、重要事立即办、复杂事提速办、疑难事设法办，千方百计对生活困难的信访人帮扶到位。

【诉访分离和依法分类处理信访诉求落实】 2020年，市信访局把涉及民商事、行政、刑事等诉讼权利救济的信访事项从普通信访体制中分离出来，由政法机关依法处理。坚持法定途径优先，对已经或者依法应当通过行政复议、仲裁、诉讼等法定途径解决的投诉请求，引导信访人依法向有关机关提出。通过分流，提高信访诉求化解的效率，推动信访秩序好转。

【“信访评理室”机制推行】 2020年，市信访局在全市范围内推行贯穿市、县、乡、村四级网络的“信访评理室”，邀请党代表、人大代表、政协委员以及调解员、律师、心理咨询师、公证人员、行政机关工作人员等第三方参与，借助信访评理室，小事单人评，大事一起评，既可线上评，也可现场评，既可流动评，也可上门评，不但减少群众的信访成本，而且提高信访事项办理效率。信访评理室覆盖全市，全市市、县、乡、村共建各类信访评理室2135个，活跃在各地的评理员共开展信访评理2837件次，化解2793件次。

【双包双挂联系工作机制建立】 2020年，市信访局全面梳理重复信访事项，明确全市治重化积件为974件，全部建立起双包双挂联系工作机制，截至年底化解378件，占38.81%。

【“三无”创建】 2020年，市信访局开展“三无”县（市、区）、乡镇（街道）、村居（社区）创建活动，全市共有7个县区达到“三无”创建活动标准，最大限度地将矛盾纠纷和信访突出问题化解在当地、解决在萌芽状态。

（任敬豪）

责任编辑：李鹤鸣

政协漳州市委员会

·重要会议·

【概 况】 2020年，政协漳州市委员会（简称市政协）共召开全体会议1次，常委会会议4次，主席会议6次。

【市政协十三届四次会议】 2020年1月3日至5日召开。会议听取并讨论市委书记邵玉龙的讲话；审议通过十三届市政协常委会工作报告和提案工作情况报告。会议补选戴鹏飞、卢力2人为十三届市政协副主席，增补叶淑端为市政协常务委员。会议期间，委员们列席市十六届人大四次会议，听取并赞同市政府工作报告，以及市计划、财政、法院、检察院工作报告，审议通过提案审查情况报告及会议决议。

【市政协十三届十三次常委会会议】 2020年1月5日召开。会议听取市政协十三届四次会议秘书处关于委员分组讨论情况；审议通过市政协十三届四次会议提案审查情况报告（草案）；确定补选副主席、常务委员候选人名单；审议通过市政协十三届四次会议选举办法（草案）；审议通过市政协十三届四次会议决议（草案）。

【市政协十三届十四次常委会会议】 2020年6月24日召开。会议组织常委会专题学习讲座；协商讨论《提升我市突发公共卫生事件应急能力建设》《新冠疫情下提升工业园区发展水平》《推进主城区生活垃圾分类》。会议决定柳建聪不再担任市政协十三届委员会副主席职务。

【市政协十三届十五次常委会会议】 2020年9月29日召开。会议传达学习全国地方政协工作经验交流会和全省市县政协主席座谈会精神，以及市委十一届十二次全会精神；通报市政协十三届四次会议以来的主要工作情况，并就下阶段重点工作作出安排；协商讨论《加快休闲食品产业发展》；组织常委会专题学习讲座。

【市政协十三届十六次常委会会议】 2020年12月29日召开。会议审议通过市政协十三届五次会议有关事项，决定市政协十三届五次会议于2021年1月11日至13日在芗城召开。会议听取市政府关于政协提案办理情况通报；审议拟提交市政协十三届五次会议审议的市政协常委会工作报告和提案工作情况报告；审议通过市政协十三届五次会议选举办法（草案）；通过关于授权主席会议审议十六次常委会会议未尽事宜的决定。会议决定：李扬真因工作需要，不再担任市政协秘书长职务；杨素萍因工作岗位变动，不再担任市政协副秘书长职务；林炳章到龄退休，不再担任市政协民族和宗教委员会主任职务，不再担任十三届市政协常务委员。提名叶跃西为秘书长人选、不再担任市政协办公室主任职务；提名许惠勇为市政协副秘书长、办公室主任人选；提名曾贵森为市政协民族和宗教委员会主任人选。拟增补许惠勇、曾贵森等2人为十三届市政协常务委员；拟增补曾勇平、林兆波、李瑞林、林炎山等4人为十三届市政协委员。

·协商议政·

【概 况】 2020年，市政协紧扣全市“打好三大攻坚战”“夺取疫情防控和经济社会发展双胜利”“全面建成小康社会”“科学制定十四五规划”等重要议题，积极搭建协商平台，组织委员协商调研，开展协商议政43次，其中全体会议全面协商1次，常委会专题议政性协商2次，专题协商2次，重点提案办理协商10次，界别及对口协商18次，媒体平台协商8次，参与远程协商2次，发挥政协协商民主的重要渠道和专门协商机构的作用。全年分解落实提案交办件526件，反映社情民意信息443件，助推一批百姓关切的问题得到重视和解决。

【协商提升突发公共卫生事件应急能力建设】 2020年，面对突如其来的新冠肺炎疫情，市政协开展“提升我市突发公共卫生事件应急能力建设”常委会调研协商，就“深刻吸取新冠肺炎疫情的经验教训，完善突发公共卫生事件应急处置与保障机制；夯实基层公共卫生服务体系，进一步提升突发公共卫生事件防控能力；完善医疗救治体系，进一步提升突发公共卫生事件诊疗与救治能力”等方面提出对策建议。

【协商推进新冠肺炎疫情下提升工业园区发展水平】 2020年，市政协围绕“大抓工业、抓大工业”，组织委员开展“新冠肺炎疫情下提升我市工业园区发展水平”常委会调研协商，提出“加大扶持力度，帮助企业‘渡难关’，让企业活下去；完善创新体制机制，为工业园区‘增活力’，让园区强起来；提升要素保障能力，为工业园区‘强支撑’，让投资畅起来；强化招商选资实效，为工业园区‘添动能’，让产业兴起来”等建议。

【协商推进主城区生活垃圾分类】 2020年，市政协就“推进我市主城区生活垃圾分类”开展常委会协商议政，提出“强化组织保障，形成工作合力；强化制度保障，确保工作落实；强化管理创新，探索管用机制；强化基础设施，补齐短板缺项；强化宣传培训，营造浓厚氛围”等意见和建议。

【协商加快休闲食品产业发展】 2020年，市政协紧扣产业发展，开展“加快休闲食品产业发展”常委会调研协商，提出“提升产业集中度，充分发挥‘无形之手’的资源调配作用；优化园区建设，通过‘有形之手’促进行业整体加快发展；拓宽宣传渠道，扩大‘漳州休闲食品’行业影响范围”等建议。

·履职为民·

【聚焦乡村振兴】 2020年，市政协聚焦关乎群众切身利益的乡村振兴，开展“统筹乡村振兴项目规划，提高项目资金使用效率”“健全为民办实事项目协商筛选评价考核机制”“农村D级危房‘四个一律’安全整治后续补助措施应及时跟进”等协商建言活动，助力脱贫攻坚，推动全面小康。

【关注民计民生】 2020年，市政协围绕补齐儿科医生短板满足群众就医要求、引进优质高教资源、改善旧城区交通微循环体系、推广临终关怀服务等重点提案，开展办理协商，推动惠民实事办理落实；围绕基层民营口腔医疗机构规范管理、加强社区社会自治能力、推进文明城市“妈妈小屋”建设保障妇女合法权益等问题，反映社情民意，得到市委、市政府重视，并推动开展。

·民主监督·

【概 况】 2020年，市政协围绕全市重大改革、重大项目、重要民生，以及脱贫攻坚、“双胜利”、全面小康等方面的落实情况，深入开展视察监督，邀请委员参加专项监督100多人次，发挥委员的监督作用，助推全市各项决策部署的落地见效。

【视察监督水仙花产业保护与发展】 2020年，市政协组织委员就“水仙花产业保护与发展”开展视察监督，就“征地、整地、种地”等方面提出监督性意见，推动核心保护区征地工作有效推进，“护花”行动取得新成效。

【提案督办助力新冠肺炎疫情防控】 2020年，新冠肺炎疫情发生以来，市政协开展“关于废弃口罩等有害垃圾处理”“新冠肺炎居家隔离监测方式”等一批提案的督办，并在《政协提案之声访谈》栏目与群众互动解答。

·联谊联络·

【概 况】 2020年，市政协积极搭建平台、创造条件，让各民主党派、各界人士、港澳同胞和海外侨胞在政协平台上，充分地协商议政、联谊交流，更好地凝聚共识、促进发展。同时，做好与全国、全省各级政协之间的协作配合，共协助上级和兄弟省、市政协来漳调研考察36批次。加强对各县（市、区）政协的联系指导，召开市县政协主席工作座谈会，开展工作经验交流，探讨解决市县政协“基础工作薄弱、人员力量薄弱”问题，提升政协工作的整体合力和履职能力。

【促进多党合作共事】 2020年，市政协充分发挥新型政党制度优势，健全制度，完善机制，搭建平台，确保党派团体履职渠道更为畅通、履职作用更加凸显。2020年，市政协共联系指导党派开展视察调研7场次；邀请党派委员参加专项民主监督80多人次；组织党派大会发言8篇；征集党派提案85件，编报党派重要提案摘报18件，确定党派重点提案10件；报送党派社情民意信息276件，为党派协商议政、合作共事搭建了良好的平台。

【深化台港澳交流】 2020年，市政协持续加强台港澳联络交流。组织基层代表参加第十二届海峡论坛·第三届两岸基层治理论坛交流活动。引导和鼓励港区政协委员通过发表声明、联署签名、站街宣传等形式，踊跃参与“百万乡亲撑国安立法”活动，带动界别群众和广大乡亲坚决拥护涉港国安立法，为“一国两制”行稳致远增信释疑、凝心聚力。联络发动全市省、市、县三级港澳委员助力抗疫，捐资捐物支援湖北灾区和漳州市抗疫一线。围绕“建设台胞台企登陆第一家园”，深入台资企业调研，与台港澳办座谈交流，探索漳台融合发展新路，提出意见建议。

·其他工作·

【政协文化文史工作】 2020年，市政协开展文史资料征集工作，推动文脉延续，联合县级政协加强文史资料编撰工作，编印《漳州古代书院》。

【政协信访工作】 2020年，市政协以维护群众信访权益、解决群众实际问题为落脚点，畅通信访渠道，切实健全统一领导、各负其责、齐抓共管的信访工作格局，及时化解群众矛盾和纠纷。

（陈俊朋）

责任编辑：王文潮

纪检监察

·综述·

【政治监督】 2020年，市纪委监委根据职责强化政治监督，全年查处违反政治纪律问题22人。开展第二轮中央生态环保督察整改、文化遗产保护、粮食安全等专项督查，积极稳妥做好调查问责工作，建立“四个常态化”监督机制，推动职能部门履行职责，保障政令畅通。

【全面从严治党】 2020年，市纪委监委贯彻党中央关于党委（党组）落实全面从严治党主体责任规定，协助市委细化主体责任清单，开展2019年度落实主体责任检查，实施党内问责222人，压紧压实管党治党政治责任。

【立案审查】 2020年，市纪委监委保持惩治腐败高压态势，依规依纪依法开展审查调查，立案审查调查1306件，其中处级干部案件21件，科级干部案件178件，移送检察机关23人，追回外逃人员3名。配合省纪委监委查处省高级人民法院民三庭原庭长黄某珍、市政协原副主席柳某聪等案件，严肃查处诏安县人大常委会原副主任何某生，平和县、常山开发区粮食系统等腐败案件，形成有力震慑。

【涉黑涉恶腐败专项治理】 2020年，市纪委监委落实公安局长、检察长、法院院长“三长”签字背书，公安机关组建侦查专案组和纪检监察机关组建调查专案组“双专班”，线索同步移送、案情同步会商、案件同步办理“三个同步”工作机制等举措，强力推进“惩腐打伞专项攻势”行动，查处涉黑涉恶腐败、“保护伞”及失职失责问题173件176人，市纪委监委获评全省扫黑除恶专项斗争先进单位。

【脱贫攻坚专项治理】 2020年，市纪委监委聚焦持续巩固拓展脱贫攻坚成果，建立扶贫领域“四督同步”（三级联动常态督、入户访查一线督、突出重点精准督、拓宽渠道全面督）机制，围绕因病因学因疫返贫致贫重点人群，开展“两必访一随机”，对已脱贫不稳定户和因疫存在返贫风险对象全覆盖入户访查，推动降低疫情对贫困户生产生活影响。针对一些地方和单位落实脱贫攻坚存在的作风纪律问题，市纪委监委于11月10日下发《关于进一步加强作风建设的纪检监察建议》，约谈相关领导，督促深化作风整顿，压紧压实脱贫攻坚责任。全年共查处扶贫领域腐败和作风问题64起102人，其中给予党纪政务处分42人，

【民生领域专项治理】 2020年，市纪委监委督促17个市直部门分别牵头，重点围绕教育、医疗、食品药品安全等群众反映强烈突出问题，对4个方面17类民生领域损害群众利益问题开展整治。全年共查处民生领域腐败和

作风问题239起434人，给予党纪政务处分234人。

【“四风”纠治】 2020 年，市纪委监委持续纠治“四风”问题，查处违反中央八项规定精神问题 207 起 320 人。深入治理贯彻党中央决策部署只表态不落实、维护群众利益不担当不作为等问题，持续为基层松绑减负，查处形式主义、官僚主义 165 起 342 人。

【抗疫专项督导】 2020年，市纪委监委紧盯防疫措施落实、医疗物资生产调配等重点，开展6轮专项督导，对违反防疫纪律、落实防疫责任不力等问题及时调查处置通报。协助市委召开全市深化全面从严治党保障“六稳”“六保”任务落实推进会，健全“1+X”监督机制，制定监督和再监督工作方案，围绕复工复产、复商复市、复学复课，因时因势调整监督重点，开展“三查三看”专项监督，督促职能部门梳理“六稳”“六保”职责任务清单、政策措施清单、问题摸排清单、困难诉求清单、经验做法清单等“五个清单”，推动各级各部门在应对大战大考中展现担当作为。

【监督与激励】 2020年，市纪委监委一方面依法依规用好监督执纪“四种形态”，批评教育帮助和处理4897人次，第一至第四种形态分别占73.2%、19%、2.9%、4.9%。另一方面落实“三个区分开来”保障，及时为280名受到诬告错告的党员干部澄清正名，对被问责和受处分干部开展回访教育，营造风清气正、干事创业的良好氛围。

【制度创新】 2020年，市纪委监委强化改革创新，推动制度优势转化为治理效能。10月，在全省率先出台《加强对县级党政“一把手”和领导班子监督的暂行办法》，突出“见人见事”，建立贯通联动、定期谈话、政治生态分析、权力运行制约、纪律教育等五项机制，开展蹲点调研，实行县级党政“一把手”履职用权“双报告”，落细监督措施，通过抓好“关键少数”带动“绝大多数”。加强规范化法治化建设，深化查办腐败案件以上级纪委监委领导为主的“五统一”运行机制，探索审查调查标准化建设，健全与公检法机关线索移交、案情会商、追逃追赃等协作配合机制，推动执纪执法贯通、有效衔接司法。12月，出台《漳州市管国企、市属高校派驻监督改革意见》，建立健全挂钩联系等机制，深化派驻机构改革。深化乡镇纪检监察组织建设，通过开展乡镇纪委全员接访、学习培训、跟班锻炼、抽调办案等措施，巩固乡镇纪委“监督执纪工作提升年”活动成果，不断提高一线发现问题能力。

【廉政宣传】 2020年，市纪律监委组织拍摄警示教育片《迷失的初心》，印发《处级干部违纪违法案件警示录》，继续深化“一镇一孝廉”，编印《漳州孝廉故事》《追寻谷公好家风》《脱贫攻坚日记》，引导党员干部严以律己、廉洁治家。“‘一镇一孝廉’：新时代廉洁文化建设的漳州探索”项目入选第二届“中国廉洁创新奖”特色创新项目。

·主要会议·

【市纪委十一届五次全会】

2020 年 1 月 21 日，市纪委十一届五次全会在芗城召开。全会以习近平新时代中国特色社会主义思想为指导，深入贯彻中共十九大和十九届二中、三中、四中全会精神，认真落实十九届中央纪委四次全会、省纪委十届五次全会和市委十一届十次全会部署，回顾 2019 年纪检监察工作，部署 2020 年任务。市委书记邵玉龙出席会议并讲话，市委副书记、市长刘远传达十九届中央纪委四次全会、省纪委十届五次全会精神，市委常委、市纪委书记、市监委主任林叶萍作题为《坚守初心使命，忠诚履职尽责，为全面建成小康社会提供坚强保障》工作报告，市纪委监委全体领导出席会议。

【全市纪委监委领导干部大会】 2020年7月29日，市纪委监委领导干部大会召开，省纪委副书记、省监委副主任黄汉升，市委书记邵玉龙出席会议并讲话，市委常委、组织部部长沈金水主持会议并宣读省委关于漳州市部分领导班子成员调整配备的决定，林叶萍不再担任中共漳州市委委员、常委，漳州市纪律检查委员会书记职务，李东河任中共漳州市委委员、常委，漳州市纪律检查委员会书记。

【全市深化全面从严治党保障“六稳”“六保”任务落实推进会】 2020年9月28日，全市深化全面从严治党保障“六稳”“六保”任务落实推进会召开。市委书记邵玉龙强调，要深入学习贯彻习近平总书记关于全面从严治党的重要论述，坚定不移推进全面从严治党向纵深发展、向基层延伸，以精准监督推动“六稳”“六保”任务落地落实，为全方位推动高质量发展超越提供坚强的政治保证和组织保证。

·巡视巡察·

【概 况】 2020年，市巡察办协助市委健全落实省委巡视整改工作机制，形成“领导领责、部门负责、督查问责”闭环管理，精准处置省委巡视移交的信访件和问题线索，省委巡视反馈的46个问题已完成整改41个、基本完成1个。全年共巡察党组织265个，延伸巡察村居699个，市县巡察首次实现全覆盖，4个开发区全面启动巡察工作，推动全面从严治党向基层延伸。

【扶贫领域巡视巡察整改“回头看”】 2020年12月，市委巡察办采取“提级+联动”的方式，对全市11个县（市、区）开展扶贫领域巡视巡察整改“回头看”，其中市委组建3个巡察组，对云霄、诏安、平和3个省定扶贫开发工作重点县提级监督，其余8个县（市、区）分别组建县委巡察组对本地区开展“回头看”，有效维护群众的切身利益，为巩固拓展脱贫攻坚成果同乡村振兴有效衔接提供加强保障。

【“市属国有企业制度建设年”活动】 2020年，针对巡察发现市属国有企业制度建设和管理薄弱的突出问题，市委把2020年确定为“市属国企制度建设年”，推动市国资委在全市国资系统内开展制度建设年活动，推动市国资委和市属企业修订出台制度共382项，提升工作制度化、规范化，确保做强做优做大国有企业落实见效、健康发展。

·小资料·

“四个常态化”监督机制：问题常态化摸排起底、线索常态化直查快办、部门常态化联动会商、整改常态化跟踪落实。

“两必访一随机”：对已脱贫不稳定百分之百必访，对存在因疫返贫风险对象百分之百必访，对其他已脱贫建档立卡贫困人口随机抽访。

（林炳阳　周顺杰　林春祥　肖珺）

责任编辑：张慧华

民主党派·工商联

·民革漳州市委会·

【概 况】 2020年，中国国民党革命委员会漳州市委员会（简称民革漳州市委）下设龙海、芗城、龙文和闽南师范大学4个总支，12个市直支部，发展新党员21人。至2020年年底，共有民革党员474人。年内，指导成立“漳州中山画院”，成为民革党员乃至联系各界艺术家的学习互动平台。

【参政议政】 2020年，民革漳州市委向市政协十三届四次会议提交集体提案12篇、政协委员个人提案20多篇，向市人大提交代表建议6篇，其中《关于加强我市近海生态环境修复整治的几点建议》等3篇获得市领导的批示；《关于加快培植发展我市“夜间经济”的建议》等3篇被评为市政协重点提案；《关于提升漳台精密机械产业的几点建议》等2篇集体提案获2019年度漳州市政协优秀提案。

【服务台企】 2020年，民革漳州市委协助台胞台企反映投资创业中存在的问题，争取让台胞台企有更多获得感。年内，通过调研，形成涉台调研论文1篇，涉台社情民意信息5篇。

【宣传工作】 2020年，民革漳州市委在编辑《漳州民革》的基础上，发挥微信联络群、公众号的宣传阵地作用，加强与主流新闻媒体的合作，大力宣传漳州市民革自身建设和履职尽责的成果、先进人物事迹。完成社情民意信息 50 篇，其中市政协采用 30 篇，省政协采用 8 篇，省民革采用 3 篇，《群众呼吁进一步加强全市养犬管理》等 2 篇获市委主要领导批示。

【调查研究】 2020年，民革漳州市委多次深入龙海福建国安造船厂进行疫情防控期间复工复产及生产经营情况调研；前往市阳光学校特殊教育的建设、办学及发展等基本情况开展调研。各基层组织也相应开展调研。通过调研，最终形成18篇调研文章，理论文章2篇。

【社会服务】 2020年，民革漳州市委会坚持挂钩定点扶贫云霄县列屿镇。组织全市民革党员投身疫情防控，发出《漳州市八个民主党派关于助力打赢疫情防控阻击战的联合倡议书》，陈燕治、庄聪红、吴连富等热心企业家，通过不同渠道捐款捐物折合人民币累计30多万元。许多民革党员放弃休假，奋战在各条战线上。

（陈加国）

·民盟漳州市委会·

【概 况】 2020 年，中国民主同盟漳州市委员会（简称民盟漳州市委）发展新盟员 19 人。截至

2020年1月7日，民盟漳州市第十一届第四次全委（扩大）会议在漳州宾馆召开（民盟漳州市委 供图）

年底，共有总支4个，支部33个，盟员739人。年内，民盟龙文总支成立。

【思想宣传】 2020年，民盟漳州市委选送24人参加省、市社会主义学院学习，举办基层盟员读书班，组织基层信息骨干、新盟员参加学习。发挥"漳州民盟"微信公众号的宣传作用，加强对广大盟员的思想教育引导，发布公众号52期，编辑出版《漳州盟讯》2期。民盟漳州市委被民盟中央授予"思想政治建设与宣传工作先进集体"称号和《群言》发行工作突出成绩奖。

【参政议政】 2020年市"两会"期间，民盟漳州市委向市政协提交大会发言1篇、组织提案10篇。大会发言打造龙头深化融合，推动职教高质量发展所提出的培育市属职业本科建议被列入市委常委会、市政府常务会专题研究落实的项目之一。《补齐儿科医生短板，满足群众就医需求》被市政协评为2020年度优秀提案。报送81篇社情民意信息，其中，全国政协采用1篇，省政协采用7篇，省委办采用1篇，省委统战部采用10篇。《关于完善＜突发公共卫生事件应急条例＞的几点修改建议》等信息被转化为全国"两会"建议和提案。

【社会服务】 2020年新冠肺炎疫情发生后，民盟漳州市委联合其他党派第一时间发布《漳州市八个民主党派关于助力打赢疫情防控阻击战的联合倡议书》，"漳州民盟"微信公众号推出疫情相关专题报道20余篇，介绍林汉钦、叶炯明、张琨琨等盟员的感人事迹。民盟盟员田旭勇因主动捐款捐物发动热心人士助力家乡疫情防控工作，荣登中央文明办"中国好人榜"。年内，民盟漳州市委盟员向红十字会、慈善总会捐款39.43万元，捐赠物质折合2.45万元。

（左建瑛）

·民建漳州市委会·

【概况】 中国民主建国会漳州市委员会（简称民建漳州市委）设有4个总支，24个支部，6个工作委员会，1个书画院。2020年，发展新会员18名，截至年底，有会员577名。其中经济界人士468人，占总数81.1%，具有中高级以上职称295人。年内，机关事业一支部被评为"民建全国先进集体"，1名会员被民建中央评为"民建全国优秀会员"。

【参政议政】 2020年，民建漳州市委围绕漳州市"大抓工业、抓大工业"的经济发展重心和着眼后疫情时代的经济发展趋势，撰写提案。年内，提交的2篇提案被市政协评为优秀提案。

【调查研究】 2020年，民建漳州市委紧紧围绕抗击疫情、工业发展、脱贫攻坚、特色产业等方面问题有针对性地深入调查研究，形成调研报告。其中，《新丝路背景下优化漳州发展格局研究》荣获2020年度漳州市哲学社会科学调研规划课题一等奖。

2020年9月20日，民建漳州市委在漳州古城举办2020年建华课堂福建分课堂龙江讲坛。图为讲座现场 （民建漳州市委 供图）

【社会服务】 2020年，民建漳州市委及时发布《漳州市八个党派关于助力打赢疫情防控阻击战的联合倡议书》和《民建漳州市委抗击疫情捐款倡议书》，号召全市民建会员要坚定信心，坚守岗位，共筹善款15万余元，民建会员捐款捐物88.72万余元。年内，响应民建中央决定在丰宁县开展“聚光福 稳脱贫”光伏扶贫专项行动的重要政治任务，全市会员捐款15.15万元，居全省第一，被评为“2020年全省民建社会服务工作先进单位一等奖”。

（郑艺松）

·民进漳州市委会·

【概 况】 中国民主促进会漳州市委员会（简称民进漳州市委）下设9个市直支部和4个总支。年内，发展会员11名，培训新会员7人、骨干会员8人，举办《反映社情民意信息常见问题分析》专题信息培训会，培训会员30人。

【参政议政】 2020年市“两会”期间，民进漳州市委提交党派提案、委员提案和代表议案15件。其中《关于加快补齐漳州高新区基础教育短板的建议》和《关于加快漳州市数字经济发展的几点建议》被列入市政协重要提案摘报，得到市委市政府主要领导批示；党派提案《关于加快补齐漳州高新区基础教育短板的建议》获评市政协2020年度优秀提案。

【社会服务】 2020年，民进漳州市委第一时间通过微信公众号、工作群将《漳州市八个民主党派关于助力打赢疫情防控阻击战的联合倡议书》传达到各支部，号召全市会员为打赢疫情防控阻击战贡献力量，会员累计捐款19.27万元。年内，民进漳州市委撰写《新冠肺炎疫情对漳州经济影响不容乐观》《当前商贸企业减少明显需关注》等调研分析，获得市长多次批示。运用公众号全程宣传抗疫活动情况，共报送会员信息和短讯20多条、活动专题报道7篇、先进事迹报道3篇，反映抗疫相关社情民意信息17件，其中会员抗疫先进事迹报道被民进中央采用2篇，抗疫社情民意信息被民进福建省委、市政协采用13件。

2020年10月22日，由民进漳州市委会协办的民进华东六省一市第二十二次工作研讨会在漳州召开 （民进漳州市委 供图）

【会员之家建设】 2020 年，民进漳州市委完善“民进会员之家”硬件建设，民进经科总支会员之家、龙文总支会员之家建设经验入选中共福建省委统战部编印的《2019 福建各民主党派党（盟、会、社）员之家案例精选》。

（张 斌）

2020年11月29日，农工党漳州市委开展“健康中国卫生科技下乡”义诊服务活动。图为参加义诊活动人员合影 （农工党漳州市委 供图）

·农工党漳州市委会·

【概 况】 2020 年，中国农工民主党漳州市委员会（简称农工党漳州市委）有 4 个总支、27 个支部，设参政议政、医药卫生、经济科技 3 个专门工作委员会。年内，发展新党员 28 名，新成立农工党龙文总支。至年底，共有党员 648 人，其中医药卫生界占 46.5%，人口资源、生态环境领域占 3.2%；5 名党员当选各级人大代表，37 名党员担任各级政协委员。年内，召开纪念中国农工民主党成立 90 周年座谈会，被农工党中央授予“先进地市（县）级组织”称号。

【参政议政】 2020 年，在市“两会”期间，农工党漳州市委共提交大会发言 1 篇、集体提案 10 件，其中《关于积极推进我市“体医融合”发展的建议》等 2 件集体提案得到市主要领导批示，《关于打造九龙江龙舟文化园的建议》被市政协列为重点提案进行督办，《关于进一步推进我市乡村卫生服务一体化管理建设的建议》等 2 件提案被评为市政协 2020 年度优秀提案。

【调查研究】 2020 年，农工党漳州市委组织课题组深入龙海市、漳浦县等地开展“妇幼健康服务体系建设”等专题调研，配合农工党湖南省委课题组开展“加强与改进数字农业农村建设工作”等调研，完成调研报告 3 篇。其中《我省医共体建设存在的问题及对策》获农工党福建省委优秀调研论文一等奖。

【社情民意】 2020 年，农工党漳州市委编报社情民意信息专报件 100 件，其中，全国政协采用 3 件，中共中央统战部采用 5 件，农工党中央采用 21 件、省委办公厅、省政协采用 32 件，省领导批示 2 件。年内，被农工党福建省委、市政协评为社情民意信息工作标兵单位和先进单位。

【社会服务】 2020 年，农工党漳州市委开展抗疫捐赠，参加捐赠党员 177 名，捐款捐物金额 16.5 万元；12 名农工党党员作为防控组成员参与疫情防控和患者救治。年内，开展“法律进医院”活动，邀请农工党法律专家为漳州市第五医院医护人员作《医疗行业法律风险》讲座。组织龙海总支和市医院总支党员专家赴龙海罗坑村开展义诊服务活动，服务老区群众 200 多人次。

（张丽平）

·致公党漳州市委会·

【概 况】 中国致公党漳州市委员会（简称致公党漳州市委）下设总支 3 个，支部 25 个，专门工作委员会 6 个，发展新党员 14 人，共有党员 571 人。年内，机关支部被评为“十佳特色支部”，1 名基层主委被评为“十佳基层组织带头人”，1名党员被评为“十佳最美志愿者”。

【参政议政】 2020年市“两会”期间，致公党漳州市委提交大会发言1件，获市领导批示；提交党派团体提案12件，获市领导批示6件次，2件提案被市政协评为2019年度优秀提案，1件提案被列入重点提案。与提案办理单位交流20余次，参加提案办理单位2场次座谈会。致公党党员中各级政协委员提交个人提案42件，大会发言和团体提案被编入省委会《2020年参政议政文集》。

【调查研究】 2020年，致公党漳州市委承接致公党中央调研组20多人深入东山进行实地考察和召开座谈会，为致公党中央在十三届全国政协第42次双周协商座谈会上发言提供调研材料，并转化信息、提案素材4篇。对接致公党省委会围绕疫情防控和助力复工复产深入党员企业开展调研。完成致公党省委会5篇课题调研，其中1篇被编入致公党中央《2020年中国发展论坛论文集》，1篇被致公党省委会采纳为集体提案，2篇入选致公党省委会2020年度一般课题调研，1篇入选致公党省委会第三届“科技创新促进民营经济发展”论坛论文集。组织市政协致公党界别委员深入漳浦开展“美丽海湾”建设情况调研，调研成果形成2021年“两会”大会发言素材。

【社会服务】 2020年，致公党漳州市委引导全市致公党员投身新冠肺炎疫情防控工作，累计捐款10多万元，捐赠防疫物资总价值416万元。30多名工作在抗疫一线的党员投身社区防控、市场监管、入境管理、物资保障等工作。1名党员被致公党中央评为抗击新冠肺炎疫情工作先进个人。年内，响应致公党省委会对口帮扶三明市三元区岩前镇百叶坑村号召，发动基层组织参与致康助医、精准慰问、致教扶智、致公道路等项目积极帮扶，捐赠3.21万元。

【海外联谊】 2020年，致公党漳州市委接待菲律宾漳厦龙同海同乡会（商会）等海外人士3批次24人次，与海外联系紧密的部分党员通过电话、微信等方式关心慰问海外侨胞和留学生。积极倡导全市致公党员向海外侨胞群体普及新冠肺炎疫情防控的科学知识，助力海外侨胞以及留学生共同战胜疫情。

（张梅燕　张静怡）

·九三学社漳州市委会·

【概 况】 2020年，九三学社漳州市委员会（以下简称九三学社漳州市委）审核批准新社员17名，其中高、中级职称16名，另有1名硕士研究生。截至年底，共有成员296名，其中高级职称149名，占50.33%，中级职称136名，占45.94%。年内，被九三学社福建省委表彰为2020年度先进集体。

【参政议政】 2020年市“两会”期间，九三学社漳州市委提交《关于进一步激活我市“夜经济”的建议》等8件建议，其中，《综合施策，改善旧城区交通微循环体系》等3份建议提案得到市委市政府主要领导批示。年内，报送社情民意信息37件，被市政协、党委和社中央采用16件。

【社会服务】 2020年，九三学社漳州市委全体社员和社市委机关干部捐款近3万元，汇入北京九三王选关怀基金会，定向用于抗击疫情支援武汉。全市社员通过所在工作单位、慈善机构及其他渠道向疫情防控工作捐资捐物价值超过10万元。年内，九三学社漳州市委继续加强对长泰县武安镇的同心帮扶，在城关村举行揭牌仪式建立实践基地。

（王苑茹）

·台盟漳州市委会·

【概 况】 台湾民主自治同盟漳州市委员会（以下简称台盟漳州市委）下设七个支部。2020年，发展2名新盟员，至年底有盟员

111名。年内，学习贯彻习近平新时代中国特色社会主义思想和中共十九届五中全会精神，通过组织市委委员、支部负责人、骨干盟员等学习，开展宣传教育活动。同时推荐盟员参加社院的各类学习。

【参政议政】 2020年，台盟漳州市委报送的《关于加强对民用微型无人机飞行安全监管》的提案，被台盟中央评为优秀党派提案，同时，作为台盟中央团体提案，被全国政协评选为2019年度（全国政协十三届二次会议）好提案。市“两会”期间，提交大会发言《关于破解医养结合瓶颈的建议》及13件团体提案，其中《关于支持和推广临终关怀服务的建议》和《擦亮名片，做大做强漳浦台湾农民创业园》2篇团体提案被列为重要摘报，包括大会发言在内的3篇提案获得市委、市政府主要领导的签批。《擦亮名片，做大做强漳浦台湾农民创业园》被评为2020年优秀提案。年内，荣获台盟中央2020年“台盟地市级参政议政先进集体”，1名干部获台盟中央参政议政先进个人。

【调查研究】 2020年，台盟漳州市委开展对台宣传、联络工作，推动漳台经贸文化的往来与交流，做好台湾人民工作。年内，陪同台盟中央参委会主任王中带领上海台盟参政议政专委会一行到漳州开展后疫情时期台资企业复工复产专题调研。做好台盟中央组织机关干部一行30余人，赴漳州举办“感受两岸融合发展，提升干部履职能力”主题培训班的相关事项。

【社会服务】 2020年，台盟漳州市委做好疫情防控，盟员累计捐款0.77万元。除此之外，盟员第一时间网上购买医疗物资（折合人民币0.66万元）送往武汉，多位盟员参与基层单位和社区防控。3位盟员被台盟中央授予“台湾民主自治同盟抗击新冠肺炎疫情先进个人”荣誉称号。年内，响应台盟中央发出《关于捐建赫章县金银山街道少儿活动中心的倡议书》，通过微信群、朋友圈等方式转发了台盟中央派驻赫章县挂职干部拍摄的视频短片和《关于帮扶赫章县及金银山街道少儿活动中心项目情况的简介》，向全体盟员大力宣传，号召大家踊跃捐献，共收到105名盟员和机关干部捐款1.1万元，台盟漳州龙海支部荣获台盟中央“先进基层组织奖”。

（郑淑茵　叶建平）

·漳州市工商联（总商会）·

【概　况】 漳州市工商联（总商会）下辖11个县（市、区）工商联（商会）及常山华侨经济开发区工商联（商会）。年内，1家在外漳州商会成立，指导1家行业商会、1家在漳异地商会、5家在外漳州商会完成换届。截至年底，漳州市工商联（总商会）共有20696名会员（团体会员149名，企业会员14750名，个人会员5797名），市直属行业商会27家，在漳异地商会22家，异地漳州商会26家。年内，三宝集团股份有限公司获全国工商联“全国就业与社会保障先进民营企业”称号。福建点景科技股份有限公司获全国工商联“抗击疫情先进民营企业”称号，长泰县古农农场商会获全国工商联“抗击新冠肺炎疫情先进商会组织”称号。

【商会党组织建设】 2020年，漳州市工商联（总商会）新成立漳州市三明商会兼合式党支部、漳州市钟表同业公会兼合式党支部，整建制接收漳州市温州商会党支部、漳州市福清商会党支部；组织漳州市温州、家居、江西、福清商会等4家党支部完成换届工作，批准5名预备党员转正，吸收4名入党积极分子。组织市直商会党支部开展“安全血液拯救生命”献血行动、“两会”精神的学习座谈会、“迎八一·促双拥”慰问等系列主题党日活动。党组成员与企业党支部、社区党总支部、直属商会党支部建立党建工作联系点，落实党建指导员机制，指导商会党支部规范党内生活制度，市工商联党支部与商会、挂钩社区支部共建新模式在《中华工商时报》等4家媒体推广。

【商会党员思想政治建设】 2020年，漳州市工商联（总商会）采用集中理论培训+现场教学的方式，举办2020年度所属商会党务工作培训班，到三宝集团党委、古农农场商会党总支开展现场教学。加强所属商会党员思想政治建设。

【参政议政】 2020年，漳州市工商联（总商会）深入150多家（次）民营企业了解情况，反映企业生产经营遇到的困难和问题。围绕漳州市民营经济转型升级发展，撰写调研论文《新时代漳州民企高质量发展模式和路径研究》《漳州民营企业融资情况调查研究》等2篇调研报告。组织全市各级工商联将常执委企业纳入样本库，提高样本的代表性和覆盖面。分4批次完成填报575份调查问卷，填报数量位居全省地市级前列。

【县级“五好”工商联建设】

2020年，漳州市工商联（总商会）健全商会组织体系，规范商会自身建设，改进商会管理。截至年底，全市工商联系统所属商会共有157家，比上年增长14%。其中行业商会59家，异地商会23家，综合类商会2家，镇街商会72家（包括筹建），村级商会1家。其中，被全国工商联认定为2019—2020年度全国“四好”商会市6家，被福建省工商业联合会认定为2020年度福建省“四好”商会9家。

【服务会员】 2020年，漳州市工商联（总商会）根据《福建省发展和改革委员会关于废止非刑事案件委托检验鉴定费等省定行政事业性收费标准文件的通告》文件精神，于8月15日起取消非公职称评审收费。组织召开1次非公职称评审会，85名非公企业人员被确认为初级职称；98名非公企业人员被确认为中级职称。指导推荐非公企业技术人员参加省联组织的高级职称评审，29人被确认为高级职称。

【商务活动】 2020年，漳州市工商联（总商会）组织商会、企业来漳投资考察4次，协调商务局等相关部门开展招商对接推介3场（次），推动3D编织新型管道材料、保罗食品等2个项目落地。推荐福建富春通信工程建设有限公司等2家公司，参与全国工商联民营企业军民两用高新技术及产品研发生产情况专项调研。联系口罩机生产厂商，帮助漳州安月、龙文区植护医疗等企业转型投产。

【光彩事业】 2020年，漳州市非公企业关心支持疫情防控。截至6月底，近1000家企业和商会捐款捐物，总金额3687.76万元，其中现金1620.72万元，物资总额2067.04万元。召开漳州市“百企帮百村”行动巩固提升推进会，调动会员企业积极投身精准扶贫行动。工商联系统组织民营企业捐款捐物支持社会公益事业，总金额360多万元。

（管东华）

责任编辑：陈振煌

群众团体

·漳州市总工会·

【概 况】 2020年，市总工会累计建立非公企业工会1.68万家，组建率达91.87%，入会率达95.6%。组织发动15.2万名职工参加2020年度职工医疗互助活动，帮助4166户困难职工实现解困脱困。推动新建22个“妈妈小屋”，建立18个医生休息室，建设14个工会“共享职工之家”。首次为全市230名工作出色的非公企业工会主席、副主席发放每月100元的履职补贴。市总工会被全国总工会表彰为“2019年度市级工会财务先进单位”。

【工会组建工作】 2020年，市总工会推进农民工较为集中的“八大群体”入会工作，向2000名网约送餐员、保安员等“八大群体”赠送爱心礼包。新增漳州“饿了么”运营中心1400名网约送餐员入会，新建漳州市物业服务行业工会联合会，涵盖物管企业87家，新增3800名保安员加入工会。

【工会组织改革】 2020年，市总工会孵化漳州市职工讲师协会，成为全市第一家由工会主管的社会组织，成立6家劳动关系领域社会组织工会联合会，社会组织建会取得零的突破。批复成立漳州古雷港经济开发区工会第一届委员会，全市市属重点开发区全部建立起工会委员会。

【助力疫情防控】 2020年，市总工会向全市广大职工发出抗击疫情倡议书，设立550万元抗疫专项资金，专门用于支援疫情防控工作一线。慰问援鄂医护人员及家属72.2万元；全市工会走访慰问130多家单位，送去慰问品和慰问金300多万元。对受疫情影响符合条件的小微企业工会经费进行全额返还，为全市小微企业返还工会经费超1000万元。命名漳州市8支援鄂医疗队为市级工人先锋号，推荐1个单位、6名个人获得省五一劳动奖状、奖章的抗疫专项表彰。

【解困脱困任务全面完成】 2020年，市总工会帮助2019年10月在档的383户困难职工解困脱困，截至年底，市县两级工会已帮助4166户困难职工实现解困脱困，任务全面完成。年内，建立市级职工困难特别救助制度，切实帮助相对困难职工解决生活、医疗、子女就学等问题。

【职工技能提升】 2020年，市总工会举办市第八届职工“五小”创新竞赛，开展5场市级职工职业技能竞赛活动，覆盖茶艺、邮政、美容、烹饪、中医药等行业。组织29场职工线上技能提升直播课，开展电工、育婴师职工技能培训等课程20场，为60家企事业单位举办百场送教上门公益课程，在线上线下开展137场职工大课堂活动，惠及职工超10万人次。

2020年11月25日，漳州市领导接见漳州市载誉归来的全国劳模和先进工作者
（许晓梅 摄）

【职工权益维护】 2020年，市总工会开展根治欠薪法律宣传、“遵法守法·携手筑梦”服务农民工法律宣传等活动，在蓝田开发区、金峰开发区开展“悦读·成长”一线职工读书暨《中华人民共和国民法典》宣讲活动，近千名职工参与。向全市用人单位发放6份《工会劳动法律监督提示函》。组织3615家企业参加全市“安康杯”竞赛活动，参赛职工超38万人，联合有关部门开展职工安全检查，督促企业履行安全生产主体责任。市县工会安排163.5万元资金用于防暑降温慰问，以省市重点项目、环卫保洁、建筑施工等企业为主，慰问80家高温作业单位的1.7万名一线职工。

【就业服务】 2020年，市总工会开辟网上招聘信息发布平台，对接全国工会就业服务平台。与市人社局联办线上招聘会，发动2266家用人单位提供5.1万个岗位，达成初步就业意向2.2万人次，各县总工会积极开展各类线下就业服务活动，发动上百家企业提供5000多个就业岗位，切实帮助企业解决用工难问题。

【工资集体协商活动】 2020年，市总工会开展工资集体协商活动，全市集体合同签订数1.23万份，覆盖1.8万家企业67.4万名职工，其中涉及疫情期间用工问题的要约141份，共惠及职工9.3万人。

【先模引领】 2020年，市总工会组织发动劳模工匠在科技创新、乡村振兴、生态文明建设等主战场上当先锋、做表率。全市26名个人、8个集体荣获福建省五一劳动奖章、奖状表彰，17个集体被命名为福建省工人先锋号；8人获得全国劳动模范和先进工作者荣誉表彰。年内，为1339名市（厅）级以上劳模赠送生日礼物，帮扶慰问各级劳模110.6万元。

【工会消费扶贫行动】 2020年，市总工会开展“工会消费扶贫行动”，要求各级工会组织在使用工会福利时，安排一定比例资金集中采购本地贫困户生产的农特产品；鼓励各级工会组织办理全域旅游“惠工卡”，推动一线职工、劳模到漳州市定点基地开展疗养、休养活动，促进漳州市旅游消费发展。

【“云阅读”主题活动开展】 2020年，市总工会利用工会新媒体宣传宣讲“采访实录”，借助职工电子书屋举办“大学习”听书打卡主题活动，吸引超10万人次的职工线上参与，让习近平总书记的“福建故事”在云端激发广大职工的共鸣。

（林诚毅）

·共青团漳州市委员会·

【概 况】 截至2020年年底，全市团员147287名，建立社会领域团组织3566个，比上年底增长19.79%。年内，共青团漳州市委员会（简称团市委）成功推动514家非公有制企业和社会组织及184家公民办小学和幼儿园建立团组织，建立县域团代表联络站4所，成立高新区甲骨文“青年之家”等入驻青年之家云平台的青年服务阵地53家，开展服务活动286场。全省首创的“团费云”平台实现上缴团费9.4万元。“青春漳州”微信公众号获评漳州市“2020年度十佳政务新媒体号”。

【团务规范发展】 2020年，团市委开展“送课下乡”培训13场，累计培训团干460余人。全市初三毕业班团学比降至6.89%，高三毕业班团学比降至53.55%。在全省首创开展市级少先队辅导员风采大赛，开展高校团委书记工作评议、学生会改革工作评议，热络团属青年社会组织交流，选派6人参加全省青年社会组织负责人专题培训班，累计成立青年社会组织36家。

【青少年思想教育】 2020年，团市委组织高校开展“习近平与大学生朋友们”系列报道“E堂”团课等学习3000余场次，覆盖学生3万余人，至年底累计发布“青年大学习”网上主题团课34期，覆盖近248.1万人次。举办“红领巾争当防疫小先锋行动”“寻找故事王·争当新时代好队员”等活动，700余篇作品获福建广电网络展播。创新开展“漳州市红领巾大讲堂”主题队课171场次，举办“青春助力文明城 我为创城添光彩”主题活动，收集作品1600余份。开展漳州返乡大学生“为漳州代言 为家乡带货”活动14期，阅读量近4万人次，带动销售额近1000万元。

【创新创业服务】 2020年，团市委组织全市1593个青年文明号、216支防疫青年突击队、7249名青年志愿者投入抗疫一线，在全省率先组建心理咨询志愿服务队。开展“云”招聘、“千校万岗”“扬帆计划”等稳就业活动，发动上千家企业提供6000余岗位，2000余名青年达成初步就业意向。举办“青企好物汇”活动，达成线上交易额30余万元。举办两岸青年联欢节之2020漳台青年夜市文化节，交易额近10万元。扶持青年创新创业，连续6年开展青年英才项目评审，资助147个项目共1185万元。

【青春扶贫行动】 2020年，团市委通过“百生圆梦”共扶助1124名贫困大学生、建档立卡户家庭青少年助学款424.65万元；通过“百号送书”募集善款180.1万元捐建共青团爱心图书角869个，覆盖漳州市和新疆木垒学校134所；通过“百队牵手”开展城乡少先队中队结对活动129场次结对5367人，互通书信1843封；通过“百企帮扶”募集190.8万元结对帮扶贫困家庭964个，通过“百青创业”结对创业青年923人，发放小额贷款19亿元，建立金融挂职干部乡村联系点15个；通过“百团助困”组建扶贫助困青年志愿者队伍226支，帮扶4445人次。

【青少年交流】 2020年，团市委开展“青春相约·缘来是你”青年交友活动10场，1300余名青年参与。举办市直机关青年羽毛球赛、篮球赛，37个市直单位、276名市直机关青年参与。举办青少年生态科普网络知识竞赛活动，27万人参与。

【“生活垃圾分类”志愿服务】 2020年，团市委设立“生活垃圾分类”志愿服务项目，成立垃圾分类青年志愿者服务队278支近6000人，组建121支乡镇（街道）“村庄清洁”青年突击队。

【第四届海峡两岸（漳州）青年交流周举办】 2020年9月26日，

2020年8月8日，“漳州市红领巾大讲堂”之“小英雄，大梦想”在龙海市美一城广场开讲。图为小学生放飞纸飞机 （团市委 供图）

由漳州市青年联合会、漳台交流协会、台湾有关单位共同主办的第十二届海峡论坛·第四届海峡两岸（漳州）青年交流周在漳州启动。此次活动以“共同梦想·共筑未来”为主题，以线上线下相结合的方式进行。主要包括“2020漳台青少年非遗研习营活动”和“‘聚焦工业新城’漳台青年摄影比赛”两个子项目。举办系列活动，全网直播量120余万人次，“聚焦工业新城”漳台青年摄影比赛收集作品534幅（组）。

【“小康漳州·台港澳青年在行动”主题宣传】　2020年12月5日，为期五天的“小康漳州·台港澳青年在行动”主题宣传活动在漳州市展开，中新社采访组一行深入漳州各地，挖掘并以文字、图片、视频、直播等全媒体形式，讲述台港澳青年在漳州打拼的生动故事。此次主题采访活动由共青团漳州市委举办。系列宣传活动被多个国家、地区媒体报道20多次。

（陈玲玲　林　婕）

·漳州市妇女联合会·

【概　况】　2020年，漳州市妇女联合会（简称市妇联）持续深化妇联组织建设改革，推动成立新领域、新业态、新阶层、新群体妇女组织12个，灵活新建“妇女微家”120个，推选85个海峡两岸女大学生创新创业大赛项目，获优秀组织奖，为富美新漳州建设贡献巾帼力量。

2020年11月17日，漳州市人民政府新闻办公室召开“首创‘春蕾安全员’机制，打造困境儿童安全保护的‘漳州模式’”新闻发布会。图为发布会现场　（市妇联　供图）

【宣传活动】　2020年，市妇联开展“百千万巾帼大宣讲”活动206场，举办“我们的中国梦”女子书法作品展、“纪念建党99周年”女画家作品展等活动。联合开展“最美的她”战疫网络作品征集，获市“云上文化节”优秀项目奖，市妇联获评优秀组织单位；南靖土楼红妹子宣讲队《土楼人民笑开颜》获评“省优秀理论宣讲微视频”。

【巾帼抗疫】　2020年，市妇联向漳州援鄂医务人员、家属赠送“女性安康特别险”330份，总保额2.31亿元，组织捐款捐物近1000万元。联合举办线上招聘会，提供就业岗位2148个，组织200多名女电商参加“女性线上创业课堂”，推出“女神复工贷”和“巾帼复工贷”等产品，助推复工复产。截至12月底，全市累计发放相关贷款1625.5万元。《战“疫”巾帼别样红》获市委主要领导批示肯定。

【巾帼建功】　2020年，市妇联开展线上线下公益培训75期，5000人次受益。组织各类招聘会，提供岗位近2万个，9000多人次达成就业意向。举办“关爱女性健康讲座”17场，1500人次受益。发动“母亲健康1+1”公益募捐近90万元，发放救助金67.7万元。组织为贫困学生资助70多万元。赠送“女性安康保险”4275份，保费43.26万元。“巾帼脱贫·爱心同行”主题活动在云霄县举行，《凝聚巾帼力量　助力脱贫攻坚》经验交流获省妇联主要领导批示肯定。组织“巾帼有爱　八闽同心”华安专场公益直播和“她有好货”漳州站等线上直播活动，交易额超过500万元。“巧妇贷”

妇女创业贷款累计发放超23亿元，惠及15821名女性创业者。

【推进“好厝边”计划】 2020年，市妇联发起全市寻找“最美庭院”活动倡议，揭晓“最美庭院”100户。相关工作做法被重点推广，获市委主要领导批示肯定。在全市40个“好厝边”乡村振兴示范村建立巾帼志愿服务驿站。全市2203支巾帼志愿服务队、25298名巾帼志愿者开展11969场次志愿服务活动。

【关爱妇女儿童】 2020年，市妇联举办儿童安全宣传教育活动45场，实施罪错未成年人“归航计划”，建立临界预防工作机制，获市绩效考评机制创新项目第二名。排查婚姻家庭纠纷问题320例，参与婚姻家庭纠纷调处398件次。2099名无户口未成年人办理户口登记。开展家庭教育大讲堂35场，线上推出“幸福家云讲堂”11期。截至12月底，市妇女儿童活动中心累计举办各类活动78场。

（何惠琛　陈晓娟）

·小资料·

百千万巾帼大宣讲：自2017年11月下旬开始，全国妇联组织百名中共十九大女代表、千名各级妇联主席、万名各级妇联执委深入基层，宣讲中共十九大精神。

女性安康特别险：漳州市支援湖北抗疫和抗疫一线女医务人员及一线男医务人员的女性家属保险和确诊新冠肺炎的关爱捐赠协议。每份最高保额为70万元（含女性“四癌”全年保额、新冠肺炎保额、意外险保额）。

巾帼复工贷：由漳州农商银行与市妇联联合推出，向符合条件的女性个体工商户、小微企业主发放，用于复工复产的专用贷款。

·漳州市文学艺术联合会·

【概况】 2020年，漳州市文学艺术联合会（简称市文联）下属事业单位有漳州市文学艺术院，文艺家协会14个。10余篇作品获省级文学类奖项，40余幅作品入选国家或省级书法、美术展，10余幅摄影作品在国家和省级大赛中获奖，13个作品在省级广播电视艺术比赛中分获殊荣。

【主题文艺活动】 2020年，市文联举办海峡两岸（福建·漳州）融晴文化艺术展、“中国东山岛”海峡两岸摄影名家作品展暨采风活动、2019年度中国书法“风云榜”暨“黄道周奖”颁奖仪式、“漳州110”30周年暨“芗里芗亲”主题摄影比赛、“古城新韵”漳州古城摄影艺术作品评选、全国红色旅游摄影系列推广漳州站活动、纪念林语堂125周年诞辰系列活动等。引导创作疫情防控主题作品，计有报告文学、散文、诗歌100余篇（首），书法美术作品近200幅，词、曲作品15首，舞蹈、曲艺、戏剧作品10来件，民间文艺作品890多件，对联作品60多幅。

【文艺惠民活动】 2020年，市文联开展“到人民中去”“送欢乐下基层”“文化进万家”，组织开展同心同书祖国新春好——漳州市书法家走进古城“送福送春联祝平安”志愿服务活动。开展慰问演出、专题展览、专家辅导、文艺支教等文艺惠民活动，启动为乡村文化阵地“添书香”和“兴起学习大热潮，十万图书下农村”活动，文艺助推精准扶贫活动。

（李亚根）

·漳州市科学技术协会·

【概况】 2020年，漳州市科学技术协会（简称市科协）全面开展《全民科学素质行动计划纲要（2006—2010—2020年）》实施评估。培训全市科技辅导员114名，组织申报5家国家级、33家省级学会服务站、3家学会服务站示范站，做好芗城区、华安县2个国家级科普示范县（市、区）的考评工作并申报全国科普示范县（市、区）。建立市、县科普志愿服务队伍1058人，组建“航天航空志愿服务队”“核电核能志愿服务队”“科技互动志愿服务队”等专业服务队。

【院企会企对接】 2020年，市科协通过网络平台向全市企事业单位推介11位院士的14个高新技术项目，最终促成漳州市国辉工贸有限公司与陈和生院士开展“辐照制备木基复合材料技术”等6个项目对接。

【科技信息项目服务】 2020年，市科协开展科技信息企业推广应用服务工作，安装专利检索系统50家，抓好已安装的387家企业后续服务管理。开展“科技110”联动工作，组织“科技110”专家30名，开展义诊、科技咨询、发放科普资料等宣传活动，受众1000多人次，发放科普资料500多份。

【提升全民科学素质】 2020年，市科协在漳州电视台开办《科普漳州》栏目、在漳州广播电台开设《科普大讲堂》、在《闽南日报》开设《科普漳州》专栏。调动全市1815名注册科普中国信息员和3000名科普e站宣传员、科普志愿者参与抗疫宣传。在漳州卫生职业学院开展全国科普日漳州主会场活动，漳州市科协获推“2020年全国科普日活动优秀组织单位”。

【青少年科技教育】 2020年，市科协组织参加第35届省青少年科技创新大赛活动，全市共有11个青少年科技创新项目、4个优秀实践活动和1个科技辅导员科技创新项目作品进入省赛复赛，61个作品获奖。开展2020年度市青少年科技创新大赛活动，推荐30个青少年科技创新项目、4个科技实践活动、10个科技辅导员创新项目、25幅少儿科幻画作品，参加第36届省青少年科技创新大赛。

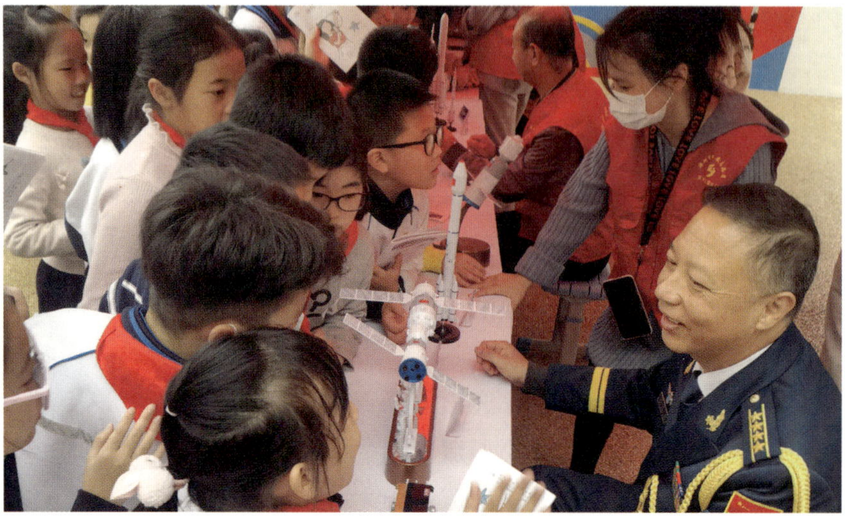

2020年12月10日，漳州市军休所科技志愿服务队助阵漳州科技馆科普大篷车20周年系列活动走进市实验小学。图为小学生咨询相关知识

（杨斐泳 摄）

【“科技小院”建设】 2020年，市科协漳州市云霄杨桃科技小院被省科协认定为2020年福建省科技小院，被中国农村专业技术协会认定为中国农村专业协会科技小院，这是漳州市继平和蜜柚科技小院后第二家科技小院。福建平和蜜柚科技小院入选2020年“十佳中国农技协科技小院”。

（王科军　王正刚　林国强）

·漳州市社会科学界联合会·

【概 况】 2020年，漳州市社会科学界联合会（简称市社科联）下达漳州市社科研究规划课题71项，课题结项率达96%以上。编印《2019年度漳州市社科规划课题成果汇编》《漳州市2019年度哲学社科研究规划课题成果汇编(2019年)》《芝山讲坛集萃》《漳州社科论坛》。

【社科研究成果转化】 2020年，市社科联向市政协十三届四次会议推荐课题《推动漳州工业高质量发展的路径与对策建议》为大会交流材料。借助媒体宣传推介社科课题研究成果，与闽南日报社合作，刊发“社科成果专版”。

【社科普及宣传周活动】 2020年，市社科联举办漳州市2020

年社会科学普及宣传周活动，以“决胜全面小康 决战脱贫攻坚”主题，安排多项活动，各县（市、区）社科联参与。线上“话说漳州”微信公众号、各县（市、区）融媒体中心开展了习近平新时代中国特色社会主义思想、《中华人民共和国民法典》等内容的普及宣传。

【网络社科知识竞赛】 2020年，市社科联组织参与省社科联举办的“深入贯彻落实党的十九届四中全会精神 推进新时代新福建治理现代化”“深入学习贯彻《习近平谈治国理政》”第三卷及“学习贯彻党的十九届五中全会精神”第12—14期网上有奖竞答活动，全市55万人次参加。

【指导学会业务工作】 2020年，市社科联组织17个学会开展年检。制定《学会管理规定》，指导学会完成党建入章、法人代表更换、学会（支部）换届等工作。帮助指导市广播电视学会、党史学会、地方志学会、思想政治工作研究会、建设会计学会完成注销工作。

（姚顺生）

·漳州市归国华侨联合会·

【概 况】 2020年，漳州市新成立（含规范升格）基层侨联组织共36个，新创建“五有”“五好”省、市侨胞之家40个。漳州市归国华侨联合会（简称市侨联）被授予“2016—2019年度全省统战系统先进集体”称号。

【疫情防控物资捐助】 2020年，市侨联编发倡议书，发动漳州海内外侨界人士捐款242.10万元，捐赠232.404万个口罩、7.89万双手套、308套防护服、130台红外线体温测试器、无纺布隔离衣裤7000件、消毒水500千克、ECMO（人工心肺机）3套，提供14条防疫物资货源供货渠道的信息。向返乡的医学观察点人员（含非侨身份人员）送上136封慰问信，发放116张健康服务卡，赠送137份爱心小礼包。

【侨界人才交流】 2020年，市侨联参与闽南师大引进韩国、德国、乌克兰等国家和地区博士。推荐2位在漳侨界高层次人才参与第八届“中国侨界贡献奖”评选；推荐3名漳州籍海外杰出女士参加福建海外杰出女性联谊会。

【助力华侨冬奥冰雪博物馆建设】 2020年，市侨联发动海外漳州籍侨团、侨胞为冬奥会建设贡献力量，收到日本闽南文化交流协会、巴西南美洲闽南同乡联谊总会、菲律宾漳厦龙同海总会等海外漳州籍侨团和侨胞捐款8.4万元。

【侨乡文化宣传】 2020年，市侨联举办网上夏令营活动2期，72名华裔青少年参加。参与漳州华侨史编修工作，推动东山关帝庙确定为中国侨联第八批“中国华侨国际文化交流基地”。组织动员海内外侨界青少年学生参加“第二十届世界华人学生作文大赛”，选取227篇优秀作文参加

2020年2月21日，市侨联组织人员到厦门机场接收菲律宾漳厦龙同海总会、商会驰援家乡的防疫物资

（市侨联 供图）

作文大赛。

（陈 慧）

·漳州市台湾同胞联谊会·

【概 况】 2020年6月，漳州市台湾同胞联谊会（简称市台联）“青年工作委员会”成立。9月21日，成立高新区台湾同胞联谊会。

【服务台胞】 2020年，市台联服务好定居台胞的就业、就读、扶贫济困工作，争取专项经费20万元用于困难台胞帮扶和对台文化交流项目建设。受理台胞来信来访3件，全部得到妥善解决。

【联络联谊】 2020年，市台联与全国台联、省台联、市委统战部共同主办2020年两岸农产品主播实训营暨福建省台联第十二期电商实训营。引办雷大电子加速器、海聚源物流、三希科技等三家企业落地投建。

（黄亚平）

·漳州市金门同胞联谊会·

【概 况】 2020年，漳州市金门同胞联谊会（简称市金联）推进机构改革工作，形成《漳州市金门同胞联谊会改革方案（送审稿）》。开通“漳州市金门同胞联谊会”微信公众号，多方位宣传惠台政策，播报会务动态。收集整理上报12名在漳州的金门同胞抗疫事迹。

【关爱金胞】 2020年，市金联根据金胞分布情况，对漳州市辖区进行片区划分，共划分7个片区，确立片区联络人10名。走访在漳的老龄和困难金胞88人次，送去慰问金3.92万元。7月，完成2020年度老龄和困难金胞补助金发放58.92万元，受益金胞198人，争取资金61.2万元，惠及金胞233人次。

【配合省金门联会志编纂】 2020年，市金联为省金联提供市金联相关材料、档案及人物传记等文字稿件近40份，并配合会志编写。与省金联和闽师大“两岸一家亲”研究院合作，共同开展“深化漳金经济融合发展研究”的课题调研。

（柯秋红）

·漳州市残疾人联合会·

【概 况】 2020年，漳州市残疾人联合会（简称市残联）为4944名残疾人发放79.69万元生活补贴，为2.5万名残疾人购买意外伤害保险。全年全市有就业意向的43名高校残疾人毕业生100%实现就业。投入约180万元，打造残疾人事业展示厅和残疾人健身示范点。

【残疾人疫情防控】 2020年，市残联筹措发放口罩等防疫物资累计2万余件，为1461名残疾人发放临时救助金约126.5万元。疫情期间，全市29.6万名残疾人无一人一户发生疫情传染和感染。

【残疾人社会保障】 2020年，市残联投入1000余万元，扶助农村困难残疾人。投入9.55万元帮助完善残疾人公共设施。推动25745名残疾人纳入政府兜底保障范围，3564名残疾人纳入农村五保。为4.97万名残疾人发放困难生活补贴4420万元，为5.6万名重度残疾人发放护理补贴4549万元；投入2122.37万元帮助7.74万名残疾人购买居民养老保险，投入2039.22万元帮助8.45名残疾人购买居民医疗保险。投入134.64万元为24987名残疾人购买意外伤害保险。

【残疾人精准康复】 2020年，市残联组织漳州市200多名孤独症机构专业教师参加“IDEA特教基础理论课程”线上培训。康复服务35107人，康复服务率达到99.43%，辅具适配服务6897人，辅具适配服务率达到100%。积极推进“辅具流动服务车百乡行”活动，为全市53个乡镇1336名残

2020年12月2日，首批专业助残志愿服务队签约授旗仪式活动在漳州市残疾人康复教育就业中心举行

（市残疾人康复教育就业中心　供图）

疾人提供便利服务。

【残疾人教育工作】　2020年，市残联开展送教上门活动，残疾儿童少年入学率达到98%以上。投入479.84万元实施学前和非义务教育阶段残疾人学生及残疾人家庭子女助学项目，为23名残疾人参加普通高考提供合理便利。

【残疾人就业保障】　2020年，市残联为全市31家盲人按摩店发放一次性场租补贴，缓解盲按机构疫情期间场租压力。举办线上线下招聘会19场，招聘单位近70家次，有效促进残疾人就业。与漳州人民广播电台联合开办《爱在365》节目，开展5期“带货直播”，观看收听直播人数达37.54万人，出售残疾人作品26件，成交额达5.2万元。城镇残疾人新增就业821人，完成率207.85%；农村残疾人新增就业2472人，完成率210.2%；城乡残疾人新增培训1848人，完成率166.76%。

【残疾人权益保障】　2020年，市残联为全市148户残疾人实施家庭无障碍改造。成立“12345”工作专班，全年接待处理残疾人来访来电、网络诉求共计385起，办结率和满意率均达到100%。实现全市17个市、县级残联法律救助工作站全覆盖，回复政协提案2件。

【志愿助残服务】　2020年，市残联成立全市首批20支助残志愿服务队，开展助残志愿服务12场，为200多人次残疾人及其家庭提供助残志愿服务。全市成立50个“助残志愿服务点”，设立每月20日为“助残开放日”。

（王晓明）

·漳州市关心下一代工作委员会·

【概　况】　2020年，全市各级关心下一代工作委员会（简称关工委）开展红色文化主题教育活动，打造农村青年创业致富典型，参与社会治理创新，形成了市、县（市、区）、乡（镇、街）、村（居、社区）四级关爱组织网络。至2020年年底，全市关爱工作团（组）780个，设立教育基地484个。漳州市关工委被评为“全国关心下一代工作先进集体”。

【红色文化主题教育】　2020年，中共福建临时省委旧址、中国女排腾飞纪念馆、龙江颂歌文化生态园被评为全省关心下一代传承红色基因教育基地。各级关工委依托教育基地，组织开展“讲好漳州故事，传承红色基因”——喜迎建党100周年征文活动和建党百年“传承红色基因，培育时代新人”集邮讲座暨集邮巡展等活动。截至2020年年底，全市各级关工委举办线上线下共各种形式主题教育活动547场（次），受教育的学生达到20多万人次。

【助困助学活动】　2020年，市关工委开展“元月送温暖”活动，走访慰问5800余位贫困户青少年，其中，精准扶贫户青少年2300余人、农村留守儿童1500多人，送出230余万元慰问金。漳州市关工委联合市教育局筹资14万元，资助35名贫困家庭学子。截至2020年年底，全市各级关工委筹资扶助贫困家庭学子6906人次，资助金额1314.9万元。

2020年11月17日，市关工委联合市集邮协会在龙海市实验小学举行集邮巡展活动启动仪式。图为龙海市实验小学学生为参加活动人员戴红领巾

（市关工委 供图）

【“种子工程”示范点建设】 2020年，市关工委争取10万元专项经费，用于“种子工程”示范点建设。2020年，新设立“种子工程”示范点31个，带动周边一万多户创业。10月28日，市关工委召开全市“种子工程”示范点现场观摩推进会，面对面交流企业管理的体会和创新思维方式。

（方全龙）

·漳州市红十字会·

【概 况】 2020年，全市红十字会系统接收疫情防控社会捐赠款物4363.52万元，市本级接收社会捐赠款物1714.57万元。建成投用7个博爱驿站，创建1个省级基层组织示范点。新建5支志愿服务队，评定44名一至四星级志愿者，4名志愿者被中国红十字会总会授予五星级志愿者称号，39家爱心单位、爱心人士荣获总会、省会人道表彰。

【救援救护】 2020年，市红十字会成立三支市级应急救援救护志愿服务队，在市区公共场所启动安装AED（自动体外除颤仪），培训应急救护授课师资16名，两名优秀师资获省“最美红十字救护员”称号。开展“金秋应急救护进校园”“水上安全教育十百千万”“救在身边、干部先行”等活动，全市培训持证救护员近2500名、普及应急救护知识10万人次以上，比上年分别增长3.3倍、4.2倍。

【人道救助】 2020年，市红十字会实施“红十字天使计划”“福万通”少儿重特大疾病救助等人道救助项目，救助罹患重特大疾病患儿40人。采购和募集2100份物资，连续18年开展“博爱送万家”春节慰问。推动“9·9”公益日网络筹资，9月7日至9日3天获捐13.66万元、2.2万人次参与活动。

【“三献”工作】 2020年，全市开展无偿献血宣传活动157场，漳州市获评2018—2019年度全国无偿献血先进市。全市完成造血干细胞入库采集241例、实现造血干细胞捐献2例，登记遗

2020年6月24日，市红十字会在芗城金峰实验小学开展应急救护培训——水上安全教育“十百千万行动”。图为芗城金峰实验小学生

（市红十字会 供图）

体器官捐献2429例，比上年增长69%，实现器官捐献15例，比上年增长1.14倍，实现遗体捐献4例，比上年增长33%，为器官捐献者家属申请“永生基金”106万元，“三献”工作取得历史最好成绩。

·小资料·

“三献”：无偿献血、造血干细胞捐献、遗体器官捐献。

（柯少强）

·漳州市中华职业教育社·

【概 况】 2020年6月，漳州市中华职业教育社（简称市职教社）指导成立了漳州市职业摄影协会，并吸纳其为团体社员。为助力疫情防控，漳州社各级组织、团体社员、个人社员累计捐款捐物24.25万元。

【重点课题研究】 2020年，市职教社立项承接中华职业教育社总社重点调研课题的子课题《关于职业教育助力乡村振兴　服务精准脱贫的实践与思考》和市委统战部的重点课题《习近平总书记关于职业教育理论与实践研究》，完成结题形成调研报告。

【协同发展工作】 2020年10月19日至21日，市职教社参加在厦门举办的闽西南协同发展区职教社工作联席会。会上，漳州社与厦门、泉州、三明、龙岩社共同研究讨论闽西南五市职教社协同发展工作及机制，审议通过《闽西南五市中华职教社协同发展厦门宣言》，共同签署《闽西南五市中华职教社协同发展框架协议》。

（周丽洁）

·漳州市计划生育协会·

【概 况】 漳州市有各类基层计划生育协会（简称市计生协）组织2132个、计生协小组11870个、会员27.2万名。2020年10月，漳州市计划生育协会第七次会员代表大会召开，选举产生新一届领导班子，选举会长1名、常务专职副会长1名、专职副会长2名、兼职副会长5名、常务理事22名。年内，市计生协被列为中国计生协地方计生协综合改革试点单位，统筹推动市县一体改革工作。

【实施“幸福工程”】 2020年，市计生协深入实施“幸福工程”。全市幸福工程资金总额达6391.8万元，当年新增帮扶计生贫困母亲801户、帮扶资金2051万元，被幸福工程全国组委会评为“最美公益伙伴”。

【计生家庭意外伤害保险】 2020年，全市投保174011户、生效保费金额2313.99万元，比上年增长8.96%，累计为3177户计生家庭意外伤害理赔1429.1万元。

【计生帮扶】 2020年，市计生协金秋助学投入254万元资助计生困难学子1639人，安居工程省、市、县三级投入78万元救助13户，紧急救助投入182.27万元慰问计生困难家庭2422户，生殖健康服务与咨询投入3.1万元惠及1519户计生家庭。

【帮扶计生特殊家庭】 2020年，市计生协投入83.9万元为全市839户失独家庭开展“多对一”的志愿者挂钩帮扶服务；投入56.36万元为1409名计生特殊家庭成员每人购买1份400元的重大疾病住院综合保险。大力推进失独家庭“暖心家园”、心理慰藉援助中心建设。

【计生法律援助】 2020年，市计生协指导基层建好县乡计生法律维权站点，做好计生群众的诉求表达、矛盾调处、权益维护和法律宣传等服务活动。全市共建立计生协法律维权站（点）220个，投入经费23.45万元，共受理援助案件149件，接受法律咨询1908人次，挽回经济损失269.95万元。

【宣传教育】 2020年，市计生协开辟线上直播“健康大讲堂云

2020年11月11—13日，中国计生协“向日葵计划”项目现场培训班、中国计生协“向日葵亲子小屋”辅导员培训班在漳州举办。图为培训班现场（市计生协 供图）

课堂”，邀请各地专家围绕“儿童早期发展、青春健康、生殖健康”知识普及宣传，举办16期、累计4万人观看。“5·29”期间市计生协在微信公众号举办百名“最美女小组长”、百名“最美幸福母亲”微信评选活动。全市各级计生协共开展宣传服务活动404场、座谈表彰会647场、义诊咨询157场、发放宣传资料（品）11万份。

【漳州“亲子小屋”运作模式在全国推广】 2020年，市计生协推动儿童早期发展“农家‘亲子小屋’+辐射融合+健康大讲堂”模式提质扩面，大力开展女小组长育婴员培训。全市共建成农家“亲子小屋”85家，推动儿童早期发展知识进农村、进社区、进家庭，提升广大计生家庭优生优育水平。农家“亲子小屋”模式得到国家和省有关专家高度评价。中国计生协以漳州“农家亲子小屋”为原创实践样本，11月在漳州举办“向日葵计划”项目现场培训班和“向日葵亲子小屋”辅导员培训班，在全国100个城市试点推广漳州“亲子小屋”运作模式。

【助力新冠疫情防控】 2020年，市计生协充分发挥计生协小组长“八上门”访视服务和会员“一包六带头”等联系群众紧密的优势，积极参与村（居）疫情防控知识宣传、人员排查、体温监测、值班应急、卫生消毒等工作，做好疫情防控“最后一公里”。市计生协会系统倡导开展“支援国家抗击新冠肺炎疫情一元捐”活动，发动广大会员、热心公益的团体会员和理事单位积极参与，全市有129932名会员自愿捐款，金额达98.79万元。

（市计生协）

责任编辑：林 倩

外事侨务·港澳台事务

·外事工作·

【概 况】 2020年，市外办坚守疫情防控“外防输入”第一线，拓展对外友好关系，服务企业复工复产，为疫情防控常态化下对外交流合作开拓新途径。

【助力疫情防控】 2020年3月11日，漳州市应对疫情工作领导小组增设疫情防控外事组，市外办进驻指挥部，建立“全覆盖”联防联控机制，搭建“全闭环”人员信息网格，提供“全过程”咨询劝导服务，稳妥推动境外入漳人员管理、在漳州外国人服务管理以及国际抗疫合作等工作。

【拓展外事线上交流】 2020年，市外办助推土楼故里——南靖联线圣马力诺共和国圣马力诺市举行线上论坛，协商建立“友好山峰”。联合中新社、福建日报社以“携手抗疫、守望相助”“友城结好、寻求合作”等主题刊发多篇专题报道，《人民日报》、央广网等20多家知名媒体以及“学习强国”等平台先后转载，工作获得中国人民对外友好协会会长批示肯定。

【助力复工复产】 2020年，市外办为25家重点企业办理107位高管人员、技术专家的邀请函，保障超10亿美元重要生产线和重点项目如期开工，相关工作经验和做法在外交部“外事管理”公众号刊载推广。联合友城和友好团体举办“文化线上展”“中国风情节”等系列活动，配合商务部门开展“产业云对接”等活动。将APEC卡（亚太经合组织成立后，菲律宾、韩国、澳大利亚发起的一种商务旅行卡）管理权限全部下放到县区外办，指导督促县区建立办卡管卡用卡一套完整制度。

【泰国驻华大使到漳州考察】 2020年1月18—19日，泰国驻华大使阿塔育·习萨目在泰国文化经济交流协会会长张扬陪同下到漳州考察南靖土楼、南山文化生态园、荔枝海、水仙花海。副市长张翼腾陪同参观并交流。

【日本北海道伊达市举办国际友好城市十周年图片展】 2020年8月11—24日，漳州市国际友城——日本北海道伊达市政府在伊达市文化中心举办“中国福建漳州·日本北海道伊达缔结国际友好城市十周年”纪念图片展，记录自结好以来两市开展经济文化教育等多领域交流合作的历程，回顾两地友好交往，展望未来合作前景，在伊达市民中引起反响。

【日本谏早向漳州捐赠图书】 2020年，日本谏早图书馆友会向漳州市赠送《日本神话》等第9批23册日文图书。该批图书被市图书馆“谏早文库”专架收藏。

【国外友城、友好团体向漳州捐赠抗疫物资】 2020年2月6日，日本友城谏早、伊达市及伊达日中友好协会、日本闽南文化交流协会、日本群马县日中友好协会等友城和友好团体先后向漳州市捐赠口罩、防护面罩等抗疫物资共7万多件。

【漳州向日本友城及友好团体捐赠医疗物资】 2020年3月30日，漳州市向日本友城伊达市政府、谏早市政府及友好团体群马县日中友好协会捐赠普通医用口罩6万个。

【檀香山市声援漳州抗疫】 2020年5月27日，美国夏威夷州檀香山市市长柯克·卡尔德威尔致信漳州市市长刘远，分享檀香山市抗疫工作进展情况，并赠送夏威夷风情吉祥物，表达对漳州友城的良好祝愿。

【境外企业涉外安全排查】 2020年7—9月，市外办联合市商务局、国资委及县（市、区）、开发区（投资区）外办开展赴境外投资企业情况摸底，初步摸排全市赴境外投资、注册且正常经营的企业情况和分布情况。

【领事保护宣传】 2020年，市外办分别到芗城区新华社区、悦港社区开展预防性领事保护宣传活动，向社区居民普及出国旅游注意事项及紧急求助热线等领事保护知识。与漳州第一外国语学校联合举行领事保护知识宣传活动，引导提高海外安全防范意识。

【“助力土楼走向国际”中外文研讨活动】 2020年12月15日，市外办联合土楼旅游公司、旅游院校在南靖土楼举行中英日三语研讨，交流如何充分挖掘土楼文化国际元素，对外传播漳州好声音。

（张艺彬　沈华容）

·侨务工作·

【侨务侨政工作】 2020年，市委统战部盘活沉淀侨政资金70.02万元，预算使用补助救济资金117.62万元，扶贫救济对象440人次；核准市属困难破产企业退休归侨职工265人，发放补助资金30.96万元。抓好侨刊《芗江》转型编印工作，持续落实《漳州华侨华人通史》编纂工作，传递侨情乡音。

【归侨救济识别筛选】 2020年，市委统战部细化救济对象标准，组织筛查出残疾归侨198人、大病归侨54人、失依侨眷儿童1人、散居社会贫困归难侨187人，并给予补助。

【漳州籍侨胞支援漳州防疫抗疫】 2020年2月，漳州市启动新冠肺炎疫情防控工作后，漳州籍海外社团、侨胞响应号召，为家乡漳州筹集急需医疗物资，为防抗新冠疫情做出贡献。美国、日本、巴西、澳大利亚、泰国等国家的漳州籍侨领与海外供应商、使领馆、航空公司等多方对接沟通，将捐赠的口罩等医疗物资运至漳州。菲律宾漳厦龙同海总会（商会）理事长曾佳龙发动乡亲们捐款和医疗物资。南美洲闽南同乡联谊总会会长孙登光等社团领导除带领乡亲捐款购买22.5万个口罩之外，还通过不同渠道购买300万个口罩驰援漳州。来自阿根廷、泰国、印度尼西亚、马达加斯加等国家的侨领也积极开展捐赠。

（陈库源）

·漳台往来·

【概　况】 2020年，漳州市新批办台资项目58个，实际到资26.1亿元，实际到资额比上年增长17.6%，位居全省首位。全市累计批办台资农业项目1274个，合同台资20.7亿美元，农业利用台资规模和数量居全国前列。

【经贸合作】 2020年，漳州市推动漳台产业合作不断深化，古雷开发区申报国家级经济开发区，全面提速古雷精细化工园规划建设，总投资345.7亿元的古雷炼化一体化项目进展顺利，奇美化工项目成功落地，石化上下游产业链初步形成。漳州台商投资区纳入省级标准化园区建设试点，加快打造海峡两岸（漳州）设计创意中心，保税物流中心（B型）正式封关运行，园区企业覆盖食品加工、特殊钢铁、电子家电、装备制造等优势主导产业，成为全国台资企业发展密集区之一。南靖闽台精密机械产业园突出主导产业，高新园重点发展电子信息、新材料新能源等产业，山城园侧重发展食品健康产业，丰田园以精密机械和乐器产业为主导，“一区三园”错位互补、协调发展的产业格局初步形成。

【服务台胞】 2020年，漳州市完善提升“漳州市台胞台商服务中心”功能，构建“一号受理，一码通办，一站服务”涉台服务体系，将台胞台商服务电话并入“12345”市民服务热线，有效整合利用现有资源，降低运营成本，提升服务效率，全年受理台胞台商投诉求助58件，全部办结，办结率达100%。对台胞子女来漳就读实行“一视同仁、就近入学、适当照顾”的政策，至11月底累计办理台籍子女加分证明46份，2019—2020学年在漳州高等职业学校和中职学校就读台湾籍学生分别有26人、7人。

【防疫纾困】 2020年，市台港澳办落实疫情风险防控举措，加大台企防疫指导和物资保障力度，扎实推动在漳州的台商企业顺利复工稳产。3月初，规模以上台企全部复工。市县两级领导带队实地走访调研复工台企疫情防控和复工复产情况，及时协调解决台资企业复工复产过程中遇到的困难问题100多个。在保障规模以上台企防疫物资需求的基础上，对规模以下台企所需防疫物资实行单列解决。开展产业链供应链固链、中小企业纾困等行动。

【漳台青年交流】 2020年，漳州市推动漳台基层民间交流交往，举办2020家味·年味台湾青少年春节习俗研习营、海峡两岸（白礁）保生大帝信俗文化节、2020年“天福杯”两岸名茶邀请赛、海峡两岸农机产业视频交流会、汽车“后备箱”夜市文化节、海峡两岸青年轮滑表演赛等多项漳台交流活动，增强台湾青年对祖国大陆发展的认识和感知。

【漳浦台创园获全国台创园评比第一名】 2020年，漳浦台湾农民创业园组织开展海峡两岸新型农民培训，举办漳台青年直播带货培训班，凸显“台青创业孵化基地”和“台籍科技特派员工作站”作用，获批省级台湾青年就业创业基地，在2020年全国台创园评比中获得第一名。

【台商投资项目资本管理便利化政策】 2020年，漳州市推行台商投资项目资本管理便利化政策和台胞金融信用证书颁发工作，累计为38家台资企业办理492笔2.88亿美元资本项目外汇业务，为符合条件的台胞台商颁发金融信用证书114份，帮助凯景等多家台企争取授信融资余额超过3亿元，推动台资项目加快落地和增资扩产，其中，古雷炼化一体化项目新增到资8.8亿元，奇美化工新增到资3.68亿元。

【海峡两岸（福建·漳州）融晴文化艺术展】 2020年7月27日，海峡两岸（福建·漳州）融晴文化艺术展在东山县开幕。这是新冠肺炎疫情发生后闽台共同主办的首个综合性文化交流活动，活动突出地域、文化、线上、青年特色，包含第二届闽台电影展、两岸青年文化交流嘉年华、水仙花微电影短视频展等线下活动，还重点搭建两岸文化交流合作云平台，研究发布两岸影视、音乐创作交流计划，实现两岸线上定期文艺创作交流研讨、文艺精品展示、文创项目合作等，不断丰富漳台交流内涵。

【第十二届海峡论坛系列活动举办】 2020年9月26日，第十二届海峡论坛、第四届海峡两岸（漳州）青年交流周系列活动在漳州启动。活动主要包括“2020漳台青少年非遗研习营活动”和“‘聚焦工业新城’漳台青年摄影比赛”两个子项目。启动仪式依托东南网等各大平台，采取线上线下同步开展直播互动，累计吸引近71万人次观看，收获120

万人次浏览量。

【台胞权益保障联席会议制度建立】 2020年，漳州市在建立司法系统“五员联动”和台胞法官助理聘任制度的基础上，创新工作思路，聘请台胞台商担任司法仲裁员，增强台胞法治思维、强化台胞权益保障。年内，全市法院审结各类涉台诉讼案件295件，司法互助案件58件。

（蔡智聪 吴伟萍）

·港澳事务·

【澳门福建同乡会考察团到漳州考察访问】 2020年10月16—18日，澳门福建同乡会考察团会长张明星率50位乡亲到漳州考察访问，考察团成员参观考察蒋氏·大闽食品（漳州）有限公司、片仔癀博物馆等，进一步了解漳州市在推进闽澳合作、共建“一带一路”建设方面的工作成效，为深化漳澳两地交流合作打下较好的基础。

【香港特区政府驻福建联络处到漳州调研】 2020年10月22日，香港特区政府驻福建联络处主任一行到漳州拜会市发改委、商务局、贸促会及市委台港澳办，并参观漳州市城市展示馆，进一步增进对漳州发展情况的了解，也密切两地之间的交流联络感情。

【漳州市经贸活动团赴澳门洽谈交流】 2020年12月16—18日，漳州市经贸活动团赴澳门拜会澳门贸易投资促进局，走访澳门漳州同乡会、漳州国际经济技术合作公司澳门分公司等在澳投资企业，洽谈对接恒天食品、厚德成生物科技、闽澳中医药与健康食品产业园等项目，推动漳澳经贸合作。

【港澳同胞支援漳州防抗疫情】

澳门漳州同乡总会向漳州红十字会捐赠首批100万个口罩。香港漳州同乡总会会长郑亚玲发动会员及12个县级同乡会捐款捐物，共募集港币近100万元、人民币60多万元以及一批口罩、防护服、护目镜和医用手套。

【文体交流】 2020年，漳州市举办“小康漳州·台港澳青年在行动”主题宣传活动，以视频、直播等全媒体形式，讲述台港澳青年在漳州打拼的生动故事。举办“五四，一‘筷’见文明”青少年公益短视频征集活动，纪念“五四”运动101周年，引导在漳州港澳青少年弘扬中华传统文化。11月28日，第七届南靖土楼马拉松赛，以体育赛事深化漳港澳交流。

（蔡智聪 吴伟萍）

责任编辑：蔡钰臻

法 治

·政法工作·

【概 况】 2020年，全市政法机关以防范化解各类风险隐患为重点，创建全国首批市域社会治理现代化试点合格城市，加强政法队伍教育整顿，推进“战疫情、防风险、保安全、护稳定”及平安漳州、法治漳州等工作。配强政法系统各单位和信访局等涉稳部门工作力量，调整配齐乡镇（街道）党委政法委员，加快推进市、县、乡综治中心建设，增强基层社会治理合力。全市调处各类矛盾纠纷11273件，调处成功率99.8%。平安建设绩效位居全省前列，群众安全感满意率保持在99%以上。

【扫黑除恶专项斗争】 2020 年，漳州市破案攻坚、打伞破网质效均居全省前列，漳州市专项斗争领导小组连续荣获全省先进。年内，市委政法委开展“六清”、集中核查、“专项攻势”等行动。全年审结一审涉黑案件 2 件、涉恶案件 41 件，审结二审涉黑案件 8 件、涉恶案件 29 件；涉黑涉恶腐败、“保护伞”及失职失责问题打击战果持续位居全省前列。紧盯整治重点，制订落实“1＋10”专项整治方案，开展“飓风肃毒 2020”“扫黄打非”等专项行动，集中整治电信网络诈骗、“套路贷”、制假售假等突出问题，乱象乱点得到整治。组织开展非法采运砂船舶综合治理行动，以“一船一策、彻底清零”为目标，铲除涉海涉砂行业乱象滋生土壤。发挥“三书一函”跟踪问效作用，督促行业监管部门补齐短板，堵塞漏洞，完善机制。聚焦案件攻坚、依法严惩、治根治本等关键环节，建立健全重点案件督战、案件集中管辖等 30 多项机制，初步形成监测、打击、预防一体化的长效常治体系。

【疫情防控】 2020 年，市委政法委组织全市政法各单位全面动员、全员参与，统筹做好疫情防控工作，构建联防联控、群防群治防线。摸排在漳来漳轨迹数据 220 万余条，推送预警信息 9.8 万余条，排查异常人员 2300 余人，关注船舶 13119 艘，处置海上突发事件 22 起，移送隔离非法入境人员 44 人。首推“卫健委网安警务室”经验做法被国务院防控办转发。立足交界特点，与广东潮州、梅州联合设置 20 个省界联防联控点。创新开展“网上信访”“网上调解”“线上评理”等工作，接待线上咨询 1100 件，办理涉疫案件 222 起。发挥城乡社区网格治理“2＋N”模式优势，成功化解涉疫矛盾纠纷 5000 多起。开展“防控疫情、法治同行”专项活动，推出“警保”“警医”“警企”合作模式，组织开展“法律入企顾问团”“法律体检”等专项行动，建立涉企案件优先办、网上办绿色通道，助推保障复产复工，为打赢疫情防控阻击战提供法治保障。

2020年8月4日，市扫黑除恶“一办五组”到漳州台商投资区调研督导扫黑除恶专项斗争工作。图为汇报现场　（市委政法委 供图）

【市域社会治理】　2020年，市委政法委以创建全国首批市域社会治理现代化试点合格城市为目标，推进市域社会治理“漳州实践”。组织召开试点创建动员大会和党建融合发展大会，实施三年行动计划，细化分解项目，推进试点创建工作。培育全域“党建+网格”等特色品牌，把党的政治优势和组织优势转化为社会治理优势。漳州市《“五治棋”推进市域治理》做法在中央政法委《长安》杂志交流推广。推进综治视联网改造升级和综治中心实体化建设，网格化服务管理覆盖率达95.42%。

【首创基层社会治理“区块链”新模式】　2020年，漳州市持续深化社会治理体制改革创新，全力打造基层社会治理“区块链”模式，通过全国首创的“2＋N”“同格运作”“网格E通”等机制平台，着力解决群众最关心最现实的问题，深入推进市域社会治理现代化。年内，通过“区块链”新模式排查整治安全隐患11852个，整治8558个，推进全市社会治安大局持续向好；排查矛盾纠纷8085起、化解7524起，化解率93%；为群众提供服务66622人次，解决群众身边的问题19123个；群众满意率96.61%、安全感率99.12%。

【涉台司法】　2020年，漳州市推进涉台司法建设，做优涉台司法品牌，深化涉台检察联络员、涉台检察联络室等工作机制，法院、司法局等单位设立第二批漳州涉台社区矫正基地，聘任6名台胞担任涉台社区矫正监督员，帮助台胞台企解决实际困难。

【司法救助与援助】　2020年，漳州市强化国家司法救助工作，救助240件311人，使用资金468万元。聚焦农民工和困难特殊人群，下发《关于进一步加强法律援助工作的实施方案》，在全省率先实现法律援助案件全覆盖。

（陈彬彬）

·法治政府建设·

【概　况】　2020年，漳州市召开市委全面依法治市委员会第二次、第三次会议，建立法治工作重要决定和方案备案制度。年内，出台《漳州市大气污染防治条例》，提请市人大审议《漳州古城保护条例（草案）》《漳州市户外广告设施和招牌设置管理办法（草案）》两部地方性法规，提请市政府常务会议研究通过漳州市第一部实体性政府规章《漳州市农贸市场管理办法》。市政府和市政府办公室制发的规范性文件全部通过事前合法性审查。组织开展立法调研8次，向有关部门、企业代表、群众等征求意见150余条，在乡镇、街道以及商会等建立法治政府建设（立法）基层联系点18个。发挥专家论证在决策事项中的作用，建立城市节水专家库、市政供排水行业专家库、建筑工程安全专项施工专家库等。

【依法行政】　2020年，漳州市调整部门权责清单，市直38个部门公布权责事项5461项。落实负面清单“全国一张清单”管理模式。推行“网上办、掌上办、邮寄办、就近办”审批服务模式，全市办理“一趟不用跑”18115项、“全流程网办”16694项，全省排名第一。取消市本级自行设定证明事项，推行证明事项告知承诺制。

【疫情防控“法治体检”】 2020年疫情期间，漳州市开通各类政务服务绿色通道，采取“特事特办”“联审联办”等一系列举措，促进项目以最快速度开工投产。开展针对企业疫情防控、复工复产的“法治体检”506次，为50个重点项目开展动态化服务151次，出具法律意见书107份。制定司法助力三大攻坚战10条措施和服务保障民营企业30条措施，开展“百家律所服务千家企业”主题活动，服务保障经济社会发展。

【规范性文件智能化管理】 2020年，市政府启动行政规范性文件智能化管理。市司法局正式运行“漳州市行政规范性文件查询检索系统”，实现规范性文件动态更新和快速检索。做好行政规范性文件管理工作，探索建立“制定规范性文件送审程序”“规范性文件实施情况后评估”等制度，在全省率先建设覆盖县（市、区）、开发区（投资区、高新区）和市直单位的市级规范性文件备案审查系统，提高备案审查工作效率。

【规范性文件清理】 2020年，市司法局先后开展涉及食品安全、野生动物保护、优化营商环境以及《中华人民共和国民法典》等法规、规章、规范性文件专项清理活动4次，拟修改、废止规范性文件57件。开展1986年（撤销龙溪地区建制，升漳州市为地级市）以来规范性文件全面清理工作。

【规范行政执法行为】 2020年，漳州市深化城市管理执法体制改革，推进住建领域先行集中行政处罚权移交工作。南靖县、平和县、古雷开发区、漳州台商投资区、漳州高新区分别开展相对集中行政许可权试点工作。推进古雷开发区、漳州高新区相对集中行政处罚权和全市经济发达镇综合行政执法工作。印发《漳州市行政执法公示办法漳州市行政执法全过程记录办法的通知》，细化行政执法“三项制度”，列入依法行政绩效考核指标体系。开展市级行政执法主体资格审查确认工作，公布市本级58家行政机关和5家法律法规授权的组织行政执法主体资格。城管、市场监管、文旅等执法部门进一步完善行政处罚权自由裁量权基准。依法打击扰乱医疗秩序、隐瞒谎报疫情、抗拒疫情防控、制售伪劣防护产品等违法行为，检查市场2134个，农产品经营者4491户，餐饮经营者4086户，立案查处案件67起，办理涉疫情违法犯罪案件88起。

【依法接受监督】 2020年，漳州市政府健全权力监督机制，接受党内监督、人大监督、监察监督、民主监督、司法监督。全面执行市人大及其常委会的决议和决定，办理人大代表建议126件、政协委员提案298件，满意率分别为100%和99.8%。贯彻落实《政府信息公开条例》，市、县两级政务公开事项的目录编制、发布工作全部完成。完善审计监督制度，加强重点项目审计监督，推进审计监督全覆盖。

【行政复议】 2020年，漳州市设立市政府行政复议委员会，聘请13名常任委员和12名非常任委员，共同协调解决重大、复杂、疑难案件。深化政府与法院互动，建立闽西南地区多元协作工作机制，推动行政争议得到实质性化解。开展全市司法行政系统复议应诉视频培训，提升复议应诉队伍专业素养。年内，市政府办理行政复议申请67件，行政应诉案件15件，配合人民法院化解行政争议4件。

【法治宣传教育】 2020年，漳州市结合统筹推进疫情防控和经济社会发展，组织开展各类法治宣传活动近1万次，发放《中华人民共和国宪法》《中华人民共和国民法典》等法律知识手册4万余册、法治宣传折页5万余份，受教育群众达100万余人次。做好“七五”普法规划总结验收工作，推动“谁执法谁普法”责任制落实。

（余梦婷）

·公 安·

【概 况】 2020年，漳州市完成海防支队机构设立、转改干部划转和森林公安管理体制调整改革。年内，全市公安机关统筹推进疫情防控和维护稳定各项工作，“社区（乡村）110”、创建“东山无毒示范岛”、“345”海上疫情闭环防控模式等经验做法得到省市领导批示肯定，市公安局荣膺第六届“全国文明单位”称号。

【疫情防控】 2020年，为做好疫情防控，市、县两级公安机关组建战时指挥部和专项工作组、工作专班，建立100多支党员先锋队、突击队，建立每日研判、每周会商、表彰奖励等一系列战时工作机制，与省公安厅建立数据共享渠道，与相关科技公司开展深度合作，形成数据情报纵向横向“双闭环”，共摸排在漳来漳轨迹数据220万余条，推送预警信息10.5万余条，排查异常人员2300余人。建立陆路查验渠道，设置省际、市际检疫站点56个，严格陆路交通检疫。建立网上自助申报渠道，开通“福建治安便民”微信公众号等申报方式，采集入漳人员信息近80万条，检查车辆138万余辆、人员238万余人，移送隔离非法入境人员44人，移送定点医院检查体温异常人员43人。实施党政机关、定点医疗机构、隔离场所、医疗防护用品生产单位等重点部位24小时不间断防控，保持高等级防控勤务。严打涉疫违法犯罪，办理涉疫案件222起。

【首创“卫健委网安警务室”】 2020年，市公安局首创“卫健委网安警务室”，整改安全漏洞96个，排除安全预警113条，发布引导信息22篇，落地核查71人，教育训诫58人。

【整治安全隐患】 2020年，市公安局推动反恐“五级责任链条”机制落地落实，构建反恐情报研判模型，推进反恐专项打击行动，守住暴恐案事件“零发生”底线。组织开展网络安全应急演练2场次，提高关键信息基础设施保护水平。落实危险物品“一体化”监管机制，建立健全重点行业等级化、黑名单管控机制，立涉枪涉爆案件24起，实现持枪犯罪和爆炸犯罪“零发案”。检查寄递物流企业2522家次、旅馆580家次、娱乐场所100家次，发现整改隐患234处，处罚企业3家。加大食药环违法犯罪打击力度，违法案件447起，打掉窝点301个，涉案金额3.37亿元。

【整治交通隐患】 2020年，市公安局完成35处为民办实事道路交通安全隐患整治，推动落实五类重点车辆道路交通安全风险防控“五级责任链条”，全市“两客一危”“营转非”大客车检验率、报废率、大中型客货车驾驶人审验率均达99%以上，消除交通安全源头风险隐患。执行国省道联勤巡逻工作机制，做好预防道路交通事故“减量控大”“一盔一带”等专项整治行动，现场查处各类交通违法行为61万余起。全年道路交通事故死亡354人，比上年下降20.45%。

【“扫黑除恶”专项斗争】 2020年，市公安局推进扫黑除恶专项斗争，共摸排黑恶线索347条，打掉黑社会性质组织3个、恶势力犯罪集团18个、恶势力犯罪团伙2个。推进打击电信网络诈骗犯罪，破案945起、逮捕375人、起诉512人。打击涉众型经济犯罪，破案646起，涉案金额5.2亿元，挽回经济损失4288.85万元，防范化解金融风险。打击“黄赌毒”“盗抢骗”违法犯罪，组织开展夏季百日会战、小案快侦等专项行动，破涉赌刑事案件105起，查处涉赌行政案件894起。破涉黄刑事案件52起，查处涉黄行政案件197起；破获毒品案件85起，抓获毒品犯罪嫌疑人121人，查处吸毒人员473人次，缴获各类毒品1.939千克、麻黄碱125千克、制麻原材料10余吨，重嫌必检率99.05%、社戒社康执行率100%，未发生重大社会影响的吸毒人员肇事肇祸案事件；破传统盗抢骗案件3585起；破卷烟涉假刑事案件150起，涉案金额8300余万元。

【市域治理“漳州模式”打造】 2020年，市公安局完善固化“四警四化”经验做法，组织开展“社区（乡村）110”示范点建设，推广应用“漳州网格E通”平台，研发“芗里芗亲”APP风险隐患信息采集处置和“线上网格服务”功能，打造适应市域、县域社会治理现代化和城乡基层治理体系的“漳州模式”。全市配备“社区（乡村）110”“两员”4392人，组建专门队伍4480支22269人，推动92名派出所所长、1159名警员进班子。“漳州网格E通”平台认证用户298496人，上报事件55856条，办结54747起，办结率98%；采集各类信息24156条，排查化解矛盾纠纷7847起，排查整治安全隐患8614个，提供各类违法犯罪线索623条，协助破获案件255起，捣毁窝点89个，抓获违法犯罪嫌疑人376人，为群众提供各类服务26243次。

【“雪亮工程”建设】 2020年，市公安局推进“雪亮工程”（公共安全视频监控建设联网工作）建设，推进人像、车辆卡口等设施建设，加快停车场（库）管理系统和二、三类公共安全视频监控资源联网工作，统筹智慧安防小区及实有人口智能感知前端设备建设，完成“雪亮工程”（一期）市级平台验收，新建智能化视频监控前端设备，整合二、三类公共安全视频资源，接入省级共享平台，超额完成省厅下达任务。提升智能化建设应用，设立大数据信息组，推动社会数据、感知数据、公安数据汇聚共享。

【公安“放管服”改革】 2020年，市公安局贯彻落实市委、市政府“区地合一”统一部署，下放98项涉及公安行政审批和公共服务项目到台商、古雷、高新等开发区。深化公安“放管服”（简政放权、放管结合、优化服务）改革，落实“一次办、马上办、网上办”，深化“互联网＋政务服务”，拓展二维码服务、APP服务、微信服务范围，实现“最多跑一趟”75项、“一趟都不用跑”168项，压缩治安行政审批、行政许可、公共服务30个项目办理时限，“e政务”上线8个部门20项服务项目。共办理车管业务25万余笔、驾管业务31万余笔、户政业务53万余笔，受理审批出入境证件申请25257件次，办理《边境管理区通行证》261本。

【项目警务保障】 2020年，市公安局深化重点项目挂钩机制，开展“平安园区”建设，建立健全警企常态联系、定期会商通报、安全防范指导、法制宣传教育等机制，确保省、市905个重点项目建设的警务保障工作。

·小资料·

“345”海上疫情闭环防控模式：紧盯船舶、岸线、人员“三大要素”，健全指令核查、信息共享、联动处置、包片督导“四项机制”，严把监测预警、宣传发动、排查发现、防疫处置、依法查处“五个环节”。

海防

【概况】 2020年，漳州市公安局海防支队牵头落实全市非法入境人员管控任务，转改队伍顺利完成定岗分配。办理边境管理区通行证261本。发挥大数据合成作战作用，研判立案4起，核处市局指令6条22个对象，整理沿海监控资源192路。

【海防管控】 2020年，漳州市公安局海防支队推动建立市、县、乡镇、村居、船主“五级责任链条”机制，分级分片落实全市715公里海岸线、213个港岙口（码头）、114个岛屿和船舶可直接靠岸的8个县（市、区）、37个乡镇、298个村的涉海要素管控责任。梳理在册管理渔船

3914艘、客货运船65艘、乡镇船舶14358艘，完成沿海管防基础数据"一张图""一本书"制作。

【专项行动】 2020年，漳州市公安局海防支队部署开展沿海重点码头等专项调研，组织专项查缉8次、实地督导5次，办理成品油案5起近300吨，刑事拘留24人、逮捕7人，移送起诉生产销售伪劣产品案4起、组织他人偷越国边境案2起，查扣涉案车辆20部，取缔地下油库窝点3个。

森林公安

【概 况】 2020年，全市森林警察部门结合新冠肺炎疫情防控工作，组织开展打击破坏野生动物资源违法犯罪"春季行动"、打击非法交易和滥食野生动物专项行动、"昆仑2020"5号行动等，出动森林公安民警9650人次，车辆2760台次，配合相关部门检查野生动物活动区域1800余处次，重点集贸、花鸟市场2800余处次，餐饮场所5900余家次，立刑事案件114起，破案108起，其中盗、滥伐林木案件立36起破46起（18起为之前案件），非法占用林地案件立21起破20起（6起为之前案件），野生动物刑事案件立16起破12起，森林火灾案件立7起破8起（2起为之前案件）。

【专项打击行动】 2020年，市森林公安局开展打击涉森林和野生动植物犯罪"昆仑2020"5号行动，破获刑事案件92起，抓获100名犯罪嫌疑人，其中刑拘13名，监视居住11名，取保候审76名，移送起诉81起；2起典型案件被省公安厅挂牌督办、2起被省公安厅"昆仑2020"专项办挂牌督办，均成功侦破。

【"春季行动"】 2020年，市森林公安局部署各地防控新冠肺炎疫情及开展打击破坏野生动物资源违法犯罪为主要内容的"春季行动"，重点检查野味餐馆、饭店、农家乐及野生动物繁育驯养场所，封控、查扣野生动物及其制品，打击破坏野生动物资源违法犯罪活动，处置涉野动类案件线索举报件15件。联合林业执法部门、市场监督管理部门对全市231家野生动物驯养繁育场所采取封控措施，共出动警力1567人次，车辆535台次，出动167个明察暗访组786人次，清理整治各类市场、饭店等重点场所1276个，收缴野生动物270只（头），累计出动9686人次执行野外巡护。巡检各类市场、饭店及野生动物繁育场55次，巡护清查野生动物分布地518次。

【森林火灾查处】 2020年，市森林公安局加大森林火灾案件查处力度，严厉打击违法犯罪活动。全年森林火灾刑事案件立7起，破6起。

（林美华 曾伟彬）

·检 察·

【概 况】 2020年，市检察院办理各类案件14750件。受理审查逮捕案件2154件3028人，受理审查起诉案件5387件7413人，经审查，批捕各类犯罪1809件嫌疑人2489人，起诉4936件6770人。严惩严重暴力犯罪，起诉嫌疑人690人。依法惩治"黄赌毒、盗抢骗"等多发性犯罪，惩治电信网络诈骗等犯罪，起诉2205名犯罪嫌疑人。贯彻宽严相济刑事政策，对自愿认罪认罚的，建议法院从宽处罚，适用4934件6528名，适用率87.3%。加强羁押必要性审查工作，对可不继续羁押的依法建议释放或变更强制措施136名。两级检察院共有16个集体、40人次获省级以上表彰，其中7个集体、17人次获国家级表彰。市检察院蝉联第六届全国文明单位，南靖县检察院荣获全国先进基层检察院。

【刑事检察】 2020年，市检察院加强立案和侦查活动监督，各基层检察院在公安执法办案管理中心等设立检察室，形成常态化监督机制。监督侦查机关立案70件、撤案143件，纠正漏捕57名犯罪嫌疑人、漏诉266名，纠正违法侦查行为63件次。开展法医技术性证据文证审查765件。加强刑事审判监督，提出或支持抗诉21件，法院改判或发回重审11

件。加强刑事执行监督，开展重大案件侦查终结前讯问合法性核查，纠正减刑、假释、暂予监外执行不当142件。落实省内监狱交叉巡回检察，在全省率先开展看守所巡回检察，纠正监管执法不当58件次。市检察院被最高人民检察院确定为刑事执行检察工作联系点。

【民事检察】 2020年，市检察院审查民事检察案件354件，提出、提请抗诉12件，法院再审并改变原判10件；提出再审检察建议12件，法院裁定再审8件。对审判程序和执行活动中的不当行为发出检察建议148件，被采纳152件（含往年案件）。开展虚假诉讼专项监督，维护诉讼秩序。对法院裁判、执行正确的，终结审查或不支持监督申请151件。

【行政检察】 2020年，市检察院审查行政检察案件134件。深化行政诉讼和执行监督，督促行政机关依法履职，共提出检察建议97件，被采纳96件。

【公益诉讼检察】 2020年，市检察院立案公益诉讼案件342件。年内，市检察院紧盯环境保护、食药安全、国有土地使用权出让、国有财产保护、英烈权益保护、古树名木保护等领域损害公共利益突出问题，发出诉前检察建议258件，行政机关已整改到位238件；提起刑事附带民事公益诉讼12件，法院已审结并判决支持11件。

【未成年人检察】 2020年，市检察院严惩侵害未成年人的犯罪，起诉213人。对依法应当从严惩戒的涉罪未成年人起诉95人，对涉嫌轻微犯罪并有悔罪表现的不诉82人。深化“春蕾安全员”机制，加强对安全困境儿童的保护，被省检察院、省民政厅、省妇联推广，得到最高人民检察院肯定。落实最高人民检察院“一号检察建议”，两级检察院领导均受聘担任中小学法治副校长，联合教育部门和团委共建“校园青春护航信箱”。探索罪错未成年人“归航计划”，对15人开展观护帮教。市检察院被确定为全国未成年人司法保护社会支持体系试点单位，市检察院未成年人检察“水仙花”团队获评省五四青年奖章集体标兵，一名干警获“法治进校园”全国巡讲活动表现突出个人奖。

【涉疫检察】 2020年，市检察院依法履职抗疫，批捕涉疫犯罪嫌疑人46名、起诉67名，办理医疗废弃物处置、野生动物保护等领域公益诉讼案件31件。

【“扫黑除恶”专项斗争】 2020年，全市检察机关起诉涉黑犯罪3件14人、涉恶犯罪32件135人。侦查机关以涉恶移送审查起诉，检察机关依法不认定28人；未以涉恶移送的，依法认定4人。积极开展黑恶案件财产刑执行检察工作。提出有针对性的检察建议65份，推进行业清源。涉黑犯罪认罪认罚办案经验在全省检察机关交流。

【涉企检察】 2020年，市检察院服务“大抓工业、抓大工业”，起诉侵害企业合法权益犯罪221人，办理涉企刑事、民事检察监督案件40件。注重少捕慎诉，对涉罪民营企业负责人不捕7人、不诉63人、捕后变更强制措施7人。最高人民检察院组织部分省市检察机关考察漳州市检察院涉台检察联络室，推广漳州涉台检察工作经验。

【服务“三大攻坚战”】 2020年，市检察院与海关缉私、人民银行等相关部门建立反洗钱、缉私等协作机制，起诉破坏金融管理秩序、金融诈骗犯罪嫌疑人146名。开展拖欠农民工工资等专项行动，起诉扶贫领域“蝇贪”、拒不支付劳动报酬罪6人。救助因案致贫返贫刑事被害人或其近亲属43人，发放救助金78万多元。参与蓝天、碧水、净土保卫战，开展守护海洋等专项监督，惩治污染环境、非法采矿、非法猎捕、杀害、交易野生动物等破坏生态环境资源犯罪，起诉369人，办理生态环境领域公益诉讼案件177件，补植复绿66.67公顷。探索“河长+检察长”工作方法，指导龙文、华安等五个检察院建立九龙江北溪流域（漳州境内）生态环境保护检察协作机制，促进流域、植被、水源等综合治理。

【社会矛盾化解】 2020年，两级检察院践行新时代“枫桥经验”，发挥“12309”检察服务中心作用，落实群众信访件件有回复制度，对有联络方式的1321件，均在7日内作程序性回复、3个月内作办理过程或结果答复。开展领导干部“大接访”活动，对49件信访积案，由领导干部包案接访，推进矛盾化解。做好公开听证工作，举办公开听证会76场。

【市域社会治理】 2020年，市检察院创新“驻+巡”社区矫正检察监督模式，设立社区矫正检察官室，通过与司法行政机关建立沟通联系、信息共享、突发事件处置、社区矫正人员维权等工作机制，核查纠正监外执行罪犯脱管漏管问题，纠正社区矫正执行不当103件。落实最高人民检察院“四号检察建议”，联合有关部门推进窨井盖安全问题治理，保障群众“脚底下安全”。发挥检察建议作用，结合办案发现市域社会治理中的普遍性、典型性问题，向相关部门提出堵漏建制检察建议170份，法定期限内回复并采纳158份。

【职务犯罪检察】 2020年，市检察院受理监委移送审查起诉的职务犯罪案件25人，已起诉16人。依法办理省高速公路集团原党委书记、董事长涂某溪（正厅级）等重大案件。查办司法工作人员相关职务犯罪职能，立案侦查涉嫌侵犯公民权利、损害司法公正的职务犯罪4人。

【检察制度改革】 2020年，市检察院建立检察官业绩考评机制，落实司法责任。落实领导干部带头办案制度，两级检察院入额院领导直接办案2480件，检察长列席同级法院审判委员会27次。

（张淑芬　林颖斌）

·法　院·

【概　况】 2020年，漳州市中级人民法院和各县（市、区）人民法院（简称市“两级人民法院”）受理案件87595件，比上年下降1.6%，其中结案率97.4%、民商事案件调解率31.8%，连续四年位居全省法院第一。市中级人民法院、长泰、云霄人民法院荣获第六届“全国文明单位”称号。陈少华获“全国先进工作者”称号，黄志雄家庭荣获“全国文明家庭”称号，龙文人民法院被推荐为全国优秀法院，全市法院27个集体、16人次获国家级、省级表彰。

【刑事审判】 2020年，市中级人民法院审结刑事案件6855件，办结省法院指定的涉案79亿元的张XX等非法吸收公众存款、集资诈骗案和涉案1.3亿元的梁XX等23人跨国制售假烟案。审结一、二审涉黑恶案件82件，实现案件100%清结。先后在全国、全省法院扫黑除恶专项斗争推进会上交流发言，被推荐为全国先进集体。审结贪污、贿赂等职务犯罪案件29件33人，其中省管干部2件2名。落实宽严相济刑事政策，在生效判决的6906名罪犯中，有452名被判处五年以上有期徒刑直至死刑，3240名被判处缓刑、管制等非监禁刑，严格规范办理减刑假释1098名。

【民事审判】 2020年，市中级人民法院审结民事案件232489件，标的额509.4亿元。推进一站式多元解纷建设，推动市政府搭建“漳州市多元解纷平台”，对接33个部门和行业。各基层法院加强诉调联动，成立龙海全域联片调解、龙文建设工程纠纷等诉非联动中心，长泰法院牵头闽西南九县司法协作。化解源头纠纷，漳州常住人口万人成讼率81%，居全省第二名，诉讼服务质效评估综合得分居全省第一名。审结婚姻家庭、继承等家事纠纷4323件。

【行政审判】 2020年，市中级人民法院联合市政府、龙岩市中级人民法院出台《关于探索建立跨区域司法与行政良性互动机制的工作意见（试行）》。审结行政诉讼案件831件，行政非诉案件1232件，国家赔偿案件75件，行政机关败诉率在8%以内，行政机关负责人出庭应诉率94.4%，比上年提高15个百分点。

【执行工作】 2020年，市“两级法院”受理执行案件30085件，执行到位标的额111.3亿元。推动出台《关于加强综合治理从源头切实解决执行难问题的实施办法》，实现市县两级不动产全域全网司法查控。常态化开展涉民生案件专项执行，联合市发改委清理失信名单，建立信用修复激励机制。市中院率先全省实行“执行局长报告述职”制度，东山法院“执来执网”APP和南靖法院执行“三联动协作机制”在全省法院推广。

【法治营商环境】 2020年，市中级人民法院办结涉疫情案件144件。芗城法院妥善执结涉武汉企业买卖合同纠纷，入选全省法院“服务保障复工复产十大典型案例”。“3+1”审执机制在台投区、高新区、古雷、金峰开发区法庭落地见效。年内，率先全省对破产管理人进行分级评价、完善破产简化审理机制，妥善处置闽华超纤、市金属材料公司等破产案件。防范化解金融风险，审结金融借款、民间借贷纠纷14941件，助力全市不良贷款率降至0.93%。审结涉台案件317件，成立福建法院涉台司法研究（漳州）中心，促进漳台融合发展。

【民生司法保障】 2020年，市中级人民法院推进诉讼服务体系建设，设立集中送达中心、保全中心、鉴定中心，在全市法院推广代理律师立案免于出示当事人身份证原件，减免当事人申请环节简化诉讼费退费程序。新冠疫情防控期间，推广24小时自助立案，实现司法服务“线上+线下”双轨融合。

【生态司法保障】 2020年，市中级人民法院全国首创生态环境技术调查官制度得到最高法院肯定并推广，参加全省绩效考评改革创新项目评审获得设区市第二名。东山法院发出全国首份“土壤净化令”“水质净化令”，“增殖放流”等五项生态修复模式入选全省“十种修复模式”。推进闽西南四地法院护航九龙江流域生态司法协作，该做法入选《福建法院生态司法保护状况绿皮书（2019—2020）》。市中级人民法院被推荐为全国全面推行河长制湖长制工作先进集体。

【司法综合配套改革】 2020年，市中级人民法院制定《审判执行各类人员权责清单手册》，完善发回重审及改判案件查究工作机制，定期开展案件评查。运用好省法院“清风”系统，抓好预警案件督察整改。健全“四类案件”识别监管机制，压实院庭长审判监督管理职责，形成审判监督闭环管理和动态风险防控。

【审判运行机制改革】 2020年，市中级人民法院实行知识产权民事、刑事、行政审判“三合一”机制，新增东山法院作为行政案件跨行政区域集中管辖法院将标的额500万元以下涉外案件集中管辖权下放至芗城、龙海、漳浦法院。推进“分调裁审”机制改革，案件平均审理45.1天，比全省均值少10.3天。实施精品工程做法被省法院推广，122篇裁判文书、案例、调研文章在国家级、省级评审中获奖或刊物发表。完善审判委员会和专业法官会议机制，落实关联案件和类案检索制度，促进类案同判和统一法律适用。

【智慧法院建设】 2020年，市中级人民法院开通各县（市、区）看守所多方远程视频庭审系统，强化人民法院调解、律师服务等平台运用，司法服务“线上＋线下”双轨融合，降低疫情对审判的影响。注重引入建设新机制，采用EPC建设模式加快“两庭”建设。南靖法院审判大楼顺利封顶，漳浦法院审判大楼施工提速，仙都法庭投入使用，四都、坂仔法庭建设进展顺

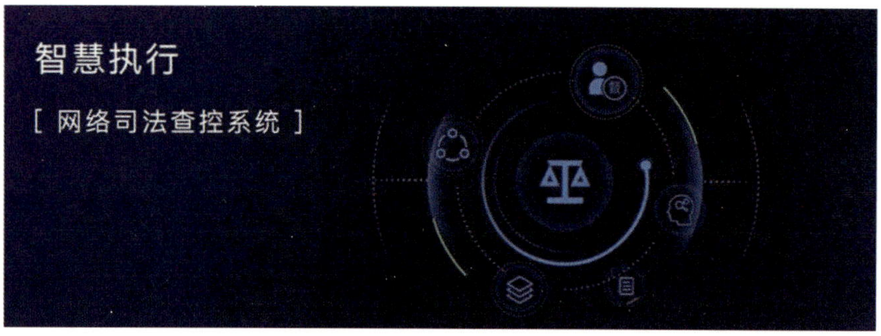

2020年6月16日，漳州在全省首推市县两级线上司法查控“全域全网办”。图为智慧执行网络司法查控系统

（漳州市中级人民法院 供图）

利。推进阳光司法，裁判文书上网56902份，庭审直播、专项执行网络直播15951场，累计观看721.3万人次。

【“执来执网”APP启用】 2020年6月30日，东山县人民法院自主创新设计的“执来执网”APP在东山县综治中心举行上线运行启动仪式，标志着该院“全域网格化执行”工作迈入“云办公”新阶段。此举在全省法院系统尚属首次。

【全国首创生态环境技术调查官制度】 2020年，市中级人民法院首创“技术调查官+深度参审”机制。组建漳州市生态环境技术专家库，出台管理办法、工作规则，通过一案一聘在具体案件中担任技术调查官，赋予现场勘验权、调查询问权、文书署名权，全流程融入案件提供专业辅助。首创“类型修复+强制履行”机制。总结“山水林田湖草”类型化修复模式，将技术建议融入修复创新，提出“植物富集”“水草净化”修复方式，并全程技术指导。创设“产学研用”绿色协作机制。在生态修复地建立高校教学科研试验田，与厦门大学法学院等四所高校签署战略合作框架协议，共同推进生态司法协同治理。该项目代表漳州市委、市政府参加福建省政府效能办组织的2020年度全省改革创新项目评审，获全省设区市第二名。

【建立破产案件管理人分级评价管理机制】 2020年4月30日，市中级人民法院率先全省建立《关于对破产案件管理人实行分级评价的管理机制（试行）》。该文件根据破产企业财产价值和债务总额、债权人人数、破产企业职工人数、债权债务关系复杂程度等因素，将破产案件分为一类、二类、三类破产案件。除对破产案件、管理人的等级作细分，还针对管理人的管理工作制订指引，进一步健全管理人监督管理机制，实现管理人社会化竞争。

（林添民）

·司法行政·

【概 况】 2020年，漳州市健全完善人民调解与行政调解、司法调解的衔接联动机制，实现联调联动常态化、规范化、实效化。推进“坚持发展‘枫桥经验’实现矛盾不上交三年行动”。全市排查化解各类矛盾纠纷24406件，调处24406件，调处成功24380件，调解成功率达99.89%。实现审批全流程网办达98.8%，驻行政服务中心窗口办结审批和公共事项464件。市司法局组织司法系统涉黑涉恶线索摸排70场5256人次，加强律师办理黑恶势力犯罪案件的指导监督，派员参加旁听并现场指导23人次。年内，市司法局被评为“国家法律职业资格考试工作表现突出单位”。

【司法平台融合】 2020年，市司法局推进实体、热线、网络三大平台融合发展，在漳州通APP开通网上法律服务咨询，将法律援助审批窗口前移至乡镇（街道）服务站，全市通过实体平台办理法律服务8000余件，线上提供法律服务6000余人次。

【“智慧矫正”信息化建设】 2020年，市司法局做好疫情期间社区矫正对象管控和刑满释放人员衔接安置工作。组织召开市社区矫正委员会第一次会议，在全省率先完成市县两级矫正管理局挂牌工作。推动“智慧矫正”信息化建设，社区矫正中心标准化建设实现全覆盖。

【法律服务与援助】　2020年，市司法局在全省率先制定《新冠肺炎防控工作法律应对十项措施》，组建公益法律服务团队深入500余家民营企业开展法治体检，为企业复工复产保驾护航。以市两办名义下发《关于进一步加强法律援助工作的实施方案》，在全省率先实现法律援助案件类型全覆盖。推行市场、绩效、组团三项机制，提升“一村一法律顾问”工作机制，工作做法被《法治日报》刊登报道。

【公证工作】　2020年，市司法局创新公证服务模式，在全省率先梳理100项单方法律行为类及其他类公证纳入“最多跑一次”事项范围，办理公证服务3万余件。完成漳州仲裁委员会筹建工作。

【普法宣传】　2020年，市司法局在东山、市区西院湖建设青少年宪法主题教育馆和宪法主题公园。组建民法典普法宣讲团，各级各部门开展学习宣传民法典活动1000余场次。创新“三+”模式，构建普法矩阵，实现法治精神、法律服务“进村入户”“快递到家”。拍摄播放微电影《“中医”律师》，播出《调解来了》《空中律师事务所》等栏目50余期，被学习强国转发18期。录制法治微视频《与法同行 知法守法》，获司法部微视频大赛最佳创意奖。推进智慧普法云亭建设，在公共场所设置10台，解答咨询1.1万余人次。

·小资料·

“三+”模式：普法+节点、线上+线下、新兴媒体+普法。

（余梦婷）

责任编辑：陈坤山

军事

·漳州军分区·

【概 况】 2020年，漳州军分区聚力练兵备战，科学推进疫情防控，协调筹措防疫器材，实现营区营院和各类人员“零感染”。开展“五看五增强”专题教育和紧急动员课题研究，教育实践和思考成果被中央军委国防动员部《国防动员工作通讯》刊发。

【国防动员】 2020年，漳州军分区推进民兵调整改革，编组普通民兵、基干民兵。推进国防动员专项需求对接和潜力审核，整编潜力数据。协调军地联合出台《关于推进军人荣誉体系建设实施办法》《关于给立功受奖现役官兵家庭送喜报的工作意见》，落实退转军人安置、军人子女上学、军人军属慰问等工作。推进党校国防教育必修课、大中院校国防教育公开课。协调各地部队助力扶贫攻坚、复工复产、抢险救灾。

【基层建设】 2020年，漳州军分区按照军委印发新修订的《军队基层建设纲要》要求，规范秩序、推动建设。研究制定军分区抓建基层计划，协调军地投入经费推进基层武装机构规范化建设，基本实现“清零”目标。突出规范“四个秩序”，多波次组织检查整治，各项基础设施建设进步明显。扎实开展后勤重点行业领域整肃治理和资产大清查。不断提高老干部服务保障工作中的温度、速度、精准度、满意度。

【漳州获“全国双拥模范城”七连冠】 2020年10月20日，全国双拥模范城（县）命名暨双拥模范单位和个人表彰大会在京举行，漳州再次被命名表彰为“全国双拥模范城”，连续七届获得该荣誉。东山县被命名表彰为“全国双拥模范县”。

【福建省第四届“爱我国防”大学生主题演讲比赛在漳州举行】 2020年11月，福建省第四届“爱我国防”大学生主题演讲比赛在漳州举行。本届演讲比赛评选出一等奖1名（组）、二等奖2名（组）、三等奖3名（组）、优胜奖8名（组）、优秀组织奖6名（组）。漳州高校代表队分别荣获二等奖、三等奖。本届演讲比赛还开展“爱我国防”有奖征文和微视频征集活动，来自全省80余所高校上万名学子参与活动。

·小资料·

四个秩序：规范战备秩序、规范训练秩序、规范工作秩序、规范生活秩序。

（陈华兴）

·武警漳州支队·

【概 况】 2020年，武警漳州支队聚力练兵备战，完成各项任务，获武警部队颁发“抓建基层先进支队”“安全工作先进单位”“暑期百日安全竞赛活动优胜单位”等奖章。支队被武警总队评为“正规化执勤优秀单位”“新闻工作先进单位”。

【练兵备战】 2020年，武警漳州支队推进执勤优化改革，召开“执勤暨管理正规化推进会”，完成“智慧磐石”工程建设，实现连续32年执勤安全无事故。深化战备建设，完成“一室一站”、综合战备库、应急供电系统建设和综合指挥车改装。严格落实党委议战议训，卫士演习、参谋业务轮训、勤训轮换、“魔鬼周”极限训练等10余次集训练兵成效明显，在总队比武竞赛中取得团体第三及5个单项第一好成绩，支队长被武警部队表彰为“优秀指挥员”。6月20—28日，漳州片区第二季度“魔鬼周”极限训练在漳州开展。

【执勤保卫】 2020年，武警漳州支队完成春运执勤、各项专案勤务及198起临时勤务。8月11日，第6号台风“米克拉”在漳州登陆，武警漳州支队完成漳州市芗城区新桥街道、巷口街道和漳浦县朝阳大道、龙海市农路至紫云路等地担负抢险救援任务。

【后勤保障】 2020年，武警漳州支队细化完善保障应急预案，与19家单位签订应急保障协议，持续规范“一组五队”编成，完成教导队靶场改扩建。加强物资采购、工程建设等重点项目审查监管，推进后勤领域重点问题“清仓归零”。

2020年8月11日，第6号台风“米克拉”在漳州市漳浦县沿海登陆。图为武警漳州支队在市区搬运掉落的树枝 （武警漳州支队 供图）

（肖金麟 周旭辉 袁海刚 林勇发）

·人民防空·

【概 况】 2020年，漳州市人民防空办公室（简称市人防办）完成市级城市防空袭方案修订和指导县级城市防空袭方案修订工作，升级改造防空警报设施，主城区警报音响覆盖率达98%以上。建成集人防指挥、疏散安置、人防专业训练和人防宣传等功能为一体的人防疏散指挥视频会议系统暨人防宣传教育中心。

【人防指挥设施建设】 2020年，市人防办按照“一中心”“三部门”（指挥控制中心、情报信息部、政治工作部、综合保障部）和实名制要求，完成指挥部编成调整。完成市人防基本指挥所信息化系统升级改造，指导县（市、区、开发区）开展人防地面应急指挥中心建设，全部建成并投入使用，实现省、市、县三级人防指挥视频会议系统和IP语音交换系统互联互通。人防指挥视频会议系统和IP语音交换系统工作在全省人防指挥通信业务训练会上作经验交流。完成市本级第二代人防机动指挥平台建设，配备大型指挥车、信息采集车和警报通信车。

【指挥信息系统建设】 2020年，市人防办完成市人防指挥信息系统软件安装和“北斗”卫星导航定位系统安装，配备指挥型用户机和手持机，机动指挥车配备车载型用户机。指导推动市、县人防短波电台网建设。

【人防专业队伍建设】 2020年，市人防办依托辖区医院、三大网络运营公司和人防防护设备厂等单位，组建心理防护、信息防护和伪装设障等三支新型人防专业队。组建漳州市人防蓝天救援协会。

【战备与训练】 2020年，市人防办联合军分区在龙海市举行结建式人防工程平战转换演练，联合军分区举办人防综合演练，联合军分区开展重要经济目标防护演练，参加全省人防指挥通信业务训练，组织与龙岩市开展机动指挥所跨区训练，提高机动指挥所运行能力。

【人防工程监管】 2020年，市人防办对人防工程开展“双随机”检查，完成质量监督交底29份、质量监督记录136份，发出问题整改通知单9份。重点开展“人防工程监理企业从业能力和人防设备专项检查”，提升人防设备质量和安装质量，以及监理企业从业人员工作水平。在“漳州市建设工程双随机检查系统”增加“过滤吸收器检查”子系统。

【人防工程质量评估检查】

2020年，市人防办采取定期与不定期相结合的方式，每月一次常规检查、每季一次重点排查、每半年一次全面检查、每逢暴雨台风天气和重大节假日必查等制度，对人防工程维护管理和使用保护情况进行检查。

【安全生产隐患排查】 2020年，市人防办部署开展全市人防系统安全生产、消防隐患大排查大整治，对早期人防工程及人防所属设施、在建人防工程和人防防护设备生产安装从业企业安全生产情况进行督导检查，对每一个环节、每一项流程、每一个场所逐一核查。落实疫情防控“五到位”，确保防护设备企业疫情防控与复工复产稳步推进。

【人防法律法规宣传教育】

2020年，市人防办结合“9·18”防空警报试鸣活动时机，采取走进学校、走进社区、走向街头，提升人防宣传教育的受众率和覆盖面。在漳州职业技术学院新生军训中播放《居安思危，备战人防》系列电影科教片，介绍现代人民防空知识。利用政府网站信息发布、政策解读和回应社会关切的问题，在市政府“效能建设热线”网开展人民防空工程保护和使用常识的介绍与宣传，解答社会热点问题，回答网友提问。

（侯伟超）

责任编辑：蔡钰臻

退役军人事务管理

·综 述·

【疫情防控志愿服务】 2020年，漳州市各级退役军人事务部门在全市发动、指导成立退役军人疫情防控志愿者服务队、冲锋队、党员先锋队等100多支，参与地方巡逻、宣传、卡口等工作，共排查50余万人次、1万余车次，捐款捐物总价值超过30余万元。

【漳州市被授予“全国双拥模范城”称号】 2020年10月20日，在全国双拥模范城（县）命名暨双拥模范单位和个人表彰大会上，漳州市被授予“全国双拥模范城”称号，东山县被授予“全国双拥模范县”称号。

·拥军优属·

【概 况】 2020年春节、“八一”和国庆等重要时间节点，市领导多次带领相关部门慰问部队官兵。年内，帮助驻漳州部队推进饮水工程建设和部队电网改造项目，有效解决部队饮水、用电问题。开展“情系边海防官兵”拥军优属活动。深入推进社会化拥军，建立覆盖衣食住行用等方面拥军企业目录和优惠项目清单。

【慰问赴武汉参加抗疫部队医护人员】 2020年3月上旬，漳州市双拥共建工作领导小组组织到中国人民解放军联勤保障部队第909医院看望慰问驰援武汉一线医护人员的家属代表。

·就业创业·

【概 况】 2020年，漳州市退役军人事务局深入落实“六稳”“六保”要求，多措并举促进退役军人就业创业。疫情期间，及时发布本地开复工和就业岗位信息，为退役军人复工就业提供帮助。协调政法、消防、烟草等行业以及多家大型民营企业，为退役军人提供协警、稽查员、消防员等专项岗位。举办漳州市2020年退役军人网络和现场专场招聘会31场次，共有458家企业参会。

【部分退役军人社会保险接续】 2020年，漳州市退役军人事务局细化方案措施、加强协调联动，推进部分退役军人社会保险接续工作，至12月底，全市做好退役士兵缴费申请和身份认证；养老保险办结率100%。

【漳州市首届退役军人创业创新大赛举办】 2020年5—6月，漳州市退役军人事务局举办首届退役军人创业创新大赛，重点突出“新兴产业”“传统产业及生活服务业”和“现代农业”等3个行业，全市16家企业参加，经过专家书面评审、现场问答和实地考察，评选出5家参加省复赛，1家企业获省赛二等奖。授予参加创业创新大赛的16家企业“退役军人创业示范基地”牌匾。

·移交安置·

【概 况】 2020年，漳州市退役军人事务局认真做好军转干部、退役士兵移交安置工作，实现退役人员、部队和地方接收单位“三满意”。当年接收安置军转干部安置到机关和参公单位占96.6%。

【军转干部安置选岗】 2020年11月13日，漳州市2020年度军转干部安置选岗会在市退役军人事务局会议室召开2020年在市区安置的营职以下（含技术级）军转干部参加。整个选岗过程严格实行“阳光安置”机制，做到公平、公正、公开、阳光透明，计划分配军队转业干部现场签订选岗表，选岗率100%。

·优抚褒扬·

【概 况】 2020年，漳州市退役军人事务局按照中央提高部分优抚对象抚恤补助的要求和漳州市每年3%的自然增长机制，提高优抚对象抚恤补助标准，参战参试退役人员、带病回乡退伍军人每人每月生活补助，均高于国家和省定标准。全面落实优待抚恤待遇。向上争取530万元用于烈士纪念设施的修缮、提升改造，完成龙海市烈士陵园、华安县革命烈士陵园、东山县战斗烈士陵园提升改造工程。深入开展“致敬·2020清明祭英烈”和“9·30”烈士纪念日等活动，营造崇敬英烈的社会氛围。

【给立功受奖军人家庭送喜报】

2020年6月12日，漳州市在全省率先出台《给立功受奖现役军人家庭送喜报的意见》，规范给立功受奖现役军人家庭送喜报的程序、形式，统一慰问标准，进一步推进军人荣誉体系建设，实现“让军人成为全社会尊崇的职业”目标。

【协助志愿军烈士寻亲】 2020年9月26日，第七批在韩中国人民志愿军烈士遗骸及相关遗物装殓仪式在韩国仁川举行。当日，新华社发出寻找马世贤（河南）、林水实（漳浦）、丁祖喜（安徽）3名志愿军烈士寻亲信息。漳州市退役军人事务局充分发挥四级退役军人服务中心（站）作用，在全国率先找到漳浦籍烈士林水实的亲人，仅用3.5小时。

·权益维护·

【概 况】 2020年，漳州市退役军人事务局进一步完善信访接待大厅设施和功能，规范接访流程，提升网上信访办理水平，确保退役军人来信有人办、来访有人接、过程受监督、结果有反馈。年内，全市退役军人系统办理信访件，均在规定时限内依法做出答复意见。

【退役军人帮扶解困】 2020年，漳州市积极开展为困难退役士兵送温暖、解忧难为主要内容的关爱结对活动，充分运用低保、临时救助、医疗救助、保障房政策、教育帮扶等政策，为退役士兵家庭解决实际困难问题。春节和“八一”期间，走访慰问部分困难退役军人、重点优抚对象、军休干部等。

【漳州市1人获全国百名优秀退役军人服务中心（站）主任（站长）称号】 2020年12月，退役军人事务部发布2020年度全国退役军人服务中心（站）百名优秀主任（站长）名单，东山县铜陵镇退役军人服务站站长林立华获“全国退役军人服务中心（站）百名优秀主任（站长）”称号。

（李 荃）

责任编辑：杨丽飞

综合经济管理

·宏观经济管理·

【发展规划】 2020年，漳州市发展改革委员会（简称市发改委）编制完成《漳州市国民经济和社会发展第十四个五年规划和2035年远景目标纲要》（简称《十四五规划纲要》），组织开展35个前期重大课题研究和38个重点专项规划编制。

【项目建设】 2020年，市发改委建立健全项目全过程管理工作平台系统，纳入系统项目1718个。筛选“十四五”重大项目534个，总投资2.4万亿元。全省重大招商项目集中“云签约”活动签约项目25个，总投资1759.7亿元。新增“五个一批”项目1114个，新开工项目251个，建成或部分建成169个。76个项目获得中央、省级预算内投资等各类资金7.65亿元，比上年增长36.4%，51个项目获地方政府专项债券资金76.64亿元，27个项目获得国家开发银行补短板稳投资应急专项贷款22.71亿元。

【产业发展】 2020年，市发改委策划工业、服务业招商项目387个，总投资3570亿元。制定《实施保产业链、供应链专项行动推进分工方案》，梳理一、二、三产15个细分产业。编制《漳州市精细化工产业发展规划与产品招商报告》，规划设计156个下游招商产品。第三届数字峰会签约项目50个、总投资638.4亿元。编印《“新基建”产业链招商手册》。梳理谋划海洋经济产业和基础设施重大支撑项目65个。策划32个战略性新兴产业补链项目列入省级重点招商项目、总投资508亿元。牵头推进239家服务业企业增产增效工作，兑现服务业十二条措施奖补资金超1000万元。第十八届中国·海峡创新项目成果交易会征集企业技术需求144项，对接项目634个，总投资145亿元。

【区域协同发展】 2020年，市发改委围绕构建“一核两湾三片四极”，牵头谋划建设漳州东部新城，列入《漳州市国民经济和社会发展第十四个五年规划和二〇三五年远景目标纲要》。厦漳经济合作区建设有序推进，34个重大协作项目扎实推进，50个项目列入闽西南协同发展区“十四五”重大项目库，市政府与厦门大学共建厦门大学古雷石化研究院和厦门大学高质量发展研究院。县城城镇化补短板强弱项，谋划实施项目126个。实施乡村振兴战略，做好对口援疆、援藏、支援重庆万州工作。

【防抗疫情物资保障】 2020年，为应对新冠疫情，市发改委建立重点企业驻员驻厂机制，口罩产能从疫情前的最高日产量25万片提高到900万片，累计生产口罩超2亿片。出台《做好粮油保供稳价工作意见》，发布《维护大米等粮油市场秩序稳定通告》，外省调运粮食200多万吨，市、县储备粮规模比上年增长34.6%，居全省第一。将饲料用粮列入市、县粮食储备计划，系全省首例。成立市场价格应急监测专班，开展平价猪肉供应，发放临时价格补贴7125.55万元，惠及困难群众106.68万人次。

【复工复产服务】 2020年，市发改委出台重点项目建设提速提效若干意见、重点项目开复工七条措施等政策，3月20日，市级在建重点项目全部复工，3月30日人员上岗率100%。全市健康码申领比例93%。

【社会民生项目】 2020年，全市完成7个县1392户贫困人口易地扶贫搬迁任务。年内，市发改委协调推进1815个民生社会事业补短板项目。全市地方储备粮规模35万吨，拥有仓容53.17万吨，其中现代化仓容45万吨。《漳州市现代化粮库规范化管理指导意见（试行）》作为全省现代化粮库规范化管理转发各地市参考借鉴。制定救灾物资储备管理细则，全市储备救灾物资10.8万多件，其中市本级2.8万多件。

（林满嘉）

·市场监督管理·

【概 况】 2020年，市场监管局统筹推进市场监管与疫情防控工作，全市新增市场主体101812户，比上年增长23.49%；全市拥有地理标志商标141件，居全国设区市首位；全市企业年报率达95.64%，连续5年位居全省设区市首位；创新“挂图统筹作战”查处无照经营模式，云霄县试点工作获国务院督查激励；在全国市场监管系统率先制定《在线电子数据取证暂行规定》。市市场监管局被省委、省政府表彰为全省抗击新冠肺炎疫情先进集体，经中央文明委复查确认继续保留“全国文明单位”称号。

【注册许可】 2020年，市市场监管局在全省首创实施“企业开办一件事一站式”服务改革，试行“市场监管许可审批事项市区联办”等一系列改革举措，企业开办实现“1天＋0成本”。针对抗疫需要，开辟绿色通道，对有意愿转产、扩产和新投产疫情防控医疗器械的企业实行特事特办，支持企业尽快取得相关证照并投入生产。加快推进“不见面审批”，对确需现场办理的事项大力推行预约办、帮代办、就近办、即时办、一次办。对在新冠疫情期间营业执照、许可证等相关证照到期换证或变更的情形，均允许延期至疫情解除之后办理。出台《应对疫情影响扶持个体工商户持续发展若干措施》，支持劳动者通过灵活多样的形式实现就业。

【应急生产】 2020年，市市场监管局支持有条件的企业采取扩产、转产、新建等方式扩大口罩、防护服等应急物资产能。全市先后有37家企业取得医疗器械临时产品注册证和生产许可证，8家企业取得一类医疗器械产品备案和生产备案，13家企业取得二类医疗器械产品备案和生产备案。对61家非医用口罩生产企业进行风险监测，并从执行标准、原材料采购验收等方面加以质量帮扶。承担市疫情防控指挥部交办的市场口罩投放工作，引导群众完成口罩预约120.7万份，合计投放口罩724.2万个。采取现场查看、查阅资料、座谈了解等形式，对口罩生产企业、熔喷布生产企业、医用隔离眼罩生产企业进行实地检查，向企业宣贯医疗器械、产品质量、产品执行标准和认证相关法律法规，督促企业落实产品质量主体责任。

【知识产权】 2020年，全市新申请专利15311件，比上年增长9.51%；新授权专利12200件，比上年增长35.95%；现有有效发明专利2200件，比上年增长30.56%，增长率居全省第一；每万人口发明专利拥有量4.263件，比上年增长30.05%。帮助8家企业获得专利权质押贷款2.18亿元，并按规定给获得省专利权质押贷款贴息的企业给予配套补助。创建“知创漳州”知识产权公共服务平台，推动知识产权与地方经济、产业发展有机融合。加强疫情期间专利权保护，抽查部分药店126件商品的专利标注情况，净化专利市场环境。牵头联合市中级人民法院、公安局、文旅局等部门共同打造上市及重点上市后备企业知识产权保护平台。

【商标战略】 2020年，市市场监管局推进商标战略实施，全市新核准注册商标22630件，有效注册商标达107013件，有50件商标获得驰名商标保护。全市有效地标总量达141件，居全国地级市第一位。“花样漳州”区域商标成为福建省首件全类别地市级区域商标。漳州商标受理窗口全年共受理商标申请1833件，获得国家知识产权局的表彰。持续推进地标产业延伸，建设云霄地标“一馆三驿站”、水仙花海驿站、香蕉海驿站等地标展馆。组织参加中华品牌商标博览会，“漳州地标 山海盛宴”特装馆现场参观人数近万人次，线上直播推荐活动观众突破40万人，被央视1套新闻报道。

【质量强市战略】 2020年，市市场监管局制定《培育省、市政府质量奖三年滚动计划》，组织福建三宝钢铁公司、同溢堂药业公司申报2020年度省政府质量奖。开办线上“企业首席质量官培训班”，组织118名企业学员听课，共有98位学员取得首席质量官资格证书。在全省各设（区）市局中最早购买红外测温仪校准装置，并免费为复工复产企业检定校准计量器具2.9万台/件，为医疗机构、社区、商超、教学机构免费检定校准计量器具9790台件。新建和完善本级社会公用计量标准17项，强制检定工作计量器具23.04台件，免收检定费用1451.06万元。引导企业参与标准化活动，共有318家企业上网声明公开1691项标准，共跟踪指导全市企事业单位主导或参与1项国际标准、17项国家标准、7项行业标准、13项地方标准的制修订工作。其中，润美纸业（福建）有限公司参与了首个儿童用口罩国家标准《儿童口罩技术规范》的制定。“国家高山茶种植标准化示范区”获批立项，成为福建省获批的两个第十批国家农业标准化示范区I类项目之一。推进工业（产业）园区标准化建设，配合工信、发改等部门，开展古雷开发区、台商投资区2个首批试点园区标准化基本情况调查，鼓励指导企业参与标准化活动。实施暖心惠企举措，通过开辟3C免办绿色通道、延长质量认证证书时限等方式，为企业提供优质认证检测服务。与商务、发改、工信等部门组成工作专班，引导防疫物资出口企业选用正规机构、合法程序实施认证检测，全市有24家防疫用品生产企业进入商务部出口“白名单”。推进小微企业质量管理提升试点行动，扶持试点小微企业发展。南靖县首批6家省级试点企业已基本实现质量提升目标。

【食品安全监管】 2020年，市市场监管局引导食品产业复工复产，全市1880家食品生产企业（598家规上食品企业）已于2020年5月全面复工生产。发布《致全市餐饮服务提供者的一封信》，与市商务局联合发布《餐饮服务提供者有序恢复营业工作指引》，指导市餐饮烹饪行业协会制作宣传视频，引导餐饮服务提供者有序恢复堂食经营。规劝防控措施不到位的餐饮单位暂停营业1139家次，制止集体聚餐宴席45家次。检查学校食堂及校园周边经营单位4503家次，发出责令整改通知书180份。突出加强进口冷链食品、活禽、野生动物、肉蛋蔬菜等重点品种监管，检查农贸市场及相关经营户、冷冻库6.7万户次，立案查处2起交易野生动物违法案件。配合商务部门建设16个冷链食品集中监管仓并做好运营工作。采用“巾帼助力食品快检”“你点我捡”抽检方式，开展食用农产品和食品抽检2.31万批次，合格率98.74%。开展食用农产品快检6.23万批次，合格率99.87%。配合推进中心城区活禽定点屠宰白条上市工作，中心城区40个农贸市场现已取消活禽宰杀。超额完成治理“餐桌污染”、建设“食品放心工程”项目投资任务，该项目入选2020年漳州“十大暖民心项目”。开展食品安全示范建设，新创建“明厨亮灶”示范单位省级12家和市级28家、“阳光小作坊”42家，全市学校食堂“明厨亮灶”覆盖率100%，社会餐饮“明厨亮灶”覆盖率54%。加快“一品一码”全过程追溯体系建设，全市纳入“一品一码”平台食品生产经营企业4031家，录入数据5283万条。

【药品、化妆品和医疗器械监管】 2020年，市市场监管局发放《致全市零售药店的一封信》，引导全市所有1100家零售药店签署承诺书。在销售退热、止咳类药品时实行实名登记及日报告制度，摸排院外发热患者的基本情况，上报药店购药登记2.38万人次。加大对疫情防控相关的医用防护用品、生物制品、解热镇痛类、抗病毒类等药品的检查力度，检查药品企业2362家次，约谈32家，责令整改45家。收集上报药品不良反应病例报告4398例，医疗器械不良事件1067例，化妆品不良反应报告516例。检查药品、医疗器械、化妆品生产、经营企业和医疗机构3502家次、疫苗接种单位93家次，查办“两品一械”案件201件；审核复核非特殊化妆品备案信息5911条，完成1201个产品备案。加强新冠疫苗监管，对全市65家疾控机构及接种单位进行全覆盖、全批次检查。

【工业产品质量监管】 2020年，市市场监管局发出风险预警通知书68份，对风险监测不符合标准的企业，通过召开产品质量约谈会、质量提升座谈会等方式督促整改。组织对危险化学品生产企业进行抽查，重点抽查古雷工许获证企业海顺德（工业乙烷、石油醚）、长泰厦鹭电化（次氯酸钠、工业氢）、龙海程祥气体（溶解乙炔）等企业。通过“双随机”抽查18家企业，发现并整改问题10家35条次，立案查处1家涉嫌擅自改变工许生产必备条件的企业。

【特种设备安全监管】 2020年，市市场监管局做好古雷重点项目复工复产前特种设备及计量仪器检验检测，古雷6家重点项目企业在恢复生产时特种设备全部检验合格。督促企业加强特种设备隐患排查，做好对公众聚集场所和危化品企业特种设备的监督检查，共查出问题隐患1186条，发出《特种设备安全监察指令书》277份。优化和简化办事手续，适当延长部分特种设备定期检验周期和电梯维保周期。为疫情防控重点单位、医疗机构等提供24小时特种设备检验检测服务与技术支持，共检验设备1753台（套）。发挥“96196”平台作用，共接听热线电话825通，成功解救被困乘客1069人。

【事中事后监管】 2020年，市市场监管局推进企业年报工作，全市企业年报率达95.64%，连续5年位居全省设区市首位。实施“挂图统筹作战”查无模式，建立层级联动治理体系，云霄县试点工作获国务院督查激励。实施失信企业约束，列入并公示严重违法失信企业267户，帮助企业移出经营异常名录190户次。开展“双随机、一公开”抽查，组织跨部门联合抽查1次，抽查企业3627户次。

【市场价格监管】 2020年，市市场监管局加强对口罩、药品、消毒杀菌用品和粮油等重点商品价格监管，立案查处不按规定明码标价、哄抬价格等价格违法案件48件。引导各地电网企业开展主体摸排， 共检查转供电主体67户，清退多收电费166.82万元，立案查处11件，罚没72.43万元。对全市涉及企业收费的事项及文件开展自查，并组织对港口（码头）、火车站、银行、行业协会（商会）等单位进行检查。

【网络监管】 2020年，市市场监管局出台《进一步加强网络交易监管工作的意见》《网络交易监管服务平台工作规则》，构建线上线下一体化的网络监管工作格局，在网络监管平台数据库基础上建立11个业务子库。探索研究在线电子数据取证、存证和证据运用规范，在全国市场监管系统率先制定《在线电子数据取证暂行规定》，运用区块链技术，初步建成漳州在线电子眼平台。

【重点领域监管】 2020年，市市场监管局在全省率先建立公平竞争审查工作联席会议办公室会商制度，协调解决公平竞争审查中遇到的疑难问题。组织开展查处假冒伪劣、虚假违法广告等专项执法行动，配合有关部门开展成品油、化肥市场监管等整治行动，全市系统共立案查处各类违法案件3016件，罚没2880万元；共移送扫黑除恶线索4条。

【消费维权水平】 2020年，市市场监管局完善投诉举报处理机制，受理咨询投诉举报5.68万件，为消费者挽回经济损失507.29万元。引导新设43家平台在线消费纠纷解决（ODR）企业。组织对成品油、日用品等625批次商品进行抽检，合格率86.4%，立案查处产品质量违法案件111件。配合市政府开展“你消费、我买单，亿元奖励等你拿”发票抽奖活动和促进乘车消费活动，提振群众消费信心。

（许 悦）

·审计工作·

【概 况】 2020年，全市审计机关共完成审计项目294个，其中审计264个，专项审计调查30个。审计发现非金额计量问题1727个；损益（收支）不实金额17.23亿元；出具审计报告和专项审计调查报告381篇。审计处理处罚金额14.44亿元；移送司法机关、纪检监察机关和有关部门处理事项30件，移送处理人员14人。审计促进整改落实有关问题资金14.38亿元；审计后挽回（避免）损失0.16亿元。审计提出建议854条，被采纳578条；提交审计信息213篇，被批示、采用142篇（次）。市审计局《数据分析技术在土地征迁补偿情况审计中的创新应用案例》被审计署评为优秀案例二等奖。

【政策落实跟踪审计】 2020年，市审计局组织市县两级审计机关重点对乡村振兴、做好“六稳”工作、落实“六保”任务、支持苏区老区全面发展、普惠性学前教育、无物业老旧小区提升改造等专题开展重大政策措施贯彻落实情况跟踪审计，共抽查406个单位、110个项目、涉及资金45.9亿元，抽查项目涉及总投资额1.79亿元，发现问题37个。

【财政审计】 2020年，市审计局依托联网审计中心数据分析平台，整合全市财政审计力量，建立健全联动机制，稳步推进预算执行审计全覆盖。其中，对市直354个一级预算单位国库支付数据和财务账套数据进行审计全覆盖，重点审计市财政局、发改委、交通局、商务局、国资委、供销社6个市直单位以及市直部分行政事业单位2019年度国有资产管理情况、住宅专项维修资金管理和使用情况等。

【经济责任审计】 2020年，市审计局召开漳州市经济责任审计工作联席会议第一次全体会议，研究通过《漳州市经济责任审计工作联席会议议事规则》《漳州市经济责任审计工作联席会议办公室工作规则》。对103名领导干部进行审计监督，查出主要问题金额25.25亿元。

【固定资产投资审计】 2020年，市审计局实施部分政府投资重点建设项目投资管理情况专项审计调查、北仓片区土地征迁补偿及安置房建设情况审计、国道319线漳州段改线一期工程（厦漳同城大道角美段二期）项目预算执行情况和决算审计、华安县华丰镇乡道（Y930）半新线下坂村梨仔坪（西港线岔路口）至半岭亭村段公路改建工程执行情况和决算审计等19个审计项目。

【民生审计】 2020年，市审计局组织实施“两不愁三保障”落实情况、医保基金等民生审计。审计期间，立审立改56个问题，推动有关县（市、区）出台制度7项。

【资源环保审计】 2020年，《领导干部自然资源资产离任

2020年3月13日，市审计局开展新冠肺炎疫情防控资金和捐赠款物专项审计
（市审计局 供图）

（任中）审计工作方案》出台，共对19名领导干部实施自然资源资产离任（任中）审计。

【国企审计】 2020年，市审计局对福建漳龙集团有限公司、漳州市金盾保安服务集团有限公司、龙海市国有资产投资经营有限公司等11家国有企业开展审计。

【内部审计】 2020年，市审计局通过转发《中共福建省委审计委员会办公室印发<关于加强内部审计工作的九项举措>的通知》，印发《关于报送内部审计机构基本情况的函》《关于要求报送内部审计工作资料的通知》等文件以及召开内部审计工作推进会等方式，规范内部审计工作。福建龙溪轴承(集团)有限公司审计法务部、漳州市医院审计室被评为“2017—2019年福建省内部审计先进集体”，漳州市公安局审计室曾来想和漳州片仔癀药业股份有限公司审计部张倩被评为“2017—2019年福建省内部审计先进工作者”。

（李伟光）

·统计工作·

【概 况】 2020年，漳州市统计局提升统计数据质量，深化统计体制改革，优化统计服务水平，获评第四次全国经济普查省级先进集体，被市直机关工委授予“先进基层党组织”“五星级党组织”称号。

【统计法治】 2020年，市统计局针对8月国家统计局执法检查组在漳检查发现的问题，转发印发《防范和惩治统计造假弄虚作假责任制专项工作任务清单和责任清单》《关于统计机构负责人和统计人员防范和惩治统计造假弄虚作假责任制规定（试行）》等一系列防惩统计造假文件规定，建立领导干部违规干预统计工作记录制度。

【普查调查】 2020年，市统计局做好大型普查和各项常规统计调查。年内，在全省率先组建市人普办，足额足量编制财政预算，建立健全各项工作制度，完成普查“两员”选调和培训。先后征集宣传口号491条和绘画作品128幅，多幅作品被《中国信息报》、国家统计局和省统计局微信公众号采用。创作沙画宣传片和普查培训视频，培训视频入选国家“两员”培训课件。做好市县试点，完成摸底登记及比对复查。汇编《漳州经济普查年鉴（2018）》。完成课题调研44篇，其中《漳州市制造业竞争力研究》获2020年福建省第四次全国经济普查科研课题立项。开展农业、工业、投资、贸易、人口等常规统计调查。

【统计服务】 2020年，市统计局做好疫情防控期的企业复工复产情况调查，及时撰写相关分析信息，其中《新冠肺炎疫情对我市经济影响不容忽视》获市长刘远批示。运用微信、网络等媒体平台，加强对有关生产、加工、销售疫情防护用品企业的统计指导服务。围绕市委、市政府中心工作，确定8篇重点调研课题。其中，《高质量发展背景下漳州民营经济发展路径研究》被评选为2020年度漳州市哲学社会科学研究规划课题一等奖；《漳州市制造业竞争力研究》获2020年福建省第四次全国经济普查科研课题立项。

【统计改革】 2020年，市统计局适应GDP统一核算改革，制定发布《漳州市地区生产总值统一核算实施方案》。做好劳动工资统计改革，核对省级下发的“四上”单位名录，比对“四下”单位及季度抽样调查劳工字典库和基本名录核查库，实地查看关停并转的单位，切实维护好劳工统计单位名录库。

（黄雅雅）

·国有资产监督管理·

【概 况】 2020年，漳州市属国有企业资产总额2307.39亿元，比上年增长12.6%；所有者权益总额767.22亿元，比上年增长10.21%；平均资产负债率66.75%。累计实现营业收入436.99亿元，比上年增长16.12%；纳税费22.89亿元，比上年增长7.1%。

【疫情防控与复工复产】 2020年，市国资委下发《市国资委关于印发〈市国资委应对新型冠状病毒感染的肺炎疫情应急预案〉的通知》等文件，督促指导企业做好疫情防控工作。至4月底，实现全面复工复产，疫情防控转为常态化。落实中小企业及个体工商户的“一减两免”政策、对服务业小微企业、个体工商户的“上半年减免3个月租金”政策，累计为1648户中小微企业、个体工商户减免租金3548万余元。引导市属国企与国家开发银行、进出口银行等深入对接，九龙江集团发行10亿元永续中期票据（疫情专项债券），发行利率3.81%，为漳州首单疫情防控债，创福建省近三年来同评级同类债券最低票息纪录。投资集团下属两家担保公司支持小微企业共渡难关，全年在保余额合计17.4亿元，比上年增长477%；在保企业合计698家，比上年增长795%；合计放大倍数2.9，比上年增长766%。

【投融资工作】 2020年，市国资委开展2020年度市属重点国企融资比选，四大集团共有175亿元债券和5亿美元境外债面向全国各金融机构招标比选；审核上报15只250亿元和5亿美元债券发行申请。在各类交易场所发行40期债券，发行金额324.2亿元。指导国企开展信用评级工作，九龙江集团获得大公国际资信评估有限公司AAA信用等级，成为全市第一家AAA企业。加大股权债权直接融资力度，完成融资765.68亿元，占全年应完成融资额的112.43%。偿还借款本金499.93亿元，没有出现逾期不归还的违约行为。存量借款余额直接融资占比74.95%。全年完成投资298.27亿元。

【监督管理】 2020年，市国资委出台《漳州市国资委所出资企业违规经营投资责任追究实施办法（试行）》等制度文件，完成所出资企业负责人薪酬管理办法、经营业绩考核办法的修订工作及所出资企业工资总额管理办法的制定工作。推进选拔任用和招聘管理工作，引进高层次人才11人，古城、碧湖、下洲3家市级人才驿站出台运营服务制度。

【国企改革】 2020年，市国资委推进漳州东南花都旅行社开展国有企业混合所有制改革及员工持股试点工作，批准东南花都旅行社混改及员工持股试点方案。完成漳州市鱼种场、漳州市向阳剧场、漳州市侨芗剧场的转企改制工作。推进农业、信息、人才集团组建，明确各股东方出资结构，整合划入农业发展集团、信息产业集团和人才发展集团相关企业的资产进行清产核资，落实到位资本金，按资本关系搭建运作子板块。龙轴集团“双百行动”改革任务举措24项已落实完成18项任务举措。

【漳州农业发展集团组建】 2020年7月20日，漳州农业发展集团有限公司（简称漳州农业发展集团）组建，注册资本金5亿元，是市属重点国有企业之一。集团共有权属企业10家，注册地全部在漳州市，其中整合划入6家、新成立4家，整合资产达30亿元。

【漳州人才发展集团成立】 2020年9月29日，漳州人才发展集团有限公司（简称漳州人才发展集团）成立，注册资本5亿元。

（钟元发）

漳州市九龙江集团有限公司

【概况】 2020年，漳州市九龙江集团有限公司（简称九龙江集团）合并资产总额达862.18亿元，比上年增长9.34%；净资产313.22亿元，比上年增长11.96%；资产负债率63.67%，比上年下降0.85个百分点。全年实现营业收入214.75亿元，比上年增长15%；利润总额25.83亿元，净利润20.38亿元；上缴税费15.89亿元、上缴财政3.77亿元。

【融资运作】 2020年，九龙江集团融资345.36亿元，其中：直接融资173亿元、间接融资172.36亿元。年内，获得AAA主体信用双评级，成为漳州市首家AAA主体信用等级双评级企业，打通境内、境外两个资本市场。长期外币发行人违约评级和长期本币发行人违约评级从“BB+”上调至“BBB-（投资级）”。

【古雷石化项目】 2020年，九龙江集团参与古雷腾龙翔鹭整改修复与重组工作，持有福化古雷公司49%股权，间接持有福海创公司44.1%股权。

【“生态+”项目】 2020年，“高峰谷”接待旅客2.68万人次，实现营收490.48万元。在南湖片区配套建设漳州南湖温泉酒店，12月31日开工。

【闽西南发展投资基金】 2020年，闽西南发展投资基金首期规模50亿元，存续期15年，投资期8年，九龙江集团作为有限合伙人，首期认筹3亿元，占各地市出资比例20%。8月17日在中国证券投资基金业协会完成备案手续，进入正式投资运作阶段。

（蒋秋滨）

福建漳龙集团有限公司

【概况】 2020年，福建漳龙集团有限公司（简称漳龙集团）实现年度总资产587.60亿元，比年初增长20.40%；净资产188.20亿元，比年初增长14.57%；营业收入127.39亿元，比上年增长26.91%；净利润7.10亿元，比上年增长256.78%。年度完成融资234.38亿元。计划总投资33.71亿元，完成投资34.19亿元。

【片区开发】 2020年，漳龙集团发起设立总规模30亿元的“漳州城市发展母基金”，参与市级建设，形成“一带多区联动发展”格局，开发南江滨路、长福片区棚改项目、谷文昌干部学院一期项目。

【产业投资】 2020年，漳龙集团助推重点项目漳州“中国女排娘家”基地、“景祥地块”、高新区龙江岁月等项目征迁安置工作。对2011—2018年注入的58家划转企业全面开展清产核资工作，获国资委备案后完成资产注入，增加1.49亿元的有效资产。

【供应链运营】 2020年，漳龙集团通过与厦门象屿、建发、国贸等国企合作，开展氧化铝、铝锭等有色金属和玉米、棉花等农产品的大宗贸易。应急采购并收储玉米1.74万吨，承接并圆满完成春节期间政府平价猪肉供应工作等，参与全市防控物资的储备及运输工作。

（陈玉玲）

福建漳州城投集团有限公司

【概况】 2020年，福建漳州城投集团有限公司（简称城投集团）实现资产总额409.24亿元，比上年增长13.17%；净资产127.58亿元，比上年增长10.40%；营业收入61亿元，比上年增长34.31%；利润总额3.99亿元，比上年增长20.30%；净利润2.71亿元，比上年增长17.35%。年内，落实中小企业和个体工商户房租“减免缓”政策，减免租金1085.79万元，涉及租户484户。

【项目投资】 2020年，城投集团完成投资68亿元。西湖生态园片区6个安居房项目全部封顶，进贤新村（三期）安置房完工，北庙安置房项目完成主体结构验收。大通北停车楼、联丰停车楼、大通北路生态停车场交付使用。延安北路、芳华北路等道路改造提升项目、腾飞路道路改造项目、漳州市第一条地下综合管廊道路项目——金塘路完工。漳州市殡仪馆改扩建项目一期工程交付使用。完成垃圾分类生态流转屋建设208座。漳州市行政服务中心项目完成底板施工。竞得2020P05、2020P06、2020G04地块，储备经营性地产待开发土地14.62公顷。

【融资保障】 2020年，城投集团融资125.37亿元，相关金融机构向集团公司授信余额为64.73亿元。综合资金成本率4.72%，比上年下降0.73%。

【施工总承包】 2020年，城投集团中标市行政服务中心、水仙花保护基地核心保护区一期景观设计施工总承包及运营一体化、东山县西埔镇虎山、庙山公园提升改造工程设计施工总承包及运营一体化等项目。

【运营管理】 2020年，城投集团古城招商发力“夜间经济”，获评“夜间旅游精品示范项目”，古城商圈获评省级示范商圈。闽南水乡商贸街招商出租率达90.4%，与漳州古城一并被列入全市夜间经济重点区域。公共停车板块运营新增停车位344个，以古城片区、碧湖片区583个停车位为试点实行路内停车收费。

（张艺山）

漳州市交通发展集团有限公司

【概况】 2020年，漳州市交通发展集团有限公司（简称交通集团）资产总额407.36亿元，净资产132.35亿元，营业收入35.07亿元，实际上缴税金1.40亿元。拥有下属全资一级子公司、控股公司19家。所属通正公司获得由国家级高新技术企业的认证，成为“国家级高新技术企业”。

【项目投资】 2020年，交通集团投资项目42个，项目总投资350.99亿元，年度计划投资65.2亿元，实际完成投资67.6亿元。云平高速建成通车，国省干线联六线龙文段等一批省市重点项目相继建成或投入使用。

【交通运输】 2020年，交通集团拥有生产经营用车1412辆，客运班线127条。建设30个达达通智能电子驿站，投入200辆公共助力自行车和100辆公共普通自行车，开创全国第一个“由政府购买服务”的公共助力自行车建设运营项目。主城区开通14条免费公交线路，优化调整20条公交线路、新增11条公交线路。与福建省汽车运输集团有限公司签订《合资漳州公交项目框架协议》，双方合作成立的漳州市闽运公共交通有限公司正式揭牌运营。为市直机关单位等提供公务保障用车约1.5万车次，保障里程约191万千米，创造营收约434.4万元。

【港航运营】 2020年，交通集团参与东山大澳渔港经济区开发建设，并购亨立水产食品有限公司，打造集捕捞、加工贸易、冷藏物流等为一体的海洋经济板块。所属轮船公司出手老旧船舶启晨轮、启盛轮，购入一艘5万吨级2009年中国造散货船，推进一艘5万吨级用于内外兼营的散货船的购置工作。

【资本融通】 2020年，交通集团信用评级保持国内联合信用主体AA+，债项评级AA+，国际评级BB+，为漳州区域主体信用等级最高的国企之一。年内，共融资110.43亿元，发行各类直融产品65.2亿元，置换存量债务总额14.4亿元，节省财务成本约6500万元。集团2020年度第二期超短期融资券于3月10日至11日簿记发行，创福建省同级别同期限历史新低。

（欧阳福金）

漳州片仔癀药业股份有限公司

【概 况】 2020年，漳州片仔癀药业股份有限公司（简称片仔癀药业公司）实现营业收入65.11亿元，比上年增长13.78%，实现利润总额19.79亿元，比上年增长20.33%，实现净利润16.90亿元，比上年增长21.80%，上缴税收8.72亿元，比上年增长29.59%。控股子公司实现营业收入38.60亿元，比上年增长11.85%。公司荣膺“2020年全国质量标杆”，在全球投行Torreya发布2020年《全球1000强药企报告》排名中，从2019年的第80位上升至第49位，位居中国前10强；位列“2020年胡润品牌榜”医疗健康行业第1位。片仔癀品牌以566.96亿元居“2020年中国最具价值品牌100强”第55位，以304.55亿元居“2020年中华老字号品牌价值排行榜”第2位。连续4年蝉联“中药大品种科技竞争力”排行榜清热解毒领域第一名，连续5次通过国家高新技术企业认定。

【疫情防控】 2020年，片仔癀药业公司紧急转扩产口罩，做好口罩生产、收储、调拨工作。年内，投入8500多万元，向社会平价供应7500多万片口罩。组织科研团队开展“清肺排毒汤”颗粒工艺研制和质量标准攻关工作，生产43万剂“清肺排毒汤”颗粒，无偿捐赠国家中医药管理局、外交部、移民管理局和湖北武汉、新疆等部门和地区，并通过福建省等援外医疗队捐赠俄罗斯、意大利等国家用于新冠肺炎疫情的治疗。向武汉等地捐赠片仔癀胶囊、藿香正气水等药品。

【研发创新】 2020年，片仔癀药业公司在研新药项目11个。其中，化药1类创新药PZH2111片和PZH2108片获国家药品监督管理局《药物临床试验批准通知书》，治疗广泛性焦虑症新药PZH1204、治疗肠易激综合征PZH1201、治疗骨关节炎新药PZH1203进入临床研究阶段。完成清肺排毒颗粒研制生产任务，是国家首次特殊审批的3.2类新药清肺排毒颗粒的唯一委托生产企业。开展片仔癀治疗肝病、质量标准及临床研究项目40余项，片仔癀增加治疗中晚期原发性肝癌功能主治取得《药物临床试验批准通知书》。“治疗肠易激综合征药物的研究开发”等3个项目被列入福建省省级技术创新重大项目，“名优中成药片仔癀治疗肝癌二次开发研究”等6个省部级科技项目通过验收。“片仔癀及其制剂在制备促进难愈性创面愈合的药物中的应用”等43项专利获受理，其中发明专利申请36项。检测中心通过CNAS认可复审和变更评审。

【名片打造】 2020年9月29日，片仔癀科技大楼建设项目开工。年内，“片仔癀”号山东航空飞机冠名，片仔癀在上海白玉兰广场亮灯，“片仔癀”号鼓浪屿渡轮盛装启航。截至年底，冠名“片仔癀”号高铁19组。

（林 毅）

福建龙溪轴承（集团）股份有限公司

【概 况】 2020年，福建龙溪轴承（集团）股份有限公司（简称龙轴集团）资产总额29.43亿元，比上年增长6.58%，归属于集团本部所有者权益20.51亿元，比上年增长5.74%；集团营业收入11.59亿元，比上年增长22.48%，利润总额1.64亿元，比上年增长8.86%；归属集团母公司所有者净利润1.49亿元，比上年增长2.22%。

【拓展“三新”市场】 2020年，龙轴集团创新实施产业链、供应链、价值链、创新链“四链合一”策略，国内市场销售收入比上年增长37.5%；国内外“三新”市场销售收入比上年增长25%；挺进全球高端产业，对全球工程机械巨头卡特彼勒销售比

2020年12月31日，龙轴集团协同明鑫等公司员工日夜赶工，短时间内研制生产出全自动医用口罩生产线，有效缓解漳州市口罩生产线不足局面。图为口罩生产线研发攻关小组工作现场（龙轴集团 供图）

上年增长21.5%；航空军工市场销售收入比上年增长71%；发挥母合效应，权属企业销售收入比上年增长22.5%。

【技术创新】 2020年，龙轴集团研发新产品802种，申报专利29项，其中发明专利15项；授权专利8项，其中发明专利4项。负责起草的JB/T14003-2020（关节轴承 PTFE织物衬垫型自润滑轴承）和JB/T14004-2020（关节轴承 零件热处理 技术条件）两项行业新标准获批发布。新一代模塑自润滑轴套通过AS81934标准鉴定试验，达到国际先进水平。直径达1.72米的全球最大自润滑关节轴承研制成功。囊括4项国防科工局第二、三批基础机电产品科研项目，获批国拨经费2500多万元。通过中国商飞供应商综合能力评估，舱门系统结构国产化拉杆产品成功研制，为拉杆产品在ARJ21、C919上全面实现进口替代奠定坚实基础。

【项目运作】 2020年，龙轴集团出资1.37亿元购买福建力佳股份有限公司土地、厂房及部分通用设备，统筹解决延安北厂区整体搬迁、关节轴承业务整合及产能扩张存在的场地不足问题。出资1000万元参股漳州人才发展集团有限公司，股权占比2%。权属企业福建省永安轴承有限责任公司出资设立福建永裕德贸易有限公司，注册资本2000万元，公司股权占比88.29%，做大供应链贸易业务，扩大经营规模。

（吴志聪）

福建漳州发展股份有限公司

【概 况】 2020年，福建漳州发展股份有限公司（简称漳州发展）资产总额70.97亿，比上年增长29.05%；净资产24.63亿元，比上年增长3.65%；营业收入31.16亿元，比上年增长9.58%；实现净利润1.33亿元，比上年增长28.68%；累计缴纳税费1.27亿元。

【项目建设】 2020年，漳州发展完成项目投资30.23亿元，比上年增长25.69%。漳州第二水厂改扩建项目于年底竣工，日制水量由15万吨提升至25万吨。第三水厂项目完成主体施工任务，日制水量10万吨。东墩污水厂（二期）项目A区正式投产，污水日处理量6.5万吨。漳浦万安生态开发项目一期县城区东部污水处理一厂项目完成竣工验收，污水日处理量1万吨。马洲污水厂一期项目主体工程完工，进入设备安装。漳州市区内河水环境综合整治PPP项目，累计完成投资24.2亿元，全面消除漳州市中心城区黑臭水体。南靖农污项目完成第一批12个村的管网、污水站施工。

【水务业务】 2020年，漳州发展水务集团资产总额10.85亿元，净资产2.57亿元；全年制水量1.06亿吨，比上年增长5.01%；全年售水量7673.85万吨，比上年增长6.94%；污水处理量7065.28万吨，比上年增长15.25%。完成老旧小区供水改造项目34个。完成4.3万户水表的升级、更新改造任务。公司组建联合体中标芗城区城乡供水一体化建设项目。

【汽贸业务】 2020年，漳州发展新车销售1.1万台。先后取得货拉拉平台漳州、福州区域的授权代理，获得吉利远程新能源物流汽车项目授权。开展城际物流业务模块，与滴滴出行、橙心优选、好菜到、菜鸟驿站、优客、万全速配等城市配送中心开展合作，探索形成闭环货、车、司机的新能源物流车新销售模式，成为漳州区域城际配送运力主要提供商。

2020年10月6日，东墩污水处理厂二期建成投用（漳州发展 供图）

【地产开发】 2020年，漳州发展旗下漳发名都、晟发名都、晟水名都、尚水名都4个在售项目及国贸润园项目累计销售241套，销售面积1.72万平方米，销售金额合计1.57亿元，累计签约208套，签约1.61万平方米，签约金额1.47亿元，在售项目回款2.73亿元。11月，山水名都项目正式开工建设。

（杨 洋）

漳州投资集团有限公司

【概 况】 2020年，漳州投资集团有限公司（简称漳投集团）合并总资产达34.66亿元，净资产25.44亿元，营业收入1.63亿元，利润总额5543.16万元，归属母公司净利润3359.28万元，投资总额3.55亿元，上缴税收2032万元。

【基金运营】 2020年，漳投集团发放应急周转金、小微企业贷款基金、市技改贷款风险补偿资金等政策性基金贷款146笔，金额达7.47亿元。代表漳州市出资1.24亿元参股的福建省企业技术改造投资基金，截至年底，借助该基金进行技术转型升级的漳州企业达24家，签约及投放技改项目26个，累计签约金额25.98亿元，累计投放金额25.32亿元，位居全省各地市项目数第一位。

【担保业务】 2020年，漳投集团下属两家担保公司在保余额合计18.05亿元，比上年增长5.0倍；在保企业合计730家，比上年增长8.50倍；合计放大3倍，比上年提高8.09倍。

【典当业务】 2020年，漳投集团下属两家典当公司受理89笔典当业务，累计放款2.09亿元。其中，下属企业晟发典当公司累计发放当金1.12亿元，下属企业漳信典当公司累计发放当金0.97亿元。

【产业股权基金投资】 2020年5月，漳投集团下属企业产业股权公司注册成立子基金漳州市鑫投海资新兴产业投资基金，基金总规模2亿元。基金已投资科晖汽车、象圆新材料、乐吃购、春天生态4家企业，投资金额1.08亿元。子基金鑫投食品基金、子基金漳投股权基金和下属企业金信财务公司，对项目企业福建万辰生物科技有限公司进行3轮投资，累计投资金额5252.72万元，持股比例5.49%。

【PPP投资】 2020年，漳投集团下属企业鑫信建投公司投资建设的芗城区城中村与农村生活污水收集与处理PPP项目完成项目投资，南靖县S318（联十四）线靖城棋盘社至牛崎头段公路工程PPP项目完成南靖段建设用地前期报批工作。参与龙文区学校基础设施组团建设工程PPP项目的招投标工作。

（吴武滨）

漳州市旅游投资集团

【概 况】 2020年，漳州市旅游投资集团（简称旅投集团）资产总额58.64亿元，营业收入12.57亿元，完成各县区旅游项目开发建设投资额约7.05亿元。年内，旅投集团应对疫情求“变”创新，深入挖掘整合漳州全域旅游资源，坚持“共建共享”理念，推广“全域旅游卡”，让更多的漳州市民享受旅投发展带来的“福利”，获“福建省旅游产业龙头企业”荣誉称号。

【经营管理】 2020年，旅投集团旗下漳州宾馆被中央文明委授予“全国文明单位”称号，获“2020携程酒店口碑榜最受欢迎酒店”称号。北京漳州宾馆于10月揭牌试营业，接待厅级领导18批次，429人次。华安官畲荣获第二批全国乡村旅游重点村和中国美丽休闲乡村称号。谷文昌干部学院接待培训班次174个，培训学员10247人次，被中组部列入干部党性教育基地备案目录。

【投资建设】 2020 年，旅投集团投资东山马銮湾旅游综合体项目、芗江酒店商业综合体项目、北京漳州宾馆装修改造项目等 11 个，完成年度投资 7.056 亿元。

2020年10月19日至25日，西藏林芝市巴宜区疫情防控工作人员赴福建疗养。图为欢迎会后疗养团在接待中心合影 （庄绿芳 摄）

【研学教育实践基地】 2020年，作为省职工疗养基地和公务员培训基地教学点，东南花都举办漳州国际水产养殖产业和各类花展、车展等多项活动，研学教育实践基地引入闽南传统文化研学旅游线路，为漳州市唯一组织外出、串连周边研学线路的基地。6 月，东南花都与西藏合作方签订合作协议，接待西藏机关单位疗休养团 7 批次 220 人次。

（杨庆雄）

漳州信息产业集团有限公司

【概 况】 2020年6月30日，漳州信息产业集团有限公司（简称漳州信息产业集团）成立，注册资本金10亿元。年内，合并总资产达1.48亿元，净资产1.36亿元，集团营业收入1952万元，利润总额293万元，归属于母公司净利润112万元，负债率7.80%，上缴税收3.22万元。

【产业布局】 2020年，漳州信息产业集团通过新增设立权属企业和接受划转企业，累计完成对外投资2502万元，确立产业投资及园区建设、信息化集成应用、数据服务和开发、电子商务四大业务板块。

【项目建设】 2020年，漳州信息产业集团承建“漳州智慧停车”项目，采取“地磁+手持智能终端（PDA）模式”及“高位视频模式”两种前端设备进行车辆数据采集。与美亚柏科签署项目投资意向书，共同投资研发生产信创服务器。

（张荣乐）

责任编辑：陈坤山

应急管理

·综 述·

【信息化建设】 2020年，漳州市应急管理局（简称市应急局）完成市应急指挥值班会商室建设，配合省应急局开展防汛防台、森林防灭火、危险化学品等企业隐患数据汇聚，已录入系统的3955家企业开展自查自纠3072次，累计上报隐患数869条，实施线上执法检查669次，数据总量达2.24万条。

【应急演练】 2020年，市应急局组织开展贴近实战的应急演练。与古雷开发区管委会联合举办漳州市危险化学品事故综合应急演练，首次运用应急指挥系统实现远程调度指挥。举办防汛防台风桌面推演，邀请全市减灾委成员单位参加，提升防汛干部指挥决策能力和应急处置水平。

【队伍建设】 2020年，市应急局指导推动漳州蓝天救援队、漳州龙溪救援队等社会救援队伍规范化、专业化建设，主动对接厦门曙光救援队在漳设立分队。建立漳州市应急管理专家库，下设12个专业、156名专家，为全市应急管理、安全生产提供有力技术支撑。

【应急宣传】 2020年，市应急局牵头市气象、地震、消防等部门和各地减灾办做好“5·12”国家减灾日、“10·13”世界减灾日等重点防灾减灾宣传活动，提升群众知灾防灾、自救减灾能力。市安办联合漳州电视台组织突击暗访，先后制作9期电视新闻系列节目进行隐患曝光，倒逼问题整改。开展“安全生产月”“八闽安全发展行”等系列活动，提高群众防灾避险和自救互救水平。市消防救援支队将消防宣传公益广告融入农村电影放映工程，累计放映350场次；联合市电视台制作播放8期消防专题节目；指导漳州卫生职业学院组建“高校志愿消防大队”，打造消防志愿队伍品牌；推出30个消防系列漫画，制作抖音消防rap饶舌音乐，拓宽社会化消防宣传渠道。

·安全生产监督管理·

【概 况】 2020年，全市共发生各类生产安全事故125起，比上年减少1起；死亡75人，比上年减少36人。全年未发生较大生产安全事故，全市安全生产形势保持平稳。针对2020年新冠肺炎疫情特殊时期，市应急局对涉医涉疫、防疫物资生产经营等重点行业领域，运用视频调度会商、电话督促指导、微信微博提醒、组织志愿服务队点对点服务、推行“不见面”审批等方式，加强安全监管和安全服务，全力服务保障疫情防控和复工复产安全。

【安全隐患排查】 2020年，市应急局牵头做好全市安全生产隐患大排查大整治和专项整治三年行动，实现县区全覆盖抽查，消除一般安全隐患44025项、重大安全隐患37项，责令停产停业109家，取缔关闭123家。联合市体育局、市城市管理局等部门开展游泳场所、文保单位等专业性督查检查12次，推动行业安全形势稳定。完成工贸行业隐患排查导则的编制。试点推进隐患排查治理体系建设。

【“三无”船舶整治】 2020年，针对“三无”船舶（无船名船号、无船舶证书、无船籍港的渔业船舶）管控盲区，漳州市创新出台《漳州市关于进一步加强海上（水上）安全工作的若干意见》，严厉查处“三无”“三证不齐”船舶（有效渔业船舶检验证书、船舶登记证书、捕捞许可证不齐的渔业船舶）从事采砂、旅游、休闲垂钓等行为。

【危化品安全整治】 2020年，市应急局配合国务院危化品重点县区帮扶指导组对古雷石化企业开展隐患排查，共排查隐患298处，已整改234处。出台漳州市《关于全面加强危险化学品安全生产工作的实施方案》及配套重点工作落实方案，开展黑加油站点专项清理，取缔查处黑加油点112处、查封油品159.87吨、处罚81.35万元。

【水上安全整治】 2020年，市应急局开展涉海非法采（运）砂船舶综合治理行动和集中打击乡镇船舶违法违规专项行动，查获违法违规665艘，禁止离港55艘、责令自行拆解21艘，政府集中拆解333艘，集中拆解率比上年增加47.3%。

【房屋结构安全整治】 2020年，市应急局全面排查集中隔离健康观察场所及擅自改变功能、无资质设计、无资质施工房屋等九大类型房屋，全市共排查房屋135.6万栋，处置重大安全隐患房屋2.14万栋。

【铁路沿线安全隐患专项整治】 2020年，市应急局开展铁路沿线安全隐患整治专项行动，按时完成福建省安全生产委员会办公室下达的450项安全隐患整治，对2019年遗留的漳浦、南靖县4处地方35千伏电力线路上跨高铁问题全面实施推进，铁路方面出资的150万元全部拨付到位。

【散货船清理整顿】 2020年，市应急局联合交通运输部门对全市296艘内河运输的散货船进行清理整顿，先后注销或转籍登记187艘，督促龙海玉枕渡口安全改造、渡船安全管理等工作落实。

【电动自行车消防安全管理】 2020年，市应急局联合工信、公安、住建、市场监管、城管、消防救援等部门出台《漳州市加强电动自行车消防安全管理工作方案》，规范电动自行车消防安全管理。实施“生命通道”整治，全市完成182个（1145幢）无物业住宅小区消防设施维修改造。加快既有住宅小区电动自行车智能充电桩的安装工作，推动全市742个小区安装电动自行车智能充电桩，同比上年增加83个小区，新增充电桩1584个、智能充电插座5637个，降低电动车充电风险。

【首创安全生产工作监督意见机制】 2020年4月，漳州市首创《漳州市安全生产工作监督意见机制（试行）》，对全市各级各部门在贯彻落实安全生产有关规定、安全生产监督和隐患治理过程中存在漏洞、瑕疵、问题，提前作出警示性、提醒性督办要求，全年先后对龙海市、漳州高新区、台商投资区，市海事局、市体育局、市教育局存在的问题下达意见书，推进其全面落实监督意见和要求。

【市重大安全隐患问题挂牌督办制度出台】 2020年4月，《漳州市重大安全隐患问题挂牌督办制度（试行）》出台，重大隐患范围及挂牌督办事项，对大排查大整治发现的37项重大隐患实施挂牌、推动和跟踪，确保重大安全隐患全部整改闭环。

【“智慧用电”系统试点推广】 2020年5月，《漳州市试点安装智慧用电系统工作方案》印发，在全市养老、学校、文博、医疗等公益性行业机构试点推广“智慧用电”系统，年内完成试点811台套安装。

·防灾减灾救灾·

【概 况】 2020 年，漳州市受灾人口 33405 人，紧急转移安置人口 21605 人，集中安置人口 9312 人，分散安置人口 12230 人。农作物受灾面积 1.7 万公顷，倒塌房屋 34 间，严重损坏房屋 81 间，一般损坏房屋 1254 间。全市直接经济总损失 12.9 亿元，其中农业损失 7.79 亿元。全年共接收省级下达中央自然灾害救灾资金 2063 万元（冬春救助资金 63 万元、省自然灾害生活救助资金 1000 万元、中央自然灾害救灾资金 1000 万元），已全部下发至受灾地区。

【自然灾害防治】 2020年，市应急局联合水利、气象、海洋与渔业、自然资源等部门强化自然灾害监测，密切监视、科学研判全市汛情、雨情、风情、水情等自然灾害情况，全年共向市委市政府上交报告2次，为市委市政府自然灾害防治提供决策依据。初步拟定漳州市自然灾害普查总体实施方案、漳州市自然灾害防治重点工程建设方案。

【防汛防台风】 2020年5月1日零时起，各级防汛抗旱指挥体系开始运行，实行应急、水利合署办公。同时调整充实市减灾委员会组成单位和人员，细化明确成员单位工作职责。全市全年启动防台风暴雨洪涝应急响应14次，干部下基层1.87万人次，转移受威胁群众4.63万人次，有效防御13场暴雨和5个影响台风的侵袭，其中“米克拉”台风正面登陆漳浦，造成全市受灾人口3.29万人，农作物受灾面积1.44万公顷，倒塌房屋18间，直接经济总损失12.11亿元，全年无人因灾死亡。

【森林防灭火】 2020年，森林防灭火指挥部办公室及相关职责由林业部门转隶至应急部门，1月1日零时起全市各级森林防灭火指挥体系开始运行。7月，漳州市在全省率先出台《漳州市规范野外农事用火管理指导意见》，开展打击林区违法用火行为、森林重大火险隐患排查等专项行动。全市全年共发生森林火灾8起，受害森林面积14.9公顷，森林火灾起数和受害森林面积保持低位运行，未发生重特大森林火灾和人员伤亡事故。

【自然灾害避灾点安全隐患排查】 2020年，市应急局开展自然灾害避灾点安全隐患大排查大整治，下发《关于印发全市自然灾害避灾点安全隐患大排查大整治实施方案的通知》，对全市2133个自然灾害避灾点的房屋结构安全、通风排水、消防、应急通道等安全隐患进行排查，发现安全隐患7个，已全部完成重新选址。全市完成避灾点提升建设39个。

【救灾物资储备管理】 2020年，《漳州市救灾物资储备管理细则》印发，对救灾物资采购、经费保障、日常储备、调拨发放、使用回收、监督处罚等管理工作进行细化、量化，救灾物资储备管理工作更加规范化、制度化、标准化。全年用于市级救灾物资采购使用资金322万元，主要采购大衣、棉被、毛巾被、帐篷、折叠床等，逐步形成救灾物资储备网络体系，至年底市级救灾物资储备帐篷400顶、折叠床1000床、棉被1万床、大衣1万件、毛巾被6000床、应急灯604盏、太空被500床、汽油发电机11台等生活类物资。

【减灾示范社区建设】 2020年，市应急局联合气象、地震、消防等部门，指导、推动各地推进国家综合减灾示范社区创建、提升工作。全市共申报6个全国综合减灾示范社区。分别为龙文区蓝田街道毅阳社区、东山县铜陵镇码头社区、诏安县白洋乡阳山村、南靖县奎洋镇永美社区、长泰县武安镇文泉社区、平和县山格镇新陂村，均通过国家减灾委评定。

【农村住房责任保险】　2020年，市应急局全面做好全市农村住房叠加保险和自然灾害公众责任险。2月初，完成市、县两级农房叠加保险协议签订工作，14个县（市、区）、开发区完成自然灾害公众责任险招标续保工作。全市农房参保95.19万户，覆盖率100%，全市公众责任险参保434.32万人。

（林艺林）

2020年3月7日，市消防救援支队增援泉州市鲤城区欣佳酒店坍塌事故救援。图为救援现场　（郑伟帅　摄）

·消防工作·

【概　况】　2020年，市消防救援支队共接警出动3947起，抢救疏散被困人员744人，抢救财产价值近6亿元。完成抗击“米克拉”台风抢险救援、泉州“3·7”欣佳酒店坍塌事故和龙岩“7·12”卓越新能源爆炸起火事故增援处置等急难险重任务。支队被市委、市政府荣记集体二等功，被应急管理部消防救援局评为全国执勤训练工作先进单位，下属古雷消防救援大队荣获“福建省五一劳动奖状”。

【消防执法】　自2020年5月起，市消防救援支队开展为期5个月的优化执法营商环境专项整治，着力规范执法行为，提高消防服务质量。在全市全面推行乡镇消防委托执法，联合行业部门试点推行全市商业综合体、医院等六类场所消防安全标准化管理。紧盯重点场所，加大监督执法力度，全年累计检查社会单位6313家次，督改消防隐患4897处，临时查封29家，责令“三停”24家，行政处罚601家，排查发现“三合一”场所1.45万家，清理住宿人员9871人，落实技术改造1.04万家，整改率达90%以上。

【消防演练】　2020年，市消防救援支队深入开展全员岗位大练兵，全年开展支队级跨区域灭火救援演练12场次，承办全省地震救援实战演练、全省化工灭火救援培训班，专业救援能力得到提升。建成全省首个应急救援绳索综合训练塔、3个水上训练设施，改装3类危化品槽车用于实训教学。

·小资料·

三合一：集生产、仓库、住宿为一体的场所。

三停：停止施工、停止使用、停产停业。

（章辛彬）

责任编辑：张慧华

农业农村

·综述·

【产业强镇示范建设】 2020年，龙海市东园镇入选2020年农业产业强镇建设名单，获得财政部补助资金1000万元。入选2018年全国农业产业强镇示范建设名单（青梅产业）的诏安县太平镇实施示范项目8个，总投资2955万元。入选2019年全国农业产业强镇示范建设名单（茶叶产业）的南靖县书洋镇，实施示范项目18个，总投资2400万元。

（郭庆亮）

【农村创新创业建设】 2020年，平和县入选第三批全国农村创业创新典型县名单，南靖县王静辉入选第四批全国农村创业创新优秀带头人典型案例名单。第二届全市农村创业创新大赛举办，筛选培育农村创业创新创意项目参加省赛，选送项目获得全省农业农村创业创新创意大赛一等奖，漳州市农业农村局获评“优秀组织奖”先进单位。云霄县共信电商文创园发展有限公司等4家园区、企业入选第二批全省农村创业创新园区（基地）目录。

（郭庆亮）

【乡村特色产业】 2020年，云霄下河杨桃、漳浦六鳌地瓜、诏安青梅、天宝香蕉、漳浦六鳌海带、漳浦六鳌紫菜、东山亲营紫菜入选2020年全国乡村特色产品名单。

（郭庆亮）

【农业可持续发展】 2020年，全市化肥、农药使用量分别比上年减少4.38%和3.53%，畜禽粪污资源化利用率达98%，规模养殖场粪污处理设施装备配套率达到98%以上，大型规模养殖场粪污处理设施装备配套率达100%。秸秆综合利用率达98%，废弃农膜回收率达90%，推广生态果茶园、有机肥替代化肥、病虫害绿色防控和统防统治、农田废弃物回收利用、生态农业循环模式、生态农业乡村旅游产业融合等具有漳州特色的农业绿色发展模式。《漳州市“生态＋”高效外向型绿色农业模式》入选福建省农业农村厅推介《第一批农业绿色发展典型模式》。

（吴文通）

【农产品质量监管】 2020年，全市共有3032家具备生产基地的食用农产品生产企业、合作社、家庭农场等生产主体，纳入福建省食用农产品合格证与一品一码追溯并行系统，开具农产品合格证或者赋码准出17.57批次。全市共快检食用农产品88724批次，总体合格率为99.1%，省对市农产品质量安全监督抽检总体合格率为99%，未发生重大农产品质量安全事件。漳浦、诏安、长泰、南靖确定为第三批省级农产品质量安全县创建试点单位。新增无公害农产品、绿色食品、有机农产品及农产品地理标志产品41个，创建水果、蔬菜、茶叶、畜禽、食用菌优质标准化示范基地56个。

（李开拓）

【安全防控防治】 2020年，市农业农村局调拨禽流感疫苗2850万毫升、生猪口蹄疫143万毫升、牛羊口蹄疫34万毫升、小反刍兽疫4.7万头份。开展家禽禽流感、非洲猪瘟等病原学监测1.43万（羽）份，家禽禽流感等血清学抗体检测2.11万份，强制免疫病种平均免疫抗体合格率均超过90%。全年围绕实施农药减量增效行动和农作物病虫害防控，开展绿色防控与统防统治融合。主要农作物病虫草鼠害发生面积102万公顷次，防治面积143.69万公顷次，挽回粮食损失4.28万吨，挽回果蔬损失8.29万吨。完善省级农作物病虫害监测重点县7个，建立农作物病虫害监测点97个，全市已有农作物病虫害专业化防治服务组织107个，经工商、民政部门注册且在农业部门备案81个，从业人员1140人，拥有无人航空喷雾机70台。实施病虫害绿色防控48.93万公顷次，病虫害统防统治27.7万公顷次。草地贪夜蛾累计发生567.13公顷，累计防治1014.04公顷，株受害率控制在3%以内，没有造成产量严重损失。农业检疫性病虫得到控制，全年红火蚁防控面积6370.5公顷，防控处置率76.5%。

（曾中华 陈景辉）

【农用薄膜回收利用】 2020年，全市各县（市、区）农业农村局通过开展农膜回收宣传培训，充分推广集约化育秧育苗和防虫网育秧，指导农业生产经营者继续推广使用加厚地膜，在现代农业园区、设施农业重点区域等全面开展废旧农膜回收行动，全市农膜回收率达90%以上，保持稳定状态。

（朱旭辉）

【农资打假与质量安全】 2020年，市农业农村局实施《2020年漳州市农资打假专项整治方案》，组织执法人员培训9期次246人次，开展以放心农资下乡进村宣传活动为主的普法宣传活动12场次，走进企业、入店宣传活动2500场次，发放各类宣传材料近3.09万份，悬挂宣传条幅117条，网络宣传156多万条次，组织从业人员培训1120人次，接受农民群众现场咨询3800多人次，进村入户宣传16个村145户。出动执法人员10131人次，检查农资生产经营企业5723家次，完成各类农资产品抽检619批次，其中执法抽检409批次。立案查处农资和农产品质量安全领域案件91起，移送公安机关2起，罚没款78.35万元。有2613家农资企业被纳入农资监管信息平台，开展平台网上巡查47234次，核查平台企业录入情况943家，下达责令整改400余家，清理各类不符合纳入监管平台企业51家。累计群众135万人次实名制购买农资，有农资品种1.57万种、102万吨农资产品购销情况实施网上监管。

（黄光线）

【饲料与兽药监管】 2020年，市农业农村局开展辖区内饲料和饲料添加剂生产许可行政审批工作，发放饲料生产许可证20张，饲料添加剂生产许可证1张。全市共有饲料生产企业99家，饲料工业总产量达356.15万吨，总产值121.09亿元。开展饲料领域安全生产企业隐患排查340家次，发现隐患220个，整改220个；开展专项整治148次，检查生产经营单位243家次。联合省农业农村厅对9家饲料生产企业开展双随机监督检查，现场提出整改28个，已完成整改28个，整改率100%。全市饲料和饲料添加剂生产企业没有发生过生产安全或质量安全事故。新增通过市级规范验收12家。开展兽药经营企业大清查，全年兽用抗菌药比上年下降11.9%。兽药生产企业1家、有效持证兽药经营企业170家，入网率和可追溯率100%。开展兽用抗菌药专项整治行动，出动检查人员2739人次，共检查兽药生产企业3家次、兽药经营企业181家次、养殖场等兽药使用单位433家次。开展兽用抗菌药规范使用培训13场次，参加培训352人次；开展宣传活动9次，发放宣传材料812份。加强兽药生产企业例行监督检查，兽药使用环节双随机检查，督导各县（市、区）开展兽药经营许可并协助开展GSP验收现场审核工作。

（林俊升）

【生态能源管理】 2020年，市农业农村局在土壤重金属污染治理方面，对安全利用类耕地落实安全利用措施7367.99公顷，对严格管控类耕地落实严格管控措施123.97公顷，受污染耕地安全利用率达93.2%。完成71个国控监测点的土壤和农产品样品协同采集，790个省控监测点的土壤和农产品样品协同采集、制备、流转和检测等工作任务。在农业生态建设方面，开展化肥农药等农业投入品减量增效、畜禽粪污资源化利用等专项行动，强化农业面源污染源头治理。完成第二次全国污染源普查工作，漳州市农业农村局被国务院第二次全国污染源普查领导小组办公室授予“第二次全国污染源普查表现突出的集体”称号。在农村沼气安全生产方面，举办安全生产培训班12期，发放宣传手册及材料9667份(册)、张贴宣传标语、挂图等7182张、制作警示牌212个、发送手机短信1373条等，组织621人次、82个检查组（队）或指导组（队）等，排查或调研大中型沼气工程（包括黑膜沼气池）38个、农村户用沼气池及养殖小区和联户沼气工程9964户，发现安全生产隐患111个，全部整改到位。

（林永忠）

【秸秆资源化利用】 2020年，全市通过组织各县（市、区）农业技术推广部门开展秸秆综合利用工作，持续推动提升秸秆综合利用水平。通过土肥能源站推动秸秆“肥料化”“能源化”综合利用；通过畜牧站推动秸秆“饲料化”综合利用；通过经作站推动秸秆“基料化”综合利用；通过农机服务中心推动秸秆“原料化”综合利用。截至年底，全市农作物秸秆综合利用率保持在98%左右水平。

（朱旭辉）

【土壤肥料推广】 2020年，全市化肥使用量为32.9万吨，比上年同期减少1.18万吨，粮食作物肥料利用率提高至40%。开展化肥减量增效示范，建立30个土壤改良、地力培肥和化肥减量增效示范片。推广测土配方施肥面积28.25万公顷。在平和、华安、漳浦、东山、诏安等5个示范县，推广商品有机肥2.48万公顷，鼓励和引导农民自己堆沤农家肥，推广应用有机肥22.28万公顷。采用等间距法分别确定漳州市闽南粤中农林水产区区域耕地质量等级划分标准，得出漳州市耕地质量等级面积加权平均值为3.93，比上年耕地质量等级均值提高了0.2个等级。

（丁　文）

【高标准农田建设】 2020年，全市完成高标准农田建设任务1.37万公顷，其中，高效节水灌溉任务395.3公顷。漳浦等7个县（区）10个项目10194公顷被列入全省建设示范片。完成农业水价综合改革建设任务12.26万公顷，涉及97个项目，每个项目配套1个量水堰。完成总投资额达3.57亿元，超额完成指标任务，其中市级财政配套资金1002.2万元。年内，漳州市代表全省接受并通过农业农村部评估。

（何幼群）

【农业物联网及益农信息社建设】 2020年，市农业农村局投入补助资金140万元，建设市级智慧农业项目5个。全市共建成省级现代农业智慧园5个、省级农业物联网应用基地17个、市级智慧农业示范点26个，涵盖蔬菜、水果、茶叶、花卉、中药材、食用菌、畜禽、水产等特色产业；建成1341个益农信息社站点和11个县级运营中心，其中标准站325个、专业站538个、简易站478个。诏安县在益农信息社运营工作的经验做法受到省政府领导和省农业农村厅主要领导批示肯定。

（陈嘉林）

·种植业·

【概　况】 2020年，漳州市农业农村经济实现农林牧渔业总产值919.75亿元，比上年增长3.3%；农村居民人均可支配收入21103元，比上年增长6.1%，连续11年高于全市城镇居民收入增幅。水果面积11.79万公顷，总产量357.98万吨，比上年增长3.53%；茶叶面积1.84万公顷，产量5.82万吨，比上年增长4.11%；食用菌产量（鲜品）79.56万吨，比上年增长8.6%。中药材面积2320公顷；产量7.62万吨，比上年增长69.3%。

（陈嘉林　蔡建兴）

【农村经济运作】　2020年，市农业农村局继续推进农村经济运作。农村集体产权制度改革方面，全市1652个村（居）完成农村集体资产股份合作制改革，1652个村（居）完成集体经济组织登记赋码工作。农村土地承包与流转管理方面，加快推进农村承包地确权登记颁证收尾工作，农村土地流转管理服务，引导土地经营权规范有序流转。农村集体资产管理方面，开展2018年和2019年农村集体资产年度清查、村级债务摸底调查和村（社区）资金管理存在问题集中整治等工作，进一步规范农村集体“三资”监督管理。家庭农场和农民合作社方面，启动家庭农场培育计划，首次评选全市“十佳”家庭农场和“十佳”农民合作社，并在全市现代农业发展大会进行表彰和授牌。全年新增42家省级家庭农场示范场和9家省级农民合作社示范社，评选73家市级家庭农场示范场和17家农民合作社示范社。

（李正友）

【农业生产建设】　2020年，全市粮食播种面积6.17万公顷，比上年增长1.34%；粮食总产量为41.24万吨，比上年增长1.05%。推进漳浦、云霄县2个粮食产能区增产模式攻关与推广项目1286.4公顷建设，在漳浦、云霄、龙海等地建成24个水稻工厂化集中育秧基地。组织实施2个全国粮食（诏安水稻、东山甘薯）绿色高质高效创建项目县建设，创建示范基地2144公顷。落实耕地地力保护补贴政策，全市耕地地力补贴资金发放资金1.55亿元，其中，直接发放到户1.50亿元，受益农民70.01万户；种粮大户奖励83.14万元，受益农民159户；代交水稻保险保费中农民承担部分401.45万元，受益农民13.88万户。完成水稻生产功能区划定，全市8个县（市）共完成水稻生产功能区划定面积7.14万公顷。水稻生产功能区划定成果，通过省级和国家审核确定。

（林锦辉）

【经济作物生产】　2020年，市农业农村局发挥全市3.10万公顷各类型蔬菜设施大棚功能，发展6030公顷优质设施蔬菜。组织实施10个2020年度蔬菜新建优质农产品标准化示范基地，核心基地生产规模167.5公顷以上。组织诏安县蔬菜绿色高质高效创建项目验收，建设15个集中连片3.35公顷以上的规模蔬菜绿色高质高效创建示范片，示范推广面积达134公顷以上。培育发展蔬菜集约化育苗主体，组织全市32个蔬菜生产各类企业、合作社、农场、大户，采用穴盘育苗式进行集中规模育苗，年总育供苗能力4.83亿株，年实际育供苗数量3.74亿株，可供蔬菜种植面积

2020年12月6日至10日，海峡两岸新型农民果茶培训班在漳州科技职业学院举办。图为培训会现场　（市农业农村局　供图）

2137公顷。发展“南菜北调”优势蔬菜产业，组织实施建立150个蔬菜秋冬种百亩示范片，发挥示范带动作用，全市秋冬种蔬菜面积达3.35万公顷以上、产量90万吨以上，蔬菜生产实现周年稳产保供。开展省级优质水果、茶叶、食用菌标准化示范基地建设，建设13个水果、7个茶叶、9个食用菌标准化示范基地。年内，推动品种结构优化，全市高接换种荔枝0.12万公顷。实行有机肥替代化肥、绿色防控替代化学防控、统防统治替代分散防治等3个替代， 推广茶园套种名贵树种、生草栽培、梯壁留草等，增加茶园生物多样性和土壤有机质含量。建设福建哈龙峰茶业有限公司、漳州九龙江阳明投资有限公司、福建硒龙生态农业有限公司等58个不使用化学农药茶叶绿色生产示范基地，生态茶园占全市茶园面积的98%。

（林锦辉 蔡建兴）

【种子工程建设】 2020年，全市落实种子储备资金108万元，共储备杂交稻种子7.2万千克，可种植面积6432公顷。建立省级农作物优质、特色新品种核心展示示范片点34个，面积424.71公顷。其中优质稻新品种展示示范片点28个，面积357.78公顷；旱作、蔬菜新品种展示示范片点6个，面积66.93公顷。辐射推广优质稻面积达3.89万公顷。全市农作物良种覆盖率达98.7%，优质专用率达87%，水稻优质率达83.3%，高档优质稻品种推广比例达38.8%。年内，市农业农村局开展农作物种子质量监督抽查，春季抽查种子销售企业6家，扦取21批次杂交稻种子实物，抽检合格率100%；秋季抽查种子销售企业6家，扦取蔬菜种子实物样品24批次，抽检合格率100%。

（杨彬元）

【2020年漳州市秋季茶王赛】

2020年11月，市政府举办2020年漳州市秋季茶王赛，评出茶王6个、金奖13个、优质奖28个。

（蔡建兴）

·林 业·

【概 况】 2020年，全市森林覆盖率64.78%、森林蓄积量5052.6万立方米、林地保有量856150公顷，顺利完成福建省政府下达的“十三五”时期森林资源保护发展约束性指标。国家森林城市建设40个动态监测指标复查通过，蝉联“国家森林城市”称号。

【造林绿化美化】 2020年，全市植树造林1.03万公顷，森林抚育2.73万公顷，封山育林1.83万公顷。市四套班子领导义务植树，带动全市244万余人次参与绿化美化家园行动。市林业局创新开展“春节回家种棵树，我为家乡添把绿”活动，赠送群众树苗3.65万株，组织参与群众1.3万余人。推进“三沿一环”森林质量提升景观带、“两带一窗口”绿美景观示范项目以及村庄绿化等绿化美化工程。完成沿路和环城森林景观带建设186.07公顷、总长度约19.9公里。新建长泰县林墩办事处珍贵树种示范区，在国有林场实施森林质量精准提升项目，建设华安西陂林场珍贵树种混交林135.07公顷、长泰岩溪林场储备林133.8公顷、华安金山林场珍贵树种集约人工林37.73公顷。结合开展农村人居环境整治，实施村庄绿化美化，长泰县陈巷镇被省绿化委员会、省林业局命名为“省级森林城镇”，新增26个村庄获评“省级森林村庄”。

【涉林疫情防控】 2020年，市林业局开展打击非法猎捕经营野生动物冬春季专项行动，落实野生动物监管“点线面”全方位防控，全市共组织15万余人次开展野外巡护监测，出动执法检查人员1.88万人次，检查生产和经营场所2.33万家次，查办涉野生动物案件35起，其中行政案件23起、刑事案件12起。开展全省最大体量野生动物养殖场退养处置，需转产转岗的野生动物养殖场全部完成退养转产转型，其中28家纳入家禽家畜、水生动物管理，11家变更养殖，158家退出养殖。妥善做好禁食野生动物后续处置工作，全市共落实奖补资金9195.6万元。在养野生动物全部得到科学妥善处置，协调药厂收购蛇胆的经验举措，得到国家林业和草原局充分肯定并在全国推广。

【林业产业发展】 2020年，全市实现林业总产值812亿元，明成、汉森、宏盛等3家龙头企业入选增产增效省级重点企业名录。花卉苗木产业实现种植面积2.35万公顷，全产业链总产值335.2亿元，两项指标均居全省首位，完成销售额114.8亿元，出口额0.9亿美元，比上年增长5.29%。年内，全省首家市级林下经济协会在漳州成立。全市实施省级林下经济项目48个，开展省级新型林业经营主体标准化建设项目2个，市级示范社（场）建设9家，新增市级示范基地14家、合作社8家、家庭林场78家。实现林下经济经营面积13.6万公顷，实现产值100亿元。

【森林旅游业发展】 2020年，全市新增省级森林康养基地3处，华安光照人和龙海鹭凯2家森林康养基地入选第六批全国森林康养基地试点建设单位。全市16个省属国有林场“一场一景”建设完成，“百园千道”建设推进，新建森林步道23.45公里，东山国家森林公园和漳浦浮头湾省级森林公园改造完成提升，华安万世青省级森林公园建设有序推进。

【森林资源管理】 2020年，漳州市实现国家林地“占补平衡”（延长）改革试点顺利收官，发放林权类不动产权证292.69公顷，林地建档入库531.78公顷，统筹全市林地指标异地调剂262.48公顷，办理各类林地征占用229件、1542.97公顷。年内，市林业局配套出台《漳州市省级公益林中桉树采伐改造方案》，进一步放宽公益林中桉树采伐条件，促进解决生态林保护和经营者处置权落实间存在较大矛盾的问题。

【森林执法】 2020年，市林业局以推进中央环保督察、森林督查反馈问题和违建问题整改等为重点，开展林业领域源头治理。全年共查处各类林业行政案件669起，责令补种树木13万株，恢复林地69.03公顷，罚没款1216.6万元。

【森林防火防病虫害】 2020年，市林业局新组建21支森林防火队伍，在全市推广使用“防火码”，运用“互联网＋森林草原防火督查”系统，提升森林火灾预警监测能力。全市发生森林火灾8起，森林受害面积14.9公顷，森林火灾受害率0.02‰，未突破0.8‰的控制约束指标，未出现火灾伤亡事故。全市共清理松枯死木7433株，完成采伐改造122.73公顷，占任务的121.6%；挂设松墨天牛诱捕器2188个，占任务的102.48%，诱捕天牛10.45万只；完成以菌治虫3174.07公顷，占任务的101.58%。

（洪清锋）

·畜牧业·

【概 况】 2020年，漳州市畜牧产值178.62亿元，比上年增长5.8%，畜牧业全产业链产值360亿元。全市肉蛋奶总产量43.85万吨，比上年增长7.8%，其中肉类产量343870.52吨，比上年增长2.9%；禽蛋产量73072.31吨，比上年增长9%；生牛奶产量1.88万吨，比上年增长538.5%。新增高标准设施蛋鸡存栏100万羽、蛋鸭存栏100万羽、肉鸡存栏500万羽以上，常年设施蛋鸡存栏450万羽以上。

【畜禽标准化示范创建】 2020年，漳州市建成全省规模最大的高标准设施蛋鸡养殖基地、优质肉鸭和蛋鸭生产基地，以及畜禽规模养殖场标准化示范基地，存栏1万羽以上的设施蛋鸡存栏量、肉鸭和蛋鸭存栏量和产蛋量均居全省首位。每天可提供200吨鸡蛋和300吨鸭蛋、禽肉560吨以上。生猪规模化养殖达98%以上。建成全省规模最大、设施装备最先进的奶牛场，完成投资2亿元，存栏奶牛3400多头，其中泌乳牛1500头，日产鲜乳40吨。建成全省最大肉牛场，存栏达3500头以上。

【生猪产业发展】 2020年，全市生猪存栏116.35万头，全面完成省政府下达的年度生猪存栏107万头任务，为全省生猪稳产保供作出积极贡献。市农业农村局在全省率先出台《漳州市大力促进生猪产业高质量发展有效保障市场供给三年行动计划（2019—2021年）》，全市农行系统生猪养殖贷款规模及增长率均居全省设区市首位。全省农行系统扶持生猪养殖贷款现场会在漳州召开。在全省率先实行生猪生产红线制度，将最低生猪出栏量纳入“菜篮子”行政首长负责制考核；率先建立猪肉销区与生猪产区利益补偿机制，跨县建立生猪“菜篮子”基地；率先实施生猪养殖保险全覆盖政策，调动养殖场稳产扩产积极性。2020年，完成投资17.1亿元，新增生猪存栏36.34万头，其中能繁母猪4.5万头。全年无发生非洲猪瘟等重大疫情。培育发展漳州正邦、傲农、海新、温氏等一批生猪养殖大集团，推广“专业化种猪场+专业化育肥猪场”的“两点式”养殖模式。

【畜禽粪污资源化高效利用整市推进】 2020年，市农业农村局接续实施畜禽粪污资源化高效利用整市推进行动，在全省率先实施整市推进畜禽养殖废弃物资源化高效利用，全市畜禽粪污资源化利用率达96%以上，规模养殖场粪污处理设施装备配套率达98%以上。云霄县、华安县新增列入省级整县推进项目，争取项目补助资金2000万元。平和县新增省级畜禽粪污资源化项目补助资金1000万元。漳州市畜禽粪污资源化利用工作得到中央和国家机关专项督查组充分肯定，并得到农业农村部通报表扬。

（陈永贵）

【动物疫病防控】 2020年，全市免疫家畜口蹄疫216.55万头、家禽禽流感4237.93万羽、羊小反刍兽疫5.98万头，完成强制免疫注射任务，强制免疫病种群体免疫密度均超过90%，应免畜禽100%，免疫抗体监测禽流感1.5万羽份、口蹄疫6130头份、小反刍兽疫1624头份，病原学监测禽流感2648份、非洲猪瘟1.16万份，免疫抗体不合格的及时补免，确保畜禽始终处于有效抗体保护。全年漳州市未发生人感染禽流感（H5和H7）病例和家禽禽流感疫情。开展消毒灭源专项行动，2020年9月10日至10月10日开展为期1个月的消毒灭源集中行动，全市共使用消毒药20吨（其中市级调拨10吨消毒药用于支持消毒灭源集中行动），消毒95个镇、1320个村、1775个规模场、165个市场、15个屠宰场，面积1695万平方米。

【兽医专业正高级职称零突破】 2020年，市动物疫病预防控制中心曾中华、陈祝茗获评教授级高级兽医师，实现漳州历史上兽医专业正高级职称零的突破。

（曾中华）

【动物卫生监督】 2020年，全市生猪产地检疫97.82万头、牛羊0.49万头、禽2125.6万羽，屠宰检疫生猪60.52万头、牛羊0.14万头，合计检出病猪136头、禽746头羽，全部进行无害化处理，开具准调证明3164张，准调猪肉产品3950.36吨，实际已调入生猪产品3202.26吨，解决肉食品生产企业原料肉来源，关闭取缔10家生猪临时批发点，查处违法违规调运生猪及其产品行为14起，无害化处理生猪122头、生猪产品48.8吨。全市16家生猪屠宰企业（1家停业整顿外）已有15家通过非洲猪瘟自检能力验证。集中屠宰白条禽约40万只供应漳州主城区。

（林云平）

·海洋与渔业·

【概 况】 2020年，漳州市海洋生产总值1110亿元，比上年增长0.3%，增幅高出GDP增幅约2个百分点。全年完成渔业产值273.6

亿元，比上年增长0.8%；完成水产品产量204.47万吨，比上年增长0.74%。渔民人均纯收入3万元，比上年增长6.3%，实现渔业产值、产量齐增的良好发展势头。全国渔业水上突发事件应急演练保障工作获得农业农村部表扬肯定，市海洋与渔业执法支队被农业农村部评为“中国渔政亮剑2020”系列专项执法行动工作成绩突出的集体。

【现代渔业发展】 2020年，市海洋与渔业局实施拓展10米等深线以外海域、大型深水抗风浪网箱养殖（建成102口）、底播增殖、陆上工厂化养殖等渔业项目，新增产量3.8万吨，增加产值8.5亿元。积极推广水产健康养殖技术，全市推广鱼、虾、贝生态池塘生态混养面积达804公顷。推广开展工厂化循环水养殖等新模式新增产量5000吨；推广鱼虾贝耦合接力养殖等新成果应用871公顷，新增产量6000吨、产值8000万元。通过发展生产＋收购加工＋冷链物流＋线上销售等水产品创新销售模式，加速全产业链利益联结，促进一、二、三产良性循环发展。

【渔业项目建设】 2020年，全市实施海洋与渔业重点项目33个，年度计划投资20.57亿元，其中市级以上在建重点项目10个，完成投资21.7亿元。其中，现代海水养殖及种业项目完成投资0.9亿元；水产品深加工及冷链物流项目完成投资5.36亿元；海洋生物项目完成投资13.96亿元；渔港建设及渔港经济区项目完成1.28亿元，至2020年年底已有7个渔港开工、22个渔港启动前期工作；休闲渔业及其他项目完成投资0.2亿元。

【防范渔业海上境外疫情输入】 2020年，市海洋与渔业局制定《漳州市海洋与渔业局防止渔业海上疫情境外输入工作实施方案》等17份文件。市、县两级选派11组27名工作人员进驻13个二级以上渔港，强化渔港管控指导。落实驻港督导制度、渔船进出港报告制度，对辖区渔船进行登记造册，全面掌握辖区内渔船、渔民、船员动态信息。4月3日以来，出动执法人员5490人次，检查渔船7905艘33825人，宣传渔船6782艘次、发放宣传材料1.56万份，签订承诺书2886份，未发现渔船载运、接泊无关人员等异常情况。查获违法违规渔船32艘，及时处置上级预警指令12起。

【渔业安全监管】 2020年，市海洋与渔业局建立渔船安全生产风险隐患源头清单10类140项，制定风险隐患治理具体措施10类193条，形成《漳州市渔船安全生产风险预判与风险控制措施》一本账。开展渔业安全生产整治三年行动和大排查大整治，年内共检查渔船1.37万艘次，发现隐患渔船597艘次，治理隐患921项。加强应对近岸海域赤潮渔业，强化水产品质量安全监管，完成省级水产苗种质量安全监督抽查25批次，合格率100%；完成产地水产品质量安全监督抽查541批次，合格率99.8%；完成水产品快速检测1125批次，合格率100%。

【水产品合格证制度建设】 2020年，市海洋与渔业局加快推进水产品合格证制度和“一品一码”建设，在全市范围内试行合格证制度，已注册开通追溯系统的食用水产品生产企业等生产主体1398家。水产养殖生产、用药、销售等三项记录总数66378条，形成追溯码3204条。

【海洋与渔业执法】 2020年，市海洋与渔业局强化打非治违，重点打击渔船“四超两改”、涉渔乡镇船舶和“三无”船舶违法捕捞等违法违规行为。全市共查处违规渔船156艘次，立案处罚165.01万元；查获违法违规涉渔乡镇船舶和“三无”船舶342艘，组织拆解取缔304艘。深化伏季休渔执法监管，3211艘应休的海洋捕捞渔船和232艘渔业捕捞辅助船按规定实行伏休，全市未发生重大和群体性伏休违规事件。开展清理取缔长袖定制网专项执法行动，全市拆除违规网具1014槽，其中长袖定置网

2020年9月11日，2020年全国渔业水上突发事件应急演练在漳州举行。图为演练现场　（沈昊鹏 摄）

613槽、立桩（流动）定置网401槽，累计网具长度190.9公里，清海面积2211公顷。深入开展扫黑除恶专项斗争，强化行业治理，全市海洋与渔业系统共梳理线索61条，成案25起，成案率41%，得到省扫黑除恶专项斗争领导小组通报表扬。

【全国渔业水上突发事件应急演练在漳州举行】 2020年，9月11日，农业农村部联合武警部队、交通运输部、福建省人民政府共同举办的2020全国渔业水上突发事件应急演练在漳州东山县大澳中心渔港西侧海域举行。本次演练以“强化协作联动，共护渔民平安”为主题，设置防台避风、驻港防疫、船员落水、险情报告、自救互救、机舱起火、部门协同、空中救援、伤员救治、水上搜救等科目，突出涉海部门联动和渔船自救互救的演练特色。演练调集渔政、海搜、海巡、海警、海监、渔船、商船等船（艇）26艘、专业救援直升机2架、无人机3架及若干救护辅助车辆，由13家单位的280余人共同参与，海、陆、空协调联动，立体式搜救，演练还展示无人机平行搜索、北斗示位仪、漂流轨迹预测、电动抛射救生圈等一批新技术、新装备。

（市海洋与渔业局）

·扶贫开发·

【概　况】 2020年，漳州市在实现全域脱贫摘帽的基础上，组织实施“打赢脱贫攻坚战稳定提质三年行动”，巩固拓展脱贫成果。全市183个建档立卡贫困村集体经济的经营性收入达14万元，建档立卡贫困户人均年可支配达1.37万元。

【教育扶贫工程】 2020年，漳州市创新开展扶贫“三千工程”，市属五所高职院校共录取家庭经济困难学生1091人，共减免学费1133.99万元，市人社局征集3641个工作岗位，帮助1091名贫困学生与企业签订毕业后就业意向协议，实现“一人就业全家脱贫摘帽”。

【健康扶贫工程】 2020年，漳州市实行精准扶贫医疗叠加保险，从2017年7月启动至2020年12月，共补偿28075人，共获得医保各类补偿3.45亿万元。全市31种重大疾病医疗保障共补偿4617人，医疗总费用1.95亿万元，报销总金额1.91亿万元，补偿比例达98.11%。其中，2020年精准扶贫医疗叠加保险共补偿18073人，共获得医保各类补偿1.38亿万元。全市重大疾病补偿共3910人，总医疗费用8604.39万元，总报销金额8463.62万元，补偿比例达98.36%。

【小额信贷帮扶】 截至2020年年底，漳州市累计发放扶贫小额贷款51571.01万元，受益贫困户11933户，累计发放贴息资金2426.98万元（从2016年6月开始）。年内，新增贷款3103.97万元，新增扶持建档立卡贫困户951户。

【雨露计划】 2020年，全市共有1396名学生符合雨露计划补助要求，补助金额423.3万元，对象均为接受中职、高职教育的建档立卡贫困家庭子女。

（苏英顺）

·小资料·

“三千工程”：招收千名贫困地区学生到漳州5所职业技术学院就学，选择千个以上岗位相应就业，筹措千万元用于资助贫困生。

·农村社会发展·

【乡村振兴战略】 2020年，全市统筹推进省级乡村振兴7个重点县、12个特色乡镇、120个试点村与全市“345”示范工程建设，共实施乡村振兴建设项目1318个，完成投资36.31亿元，占年度计划投资的121%。市农业农村局按照“点上出精品、线上有风景、一线一特色”的要求，策划28条线路，推进乡村振兴“串点连线成片”工作。全市1604个行政村、117个乡镇已全部完成“一村一方案”“一镇一计划”的编制工作。

（彭宏椿）

【农村人居环境整治】 2020年，漳州市在推进厕所革命方面，完成46座乡镇公厕、116座以上村庄公厕新建改造任务，投资3266万元；新改扩建旅游厕所33座，完成投资979.97万元；完成农村户用厕所无害化改造任务9400户，完成投资约1410万元。在农村垃圾治理方面，全市28处简易生活垃圾填埋设施已完成整治，有序推进10个乡镇生活垃圾转运系统提升项目。在农村污水治理方面，统筹推进5个省级水土流失治理、8个流域综合整治、5个安全生态水系建设项目，分别完成投资5440万元、7567万元、2449万元，续建改造农村规模化水厂3处，完成投资1671万元，占年度计划的100%，新增农村受益人口2.19万人。在农房整治方面，完成农房（裸房）整治15000栋，完成全市120个省级乡村振兴试点村“多规合一”实用性村庄规划试点工作，完成97%以上村庄整治，通信行业合计整治通信缆线4711千米，完成投资4807万元，创建美丽乡村特色景观带11条，建设农村公路150公里，完成村庄“四旁”绿化27.14公顷。

（林振福）

【休闲农业】 2020年，全市新增中国美丽休闲乡村1个（华安县新圩镇官畲村）、省级休闲农业示范点5个、福建省美丽休闲乡村4个、中国美丽乡村休闲旅游行精品景点线路1条。至年底，全市有全国休闲农业和乡村旅游示范县2个，全国休闲农业和乡村旅游示范点3个，中国美丽休闲乡村6个，中国美丽乡村休闲旅游行精品景点线路4条，省级休闲农业示范点36个，福建最美休闲乡村10个，省级休闲农业示范乡镇6个，市级休闲农业示范点48个，漳州市十佳休闲农业示范点10个。因受新冠疫情及大棚房整治影响，当年游客数量比往年大幅度下降，部分休闲农庄、农家乐被拆除或关闭，全市尚存各类休闲农业经营主体393个，比上年减少33.95%，休闲农业从业人数1.65万人，其中农民就业人数1.38万人，比上年减少16%，年接待人数605.78万人次，比上年减少21.09%，营业收入14.87亿元，比上年减少33.69%，其中农副产品销售收入10.28亿元，比上年减少39.18%。

（周元超）

【厦漳山海协作项目建设】 2020年，漳州和厦门两市根据《关于开展新时期厦漳山海协作的备忘录》精神，共安排9个基础设施建设项目、3个实用人才培训项目。为发挥帮扶资金的引导作用，项目单位发动群众捐资捐款、投工投劳参与项目建设，9个基础设施建设项目计划投资783万元，自筹资金513万元，占帮扶资金的190%。

（彭宏椿）

·绿色食品·

【概 况】 2020年，漳州市绿色食品新增“三品一标”产品41个，无公害农产品复查换证率、绿色食品续展率、有机产品再认证率达到85%以上；组织企业参加第二十一届中国绿色食品博览会暨第十四届中国国际有机食品博览会，华安哈龙峰铁观音茶、平和天醇白芽奇兰茶、诏安月之港有机八仙茶、万桂天宝香蕉、凯立生物科技的中生菌素等5个产品，荣获博览会产品金奖。“平和白芽奇兰茶”被评为农业农村部2020年农产品地理标志保护工程项目，并作为全国8个农产品地理标志保护产品典型在2020年中国国际农产品交易会上进行专场推介。

【品牌申报与监管】 2020年，市农业农村局组织5次“三品一标”产品专项抽查和市场监察活动，完成2批次68个绿色食品产品的市场监察和15个企业产品的抽查，合格率100%。深入37家绿色食品生产企业，实地检查企业生产的规范、投入品使用情况、标签使用的规范及认证管理，合格率100%。

【品牌创建】 2020年12月，福建哈龙峰茶业有限公司的“哈龙峰”铁观音、福建立兴食品有限公司的“然然”冻干香蕉片被评为“2020年度福建名牌农产品”，华安北溪乌龙茶、云霄枇杷入选全国名特优新农产品目录。

·小资料·

三品一标：无公害农产品、绿色食品、有机农产品和农产品地理标志产品。

·农业科技·

【农业科研建设】 2020年，漳州市农业科学研究所的食用菌研究全面完成“国家食用菌产业技术体系”漳州综合试验站年度工作任务；蔬菜研究完成福建省蔬菜产业体系漳州综合试验推广站年度工作任务；植保研究获得授权专利3项(其中发明专利1项，实用新型专利2项)；水稻研究通过福建省科技计划项目“优质、高产、抗病杂交水稻新品种选育”结题验收，杂交水稻新品种“福农优163”通过福建省农作物品种审定委员会审定；生物中心完成福建省科技厅项目“多

表5 2020年度漳州市新增“三品一标”产品一览表

序号	产品名称	证书编号	企业（单位）名称
1	西番莲	WGH-FJ01-2000360	漳州万怡农业发展有限公司
2	杏鲍菇	WGH-FJ01-2000361	漳州市芗城区凤嘉园生物科技有限公司
3	甘薯	WGH-FJ01-2000362	福建正兴农业开发有限公司
4	苦瓜	WGH-FJ01-2000363	漳州市霞贯农业科技有限公司
5	柑橘	WGH-FJ01-2000250	长泰县兴巷农林专业合作社
6	生猪	WGH-FJ02-2000127	云霄县大杨农业养殖专业合作社
7	生猪	WGH-FJ02-2000204	漳州市兴畜生猪养殖有限公司
8	生猪	WGH-FJ02-2000082	南靖东方伟业畜牧有限公司
9	杏鲍菇	WGH-FJ01-2000383	南靖县春泉食品有限公司
10	杏鲍菇	WGH-FJ01-2000385	福建奇蕈食品股份有限公司
11	番茄	WGH-FJ01-2000387	福建省闽荣现代农业发展有限公司
12	生猪	WGH-FJ02-2000218	漳州佑泰农业发展有限公司
13	生猪	WGH-FJ02-2000207	漳浦县赤土乡吉龙养殖场

续表5

序号	产品名称	证书编号	企业（单位）名称
14	鲜鸡蛋	WGH-FJ02-2000213	福建超越生态农业有限公司
15	毛木耳	WGH-FJ01-2000141	长泰县田头家庭农场
16	辣椒	WGH-FJ01-2000142	东山县陈城镇绿秋蔬菜种植家庭农场
17	生猪	WGH-FJ02-2000133	东山县西埔镇梧龙兴龙生猪养殖场
18	三红蜜柚	LB-18-20061303251A	漳州市兴田蜜柚种植有限公司
19	甜椒	LB-15-20101309896A	漳州绿州农业发展有限公司
20	番茄	LB-15-20101309895A	漳州绿州农业发展有限公司
21	蕹菜	LB-15-20101309897A	漳州绿州农业发展有限公司
22	观音馥	100OP2000185	漳州光照人茶业有限公司
23	红茶	100OP2000185	漳州光照人茶业有限公司
24	铁观音	100OP2000185	漳州光照人茶业有限公司
25	金观音红茶	100OP2000201	福建乌山凤顶茶业有限公司
26	铁观音红茶	100OP2000201	福建乌山凤顶茶业有限公司
27	烘青绿茶	100OP2000201	福建乌山凤顶茶业有限公司
28	丹桂	100OP2000201	福建乌山凤顶茶业有限公司
29	铁观音	100OP2000201	福建乌山凤顶茶业有限公司
30	金观音	100OP2000201	福建乌山凤顶茶业有限公司
31	单枞	100OP2000201	福建乌山凤顶茶业有限公司
32	白鸡冠	100OP2000201	福建乌山凤顶茶业有限公司
33	大红袍	100OP2000201	福建乌山凤顶茶业有限公司
34	高峰谷白芽奇兰	100OP2000175	漳州九龙江阳明投资有限公司
35	高峰谷软枝乌龙	100OP2000175	漳州九龙江阳明投资有限公司
36	天泉道白芽奇兰	100OP2000175	漳州九龙江阳明投资有限公司
37	天泉道金萱	100OP2000175	漳州九龙江阳明投资有限公司
38	天泉道红美人	100OP2000175	漳州九龙江阳明投资有限公司
39	云霄枇杷	AGI2020-01-2899	云霄县枇杷协会
40	诏安红星青梅	AGI2020-02-3164	诏安县青梅协会
41	平和琯溪蜜柚	AGI2020-02-3165	福建省平和琯溪蜜柚发展中心

肉植物种质资源保存、快繁及简约化控害技术研究”，通过结题验收；花卉研究中心通过福建省科技厅项目“微型月季种质资源的收集与开发利用”的验收；漳台农业种业合作研发中心完成福建省科技计划项目“软肉浓香型番石榴良种选育和开发利用”和“野生桃金娘种质资源收集与开发应用”年度科研任务。

（林秀芳）

【科技服务民生】 2020年，市农科所共安排18名市级科技特派员与云霄、漳浦、芗城、诏安等县区的18个行政村开展挂钩服务，12名省级科技特派员与12个行政村或者合作社挂钩科技服务。开展科技助力乡村振兴活动，安排科研人员深入基层推广“五新”技术，开展技术咨询服务，培训农技人员和农民，服务新型农业经营主体。

【农友之声】 2020年，市农科所通过微信、电话、广播电台“农友之声”、电视台等多媒体方式进行技术指导。《农友之声》栏目全年共播出46期，时长1380分钟，全年共计遴选接入热线110个，网络问题81个，在节目中回复182个，发布科技专题及相关新闻信息300多条，线上互动上千例。

【高素质农民培训】 2020年，市农科所组织高素质农民培训135班次、人数7586人，超额完成省厅下达任务。与漳州科技职业学院、漳州职业技术学院共同举办4期、327人的基层农技推广骨干培训，提高农技人员的技术水平和业务能力。

（林秀芳 朱旭辉）

·漳州与台湾农业交流合作·

【概 况】 2020年，市农业农村局制定实施“漳台农业融合发展推进行动工作方案”，推动漳台农业融合发展继续走在全国全省前列。在突如其来的新冠疫情影响下，全市全年新批台资农业项目25个，合同台资1335.5万美元；4家台资农业企业增资，增加台资294.7万美元。

【漳台农业融合发展示范基地】

2020年，全市建设完成11个“示范基地”项目。年内，漳州市32个闽台农业融合发展示范基地入选福建省首批125个闽台农业融合发展示范基地。

【闽台农业融合发展产业园】

2020年12月，市政府召开推进闽台农业融合发展产业园建设专题会，市农业农村局、林业局、工信局、发改委、台办、财政等6个市直部门联合出台《推进闽台农业融合发展产业园建设的实施意见》。年内，漳浦农机产业园新引进2家台资农机生产企业，南靖兰花产业园新引进5家台资农业企业。

【闽台农业合作示范县】 2020年，云霄县新引进示范台湾农业良种5个、农业技术6项，辐射推广面积134公顷以上，开展闽台农业技术交流培训2期，参与培训农民超120人次。诏安县新引进推广台湾水果新优良种7个、技术2项，引进试验先进设备1台套，实现示范基地园区水肥一体化管灌系统全覆盖。华安县引进推广台湾农业新品种10个以上，推广面积1246公顷。长泰县引进示范台湾良种18个、技术7项，举办2020家味•年味台湾青少年文化旅游研习营系列活动，52位来自台湾青年学子及福建省高校同学参加活动。

【海峡两岸新型农民培训】

2020年，市农业农村局牵头举办果茶等2期海峡两岸新型农民培训班，培训学员115名，其中台胞10名。其中，9月2—4日，由市农业农村局、共青团漳州市委、市商务局、市关工委主办，漳浦台创园承办的“2020年漳台青年直播带货培训班”，在漳州科技职业学院举办，来自漳州、台湾的53名创业青年参加培训。

【台湾农民创业园建设】 2020年，全市新批台资农业项目7个，总投资1376万美元，合同台资364万美元。年内，市农业农村局推进蝴蝶兰特色产业园建设，建设完成蝴蝶兰研发展示推广中心、蝴蝶兰旧温室改造提升工程；建设台胞科技特派员工作站、展示大厅，通过“你点我供”的方式推出服务项目；建设台青创业孵化基地，集聚了8家台青企业、台青37人。全年为台农企业办理电费优惠补贴600多万元，落实天福、三本、钜宝等台企惠台贷款贴息补助355万元，为台丰山、高农等10家台企提供特色现代农业项目补助资金750万元。

（周俊贤）

·农业机械·

【概 况】 2020年，漳州市农业机械部门共受理购机补贴申请12436份，受益农户9654人，补贴机具22735台（套），补贴资金3320万元，全面完成上级下达的1254.5万元“零结余”考核目标。完成主要农作物机耕面积6.26万公顷，机播面积2.37万公顷，机收面积4.36万公顷，农机专业合作社作业服务面积达到2.05万公顷。主要农作物综合机械化水平达到70.12%，水稻综合机械化水平达到77.47%。全市选定10家农业合作社作为“五有”合作社培育对象，作业服务面积8241公顷。全市有效在册的拖拉机1946台（新增拖拉机166台、联合收割机23台）、有效在册联合收割机51台。已检验拖拉机779台，年检率40%。驾驶证在册数6555本（新增155本，注销826本，换证447本）。全市未发生人员伤亡的农机安全事故。

【推广与培训】 2020年，全市确定8个水稻生产全程机械化示范点和11个特色农业产业生产全程机械化试点，举办46场次推广演示会。年内，市农业机械服务中心实施省级新机具推广基地建设，确定龙海、漳浦、诏安建设3个省级新机具推广基地。

【惠农政策】 2020年，市农机服务中心于10月23日召集漳州市辖区内9家汽车报废企业召开座谈会，宣讲报废农机更新、回收等相关优惠政策，引导学习农机报废更新补贴方案及相关法律法规。各县（市、区）均已制定方案并确定回收点，报废更新补贴受理工作均已实施。

（吴 勇）

总执笔：陈艺虾

·水土保持·

【概 况】 2020年，漳州市累计完成水土流失治理面积2.16万公顷，投入1.27亿元。年内，市水利局以国家水土保持重点建设工程（华安、平和、南靖、诏安）、省级水土流失治理重点（平和、诏安、南靖、长泰、华安）、水土保持生态村（东山康美镇东沈村、云霄莆美镇山美村、火田镇莆中村）等项目为重点，共争取上级补助5350万元，全面完成省委省政府、市委市政府为民办实事任务和水土流失综合治理任务。

【水土流失区非柴燃料补助】 2020年，市水利局对平和、诏安、云霄等3个县的水土流失区建档立卡贫困对象18181人（其中诏安7443人、平和10661人、云霄77人），按照省、县财政各承担50%的资金筹措比例，每人每年补助200元的标准，实施水土流失区非柴燃料补助，共补助资金363.62万元。

【水土保持监管整治】 2020年，市水利局对辖区内的漳州招银疏港高速公路浮宫预留主线收费站改设浮宫服务区工程、海西网漳州云霄至平和（闽粤界）高速公路工程等5个在建高速公路项目开展专项检查。全市共审批水土保持方案报告书（表）260个（其中市本级审批6个），征收水土保持补偿费1816.9万元（其中市本级征收801.09万元）。把持证矿区水土保持监管列入政府污染源的排查对象和整治范围，强化全市46座矿山水土保持监管。会同市自然资源局、林业局、生态环境局、应急管理局联合印发《“绿色矿山”建设承诺书（试行）的通知》，收到绿色矿山承诺书12份。

【水土保持宣传推广】 2020年，市水利局在中国水土保持生态建设网刊载《守护绿水青山，共建美丽家园》《推行“绿色矿山”建设承诺制》《福建省漳州市政协召开水土保持工作座谈会》《精简流程，优化服务，扎实推进企业复工复产》等信息报道。漳浦水土保持科教园通过国家水土保持科技示范园定期评估。“漳浦县后井水库除险加固工程”获福建省水利工程协会颁发的2020年度福建省“闽水杯”水利优质工程奖。

·水 利·

【概 况】 2020年，全市水利建设完成投资46.74亿元。主要流域国考断面Ⅰ—Ⅲ类水质比例达100%，小流域省考断面Ⅰ—Ⅲ类水质比例达90.91%，主要湖库Ⅰ—Ⅲ类水质比例达100%，县级以上饮用水源地Ⅰ—Ⅲ类水质比例达100%，重要江河湖泊水功能区水质达标率97%。全市乡镇交界断面均达到Ⅴ类及以上水质。全方位组织各县（市、区）摸排整治河道“四乱”问题163个，完成率100%；委托第三方现场调查348个“四乱”问题全部完成整改销号；水利部、省厅通报112个“四乱”问题全部按时限完成整改销号，完成率100%。全年争取省级以上资金补助6.15亿元。

【河湖治理】 2020年，漳州市市县乡三级河长累计巡河2.8万人次，发现问题8044个，河道专管员巡河40.6万余人次，发现问题39532个，全部整改到位。年内，市水利局落实市县河长制办公经费883万元，发放市级专管员补助450万元；优先聘用21名贫困户为河道专管员。开展河道漂浮垃圾专项整治，累计清理漂浮垃圾13.4万吨。市水利局副局长、河长办副主任陈进光荣获水利部全面推行河长制湖长制先进工作者称号。

【九龙江西溪入围全国第二届“寻找最美家乡河”初评名单】 2020年12月，九龙江西溪入围第二届全国寻找“最美家乡河”活动最终21条初评河流名单。“寻找最美家乡河”活动由水利部策划，中国水利报社、中国水利水电科学研究院、凤凰卫视主办。作为水利部力推的“水美系列”主题教育活动之一，活动旨在进一步引导社会公众知水、节水、护水、亲水，通过评选，向全社会展示河流之美，传播敬畏、关爱、保护河流的理念。

【水旱灾害防御】 2020年，漳州市全年降水1153.7毫米，与常年相比偏少470.8毫米。市水利局与应急管理部门实行合署办公，建立水旱灾害防御工作体系，编制完成《漳州市城市超标准洪水预案》；联合市气象局发布山洪灾害气象风险预警，有序推进山洪灾害调查评价成果率定。全年共完成4个台风（1个正面登陆）、13场暴雨和2次中等气象干旱的防御应对工作，转移受威胁群众4.63万人次，实现全市无因灾人员伤亡的目标任务。

【水资源管理】 2020年，市水利局将水资源管理保护工作纳入《2020年度党政领导生态环境保护目标责任书考核》，完成年度用水总量、用水强度双控制指标任务。全市水资源费征收2948.5万元，其中地表水水资源费为2905.67万元，地下水水资源费为42.83万元。落实用水统计调查直报制度，建立用水直报名录389个，启动全市取水设施核查登记工作，已核查1536个，推进取水口核查登记问题整改提升工作。南一、峰头水库水源地安全保障达标项目建设完成，并通过验收。

【节水型社会达标建设】 2020年，漳州市获评国家节水型城市，龙海市获评水利部第三批节水型社会建设达标县，云霄、长泰获评福建省第三批节水型社会达标建设县。全市创建省级节水型高校2所，节水型水利行业机关单位市级1家、县级7家。年内，市水利局以“世界水日”“中国水周”“城市节水宣传周”等节点契机，充分运用微信公众号、动画短视频公益宣传、H5手机动态海报制作等新媒体力量，结合开展“政务访谈”“节水校园行”“节水进社区”等系列活动。

【河湖执法】 2020年8月至11月，市水利局在全市范围内开展河道非法采砂洗砂专项执法行动，取缔非法采砂点和堆砂场43处，查办各类水事违法案件65件，其中实施行政处罚60件，罚没金额622万元，移送公安机关案件5件。年度新增上报涉黑涉恶线索2条，2018年扫黑除恶专项斗争以来累计报送非法采砂涉

2020年3月27日，漳州上存水库正式下闸蓄水

（长泰县水利局 供图）

黑涉恶行为线索30条。

【水利工程建设】 2020年，全市累计完成水利投资46.74亿元，其中实施重大水利项目71个，实际投资35.474亿元。国家重点水利工程长泰枋洋水利枢纽工程正式蓄水，龙海九九坑水库蓄水验收，古雷区域引水工程通过通水验收。实施农村饮水安全巩固提升项目，总投资1203万元，其中上级补助1116万元。实施农村供水工程维修养护，总投资1472万元，其中中央补助1472万元。农业水价改革项目，总投资370万元，其中上级补助资金333万元。

【水库移民】 2020年，全市共计发放大中型水库移民后期扶持直补资金3319.62万元，55327个移民直接受益。全市共获省级下达的2020年度水库移民扶持资金1.9亿元，安排项目98个，主要涉及移民村人居环境整治、基础设施和公共服务设施、农业基础设施建设、资产型生产开发等项目类型。

（吴红燕）

责任编辑：李鹤鸣

工 业

·综述·

【工业发展】 2020年，全市34类工业行业中有9类实现正增长。石油加工、炼焦和核燃料加工业和化学纤维制造业增长较快，分别比上年增长15%和26.9%。企业效益持续改善，营业收入5281.21亿元，利润总额478.67亿元。

【企业对接】 2020年，全市新对接民企产业项目305个，其中，制造业项目278个。年内，漳州市工业和信息化局（简称市工信局）组织企业参加全省云签约，有11个民企项目签约。

【企业技改】 2020年，市工信局组织推荐漳州市技改项目申报省重点技改项目，被列入省级重点技改项目154个，总投资342.47亿元，年度投资123.08亿元，其中投资5000万元以上技改项目243个。漳州立达信光电子科技有限公司通过国家级技术创新示范企业认定，成为全省唯一通过认定的示范企业。

【“双创”基地建设】 2020年，漳州市打造闽南硅谷和“双创”基地，建设玲珑智谷、中科智谷产业园、芯云谷等一批信息化产业园区，6家企业获评省级应用标杆企业，70个项目入选省“互联网+先进制造业”项目库，1500家企业完成“上云上平台”，344家企业运用数字化、网络化、智能化手段提升传统产业，软件和信息技术服务业逆势增长。

【物资保障】 2020年，全市工信系统做好“六稳”“六保”工作，抓实医疗物资供应保障。全市口罩产能从1月底日产量15万片提高到224万片以上，累计发放口罩2000多万个、手持红外测温枪2170多支，推动全市规模工业企业3月23日前实现100%复产。市工信局被评为福建省抗击新冠肺炎疫情先进集体。

【工业园区建设】 2020年，市工信局建立漳州市工业园区发展工作联席会议，编制园区三年行动计划，完善16个工业园区功能配套，推动园区集约绿色创新发展。台商投资区、古雷开发区被列为省工业园区标准化试点。

【企业技术中心认定管理办法修订】 2020年，漳州市印发《漳州市企业技术中心认定管理办法》，在原有基础上，新增“农产品加工、软件和信息技术服务业技术开发仪器设备原值不低于200万元”“企业在申请受理截止日期前三年内，不得存在严重违法失信行为”“市工信局原则上三年组织一次考核评价”等。在考核评价方面，实行优胜劣汰、动态调整的考核评价机制。市工信局原则上三年组织一次考核评价，可以组织专家或委托第三方机构方式进行。在鼓励政策方面，市企业技术中心企业向相关部门申报项目时优先予以推荐或列入计划。对新认定的市企业技术中心，给予一次性奖励10万元。

·特殊钢铁工业·

【概 况】 2020年，全市特殊钢铁产业规模工业以上企业27家，规模工业总产值占全市规模工业总产值的10%，行业涉及黑色金属冶炼铸造、钢压延加工和铁合金冶炼。龙头企业有三宝钢铁、福欣特殊钢、凯景钢铁等，为全省不锈钢板薄板和铁合金生产加工的重要基地，初步形成四大产业集中区：以三宝钢铁为中心的钢铁生产基地；以福欣不锈钢为主的不锈钢生产基地；以首钢凯西、凯景、统一马口铁等薄板压延加工及印刷涂布为主的板材生产基地；以利南硅业、兴安硅业等工业硅生产基地。

【全市畅通钢铁产业链对接活动在三宝集团举办】 2020年7月24日，全市畅通钢铁产业链对接活动在三宝集团股份有限公司举办。市领导同有关部门负责人、8个行业协会和50多家钢铁机械制造业、建筑业企业负责人先后参观三宝集团热轧卷板厂、三号高炉等。会上还举行现场签约仪式，23家企业达成钢铁产品意向订单86.8万吨，总金额达38.4亿元。

【三宝集团入选2020年中国钢铁行业品牌榜】 2020年5月10日，中国第四个中国品牌日，中国冶金报社发布2020年中国钢铁行业品牌榜。三宝集团股份有限公司入选“中国卓越钢铁企业品牌”，三宝集团股份有限公司（三宝牌）入选“中国钢材市场优秀品牌（线螺类）”。

·石油化工工业·

【概 况】 2020年，全市规模以上石化企业208家，产值540.5亿元，比上年下降14.1%，占全市规模工业企业总产值的10%；利润总额13.8亿元，比上年下降72%，占规模工业利润总额的3.1%；行业亏损面10.6%，比上年扩大2.4个百分点，亏损额19.11亿元，比上年下降11%。化学原料和化学制品制造业比上年下降18.8%，石油加工、炼焦和核燃料加工业比上年增长15%。截至年底，古雷石化基地已投产项目7个，古雷开发区石化产业产值208.72亿元。

【福海创石油化工公司入围中国制造业企业500强】 2020年9月14日，中国企业联合会、中国企业家协会联合公布“2020年中国制造业企业500强名单”，古雷开发区龙头企业福建福海创石油化工有限公司入围，位列366名。

（谢霁）

·电力工业·

【概 况】 2020年，漳州全社会用电量264.57亿千瓦时，比上年增长2.9%。发电量56.65亿千瓦时，比上年下降21.03%（其中水电发电量19.44亿千瓦时、风电发电量7.67亿千瓦时、火电发电量25.31亿千瓦时、生物质能4.98亿千瓦时、太阳能4.23亿千瓦时）。国家电网公司福建省电力有限公司漳州供电公司（简称国网漳州供电公司）售电量232.27亿千瓦时。

【供电能力】 2020年，漳州市新增电厂（电站）1座（翔鹭石化自备电厂，装机容量50兆瓦），扩建1座(蒲姜岭电厂新增容量25兆瓦)。新、改建220千伏线路3条；110千伏线路共22条太支线，总长度266.94千米；35千伏线路1条。新投110千伏变电站6座主变10台，改造主变1台，新增变电总容量531.5兆伏安。

【电网建设】 2020年，国网漳州供电公司完成“十四五”电网规划，配网规划成果获福建省电力公司推广。年内，竣工投产35千伏及以上输变电工程20项，新增变电容量82万千伏安、线路长度173公里。推动全部15

2020年3月24日，漳州核电1号机组钢衬里模块吊装

（杨景摄）

个市县区出台建设补偿标准，手续办理效率提升36.5%。74%变电站实现现代配调服务体系，配调集群化运作模式深化与实践获国网调度系统“最佳实践”称号。完成46个老旧小区、47个单电源小区改造。车联网新接入充电桩1101个，建成6基5G共享铁塔，有序推进总山变等多站融合数据中心站建设。

（蒲乾）

·装备制造工业·

【概况】 2020年，全市把装备制造作为主导产业进行培育和发展的工业园区有11个，占全部工业园区数的55%。通过各级企业技术中心认定的企业142家，其中国家级企业技术中心4家，省级41家，市级97家。规模以上装备制造企业433家，规模工业产值占全市规模以上工业总产值的14%。漳州伟伊华纤有限公司的年产1000吨包覆纱自动化生产线、漳州松霖智能家居有限公司的高端家居产品智能工厂项目列入2020年福建省智能制造试点示范项目，漳州万利达科技有限公司的平板电脑MMI自动测试设备（MMI—600)及金融POS机无人值守机器人智能检测系统（IDS-800)、漳州金钥匙机械有限公司的JYS-DK-410烤纯蛋糕生产线及JYS-MB-2000吐司面包生产线被列为2020年省内首台套重大技术装备。海山重工自主研发的多种机型均通过国家起重运输机械质量监督检验中心的性能测试和鉴定，产品填补福建省机械制造领域的空白。龙轴公司荣获中国创新力企业百强、福建省科技进步一等奖等荣誉。

【市智能制造产业促进会成立】 2020年7月3日，漳州市智能制造产业促进会第一次会员大会在漳州牛庄文创园召开。首批申请登记加入的93名会员全体到场，大会审议通过促进会系列管理章程，选举产生促进会首届理事会和监事会成员。漳州市智能制造产业促进会在漳州市工信局、民政局等部门领导下，由全市已注册的智能制造企业及个人自愿组成，属于非营利性行业组织。

·汽车汽配工业·

【概况】 2020年，全市汽车制造规模以上企业32家，规模工业产值占全市规模以上工业总产值的2%，汽车制造产业龙头企业有正兴车轮、正新橡胶、金龙客车、新福达汽车等。

【金龙纯电动客车投放使用】 2020年9月29日，漳州市闽运公共交通有限公司在漳州客运南站举行揭牌暨新能源纯电动公交车投放仪式。91辆采用“漳州印象”设计元素的纯电动公交车正式启动。本批车型包括公交、城郊车、公路等拳头产品，纯电动公交除了标准配置外，还增加安全防护门、智能疲劳驾驶预警系统、360度全景环视系统、电池箱专用灭火装置、一键自动破玻功能、易驱3.0新能源控制系统等新型装备及技术功能，多项技术是省内公交行业首次投入应用。智能安全新技术的使用，不但极大提升行车安全，更有效改善驾乘出行体验感，提高市民出行幸福感。

（谢 霁）

·食品工业·

【概 况】 2020年，全市食品规模工业企业610家，占全市规模工业企业数的25.4%，全市食品出口交货值超250亿元，占全市各行业出口交货值40%，食品出口量位居全国设区市首位。

【首届中国冻干食品产业峰会召开】 2020年12月10日，由漳州市政府和中国食品报社联合主办的首届中国冻干食品产业峰会暨产销对接会在漳州市召开。峰会以“创新引领”为主题，通过主题演讲、产销对接、直播带货等交流活动，探讨冻干食品产业发展趋势、产业升级的创新模式。本次峰会共吸引全国100多家冻干食品产业链企业参会。峰会现场还举行产销对接活动，签约金额3亿元。

【罐藏食品产业链技术联盟成立】 2020年10月15日，漳州市罐藏食品产业链技术联盟签约成立活动在龙文区举行。联盟由漳州市罐藏食品产业技术研究院牵头发起，37家罐藏食品产业链企业及食品院校携手加盟。联盟的成立，旨在加强产学研技术交流和信息沟通，推动漳州市罐藏食品产业转型升级。

·二轻集体工业·

【概 况】 2020年，全市家具制造、钟表、工艺美术品制造等行业实现销售产值分别为109.96亿元、15.52亿元、64.3亿元，实现工业总产值分别为112.17亿元、15.9亿元、65.15亿元。年内，市二轻集体工业联社（简称市二轻联社）重启工艺美术馆，与漳州职业技术学院共建“漳州工艺美术传习中心”，成立漳州市工艺美术学会。

【企业改制】 2020年，市二轻联社制定出台《市二轻联社直属企事业单位员工招聘规定》等，健全规范员工聘用、薪酬福利、财务管理、绩效考核、安全生产等制度。制定出台《市二轻联社直属停产企业管理暂行规定》，加大直属停产企业财务监管力度。组织开展直属企业财务专项检查2次，完成直属企业财务审计3家。完成市镜艺厂和市第二蚊香厂职工安置工作，重启市羽毛球厂的后续改制工作。

【职工保障】 2020年，市二轻联社服务38家已改制企业2068名职工和11家未改制企业737名职工，为办理提前退休干部职工提供特殊工种的相关资料41份，为60周岁以上退休干部职工开具计划生育补贴证明15份，为退休干部职工提供财产公证等相关资料108份。协调做好市委、市政府慰问特困企业2家，慰问企业特困职工5人，困难户26户，困难企业军转干部2人，离退休归侨职工26人。

（邹思敏）

责任编辑：陈坤山

商贸服务业

·商贸服务·

【概 况】 2020年，全市社会消费品零售总额完成1697.1亿元，比上年下降5%。限上批发业销售额（年商品销售总额在2000万元以上）完成1167.3亿元，比上年增长11.9%；限上零售业销售额（年商品销售总额在500万元以上）完成353.1亿元，比上年下降31.3%；限上住宿业营业额完成14.2亿元，比上年下降46%；限上餐饮业营业额完成36.1亿元，比上年下降36.9%。年内，新华都百货、新南丰、片仔癀电商等8家企业被列入省百家重点内贸企业。

【消费促进活动】 2020年，市商务局出台《漳州市扩大消费需求专项行动方案》《关于进一步繁荣夜间经济促进消费增长的实施意见》等文件，开展个人消费发票抽奖活动，推动购物、住宿、餐饮、文娱、旅游、住房（刚需）领域消费，中奖资金总额3234万元，带动消费52.9亿元；开展乘用车促消费活动，财政预算补贴3000万元；举办汽车消费节、汽车巡展、美食嘉年华等线下活动200场次，发放全闽乐购漳州消费券，激发消费需求。

【重点商圈打造】 2020年，市商务局对原中心城区发展滞后的商圈进行调整，上报12个“百大重点商圈”名单，占全省的12%，分别是漳州古城商圈、漳州印象汇沃尔玛商圈（原凯德商圈）、漳州大润发商圈、龙文碧湖商圈、龙文宝龙商圈、龙海美一城商圈、龙海月港新区商圈、漳浦绥安核心区商圈、南靖中山路片区商圈、漳州台商万达广场商圈、角美万益商圈、云霄万星商圈。

【农村“菜篮子”工程】 2020年，市商务局引导和扶持乡村农贸市场和冷链物流加快发展，进一步优化城镇商品贸易流通体系，向上争取市场体系建设资金880万元。龙文、南靖、龙海、漳浦、云霄、东山、诏安分别上报乡村农贸市场改造建设项目8个、冷链物流项目10个，市商务局下达市场体系补助资金875.9万元。

【绿色流通建设】 2020年，市商务局开展绿色流通建设，龙海美一城、吉马荣昌购物广场被评为2020年度“绿色商场”。年内，初步建立主城区再生资源回收品类统计制度。

【农贸市场改造提升】 2020年，市商务局牵头相关部门完成改造建设14个农贸市场。截至年底，市区农贸市场改造建设三年行动完成32个农贸市场的改造建设任务（其中新建项目14个、改造提升18个；25个入选年度为民办实事项目），完成投资1.13亿元，面积6.29万平方米，摊位2690个，兑现财政补助资金2875万元。三年行动获评“点赞漳州

2019十大民生实事”和“2020年漳州十大暖民心项目”。

【首次开展乘用车消费补贴】 2020年，市商务局牵头相关部门开展漳州市首次汽车消费补贴工作，调研并制定工作方案，落实相关工作，向并省商务厅争取1000万元补助。截至年底，已审核通过6981辆（其中新车666辆，以旧换新315辆），拨付补助2031.3万元。年内，指导举办3场汽车消费节展销会，6—11月，全市汽车消费（税务票据开具）比上年同期增长15.19%。

【白条禽上市交易】 2020年，市商务局全力协调屠宰企业与市区23家禽肉批发商开展产销对接，全力推进白条禽上市工作在中心城区全面铺开。年内，按申报情况审核通过白条禽销售商户71家（其中芗城31家、龙文40家），拨付兑现财政资金8.74万元。

【家政诚信体系建设】 2020年，市商务局组织4期家政诚信暨技能培训活动，录入商务部家政信用信息平台的家政服务企业20家、家政服务员1122名。

【国内市场拓展】 2020年，市商务局组织推荐企业参加闽货华夏行、漳州味国内展21场次，推动漳州市优势产品和地标特色农产品开拓国内市场。

【“双随机、一公开”涉企检查】 2020年，市商务局对随机抽取的75家企业开展涉企业务查检，对13个检查的存在问题的企业移交开具《整改通知书》。配合开展柴油货车的污染整治工作，对资质报废机动回收企业实行等额回收和发放报废车回收证明制度，共发出回收证明20202份，注销报废机动车辆20186辆。大对汽车销售行业的引导和管理，年内，新增汽车销售在商务部备案企业134家，总数达到173家，备案率为全省最高。

【省级城市副食品基地建设】 2020年，市商务局贯彻落实市政府应对新冠疫情出台的各项防控措施，支持农副产品稳定生产，保障市场供应，增加全市蔬菜基地种植叶类蔬菜面积，增加市级生猪活体储备5000头，扩大蛋禽、肉禽、肉牛、肉羊养殖规模，对其销售在漳州地区的产品给予补助，兑现补助金额290.93万元。全市10家省级城市副食品调控基地入选省级重点调控基地，每家获省商务厅奖励26万元。组织企业开展抗灾和灾后重建，12家企业向省商务厅申请灾后重建补助资金690万元。

（郭景宏）

·粮食储备与供应·

【储备粮管理】 2020年，全市粮食总产量41.25万吨，年度粮食总消费407.12万吨，从省外净调入粮食329.23万吨；完成2020年全市粮油仓储粮油报备工作，向省粮食和物资储备局上报漳州市粮油仓储报备单位。年内，为应对突发的新冠肺炎疫情，确保全市粮食储备安全，漳州市粮食和物资储备局（简称市粮储局）增加市县两级地方储备粮规模9万吨，其中稻谷4万吨，玉米5万吨，食用油1000吨；与财政、农发行三部门联合下发《漳州市级储备粮油轮换管理办法》等文件，完成市级轮换任务9500吨小麦，完成轮换计划100%。《漳州市现代化粮库规范化管理指导意见（试行）》被省粮食和物资储备局转发全省，进行推广。

【粮食库存清查】 2020年，市粮储局对全市储粮单位进行全面检查，在全面核查企业统计账、财务账和保管账的基础上，组织实物抽查。通过检查，发现市县储备粮数量准确、质量良好、轮换规范、储粮安全。

【粮食质量监管】 2020年，全市粮储系统完成粮油质量样品检测和抽样1040个批次（含玉米35个批次）。年内，市粮储局主动提请市政府加强对超标粮食收购的处置，督促全市国有政策性粮食企业严格落实粮食出入库必检项目的执行，开展全市粮食企业落实质量安全主体责任检查，加强库存粮食日常质量管理，对库存粮食进行质量监督抽查，确保政策性粮食库存质量安全。

【粮食产销协作】 2020年，市粮储局加强产销协作和产粮区生产基地建设，与7个产粮区粮储部门签订产销协议。组织粮食企业参加第十五届粮食产销协作福建洽谈会、第三届中国粮食交易大会等，与产粮区粮食企业签订超过100万吨粮食购销合同。年内，全市各类粮食企业“引粮入漳”超过257.8万吨，满足全市各方用粮需求。完成2020年度引粮入闽补助、技术改造补助资金的申报和引粮入漳奖励资金的发放工作，全市7家企业获得引粮入闽补助资金252.97万元，4家企业获得省级技术改造补助资金125.18万元，6家企业获得市引粮入漳奖励39.6万元。

（市粮储局）

·供销合作·

【概 况】 2020年，漳州市供销合作系统商品销售346.8亿元，比上年增长39.4%；实现利润1.29亿元。比上年增长38.1%。年内，龙海市浮宫供销社、漳浦县官浔供销社、平和县安厚供销社被中华全国供销合作总社（以下简称全国总社）评为“基层标杆社”，南靖县马山农民综合服务社被全国总社评为五星级“农村综合服务社星级社”，南靖县和溪中心综合服务社、丰田综合服务社被全国总社评为四星级“农村综合服务社星级社”。

【保障疫情防控期间农资供给】

2020年，市供销社制定《抗疫情保春耕农资供应应急预案》《关于扎实做好“六稳”工作落实“六保”任务的实施方案》等文件，成立疫情防控工作领导小组和农资保障工作专班，保持系统直营、合作经营的农资经营网点954个、庄稼医院129家，在营率100%。开展“抗疫情、助春耕”农资科技下乡活动，全市供销系统累计向贫困户和示范户赠送有机肥和优质复合肥120多吨。争取市、县两级财政冬储贴息资金161.6万元，落实化肥应急储备25.8万吨。

【综合改革】 2020年，市供销社推进基层社分类改造、领办创办农民专业合作社及其联合社、创新农业社会化服务方式、农村电子商务等方面的综合改革工作。截至年底，全市供销社系统有农民专业合作社746个，农民专业合作社联合社58个，行业协会11个，社会组织会员数956个。农民专业合作社、农民专业合作社联合社和行业协会数量均超额完成“十三五”规划500个、10个和1个的目标任务。

【为农服务】 2020年，市供销社与省农村信用社漳州办事处联文下发《关于推进“三社融合”发展指导意见的通知》，组织市、县两级供销社与农信社签订《战略合作协议》。全年共实施省级、市级“新网工程”和“惠农工程”项目31个（其中：省级19个、市级12个），与市财政局联合发文下达专项补助资金490万元（其中省级290万元、市级200万元）。争取市财政延续安排2021年市级供销社综合改革发展专项资金200万元。探索“中央厨房”项目建设，积极参与农村人居环境整治和平和县花山溪饮用水水源地环境治理，开展农村垃圾治理及资源化利用试点建设。

【供销电子商务】 2020年，全市供销系统电商销售42.86亿元，比上年增长71.8%。市供销社持续推进“漳州一枝春”“漳浦供销云仓”“宇兴电商”经验做法，盘活供销实体网点资源，完善县乡村三级服务网点。与芗城区供销社联合举办“供销e家好货欢乐购”直播带货惠民助农活动。组织17家农业企业、农民专业合作社生产的200多种名特优农产品参加省供销社在福州举办的“一县一周•特产惠农”漳州（诏安、南靖、东山）专场展示展销会，现场销售49.8万元，订单100多万元。

2020年3月6日，漳州市供销社和长泰县供销社在乡村振兴挂钩示范——长泰县岩溪镇石铭村开展2020年“抗疫情、助春耕”农资下乡爱心支农活动（韩漳智 摄）

【供销社培育壮大工程】 2020年，市供销社印发《漳州市供销社培育壮大工程实施方案》《漳州市供销社关于推动特色农业产业园建设指导意见》，计划3年内创建30个供销社特色农业产业园，推动基层供销社、农民专业合作社及其联合社融合发展。年内，创建标杆基层社6家，改造提升基层社15家、庄稼医院13家，新建村级供销社14家、新领办创办农民合作社27家、农村综合服务社75家。

【社有企业改革发展】 2020年，市供销社探索发展混合所有制，推进人事、产权、分配三项制度改革，落实社有企业财务信息报告制度改革工作，增强社有企业发展活力，资产运营良性发展。

（韩漳智）

·烟草专卖·

【概 况】 2020年，漳州市烟草专卖局（公司）（简称市烟草公司）税利总额比上年增长4.14%，税利贡献居漳州前列；推进全员、全过程、全方位精益管理，全市系统降本增效139.93万元。年内，市局（公司）获评第六届全国文明单位，全市系统直属10家县级局（分公司）全部获评省级文明单位，市烟草专卖局被宁夏扶贫办授予“闽宁消费扶贫协作爱心单位”称号。

【营销网建】 2020年，市烟草公司以数据驱动为核心，开展货源精准投放、海丝新晟终端分层架构、卷烟非烟经营一体化建设等方面的探索，形成“1＋3”课题研究成果。年内，全市已建成诚信互助小组2486个，覆盖面91.16%；建成现代零售终端客户6022户，占比18.01%。打造“非烟客户订货平台、集团客户团购平台、社区团购平台”，多层面、快节奏推进卷烟非烟经营一体化建设，海晟公司全年实现销售比上年增长17.75%，其中非烟销售占比44.26%，比上年增长50.65%。

【“355”品牌培育模式推广】 2020年，市烟草公司推广“355”（细分三阶段、应用五因素、调控五因素）品牌培育模式，以省产古田系列为抓手开展主题营销，以“花样漳州”为主题开展旅游营销，加快创新型产品培育。

【卷烟打假】 2020年，全市查获制假烟机16台、陆上假烟8964件、烟叶烟丝206吨，分别比上年下降38%、13%、43%。市烟草局与市公安局、漳州海警签订《联合打击海上涉烟违法犯罪活动合作协议》，首次查获海上走私入境假烟1156件。查获案值5万元以上假烟案件291起，比上年下降15%。加强与公安局、检察院、法院配合协作，破获网络案件15起，办理省督案件23起，抓获涉假烟犯罪嫌疑人243人，协助外地来漳办理涉假案件185起，协助抓获涉假逃犯86人，判刑177人。

【烟草市场监管】 2020年，市烟草专卖局大力推进“双随机、一公开”与APCD工作法融合，开展电子烟、无证无照专项整治，构建新型信用监管制度体系，开展真烟治异课题实践，持续深化“片长”责任制。全年查处行政处罚案件980起，其中5万元以上真烟案件102起，查处违规卷烟1465件。深入开展代订套订、空壳户清理，取缔违法卖烟大户35户，清理异常零售户789户，对124户客户扣减诚信管理分，179户停供减供，203户批评教育。

【烟草物流配送】 2020年，漳州烟草物流公司探索智慧园区建设和新技术应用，加强线路整合，持续推进“两周一送”配送模式，全市日均出车减少1趟次，全市“两周一送”客户占全市总客户的11.66%；探索非烟物流配送，茶叶配送范围覆盖至全市零售客户。全年物流总费用比上年下降6.5%、单箱物流费用同上年下降6.7%，库存周转次数、配送车辆满载率居全省前列。云霄中转站获得“全省标杆中转站”称号。

（方希）

·盐业专营·

【概 况】 2020年，整个疫情期间漳州市市场供应平稳有序。全年盐业实现销售总量5.19亿吨，比上年减少2828吨。其中小包装碘盐销售7997吨，比上年减少87吨；大包装食盐销售4.39万吨，比上年减少2741吨。实现营业收入5102万元，利润总额-173万元。

【盐业市场营销】 2020年，漳州盐业有限责任公司优化销售渠道。建立线下线上营销主渠道，线下依托本土超商和138家配送商，线上依托万全速配及当地“社区团购”“阿里小店”“吉马GO商城”等电商平台，拓展盐业市场营销。

【盐政工作】 2020年，漳州盐业有限责任公司出动人数10463人次；巡查餐饮店29450家，商超食杂店26629家，食品加工厂924家，学校331所；巡查发现违规线索案件3541件（其中：数额小、违规轻微的案件现场给予纠正），市市场监管局受理案件153起，办结案件152件；行政处罚35起，没收盐产品7.02吨，罚款10.92万元，责令整改117件。

【漳浦、东山盐民自用盐供应】 2020年，漳州盐业有限责任公司做好漳浦、东山盐民村盐民自用盐的供应。全年销售盐业村人口盐77.75吨，其中福建原盐21.53吨、精选自然盐55.16吨、高端盐0.43吨、普通盐0.63吨。

【假冒“闽盐”案件处理】 2020年，公安机关对各地查获假冒“闽盐”产品案件正式立案侦查，一举查获制假窝点2处，生产机器设备3组，逮捕涉案当事人3人，网上追逃4人。

（邹国武）

责任编辑：江细珍

经贸合作

·对外贸易·

【概 况】 2020年，漳州市进出口完成807.5亿元，比上年增长11.3%，其中出口538.2亿元，比上年增长14.6%。

【防疫物资出口】 2020 年，全市共有 32 家医疗防控物资生产企业进入商务部出口“白名单”。白名单中的用户（或 IP 地址、IP 包、邮件等）会优先通过，不会被当成垃圾邮件拒收，安全性和快捷性都大大提高。全市外贸企业出口防疫物资总值 8.4 亿元，比上年增长 4.3 倍。

【通关一体化】 2020 年，漳州市复制自贸区跨境贸易便利化政策，全面推行“两步申报＋提前申报”和“关税保证保险担保”试点等创新举措，大力推广国际贸易“单一窗口”应用，进一步压缩整体通关时间。漳州关区进出口整体通关时间分别为 4.99 小时和 3.12 小时，东山关区进出口整体通关时间分别为 1.53 小时和 1.39 小时，古雷关区进出口整体通关时间分别为 1.98 小时和 2.78 小时。严格规范口岸收费清单，进口单个集装箱常规收费压减至 300 美元。

【出口信保】 2020年，市商务局发挥福建省“单一窗口+出口信保”小微企业投保平台的作用，累计449家小微企业确认参保，实现漳州小微出口企业信保覆盖面超过50%。积极争取限额资源，加快理赔处理效率，支持企业在手订单出运，累计新增批复限额1783件，比上年增长20%，累计新增批复限额9.48亿美元，比上年增长48.5%。

【国际市场拓展】 2020 年，市商务局先后组织漳州元利生物科技有限公司等 10 家防疫物资生产企业参加省商务厅举办的“福建外贸云展会”系列活动——应急物资专场；组织漳州东方科技集团等 6 家企业参加高交会；组织 200 多家企业参加两届线上广交会，开拓多元化市场。

【漳州入选跨境电子商务综合试验区】 2020 年 4 月 27 日，国务院下发《关于同意在雄安新区等 46 个城市和地区设立跨境电子商务综合试验区的批复》（国函〔2020〕47 号），明确漳州市作为 46 个城市和地区之一设立跨境电子商务综合试验区，名称为中国（漳州）跨境电子商务综合试验区。

【漳州首票跨境电商货物通关】 2020年7月16日，在漳州海关申报的首票以跨境电商B2B直接出口（监管代码“9710”）货物顺利通关。该批货物主要为塑料水杯，通过“单一窗口”申报1票报关单，货值共34531美元。这是漳州市于2020年5月6日被列入新一批跨境电商综合试验区的城市名单后，全市范围内办理的首票跨境电商业务。

·招商引资·

【概 况】 2020年，漳州市新批外商投资项目104家，比上年下降4.6%；注册合同52亿元，比上年下降11.1%；实际到资41亿元，比上年增长8%。漳州市新设立中外合资企业27家，合同外资额8.53亿元。外商独资企业72家，合同外资额41亿元。新批外商投资来自日本、澳大利亚、新加坡、德国、韩国、文莱等国家和地区，涉及农林牧渔、制造业等行业104个项目。

【外商投资行业】 2020年，外商在漳州市投资农林牧渔业项目1个，合同外资额9900万元；农副食品加工业项目1个，合同外资额3168万元，实际到资1.11亿元；食品制造业项目6个，合同外资额6337万元，实际到资2981万元；化学原料和化学制品制造业项目1个，合同外资额11.32亿元，实际到资16.73亿元；非金属矿物制品业项目合同外资额5.32亿元，实际到资4.08亿元；有色金属冶炼和压延加工业项目3个，合同外资额3.69亿元；通用设备制造业项目3个，合同外资额6275万元，实际到资785万元；专用设备制造业项目3个，合同外资额1.98亿元，实际到资2.79亿元；燃气生产和供应业项目合同外资额2500万元，实际到资3550万元；批发业项目14个，合同外资额14701万元，实际到资6851万元；零售业项目5个，合同外资额6231万元，实际到资3527万元；装卸搬运和仓储业项目1个，合同外资额9900万元；房地产业项目合同外资额2.22亿元，实际到资2.28亿元；商务服务业项目15个，合同外资额9.90亿元，实际到资1.63亿元；科技推广和应用服务业项目4个，合同外资额5082万元，实际到资1116万元。

【招商活动】 2020 年，漳州先后组织或参加全市第一季度项目集中签约、全省集中“云签约”等 10 场招商活动。其中，第一季度项目集中签约 110 个，总投资额 634.8 亿元。工业项目 78 个，总投资额 257.3 亿元。

·投资与合作·

【对外投资】 2020年，全市新批境外投资企业9家，注册资本2069万美元，中方投资额1.29亿美元。其中，新设项目5个，投资额1561美元；增资项目1个，投资额527.8万美元；并购项目2个，投资额1.3万美元。

【漳台经贸合作】 2020年，全市新备案台资项目58个，注册合同20.4亿元；台资项目到资26.1亿元。

【漳港澳经贸合作】 2020年，全市新设立港资项目23家，合同港资13.8亿元，实际到资4.7亿元。

【对外劳务合作】 2020年，全市签订劳务合同891份，合同金额5016万美元，共外派劳务人员1147人次，实现营业额3270万美元，期末在外人数为4404人。

（郭景宏）

责任编辑：江细珍

财政·税务

·财 政·

【概 况】 2020年，全市一般公共预算总收入350.65亿元，比上年下降1.6%，其中地方一般公共预算收入218.56亿元，比上年下降0.4%。全市一般公共预算支出447.76亿元，比上年增长1.7%。全市政府性基金收入233.69亿元，比上年增长3.3%；支出266.71亿元，比上年下降16%。全市国有资本经营预算收入7.7亿元，比上年增长3.9%；支出7.62亿元，比上年增长20.5%。全市社会保险基金预算收入112.52亿元，比上年增长6.3%；支出113.95亿元，比上年增长6.4%。市财政局落实财政资金直达机制，确保直接惠企利民。国库集中支付改革实现全覆盖。公务卡改革向村（社区）延伸。受市政府委托，首次向市人大常委会专项报告行政事业性国有资产管理情况，完成2019年度行政事业单位国有资产报告编报工作。

【增收节支】 2020年，市财政局统筹疫情防控和经济社会发展，落实各项财税优惠政策，及时兑现补助奖励资金，助力企业纾困发展、项目建成投用，盘活变现国有资产资源，全力促进预算收支平衡。完成非税收入75.74亿元，比上年增长27.8%。全年争取省级以上财政转移支付补助合计201.44亿元（含中央级财政），比上年增长22%，包括上级直达资金50.85亿元。从上级直达资金50.85亿元中分配给县区43.5亿元，支持县域经济发展，占全市直达资金85.5%。市本级下达县区转移支付13.77亿元。市本级调入预算稳定调节基金6亿元，盘活存量资金4.04亿元，重点支持疫情防控及“六稳”“六保”和重大项目建设，促进预算收支平衡。压减非急需、非刚性支出，市本级“三公”经费支出压减28.7%。

【地方政府债务管理】 2020年，漳州统筹做好地方政府债务风险防控和债券资金使用管理工作，安排专项经费支持打击非法集资和恶意逃废债。年底，全市限额内债务余额820.74亿元，严格控制在省财政厅核定额度896.22亿元以内，债务风险总体可控。

【脱贫攻坚财政保障】 2020年，全市健全扶贫（惠民）资金在线监管系统，强化扶贫项目资金全过程绩效管理，夯实稳定脱贫基础，巩固全市脱贫成果。全市共投入扶贫资金5.93亿元，包括市县财政安排2.82亿元，其中市本级1.02亿元，比上年增长11.2%；列入省对市考核的扶贫资金9203万元，比上年增长39.8%，超过省财政厅考核标准29.8个百分点。

【疫情防控财政保障】 2020年，面对突如其来的新冠肺炎疫情，市财政局紧急启动应急防疫财政保障机制，预拨全市16家定点救治医疗机构周转金1亿元，解决人民群众因担心费用负担而不敢就诊的问题；开通抗疫资金国库拨款绿色通道，优先保证疫情防控支出，全市累计投入7.2亿元，确保不因资金问题而影响医疗救治和疫情防控。

【污染防治财政支持】 2020年，漳州全市建立财政支持环保稳定投入机制，市本级统筹安排9.14亿元用于污染防治和环境保护，推动城市黑臭水体治理试点开展，完成九龙江流域（漳州段）山水林田湖草生态保护修复基底调查，获生态保护修复项目省级以上财政补助2亿元。

【“六稳”“六保”财政落实】 2020年，漳州市统筹安排2.66亿元，落实普惠性就业创业补贴政策。兑现稳岗补贴政策，受益企业569家次，惠及职工27784人。民生支出348.02亿元，比上年增长0.1%，占一般公共预算支出77.72%。市本级筹措24.29亿元，支持办好23件市委、市政府为民实事。新增减税降费55.35亿元（含社保降费），其中落实应对疫情的税费优惠政策新增减税降费26.26亿元。规范粮食风险基金使用管理，安排1922万元推动引粮入漳；统筹2136万元支持稳定猪肉价格、农副产品供应和市区农贸市场改造；下达高标准农田建设补助3.2亿元；统筹1.71亿元支持现代农业发展。统筹7600万元支持稳产保供。争取上级调度资金174亿元，调度给县区152亿元，兜牢“三保”底线。市本级累计下达财政资金33.94亿元，落实“六稳”“六保”任务。

【工业引领发展财政支持】 2020年，漳州市统筹资金2.06亿元，支持实施“大抓工业、抓大工业”1144工程，用好规模1亿元工业企业技改信贷风险补偿金，拨付财政贴息130万元，涉及贷款2.1亿元、受惠企业15家，促进工业发展再提速。

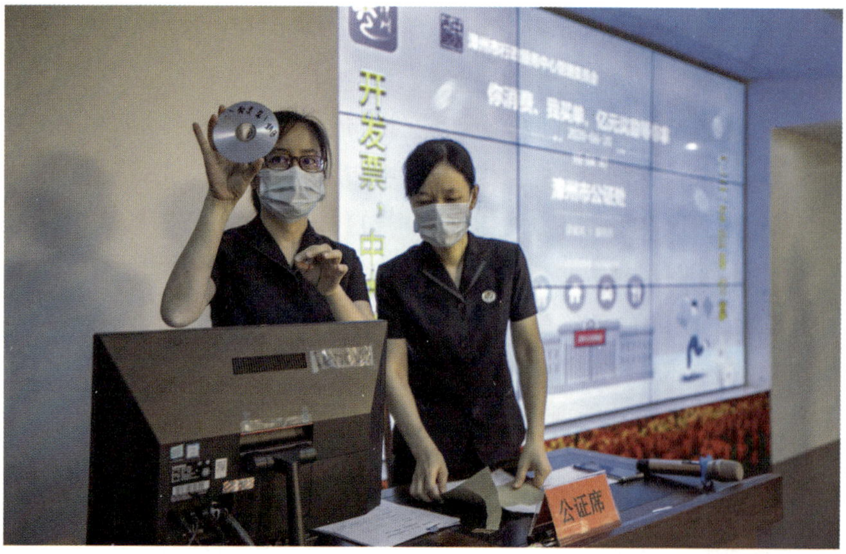

2020年6月20日，第一期“你消费、我买单，亿元奖励等你拿”漳州市个人消费发票抽奖摇号现场 （沈昊鹏 摄）

【创新驱动财政落实】 2020年，漳州市下达2.21亿元促进企业创新研发，支持人才引进和培育，落实市级科技八条惠企措施，建设漳州市食品产业技术研究院等6家科技创新平台，受益企事业单位781家、项目207个。

【消费投资贸易财政支撑】 2020年，漳州市统筹安排1亿元，在全市范围内开展“你消费、我买单”个人消费发票抽奖活动；安排4700万元，用于发放乘用车消费补贴和消费券。市本级统筹安排31.69亿元，支持58个中心城区重点项目建设；拨付女排娘家基地、建元片区一期项目征迁资金18.51亿元；用好全市新增债券资金101.96亿元，支持143个项目建设；累计落地实施55个PPP项目，比上年增加8个，落地率88.7%，比上年提高9个百分点，落地项目总投资483.75亿元，比上年增加65.09亿元。统筹下达出口信保扶持、参展奖补等资金1.21亿元，支持外贸稳定发展和促进外资利用，帮助企业稳住海外市场和订单。

【区域协调发展财政保障】 2020年，漳州市统筹安排8.93亿元，支持推进福厦（漳）客专、漳武高速南靖段等重大协作项目建设。统筹安排2153万元，保障各项惠台政策落实。市本级拨付2325万元完成闽宁等对口支援任务。市本级统筹1.82亿元用于老旧小区、街区、片区和老城区改造，累计投入6.13亿元支持开展提升老城区建设管理水平“十项行动”；安排1.26亿元支持市区公共交通服务事业发展，补助“四好”农村公路建设。统筹2.3亿元重点支持乡村振兴省级试点示范村建设。

（张辉祥 吴崇炼）

·税 务·

【概 况】 2020年，全市税务部门累计实现各项收入384.5亿元，比上年下降11.74%。其中，实现税收收入280.7亿元，比上年下降11.54%；实现非税收入103.79亿元，比上年下降12.28%。按照地方财政口径计算，组织一般公共预算总收入281.46亿元，比上年下降7.35%。组织地方一般公共预算收入149.37亿元，比上年下降10.57%。落实好支持疫情防控、扩大就业、科技创新、促进社会公平等税费优惠配套政策，当年实现新增减税降费50.78亿元，确保减税降费红利直达市场主体。年内，市税务局蝉联全国文明单位，芗城区税务局和长泰县税务局新晋第六届全国文明单位。

【征收管理】 2020年，市税务局扩大“非接触式”办税缴费覆盖面，完善网上办理和掌上缴费功能，全程在线办结涉税事项216个，网络电子申报占比达98.36%；纳税人通过移动支付平台办理涉税业务8.72万笔。深化“放管服”改革，企业开办实现“1天＋0成本”；组建23个企业复产复工纳税服务工作团队和108个联系群。完成首个年度42.87万人次的个人所得税汇算；完善城乡“两险”工作服务，城乡医保、城乡社保缴费率分别居全省第一和第二；加强“诚信兴商”宣传和信用体系建设，联合13家金融机构共享纳税信用，为3205家小微企业发放7239笔贷款30.36亿元。

【风险防范化解】 2020年，市税务局加强增值税发票、成品油消费税、车购税风险管理，规范所得税、财产行为税管征，跟进土地增值税清算，深化分级分类管理。与法院建立信息共享、协同共治机制，解决欠税清缴难题。落实房地产税收共治机制，提升房地产行业税收协作共治质效。运用大数据增强防范涉税风险和打虚打骗的有效性，全年涉税稽查共查补税费收入8311.5万元。破获全省首例“涉疫骗惠”大案，被央视《新闻联播》《新闻直播间》等媒体报道。

【漳浦OTO税收主题公园获评全国税收普法教育示范基地】 2020年7月，国家税务总局公布第二批全国税收普法教育示范基地名单，国家税务总局漳浦县税务局申报的“漳浦OTO税收主题公园”榜上有名，系福建省首个获此称号的单位。漳浦OTO税收主题公园运用“互联网+税务”思维，创新性地将公园打造成一个“共创、共享、共赢”的税收宣传普法教育“生态圈”，不断地对内容和形式进行吸纳、更新，成为税务部门开展各类税收普法教育实践活动的重要阵地，获得社会各界的广泛好评。自2017年开园以来，共举办各类线下活动13场，线上活动4场，线上线下联合活动5场，线上线下游园人数累计超27.6万人次。

（王 彬 陈振忠 黄雅妮）

责任编辑：杨 静

金融

·地方金融监督管理·

【概 况】 2020年，漳州市地方金融监督管理局（简称市金融局）组织召开29场政银企融资对接活动，达成融资意向金额595亿元。漳州市全年各项贷款余额3447.42亿元，比上年增长17.98%，增幅居全省第一位。全年新增贷款525.48亿元，比上年增长250.31亿元，存贷比为98.72%，比上年提高6.83个百分点。引导银行持续加大工业和制造业贷款投放，从2月起，全市制造业贷款增速回正，制造业贷款余额451.43亿元，比上年增长20.03%。对接两期总共200亿元中小微企业纾困专项资金，全市发放667笔纾困贷款，金额24.63亿元。开展“首贷”培植行动，全市民营企业首贷户增加1909户，获得贷款28.21亿元。下发《关于进一步加强我市政府性融资担保工作的通知》，积极推进国企融资担保业务开展，政府性融资担保业务取得较大突破，政府性融资担保公司融资在保余额20.05亿元，新增融资担保额19.89亿元，惠及中小微企业1007家，融资放大2.24倍。

【金融风险防范】 2020年，市金融局强化属地责任，提前预判信贷风险变化，抓好新调整的重点风险企业的跟踪化解工作，不良贷款率降至近年来新低。处置不良贷款53.44亿元，不良贷款余额32.08亿元，比年初减少2.2亿元；不良贷款率0.93%，首次降到1%以下，比年初下降0.24个百分点。开展“守住钱袋子•护好幸福家”等为主题的防范非法集资宣传活动，印发《漳州市非法集资举报奖励实施细则》，提升公众防范非法集资意识，树立正确理财观念。

【资本市场建设】 2020年，市金融局抢抓资本市场系列改革窗口期，加强政府、银行、券商的协同配合、信息共享，加快推动漳州企业上市工作。漳浦县的福建万辰生物科技股份有限公司首发申请获创业板上市委员会通过。新增台商投资区企业惠尔明、雅宝电子，诏安县企业麦凯智造、南靖县企业万宝能源等4家企业进入福建证监局辅导备案阶段。片仔癀药业启动分拆化妆品上市的前期筹备工作。

【金融改革深化创新】 2020年，市金融局制定出台三年行动计划方案，实施“金融资源招商、金融组织壮大、资本市场提升、产融结合创新、金融环境优化”等“五项子行动”。华安长信村镇银行落地，九龙江集团财务公司设立，漳浦农联社改制为漳浦农商银行完成，平和农联社改制为平和农商行。推广人民银行中征应收账款融资服务平台，全年平台交易金额68.05亿元，核心企业对接中征平台数量居全省第一。完善提升漳州综合金融服务平台，引进38家金融机构，127项金融产品，为486家企业融

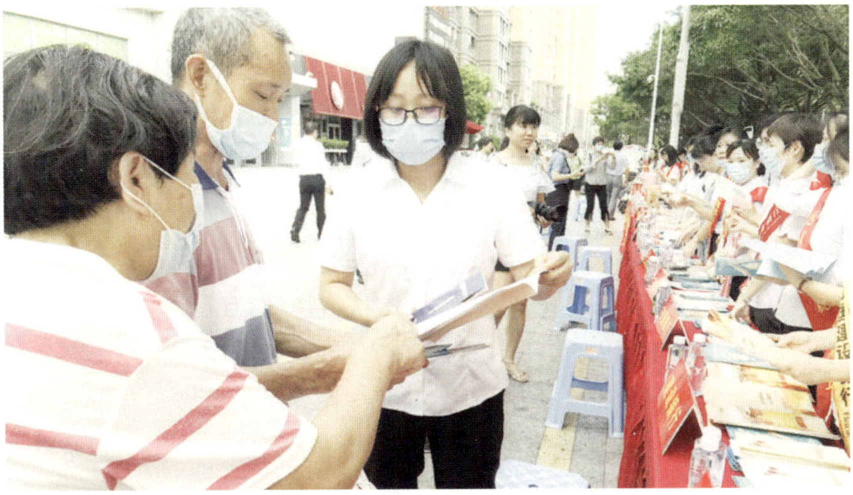

2020年6月15日，一场以“守住钱袋子 护好幸福家”为主题的防范非法集资现场集中宣传活动在漳州市龙文区锦绣商业广场举行

（市金融局 供图）

资37.12亿元。

（苏雄峰）

·银行业·

银行业监督管理

【概 况】 至2020年底，全市银行业机构共有7大类40家，分别为：政策性银行1家、国有大型银行5家、股份制银行8家、邮储银行1家、城商行4家、信用卡中心2家、农村中小金融机构19家。银行业金融机构资产总额4286.99亿元，比上年增长13.8%；负债总额4118.82亿元，比上年增长13.39%。银行业金融机构本外币各项存款余额3492.15亿元，比上年增长9.82%。

各项存款比年初增加312.38亿元。全市住户存款、非金融企业存款、非银行业金融机构存款分别比上年增加240.51亿元、87.04亿元和24.97亿元，财政性存款、机关团体存款分别比上年减少25.47亿元和22.53亿元。全市各项贷款余额3447.42亿元，比上年增长17.98%。全市普惠小微贷款余额比上年增长30.27%，比年初增加106.31亿元。

【乡村振兴金融服务】 2020年，中国人民银行漳州市中心支行（简称人行漳州市中支）组织实施金融服务乡村振兴“五大工程”，全市涉农贷款增速居全省首位。牵头开展漳州市“百镇千村万户”金融知识宣传活动，构建农村地区金融宣传长效机制，该做法获得人民银行总行网站、《金融时报》报道宣传。漳州银保监分局联合人行漳州市中支、市农业农村局、市金融局等部门出台《漳州市金融服务乡村振兴提升行动工作方案》，结合县域特色，打造“一行一品”“一县一品”的漳州乡村振兴金融名片，推动发放扶贫贷款2.41亿元，3个重点县贷款整体增速高于全市贷款平均增速5.64个百分点。

【复工复产金融服务】 2020年，人行漳州市中支牵头开展漳州市民营和小微企业首贷培植行动，全辖共组织27场复产复工主题融资对接活动，为银企牵线搭桥。建立复工复产企业债券融资对接工作机制，全年辖区企业发行各类债务融资工具223亿元。漳州银保监分局成立金融支持复工复产工作专班，深入一线调研督查；参与全市复工复产融资对接会，达成融资意向160亿元，融资对接完成率高于全省平均水平10.45个百分点。梳理支持企业复工复产的信贷政策与产品，通过银行业协会微信公众号等渠道发布推广；推动银行业机构出台“纾困贷款”，授信金额18亿元；充分运用“百行进万企”平台深入走访企业，推动融资对接金额131.49亿元。开辟“国库资金拨付绿色通道”，紧急办理拨付抗疫资金1085笔、3.46亿元，累计办理直达资金拨付3402笔、26.77亿元。

【金融违法行为打击】 2020年，人行漳州市中支推动涉黑涉恶破案1起，推动洗钱罪立案5

起、破案5起、起诉4起和判决6起，在全省率先实现房地产业、律师业反洗钱、反恐怖融资监管全覆盖。

【台商台胞金融服务】 2020年，人行漳州市中支在全市推广颁发金融信用证书83本，梳理印发100余条台商台胞金融优惠措施，进一步与台商台胞分享发展机遇。漳州银保监分局开展对台金融服务调研，推动创新“台享贷”、台胞卡等产品，辖区涉台信贷支持金额130亿元。

【外汇管理改革】 2020年，漳州银保监分局办理全省首笔线上外债登记业务，共通过“预约办”办理跨境融资业务累计15.27亿美元。举办漳州市“共筑新营商携创新蓝图”外汇管理政策暨汇率风险管理系列宣讲会，组织向119家外贸企业宣讲外汇政策，助力稳外贸。出台《关于优化台资企业外汇管理服务的指导意见》，扩大资本项目外汇管理便利化试点成效。推广外汇局跨境金融区块链服务平台，累计办理融资核验业务1230笔，金额1.39亿美元，融资笔数、金额均位于全省前列。简化外债登记管理，支持漳州市企业融入境外低成本资金4.75亿美元。

【普惠金融】 2020年，漳州银保监分局对标全省2个普惠金融改革试验区目标要求，创新普惠金融体制机制和流程，推动金融支持稳就业、保民生、促消费。开展“村村通”和信用工程建设，实现乡镇金融机构网点、行政村金融流动服务全覆盖；持续推进普惠金融“百千万”工程，辖内金融机构已设立普惠金融学校81所，普惠金融工作站217所，派驻普惠金融助理1017人。

（游志强 陈毓欣）

银行和银行金融机构

【中国农业发展银行漳州市分行】 至2020年底，中国农业发展银行漳州市分行（简称农发行漳州分行）累计获批各类贷款66.5亿元，比上年增长29.73%；投放各类贷款30.66亿元，比上年增长61.97%，各项贷款余额90.16亿元，比上年增长24.02%。累计现金清收不良贷款本金392万元；核销不良贷款本金1200万元及利息816.02万元，不良贷款余额比年初减少1592万元。年末不良贷款余额98万元，不良率0.01%，比年初下降0.22个百分点。

2020年，农发行漳州分行投放粮油购销储贷款5.47亿元，投放1.4亿元支持傲农生物科技、正邦、大北农等3家生猪全产业链企业。投放扶贫贷款企业5家、金额1.25亿元；引导存量13家民营贷款企业开展“万企帮万村”精准扶贫工作；发放中长期贷款6.49亿元支持诏安、云霄、平和3个原省级扶贫开发工作重点县基础设施建设。开展“以购代捐”，购买贫困地区农产品合计98643元、为定点帮扶村——平和县礤头村捐款47600元、捐赠扶贫物资3万多元等。

2020年，农发行漳州分行围绕补齐民生短板，获批水利、农村交通、城乡一体化等基础设施贷款57.44亿元，投放21.69亿元支持漳州市区内河水环境综合整治、漳浦县东南片区、龙海锦江大道及平和基础设施组团PPP（政府和社会资本合作）项目等。应急办贷通道审批贷款4.3亿元，投放2.17亿元。审批投放人行专项再贷款1.3亿元，用于支持辖区内重点疫情防控企业5家企业。投放普惠小微企业贷款5807万元，比年初净增2007万元；至年末，全市普惠小微企业贷款客户11家，贷款余额5510.77万元。新发放贷款加权利率4.03%，比上年下降57个基点，其中：疫情防控应急贷款加权利率2.51%，较LPR（贷款市场利率）下浮165个基点，人行专项再贷款加权利率仅2.05%。累计让利企业约559.56万元，减免结算手续费57.55万元。

（戴俊玉）

【中国工商银行漳州分行】 至2020年底，中国工商银行股份有限公司漳州分行（简称工行漳州分行）本外币存款余额323亿元，其中，储蓄存款177亿元。当年全部存款新增56亿元，其中储蓄存款新增29亿元。各项贷款余额484亿元，贷款新增79亿元，其中，公司贷款新增42亿元。清收处置不良资产11.6亿元，不良资产余额4.33亿元，比上年减少4.2亿元，不良率下降至0.89%。净利润6.12亿元，比上年增加7.72亿元。

2020年，工行漳州分行新发放各项贷款290亿元，贷款总额净增79亿元。截至年底，制造业贷款余额61.78亿元，涉农贷款余额129.34亿元，民营企业贷款余额66.61亿元，普惠型小微企业（银保监口径）贷款余额14.9亿元。

2020年，工行漳州分行为漳州市重点项目提供金融支持，已审批项目33个、审批金额117.6亿元。成功发放并购贷款3笔，金额2.28亿元；完成核心企业标识建立4户，供应链融资余额5亿元。为受疫情影响暂遇困难的中小微企业办理再融资9.1亿元，涉及87户企业；为5户企业办理延期付息约8156万元；为受困小微企业主及个体工商户累计办理展期1269万元。完成核心企业标识建立4户，认定核心企业上下游子客户18户；对接"福建金服云平台"纾困企业44户，意向融资总额2.63亿元，成功发放39户40笔，累计投放额1.84亿元；推进"百行进万企"融资对接活动，对接企业2061户，对接率100%。

（邱丽红）

【中国农业银行漳州分行】

2020年，中国农业银行股份有限公司漳州分行（简称农业银行漳州分行）各项存款余额378.6亿元，比上年增加37.05亿元。各项贷款余额434.38亿元，比上年增加68.94亿元。实现中间业务收入3.16亿元。不良贷款余额5.11亿元，不良率为1.18%。

2020年，农业银行漳州分行支持防疫骨干企业8户，发放贷款8笔金额1.49亿元；支持其他防疫主体企业9户，发放贷款6笔金额2.24亿元。为10家企业、47笔、12.04亿元贷款结息周期由按季结息调整为按半年结息；将6户客户、74笔、金额38.174亿元的项目贷款结息周期由按季结息调整为按半年结息；对28户线上小微企业合计贷款金额1542万元进行展期。落实中小微企业纾困工作，共投放纾困贷款148笔，金额3.88亿元。

2020年，农业银行漳州分行累计发放对公贷款173亿元，其中，实现漳州核电站一期工程、古雷炼化一体化、七建等重点项目、重点客户共55亿元贷款投放；为漳州四大国有集团提供融资35亿元；成功中标城投集团、交通集团、九龙江集团等发债业务30亿元。

2020年，农业银行漳州分行惠农e贷扩面增效。截至2020年底，上线柚农、对虾等46个项目，覆盖全市9县2区共119个乡镇，覆盖率达100%。持续做好金融扶贫工作，云霄、平和、诏安三个扶贫重点县贷款余额83.45亿元，比上年增加21.63亿元，增速34.99%。产业精准扶贫贷款余额1.98亿元，比上年增加0.21亿元，持续保持正增长。

（林舒婷）

【中国银行漳州分行】 至2020年年末，中国银行股份有限公司漳州分行（简称中行漳州分行）本外币存款余额396.48亿元，较年初新增10.73亿元；本外币贷款余额324.95亿元，较年初新增41.08亿元。实现净收入10.97亿元、比上年增长11.30%，拨备前利润7.98亿元、比上年增长19.96%。年末不良资产余额2.13亿元，较年初下降2.91亿元，不良率0.66%，较年初下降1.12个百分点。国际贸易结算、跨境人民币结算、结售汇三项业务市场份额均稳居漳州同业第一。

2020年，中行漳州分行承销漳州地区唯一一笔10亿元疫情防控债，为13家疫情防控重点企业投放再贷款，投放客户数居漳州同业第一。投放纾困贷款104笔、金额3.54亿元，开通"先贷款后抵押"绿色通道，为小微企业下调贷款利率0.82个百分点，以金融力量助力疫情防控和经济社会发展。落实"六

2020年5月28日，中国银行漳州分行与角美镇人民政府签署服务“三农”战略合作协议。图为签约现场　（亓一凡　摄）

稳”“六保”工作要求，加大民营企业、小微企业、制造业企业信贷支持力度，年末制造业贷款余额80.05亿元，民营企业贷款余额44.57亿元，较当年年初新增6.3亿元。普惠贷款余额14.36亿元，比上年增长23.79%，高于各项贷款增速11.21个百分点。支持产业转型升级，新增绿色金融贷款4.65亿元。承销九龙江集团疫情债及中票业务、漳龙集团超短融资45亿元，债券承销市场份额列当地四大行第一。增设社保卡服务中心2家，改造升级社保卡服务中心16家、农村普惠金融服务点1109家，补换发社保卡27万张，累计代发民生项目1873个，代发民生补贴300万人次。

（陈嘉怡）

【中国建设银行漳州分行】 2020年，中国建设银行股份有限公司漳州分行（简称建行漳州分行）实现主营业务收入19.53亿元，比上年增长11.16%；实现税前利润13.46亿元，经济增加值7.12亿元。一般性存款余额480.19亿元，比年初增加56.88亿元。各项贷款余额589.45亿元，比年初增加63.66亿元。不良贷款余额32192万元，比年初减少8571万元，不良率0.54%，比年初减少0.23个百分点。逾期贷款43289万元，比年初减少871万元，逾期贷款率0.73%，比年初下降0.1%。全年共处置不良资产45055万元。新增国际收支客户49户，实现结售汇客户数375户，网银结售汇客户242户。累计办理6笔跨境融惠通业务，金额合计1.85亿元。累计办理福费廷业务24.05亿元。小额无贷客户新增1549户，比上年增长11.52%；加权有效客户新增3413户。

2020年，建行漳州分行累计为895户小企业客户办理延期还本、无还本续贷业务5.12亿元；为1140户小微企业发放累计近8.4亿元“云义贷”；向对公客户共计让利6295.76万元；通过惠懂你APP申请贷款客户2111户；个体工商户抵押快贷授信客户共计1069户，授信金额10.16亿元，贷款余额7.58亿元。

2020年，建行漳州分行完成福化水务、金盾保安等大中型信贷项目储备19个，获批信用额度68.84亿元。获批新污水处理、垃圾处理PPP项目3个，金额合计17.1亿元。

2020年，建行漳州分行在全市38个网点194台智慧柜员机推出自助办理公积金业务，推出建行智慧公积金功能。与漳州市城市管理局、漳州市住房和城乡建设局共同开发“专维金线上缴费系统”。

（李欣）

【邮储银行漳州市分行】 截至2020年年末，中国邮政储蓄银行漳州市分行（简称邮储银行漳州市分行）各项贷款余额174.48亿元，年新增25.97亿元，其中公司信贷年余额36.39亿元，年新增12.64亿元。不良贷款余额率0.78%，较上年末下降0.03个百分点；逾期贷款率0.79%，较上年末下降0.04个百分点。全年共处置不良贷款1.02亿元。个人储蓄存款平均余额新增4.50亿元，较年初增长69.80%。全年票据累计贴现6.78亿元；国际结算交易金额1.25亿美元；福费廷业务年累计交易量22.69亿元。

2020年，邮储银行漳州市分行全辖个人经营性贷款余额54.67亿元，年新增6.44亿元。涉农贷款新增13.23亿元。全辖共创建信用村镇576个，年新增201个。住房贷款年新增7.21亿元。非房消贷年新增3.28亿元。小企业法人贷款年新增3.79亿元。突破全省首笔优信贷、小微易贷-抵押模式和海关融资模式。

2020年，邮储银行漳州市分行对接省内抗疫名单企业授信金额3930万元，对接发放人行抗疫专项再贷款业务530万元，累计发放纾困贷款4304万元，为275户受疫情影响的三农客户变更还款方式、延期还款，涉及金额2.26亿元。新增涉农贷款13.23亿元，较上年增长17.32%。精准扶贫贷款新增3242万元。普惠型小微企业贷款新增11.38亿元，高于全年各项贷款增速6.33%，完成“两增两控”小微企业贷款考核目标。新发放民营企业贷款24.59亿元，占新发放贷款的31.46%。新增绿色信贷3.39亿元，较年初增长549.47%。

（许芙蓉）

【兴业银行漳州分行】 截至2020年底，兴业银行股份有限公司漳州分行（简称兴业银行漳州分行）账面总资产378.99亿元，比年初增加28亿元；本外币各项存款余额363.18亿元，比年初增加14.38亿元；本外币各项贷款余额287.16亿元，比年初增加53.01亿元；全年共缴税1.16亿元。对公存款218.97亿元，比年初增加3.41亿元；对公贷款余额134.56亿元，比年初增加46.47亿元；分行客户数17661户，比年初增加1267户；有效及以上客户6377户，比年初增加783户。个人存款144.21亿元，比年初增加10.97亿元，比上年增长8.24%；零售客户AUM日均326亿元，比年初新增41.3亿元；零售客户AUM余额342.4亿元，比年初新增37亿元；个人贷款余额134.66亿元，比年初增加3.73亿元；分行全量发卡2.68万张，其中机构发卡2.05万张，分行新户发卡2.24万张。8月11日，全面完成优化经营机构管理体系改革工作，16家支行全部转型为综合型支行，强化“公私一家”全面业务整合。

2020年，兴业银行漳州分行贯彻落实金融支持复工复产政策，扎实落实“六稳”“六保”任务。截至年底，对疫情冲击较大的民营企业贷款余额60.95亿元，较年初新增9.29亿元，新增完成率183.6%；银保监口径普惠型小微企业贷款余额22.06亿元，比年初新增6.48亿元，新增完成率771.43%；人行口径普惠小微贷款余额26.67亿元，较年初新增4.78亿元，新增完成率298.75%；累计为422家中小微企业（含小微企业主和个体工商户）办理贷款延期还本18.28亿元，为中小微企业延期支付贷款利息1458万元，占比4.07%。率先于6月9日落地漳州市首笔中小微企业纾困专项资金贷款，全年累计为48家企业发放纾困贷款3.36亿元。

（江佳慧）

【漳州农商银行】 至2020年底，漳州农商银行全行总资产273.01亿元，各项存款214.51亿元，比年初增加25.26亿元。各项贷款余额158.98亿元，较年初增加17.37亿元。涉农贷款101.02亿元，比年初增加6.93亿元；普惠型涉农贷款78.47亿元，比年初增加9.36亿元。全年实现财务总收入13.68亿元，利润总额4.61亿元，净利润3.67亿元，上缴各项税金2.02亿元。

2020年，漳州农商银行累计开立农村股份经济合作社账户134户，实现芗城、龙文两区开户全覆盖，于2020年11月初，完成芗城区浦南镇、石亭镇“福农e政”三项资金代发试点工作。

2020年，漳州农商银行首批发放“乡村宜居贷”232户，贷款金额3436万元。“战疫双复贷”获评“2020年度中国服务乡村振兴十佳信贷产品”。截至年底，发放普惠型小微企业贷款52.79亿元，贷款户数8100户。累计办理无还本续贷975笔，贷款金额14.63亿元。对申请延期还本的小微企业签订稳岗承诺书，保持就业岗位稳定。

2020年7月14日，漳州农商银行和芗城区人民政府签订政银战略合作协议。图为签约仪式现场　　（漳州农商银行 供图）

2020年12月末，漳州农商银行累计发放普惠型小微企业贷款年化利率比上年末降低1.46个百分点，累计使用人行专项再贷款发放小微企业贷款1358户11.88亿元，为小微企业节省利息支出2376万元。

2020年，漳州农商银行主动对接金服云平台纾困企业公示名单内企业，关注笔数119笔，关注金额3.79亿元，授信115笔，金额3.35亿元，放款114笔，金额3.13亿元。其中，纾困贷款45笔，贷款金额1.62亿元，商贸贷1笔40万元。

（郑小丽）

·保险业·

保险业监督管理

【概　况】　截至2020年年末，漳州市保险市场实现保费收入86.75亿元，比上年增长6.25%。全年赔付支出31.5亿元，比上年增长10.85%。全市保险主体59家，其中财险21家，寿险23家，专业中介机构15家。

【金融风险防控】　2020年，漳州银保监分局与市住建局、消防支队等部门沟通，进一步加强市场准入窗口指导，加大对县域保险机构市场准入巡查力度，推动机构逐步化解网点历史存量和安全隐患问题；开展各项应急演练，进一步加强警示教育，强化风控管理。加强对辖内机构展业行为的科学引导，扭转不合理商业行为。推动财险公司签署车险自律公约，加强相互监督，强化相互制约，增进主体互信。

【防疫防控保障落实】　2020年，漳州银保监分局全力开展防疫工作，引导机构对不涉及人伤的累计211492件案件全量引导线上化处理，进一步减少人员接触。引导机构为漳州援鄂医疗团队、漳州市疾控中心等一线抗“疫”人员捐赠专属保险保障近5.3亿元。在全省创新赠送女性安康特别险助力战“疫”，向漳州驰援湖北抗“疫”一线女医务人员赠送保额高达2.1亿元。指导各人身险公司将意外险、疾病险等产品的保险责任范围拓展至新型冠状病毒感染，充分发挥保险风险保障作用。

【保险服务完善】　2020年，漳州银保监分局推动保险业在安全生产责任、环境污染等领域形成共保体，参与漳州市安全风险源头治理体系建设，推动漳州在全省率先出台高危领域安全生产责任保险方案，累计为351家企业提供风险保障23.42亿元。联合交管部门推动有关公司成立全省首支“警保联动快骑队”，城区交通态势明显好转，警情数比上年下降6.86%。

（陈毓欣）

保险机构

【中国人民财产保险股份有限公司漳州市分公司】　2020年，中国人民财产保险股份有限公司漳州市分公司（简称人保财险漳州市分公司）保费收入18.4亿元，比上年增长6.7%。年内推出疫情防控综合保险，为重点企业复工复产提供综合保险，免费为复工复产企业拓展安责险保障范围，推进生猪保险全覆盖。推出蜜柚价格指数保险，截至2020年10月底，已承保2261户贫困户蜜柚种植，实现平和县蜜柚种植贫困户全覆盖。加快推进线上理赔，走数字化转型的道路，将线上查勘的适用范围拓展到全查勘人员、全时间段、全案件类型。

（戴建阳）

【中国人寿保险股份有限公司漳州分公司】 2020年，中国人寿保险股份有限公司漳州分公司(简称人寿保险漳州分公司)实现股份总保费19.96亿元，比上年增长12.17%。长险首年期交保费4.4亿元，比上年增长14.29%；其中十年期及以上期交2.27亿元，比上年增长14.82%；保障型保费1.39亿元，比上年增长4.95%。短期险保费1.52亿元，比上年增长10.51%。理赔服务2.39万人次，总赔付金额1.21亿元，获赔率达99.78%，出险付费平均时效59.73天，申请付费平均时效1.12天，理赔5日结案率99.82%。

2020年，人寿保险漳州分公司全力做好金融保险扶贫和定点扶贫工作。累计公益性捐赠12.46万元，消费扶贫10.08万元，为失独家庭1409人捐赠计生家庭失独保险56.36万元。各类商业扶贫防贫业务总保费实现4452万元，比上年增长5.22%。为3.02万名建档立卡贫困人员承保扶贫业务，保额达27.35亿元，赔付金额达235万元。人寿保险漳州分公司参与的9个帮扶点已全部脱贫。

（蒋小玲）

【中国太平洋人寿保险股份有限公司漳州中心支公司】 2020年，中国太平洋人寿保险股份有限公司漳州中心支公司（简称太平洋人寿漳州中心支公司）总保费收入3098.22万元，其中个人代理渠道保费收入4.53亿元，新单保费7442.11万元，营销人员1182人；团体渠道保费收入2609.60万元，短险保费收入1229.22万元。年内，开展线上疫情宣传，大力宣传线上业务；向购买乘客意外伤害保险的客户赠送为期一个月的住院医疗保险；疫情期间实施免息复效、免体检以及延长犹豫期相关政策；将意外险、重疾险等保险责任范围扩展至新冠肺炎。

（薛舒静）

责任编辑： 林松英 陈姝瑾

交通·邮政·通信

·公路·

【概况】 2020年，全市完成道路客运量560.08万人次，比上年下降60.34%；客运周转量3.63亿人千米，比上年下降68.27%。完成货运量7404.68万吨，比上年增长5.32%；货物周转量86.12亿吨千米，比上年增长5.16%。

2020年1月9日，漳州云平高速建成通车。图为云平高速

（林俊河 供图）

【建制村通客车】 2020年，市公路局出台《全力推进建制村通客车确保完成交通运输脱贫攻坚兜底任务实施方案》，针对运营里程较长、村庄分散且常住人口较少不适宜中型客车通行条件的情况，财政予以营运兜底补贴。全市1610个建制村全部通客车，通客车率为100%。

【南靖实现“镇镇通公交”】 2020年1月10日，南靖—和溪—奎洋公交线路正式开通运营。该线路为原9路（南靖至金山）公交线路的延伸，即在保持原9路公交线路每隔25分钟发一班的基础上增加每隔1小时发一班延伸至奎洋镇，单趟次运行里程达81千米，全部采用纯电动公交车，发车时间为首班7点整，末班17点30分，双向对开，每隔1小时发一班。该线路开通运营，标志着南靖县实现“镇镇通公交”。

【漳州云平高速通车】 2020年1月3日，漳州云（霄）至平（和）高速公路顺利完成交工验收，正式通车。云平高速起于云霄县东厦镇，终点位于平和县长乐乡，接广东大埔至潮州港高速公路漳州支线，主线里程97.8千米（其中新建里程78千米，与沈海复线共线里程19.8千米）。项目全线设置枢纽互通3处，落地互通7处，服务区3对，总工期三年。本项目的建成，将成为闽南（厦漳泉）通往粤东（梅州）的最佳捷径，同时也是云霄、平和县西部片区25万人口进出往来的快速通道，对加强闽南地区与粤东北地区的联系具有重要意义。

【漳州市金峰大桥交工验收】

2020年9月，由中交二航局承建的廊桥——漳州市金峰大桥顺利通过交工验收。金峰大桥项目总投资9.5亿元，全长1.59千米，主线桥梁全长1227米，上跨主桥廊桥的观江阁跨径54米，双向双幅八车道。项目起于金峰开发区金塘路，依次跨越北江滨路、九龙江西溪、南江滨路，最终与廊前大道相接，是连接漳州市区与南靖县靖城新区的重要通道，其观江阁展廊跨径为54米。

·铁路·

【福厦铁路漳州段九龙江特大桥项目主墩承台浇筑】 2020年3月28日，新建福厦铁路9标九龙江特大桥项目中大跨度连续刚构主墩承台混凝土浇筑完成，标志着中铁六局新建福厦铁路9标九龙江特大桥项目从水下转入水上施工阶段。九龙江特大桥全长10.28千米，其中跨越九龙江西溪（94+168+94）米连续刚构（193#墩—196#墩）为标段控制性工程。

【福厦铁路漳州段三座特大桥全部进入施工阶段】 2020年11月11日，新建福厦铁路九标漳州段三座特大桥全部进入“线上”连续梁施工。九龙江特大桥是新建福厦铁路九标漳州段施工范围内三座特大桥之中最长的一座，另外两座特大桥分别是漳州上行联络线特大桥和漳州下行联络线特大桥，从桩基承台到墩身，都是同步施工全面展开，三座大桥都已进入连续梁的阶段施工。新建福厦铁路设计时速350公里，新建线路长277.42公里。

【华新隧道正式进洞施工】 2020年8月25日，改建铁路鹰厦线华安城区段外移工程全线最长隧道——华新隧道正式进洞施工，标志着铁路外移工程主体构筑物全部正式进入施工阶段。改建铁路鹰厦线华安城区段外移工程属于基础设施类重大项目，总投资8.7亿元，工期三年。

·水路·

【概 况】 2020年，全市完成水路客运量13.62万人次，比上年下降61.53%；客运周转量175.75万人公里，比上年下降65.81%；水路货运量65.21万吨，比上年下降61.72%；货物周转量2.07亿吨公里，比上年下降69.82%。漳州7个港区完成货物吞吐量3748.34万吨，比上年下降19.19%，其中，外贸货物吞吐量916.17万吨，比上年下降0.85%；集装箱吞吐量32.1万标箱，比上年下降24.99%。

【厦门港东山5000吨级对台客货码头工程完成沉箱安装】

2020年4月7日，厦门港东山5000吨级对台客货码头工程第22件沉箱安装完成，标志着该码头工程沉箱安装工作圆满完成。该项目位于漳州东山县康美镇，建设5000吨级对台客货泊位1个（可满足1000GT陆岛滚装船靠泊，水工主体按1万吨级杂货船设计）及相应的配套设施，按可满足年通过货物13万吨、客流26万人次及车辆12.8万辆次设计。项目建成后，可提升东山港区对台码头基础设施条件，进一步完善厦门港功能布局，促进海峡两岸经贸往来。

·交通基础设施建设与养护·

【交通基础设施建设】 2020年，漳州市完成交通基础设施投资163.6亿元，比上年增长15.8%。铁路完成投资28亿元，高速公路完成投资18.7亿元，普通公路完成投资84.6亿元，建成国道319线高新区纵十路至草前村工程、国道324线云霄城关段改建工程、漳浦港城大道等项目，新增高等级公路115公里。建设和改造农村公路187公里。改造危桥11座，实施农村公路安全生命防护工程431公里。华安县被评为“四好农村路”省级示范县，浦南镇、浮宫镇等9个乡镇被评为市级示范乡镇。运输场站及交通物流园完成投资13.5亿元，建成云霄县汽车站。港航建设完成投资18.87亿元，厦门港古雷港区古雷作业区南8#泊位工程完成码头竣工验收，厦门港后石航道二期工程疏浚挖泥全部完成。

【公路养护与管理】 2020年，市公路局重点实施路面PQI提升、路域环境整治、设施完善和内业规整“四项攻坚行动”，干线公路路况水平继续保持全省前列，PQI排名全省第三。按照“路面完好、路缘清晰、标识醒目、排水顺畅、安防可靠、路域洁美”养护标准实施示范提升工程1675公里。开展农村公路路域环境专项整治工作，推进路宅分家、路田分家，整治路域范围的草堆、垃圾堆和非公路标志牌。

·交通管理·

【交通安全生产】 2020年，市交通局开展“安全生产隐患大排查大整治”“安全生产专项整治三年行动”，全年发生交通运输安全生产一般事故2起，事故起数、死亡人数比上年均下降33%，全市安全生产形势总体平稳有序。年内，市交通局联合相关部门开展涉海非法采（运）砂船舶综合整治行动，共注销（转籍）内河船舶221艘、扣押违法船舶27艘，内河交通安全得到有效监管。

【“平安工地”建设】 2020年，市交通局开展“平安工地”建设，漳武高速公路、国道324线云霄城关段、龙海锦江大道（三期）CD段等3个项目被评为“平安工地”省级示范项目，全市工程建设质量安全总体稳定可控。

【出租车实名制乘车启动】 自2020年2月10日起，漳州市启动出租车实名制乘车，市民在乘坐出租车时，可使用手机扫描出租车前后车窗位置上的二维码，即可自动导入有效联系方式，未携带手机或使用手机不便的，由司乘人员协助扫描登记或进行手工登记。如完成初次登记，再次乘车仅需3秒钟就可完成，乘车前或乘车时使用微信扫描二维码即可进入小程序，一键授权即可登记，无需手动输入信息。

通过实名制乘车，对市民出行信息进行数字化管理，实现疫情发现后对密切接触者的高效追踪，增强疫情防护工作的主动性。同时，采集到的相关信息均使用专用服务器予以加密保存，可杜绝登记信息泄露的风险。

（林俊河）

·邮政管理·

【概 况】 2020年，漳州市邮政行业业务总量完成67.24亿元，比上年增长75.75%，邮政业务收入完成24.62亿元，比上年增长24.31%；快递业务量完成29906.13万件，比上年增长83.13%，快递业务收入完成19.33亿元，比上年增长33.83。四项指标增速均居全省第一。年内，漳州花木、蜜柚、地瓜获评国家邮政局“2020年快递服务现代农业金牌项目”。全市首届“邮”你最美——寻找最美快递员活动获评漳州市第二届网络文化季优秀项目。

【信息化监管】 2020年，市邮政局加强信息化监管，落实国家邮政局“绿盾”工程信息化综合监管系统建设，整合视频监控、过机安检、实名收寄等行业信息系统，提升科技监管效能。全市有42家快递企业的视频监控数据和44台安检机接入“绿盾”平台；全年快件综合实名率99.82%，位居全省第一。

【邮政日常执法检查】 2020年，市邮政局推进日常执法检查“双随机一公开”，对“两库一清单”实施动态管理。年内，共开展执法检查1569人次，检查企业及网点673家（其中双随机52家），书面通报6次，立案7起，罚款3.6万元。各县域交通局共出动1593人次，检查快递网点652家次；全市各级公安机关共出动警力902人次，巡查企业网点803家次。

【邮政精准扶贫】 2020年，中国邮政集团公司漳州分司全面健全服务网络助力精准扶贫，推动平和、云霄等7个县级邮政企业与长运集团交邮合作。培育快递服务现代农业“3金1银4铜”精品项目，拓建农村快递末端网点332个，截至年底共有村级服务点992个，基本实现建制村快递服务全覆盖。累计建设村邮站456个，实现183个贫困村全覆盖，村级邮政物流点256个，邮政代投自提点267个。建成村级便民服务站2589个，全面覆盖1637个行政村。全市农产品业务量达6037.32万件，比上年增长119.39%；业务收入4.39亿元，比上年增长57.63%；拉动农业产值21.31亿元，比上年增长37.1%。

【快递服务】 2020年，市邮政局审核通过6家企业申请地方政策财政补助72.5万元。寄递企业共获减税1427.39万元。新建1.17万平方米的普洛斯物流园快件处理中心，漳州韵达投入1000万元新建场地2.8万平方米，为鸿星尔克、青蛙王子等企业提供仓配服务，日均出件量已超20万件。漳州御天达（百世）投入350万元，投建全自动分拣设备，扩建1万平方米仓储中心。漳州顺丰投入200余万元升级全自动分拣设备。福建中通快递公司投资1.03亿元，在台商投资区港龙工业园建设6.2万平方米、辐射漳厦龙的区域分拨中心。

（韩惠芬）

·邮政经营·

【概 况】 2020年，全市邮政（不含邮储银行）实现业务收入5.64亿元。4月8日，“中国邮政集团公司漳州市分公司”更名为“中国邮政集团有限公司漳州市分公司”，隶属关系不变。

【试点开办小额辅款业务】 2020年，中国邮政集团有限公司漳州市分公司甄选漳浦佛昙营业所、漳浦沙西营业所、云霄马铺营业所3个网点试点开办小额辅款业务，延伸“三农”金融服务触角，填补服务空白，提升“三农”金融服务的广度和深度。

【邮寄业务】 2020年，中国邮政集团有限公司漳州市分公司整合邮乐购店、便民服务站、代收代投点，进行“邮务+寄递+金融”业务的综合赋能，累计建设433个优质站点，完成率居全省第一位。

【邮政带货直播】 2020年，中国邮政集团有限公司漳州市分公司组建直播团队，专业协同开展带货直播，打造助农扶贫单品——六鳌地瓜，单品销量列全省第一。

【邮件处理能力建设】 2020年，中国邮政集团有限公司漳州市分公司新增普洛斯邮件处理场所12000平方米，加大集包设备、自动分拣设备等工艺设备投入力度，邮件处理能力峰值50万件，邮件处理能力翻两番。

【邮政驿站建设】 2020年，中国邮政集团有限公司漳州市分公司加快邮政驿站建设，打通“末梢神经”，自提率提升，截至12月底，建成邮政驿站769个，邮件自提进度全省第一。

【邮政服务疫情防控】 2020年新冠疫情期间，中国邮政集团有限公司漳州市分公司完成省市政府部门交办的防疫物资运递任务30批次，共380万枚口罩、1776箱药品和8370箱水果食品。发挥邮政专业特色，对接行政办事大厅疫情期间全面推广的“邮寄办”服务，提供“停学不停课”教材寄递服务，利用邮乐小店平台、漳邮扶贫馆等电商平台，推进滞销农产品线上销售。创新提供“净菜配送”，为广大民众提供“足不出户”的新鲜果蔬配送服务。

【邮政服务“三大攻坚战”】 2020年，中国邮政集团有限公司漳州市分公司以“十百工程”助力精准扶贫，挂钩帮扶9个村、67户贫困户。以电商扶贫助力农品销售，建设16个邮

2020年11月12日，“快递服务地瓜”金牌项目之漳浦六鳌地瓜正在寄递（韩惠芬 摄）

乐购扶贫站点，助力当地农特优产品销售。加快包装综合治理，“9792 工程”全面达标。推广绿色金融，提升电子银行替代率。做好金融合规经营管控，全方位落实化解风险的管控责任措施，全年未发生重大金融风险和重大安全事故。

（徐丽琼）

·通 信·

中国电信漳州分公司

【概 况】 2020年，中国电信漳州分公司实施网络强国战略，落实“数字漳州”“宽带工程行动计划”等工作，截至年底，建成5G站点639个；千兆光端口10328个容量达66万户，城市区域千兆光纤端口覆盖家庭17.95万个，覆盖率达28.8%。投资近2000万元，建设芯云谷数据中心机房、IDC数据中心机房等。

【提速降费】 2020年，中国电信漳州分公司推进提速降费工作。年内，公众宽带客户平均速率提升32M，平均单价降至0.11元/月M，比上年下降15%，手机流量比上年下降62%；政企客户专线资费比上年下降18.4%、宽带资费比上年下降21.37%，均超额完成15%的降费目标。

【智慧城市建设】 2020年，中国电信漳州分公司承建运营“12345”便民服务平台、村级网格平台、雪亮工程、教育城域网、智慧医疗、物联网等，助力政务服务、公共服务智慧化，成为继“漳州110”后的又一张城市名片。构建“互联网+政务”“互联网+教育”“互联网+医疗”“互联网+企业”“云、物联网+智慧社区”等综合服务平台，全面助力智慧城市建设。

【服务脱贫攻坚】 2020 年，中国电信漳州分公司举办“脱贫攻坚 翼路同行”扶贫展，336 名员工参与消费扶贫体验活动，累计消费金额约 1.94 万元。183 个建档立卡贫困村 100% 实现 4G 信号和 100M 光网覆盖。全市贫困村 100% 实现村党建文化室免费光纤接入，同时，为 1.98 万户国家级贫困户办理通信业务扶贫产品。为全市 33 所学校免费提

2020年3月27日，中国电信漳州分公司5G助力漳州正兴医院首次手术直播圆满成功（中国电信漳州分公司 供图）

供数字校园平台、55所学校免费提供云课堂、352所学校免费提供云盘等服务。消费扶贫产品下单采购74.71万元，本地扶贫产品下单采购9.99万元。通过“118114”微信商城号召漳州用户购买扶贫产品391笔，交易金额2.35万元。

（宋 瑶）

中国移动漳州分公司

【概 况】 2020年，中国移动通信集团福建有限公司漳州分公司（简称中国移动漳州分公司）通信客户数累计到达317万户，其中4G客户数突破268万户，5G客户数实现超50万户，各类服务网点共1655家，服务区域覆盖全市行政村。宽带用户数累计超80万户，政企单位客户数累计达2万家，物联网客户数累计到达2200家。年内，实现运营收入超过24亿元，缴税7178万元，蝉联四届“全国文明单位”称号。

【网络建设】 2020年，中国移动漳州分公司投资1.5亿元，建成5G基站超700个，在全省率先启用5GSA网络，并于12月28日正式商用，实现主城区连续覆盖、各县城关重点区域覆盖及商场、医院、动车站、高校等重要场景覆盖。截至年底，全市累计建成宽带网络端口数达155万个，宽带端口城镇覆盖率达92%、农村覆盖率达79%，光纤宽带覆盖所有行政村，实现城区千兆、农村百兆接入能力。

【信息安全】 2020年，中国移动漳州分公司严格落实公安部“断卡”行动，强化身份审核及低龄人员开卡管理，严密防范、打击通信诈骗，全年关停涉嫌骚扰诈骗号码50373个，累计发送防范电信网络诈骗犯罪宣传公益短信1420万条。

【通信保障】 2020年，漳州移动分公司成功参与抗击“米克拉”台风，圆满完成大型事件应急通信保障13场，累计出动应急保障车辆1910车次，人员2760人次，关键时刻确保通信畅通。

（游尔青 陈志鸿）

中国联通漳州分公司

【概 况】 2020年，中国联合网络通用有限公司漳州市分公司（简称中国联通漳州分公司）移动网在网用户60万户、宽带用户12万户、固定电话用户2万户；基站总数达到10231个，5G信号覆盖市区、各县城区、高校园区以及开发区；4G人口覆盖率98.5%，行政村覆盖率97.2%；宽带接入端口达41万个，100%以上端口达到100M接入能力，90%以上端口达到200M接入能力。

【疫情防控与复工复产】 2020年新冠肺炎疫情发生后，中国联通漳州分公司将重要基站纳入重保，对涉及全市16家定点医院的48个基站及周边线路实施24小时重保监控。完成平和县医院通信保障以及6间隔离区、11间观察区的紧急WIFI覆盖，完成云霄县医院云专线紧急扩容和第三医院生态云监控专线的安装、调测和开通。由福建联通研发集成的热成像体温筛查服务信息化平台在漳州、漳浦、诏安等动车站，以及码头、医院等人流量集中的公共领域运用。

【5G新基建】 2020年，中国联通漳州分公司与电信公司共同建设完成709个5G基站，同步开通网络共享，网络覆盖漳州市区、各县城区、重点经济开发区、高校园区等流量热点区域。所有区县具备100G智能刚性管道能力，85%的城区和56%的乡镇具备2G智能弹性管道能力，实现网网互联、云网互联；150栋商务楼宇实现光缆到楼，覆盖率45%，全部具备“7日通”能力。

【提速降费】 2020年，中国联通漳州分公司移动网流量单价比上年下降21%，家庭宽带资费比上年下降32%；降低中小企业宽带及互联网专线平均资费，中小企业宽带与互联网专线平均资费降幅达到22%。

【信息安全】 2020年，中国联通漳州分公司加强新增用户实名制稽核力度，一旦发现异常情况，先行关停。派驻专人驻点反诈骗中心，强化与公安人员会商，快速响应反诈工作需求。及时处置“漳州市反诈骗指挥系统”推送的封堵及关停异常号码，年内累计封堵异常号码4000多个，及时有效地制止电信网络诈骗的发生。

（蔡美玲）

·广电网络·

【概 况】 截至2020年年底，全市广电网络主干线4516.4公里（其中，国干线448公里、省干线97公里、市干线672公里，县——乡镇干线3299.4公里），双向覆盖端口116.11万户，数字电视实际用户86.94万户（其中，双向数字电视实际用户26.56万户，有线电视网络互联网用户21.12万户）。

【服务体系建设】 2020年，福建广电网络集团漳州分公司参与数字福建、智慧城市、美丽乡村建设和负责全市“村村通”建设和管理，承接各县（市、区）“农村广播电视村村通、广播村村响、有线广播应急预警系统”建设和运维工作，设立乡镇广电网络站（营业网点），及时解决用户电视宽带问题，圆满完成国庆、“两会”、春节等重大节日节点和各级党委、政府等各类重要政务视频会议的安全播出任务。配合漳州市文旅局第一时间迅速启动“村村响”应急广播，全力保障隔离观察点、医院的收视服务，开展“停课不停学”“空中课堂”等线上服务。

【广电精准扶贫】 2020年，福建广电网络集团漳州分公司投入10万元帮扶挂钩扶贫村——诏安县霞葛镇溪东村综合性文化服务中心项目建设，与市民政局联合，为低保、优抚对象赠送机顶盒、免费安装电视宽带，补助收视费600多万元，惠及群众5.8万户。

【广电网络建设】 2020年，福建广电网络集团漳州分公司投入1103.87万元进行双向网工程建设，加快偏远山区、海岛等网络欠发达地区的联网覆盖，全市双向网覆盖率达85%。

【转型升级】 2020年，福建广电网络集团漳州分公司与南靖县委县政府签订“5G世遗·云游土楼”战略合作协议，集团首个5G实验基站在南靖云水谣正式建成，“5G世遗 云游土楼”项目亮相数字中国峰会。年内，漳州地区11个县级融媒体平台建设项目全部完成首轮验收，并接入省级技术平台。

【智慧村居建设】 2020年，福建广电网络集团漳州分公司结合乡村振兴战略推进“视频监控+IP广播+大屏”三位一体的智慧村居项目建设，全市建设智慧村居23个、党员远程教育村132个。

（王志炜）

责任编辑：杨少毅

口岸管理

·漳州海关·

【概 况】 2020年，漳州海关抓好综合治税，深化“自报自缴”“汇总征税”等改革，确保应收尽收，税收入库11.72亿元，比上年增长16.82%。筑牢口岸检疫防线，深化口岸核心能力建设，严防非洲猪瘟等疫情疫病输入，货检渠道截获有害生物占关区近40%。探索启用进境粮食监管系统。开展虚假贸易核查工作，对5家企业开展核查。

【营商环境优化】 2020年，漳州海关全面实施“多证合一”“两步申报”改革，率先试点出口货物“提前申报、运抵验放”新通关模式，进出口海关通关时长分别比上年下降81.4%和27.2%；积极推广“关数e”普惠金融服务，较好解决中小微企业“融资难、融资贵”问题，共有21家外贸企业获得银行授信；通过“线上+线下”多渠道加强企业信用培育，2家外贸企业通过海关AEO认证，其中1家通过高级认证，8家企业列入高级认证企业重点培育对象；发挥“统计+研究”优势，加强外贸形势分析研判，为地方政府决策提供有益参考；力促总署处置省外食品罐头骗退税行为，维护漳州食品罐头出口公平竞争环境。

【疫情防控】 2020年，漳州海关完成菲律宾海军补给舰卫生检疫任务，成功处置全国首例船员染疫后进口大豆检验检疫案例，及时化解突发事件。

【支持跨境电商新业态发展】 2020年，漳州海关成立专项工作组，推动跨境电商四种通关模式全覆盖，新增跨境电商备案企业27家，比上年增长12.5倍，其中4家企业首次获得出口海外仓备案资质。漳州市外贸进出口总值807.5亿元，比上年增长11.3%。

【大宗资源性商品检验监管模式改革】 2020年，漳州海关对进口铁矿实行“先放后检”监管方式，对因截获检疫性有害生物需处理的原木，在实施分批处理合格后分批放行；对招银口岸出口活鱼采取直靠渔排装船、实时视频监控等举措；推动柑橘输美准入并实现全国首次输美出口；开辟特色农产品绿色通道，实施24小时预约服务；支持漳州台商投资区保税物流中心（B型）封关运作；推动鑫展旺、同发食品两家公共保税仓库落地。

【厦门港内驳运业务实现全流程无纸化】 2020年1月1日，厦门港内驳运业务模式在相关隶属海关正式应用，取消业务办理中使用的纸面集装箱清单、驳船监管本、驳船进出港单证等纸质单证，实现业务办理全流程无纸化，有效提高集装箱货物在厦门港集装箱码头之间的物流流转效率和货物通关效率。

【厦门关区进口的首票美国大豆验放】 2020年1月21日，厦门海关验放中美签署第一阶段经贸协议以来厦门关区进口的首票美国大豆。该批大豆由新加坡籍“BLC FIRST（冠军）”轮承运，重达7.12万吨。

【“不见面”形式稽查】 2020年2月20日，漳州海关实行“不见面”稽查，通过电话与企业交流沟通，以EMS邮寄方式办结稽查作业，减少稽查工作对企业生产经营带来的相应影响。

【大批次口罩减免税手续办结】 2021年3月4日，漳州海关对14批“先登记放行，后补办手续”的新冠肺炎疫情防控进口捐赠物资补办减免税手续。该批物资均为境外某爱心组织捐赠，定向捐赠供漳州市红十字会使用，共涉及口罩201万只，减免税款39.8万元。该批口罩主要用于解决企业复工复产期间防疫物资不足等问题。

【首份保税物流中心（B型）证书核发】 2020年3月，漳州海关根据《中华人民共和国海关对保税物流中心（B型）的暂行管理办法》等相关规定，核发厦门外代国际货运有限公司漳州分公司首份保税物流中心（B型）企业注册登记证书。

【保税仓库审批设立】 2020年3月25日，漳州海关审批设立一家可以开展危险化学品仓储业务的保税仓库。该仓库位于漳州市鑫展旺物流园内，是福建省基础设施配备齐全、规范的危险化学品专用仓库，可同时存储甲类、乙类、丙类危险化学品。

【漳州招银口岸首票“两步申报”货物通关】 2020年8月14日，漳州招银口岸首票“两步申报”货物通关。该票货物为越南进口钢坯，货重3.9万吨，由于越南至漳州招银口岸航程时间较短，部分单证未能在船舶抵港前及时出具，“两步申报”模式解决由此造成的单证不全问题，有效缩短货物的通关时长，提升通关效率。

【CMA/CNAS二合一扩项现场评审通过】 2020年8月19日，漳州海关实验室顺利通过CMA/CNAS二合一扩项现场评审。此次评审内容包括食品、粮谷、茶叶、盐等13类产品的91个扩项项目全部获认可，已有认可的94类产品的3984个项目全部复评合格。本次扩项复评后，漳州海关实验室的检测能力涵盖农药残留、兽药残留、重金属、食品添加剂、标签、营养物质、常规理化及非法添加剂领域，共计101类产品、4075个项目，完全符合2020年国家食品安全监督抽检及风险监控市场招投标业务中各类产品的要求。

【首次“模拟法庭”活动举办】

2020年9月11日，漳州海关在漳州市芗城区人民法院第12号法庭模拟原身份为海关关员的犯罪嫌疑人，因多次放纵走私、受贿行为被提起公诉并接受审判的全过程，通过以案释纪、以案说法，警示广大关员汲取教训，知敬畏、明规矩、遵法纪、守底线，推动全面从严治党、全面从严治关向纵深发展，打造清廉海关。

（林冰劼 王 曦 王清清）

·东山海关·

【概 况】 2020年，东山海关办理进出口报关单4700余份、货运量11余万吨、货值6亿多美元，检验检疫进出境货物3万余批、货值23亿多美元，监管进出境船舶500余艘次，征收税款5000余万元。

【口岸疫情防控】 2020年，东山海关研究制定东山口岸防控方案、应急处置预案，强化出入境船舶登临检查和人员卫生检疫。联合缉私部门、边检有效防控人员偷渡，“零延时”验放口罩等防疫物资16.8万个，支持企业生产和出口口罩、护目镜、洗手液等防疫物资1.1亿美元，加强东山口岸进口冷链食品检疫，多次开展采样检测。

【关区营商环境优化】 2020年，东山海关压缩整体通关时间不放松，坚持指令处置不过夜、查验正常放行不过夜，着力提高提前申报、汇总征税率，全年进口整体通关时间排名厦门关区第二位，出口整体通关时间排名厦门关区海运现场第三位。

【跨境电商综合实验区建设】 2020年，东山海关参与漳州市跨境电商综合实验区建设，主动承担跨境电商综合试验区B2B出口试验项目，打通东山关区跨境电子商务B2B出口通道。

【关区监管】 2020年，东山海关加强重点业务分析研判和正面监管，查获对台小额贸易不合格进口食品多个批次，水产品输欧连续7年、输俄连续5年、输美水产品连续4年“零通报”，稽查追补税创历史新高。推进东山港海关监管作业场所改造，完成查验平台建设和区域划分，H986成功试运行，新开验检测项目60个，打私工作保持高压态势。

（东山海关）

2020年3月7日，东山海关开展入境远洋船舶锚地检疫

（陈紫微 摄）

·古雷海关·

【概 况】 2020年，古雷海关监管进出口货物333.97万吨，货值12.29亿美元，征税10.67亿元；报关单提前申报率实现100%，平均进、出口通关时间分别为2.01小时、0.18小时；开展出口检验检疫6937批，货值2.75亿美元；进口检验检疫后续监管1490批，货值2.115亿美元；监管进出境船舶145艘次，进出境人员3297人次，监管国际船员换班58人；签发出境检验检疫证书1179份、原产地证书1412份，帮扶企业减免进口国税收334.03万美元；完成公共服务事项1525项。

【首次截获境外活体昆虫】

2020年12月，古雷海关在开展查验作业时，意外发现有种类不明的活体昆虫，这也是古雷海关首次截获境外活体昆虫。经技术中心鉴定，该活体昆虫为黑双棘长蠹，为中国禁止入境的检疫性有害生物。

（王伟煌）

·漳州海关缉私分局·

【概 况】 2020年，漳州海关缉私分局共立刑事案件18起，案值3.46亿元，涉税1764.7万元，抓获犯罪嫌疑人38人，刑拘10人，执行逮捕6人，取保34人。行政立案29起，案值1.32亿元，涉税933.88万元。罚没入库101.24万元。协查协办28起。海关总署缉私局挂牌督办案件4起。

【打击濒危物种及其制品走私】

2020年8月27日，漳州海关缉私分局查获“汤某涉嫌绕越设关地走私海马干进境案”，现场查获走私海马干46千克，计2.83万尾。经鉴定，所涉海马干为国家核准的二级保护动物斑海马。经查，8月以来，该案犯罪嫌疑人从越南绕越设关地走私进境海马干共计10.13万尾，价值1375.64万元。该案被海关总署缉私局列为一级挂牌督办案件。

【查获“忠诚20—05”走私松脂、茯苓专案】 2020年，漳州海关缉私分局查获“忠诚20-05”走私松脂、茯苓专案，现场查获松脂1801吨、茯苓1032.2吨。侦办该案期间遭遇新冠肺炎疫情，漳州海关缉私分局在抓好防控的同时，成立党员突击队，成功将案值和涉税扩大30多倍，对涉案团伙实施全链条打击，央视多档新闻栏目跟踪报道。分局还对松脂、茯苓行业性走私可疑单位进行重点筛查，新增立案7起。

【推动涉案财物处置】 2020年，漳州海关缉私分局分两批完成“忠诚19—02”案件云南方向的在扣活牛先行处置工作，节约办案经费超100万元，处置案例入选海关总署《海关涉案财物保管处置典型事集》；依法处置长期在扣的7条涉案船舶；完成“5·25”专案全部在扣各类枪支23把、子弹38681发和“HK”枪支配件175套等的销毁处置工作。

【反走私综合治理】 2020年，漳州海关缉私分局落实“井田式”管理责任制，会同漳州市打私办投入近10万元升级漳州市反走私示范村海山村建设。与漳州市人民检察院、漳州市人民银行签署《关于打击黄金走私、反假货币合作备忘录》《关于反洗钱、缉私工作合作备忘录》，开展实质性合作。

【诚信兴商宣讲会举办】 2020年，漳州海关缉私分局在漳州台商投资区举办“以案为鉴、诚信守法”主题诚信兴商宣讲会，邀请台商区45家出口企业近百名代表参加。此次座谈会通过以案说法、海关保税专家政策宣讲、高级认证企业经验介绍、保税物流中心（B型）功能介绍等4个环节，帮助到场企业了解海关政策，降低企业经营的违法风险。

（黄定灿）

·漳州出入境边防检查站·

【守好防线】 2020年，漳州出入境边防检查站第一时间动员全体民警职工投入疫情防控一线，稳妥处置漳州口岸首起出入境船舶船员染疫事件、1名未检疫船员企图强行登陆事件和7名外籍船员企图登陆讨薪事件。完成菲律宾籍“巴科洛德”号公务船载运防疫物资专项勤务。制定《台湾渔船停泊点安全管控八项措施》，顺利将6个台轮停泊点纳入驻地党委政府疫情联防联控机制范围内，推动建立更为完善的船舶管控机制，相关意见获得漳州市疫情防控指挥部推介转发。

【管理服务】 2020年，漳州出入境边防检查站修订完善《漳州边检站海港边检勤务工作操作手册》。先后推出多项通关便利举措，其中做精做细台轮通关便利化措施、提高台轮通关效率等3项管理服务举措被《漳州市2020年对台工作要点》收录编发。推行“一二三”查验模式和“复工

2020年4月30日，漳州出入境边防检查站完成菲律宾籍“巴科洛德”号公务船载运防疫物资专项勤务。图为执勤现场

（漳州出入境边防检查站 供图）

复产服务专员”措施。

（庄奕彬）

·漳州海事局·

【概 况】 2020年，漳州海事局建立“优化营商环境三项机制”，在帮助防疫物资出口、指导企业复工复产、服务辖区修造船企业、助力国际旅游海岛建设等方面取得成效。年内，辖区船舶航次报告记录数25919条，比上年减少20.2%。国际航行船舶进出口岸查验1128艘次，比上年减少38.67%，港口货物吞吐量3234.26万吨，比上年减少29.9%，其中：外贸货物981.23万吨，比上年减少5.98%。

【污染防治能力建设】 2020年，漳州海事局依托“化危”工作室，深化污染防治能力建设，加强危防人才培养和危防课题研究，制定《古雷港区化学品污染应急处置指南》《古雷港区散装化学品船舶安全检查指南》等，加快推进古雷溢油应急设备库建设。

【安全监管】 2020年，漳州海事局实施《漳州海事局水上交通安全专项整治三年行动实施方案》《九龙江下游水域水上交通安全综合治理三年行动方案（2020—2022）》，深化辖区水上交通安全治理，进一步筑牢安全监管基础。落实“六保”“六稳”等相关要求，保障煤电运输船147艘次，安全运输电煤1037.06万吨，油船306艘次，安全运输危险品375.66万吨，运输重点防疫物资船舶2艘次、1.04万吨，协调推进43艘国际航行船舶622名中国籍船员完成上下船换班。

2020年9月11日，漳州海事局保障“2020年全国渔业水上突发事件应急演练”在漳州东山举行 （漳州海事局 供图）

【水上专项整治】 2020年，漳州海事局推进“两船”整治、水上无线电秩序管理专项整治、客渡运船舶安全监管回头看活动、防治船舶大气污染整治活动、长期逃避海事监管船舶专项整治等专项活动，全年查处违法“两船”77艘次，完成船舶行政处罚516.7万元、船员行政处罚70.2万元；完成客渡船安检69艘次，发现并纠正缺陷158项，滞留船舶5艘次，完成辖区4家航运公司21艘船舶实施第四批NSM规则，开展船员及企业岸基人员安全教育培训2期；完成船载危险货物现场监管266艘次、防污染现场检查689艘次；推进注销船舶124艘次。

【应急处置】 2020年，漳州海事局成功组织救助在闽粤交界水域遇险的“LIAN FENG18”轮10名缅甸籍船员，得到中央电视台等专题报道。助力2020年全国渔业水上突发事件应急演练开展。开展“双进”活动7次，有效提升船员安全意识。强化搜救应急演练，全年共开展各类应急演练5次。加强应急队伍建设，推进沿海海上搜救分中心、海上搜救志愿者队伍及溢油志愿者队伍建设。

【首家游艇俱乐部（华毅游艇）挂牌成立】 2020年4月27日，东山县华毅游艇发展有限公司获得漳州海事局签发的首家游艇俱乐部备案证明，标志着漳州辖区游艇俱乐部迈入规范化管理轨道。东山县华毅游艇旅游发展有限公司主要从事海上休闲旅游服务、海岛资源开发、水上运动培训、船舶管理服务，拥有码头泊位38个、各式船艇25艘、海上潜水平台1座。

·小资料·

优化营商环境三项机制：优化海事侧营商环境工作联席机制、企业诉求解决机制、督导考核评价机制。

（杨攀攀）

·厦门港口管理局漳州协调中心·

【概况】 2020年，厦门港口管理局漳州协调中心指导服务厦门港古雷港区古雷作业区北1#、2#泊位工程、厦门港古雷港区古雷作业区北区多用途堆场及公共配套道路一期工程等10个重点项目，漳州六港区在建工程项目完成投资18.87亿元，完成货物吞吐量3748.34万吨，集装箱吞吐量完成32.1万TEU。

【规范审批】 2020年，厦门港口管理局漳州协调中心受理及办结81件。“最多跑一趟”的网上受理件及EMS送达件46件，占比60%，实现一趟不用跑全程网办9件，占比12%，推送电子证照38件。深化厦门港漳州辖区水运工程建设项目审批制度改革，涉及厦门港漳州辖区水运工程建议项目审批事项全部纳入漳州属地行政审批管理平台，开展并联审批。

【船舶引航调度】 2020年，厦门港口管理局漳州协调中心做好船舶引航调度，确保船舶靠离泊码头井然有序，航道畅通无阻，共调度船舶2350艘次，港区无滞港现象。

【港区降费减税】 2020年，厦门港口管理局漳州协调中心落实降费减税，减轻企业负担，免除企业上缴货物港务费（地方政府留存部分）810万元，全年降低收费补贴资金（集装箱货物港务费）49万元。

【执法检查】 2020年特别是在重大节日期间，厦门港口管理局漳州协调中心联合辖区各港航中心开展安全检查136场次，出动执法检查人员约400人次，查处整改安全隐患213处，完成各项专项任务，港区安全形势平稳、有序，未发生任何安全事故。

【港区疫情防控】 2020年，厦门港口管理局漳州协调中心全面启动各客运站、客运船舶、货运码头、港区卡口等重点部位的疫情检测工作，牢牢守住疫情防控“外防输入”海港口岸主阵地，厦门港漳州辖区新冠疫情本土病例为“零”，疫情防控取得阶段性胜利。

【绿色环保】 2020年，厦门港口管理局漳州协调中心落实生态环境保护目标责任书，推动入海排污口和污染源头排查整治，建设完成古雷港区南8号、南9号码头的岸电改造项目，完成岸电投资821.18万元，超额完成年度岸电建设投资指标的36.86%，推进《漳州市靠港船舶使用岸电管理暂行办法》补贴政策落实。

【港航企业登上守信红榜】 2020年5月14日，厦门港口管理局对外公布2019年度厦门港航企业信用等级评价结果，漳州港区有18家港航企业达到厦门港第三方公益性信用评价体系AA级，获得2019年“厦门港守信港航企业”证书。被评为AA级的企业可享受项目招投标加分、财政补贴优先、行业办理绿色通道、信用贷款参考等一系列优惠。

（林紫卿）

责任编辑：时万侠

开发区

·漳州招商局经济技术开发区·

【概 况】 2020年，漳州招商局经济技术开发区（简称漳州开发区）地区生产总值98.29亿元，比上年下降1.9%；规模工业总产值100.5亿元，比上年增长2.3%；规模工业增加值24.3亿元，比上年增长2%；外贸出口总值13亿元，比上年增长135%；全港货物吞吐量1165.64万吨，比上年下降28.93%；财政收入9.81亿元，一般公共预算总收入9.8亿元，地方一般公共预算收入5.9亿元。

【产业发展】 2020年，漳州开发区交通设备制造业完成产值10.38亿元，比上年增长9.37%；粮油食品加工业完成产值29.76亿元，比上年下降18.79%；金属制品加工业完成产值26.63亿元，比上年增长27.27%。全年签约落地20个项目，投资额38.5亿元，实际到资额7.2亿元。开工项目8个。年内，引进台资医养生态村项目，与上海高仙、漳州市壹高讯签订战略合作协议，打造机器人产业园。开发区纳入中国（漳州）跨境电子商务综合试验区“一核两翼多园”规划。芯云谷累计签约企业76家，物业出租率57.3%。威驰腾新能源汽车开发无人驾驶牵引车、氢燃料牵引车等8种车型。

【基础建设】 2020年，漳州开发区城市基础设施PPP项目完成投资1.4亿元，占年度计划88%；民生基础设施建设项目完成投资6.9亿元，占年度计划111%。招银客运码头扩建二期工程竣工验收，具备投入使用条件。招银航道二期工程完成监理、施工单位招标，以及海域使用权证和相关手续办理。

【疫情防控与复工复产】 2020年，漳州开发区自新冠疫情发生以来保持“零感染、零疑似、零确诊”，累计排查省外入区20623人，境外入区445人，国际船舶换班船员入区275人，集中医学观察250人，居家隔离约12000人。建成集中医学观察点、进口冷链食品集中监管仓，设立水路、口岸疫情防控工作专班，高效妥善处置外籍船舶“耐迪号”“达丽莎天秤号”涉疫事件，建成投用新冠病毒核酸检测实验室，具备5天可完成全区人员核酸检测的能力。全力推动复工复产，全区15家规模以上工业企业实现产值增长，规模工业总产值连续5个月单月突破10亿元，创2015年以来最好成绩。外贸出口总值提前4个月完成市级下达任务，获得省级商务发展资金奖励。

【社会民生】 2020年，漳州开发区获评“2020年漳州市初中教育质量先进区”，厦大附中高考本科达线率98.87%，本一达线率83.73%。南滨学校小学部、实验幼儿园过渡园、漳州开发区第一

2020年10月3日，中信重工海上风电单桩在漳州开发区交付

（曾宇欣 摄）

医院住院综合大楼建成投入使用。全年发放被征地居民养老金1129万元，城乡居民养老金300万元，发放水平居全市第一，城乡居民养老保险缴费率97.24%，位列全省第一。发放各类救助金、低保金438万元。新建环境空气质量自动监测站，增加大气热点网格站点，空气质量优良率达99.36%；全区危废处置率和市级抽查考核达标率均为100%。

【社会管理】 2020年，漳州开发区推进“最多投一次”阳光信访机制，信访件一次办结率99.2%，全年未发生赴省进京越级上访事件。严厉打击电信网络诈骗、“黄赌毒”等违法犯罪，全面推广“社区110”社会治理模式，推动“网格E通”平台应用落地。深入开展道路交通安全综合整治，道路交通安全形势稳定向好。

【安全生产】 2020年，漳州开发区开展安全生产专项整治三年行动，全年累计出动执法人员2189人次。完成省级“明厨亮灶”、市级“阳光小作坊”示范项目以及12家幼儿园“互联网+明厨亮灶”项目建设。组织开展7172栋房屋结构安全隐患排查，房屋重大安全隐患处置完成率100%。

【海上风电单桩在漳州港交付】 2020年10月3日，一根重908吨、直径7米、长达69米的“巨无霸”钢圆筒在漳州招银港区被装载上船，通过货轮将其运往徐闻海上风电工程项目进行安装。这是漳州开发区中信重工海上风电装备产业基地为广东省重点建设项目——徐闻海上风电工程项目制造的首桩，同时也是基地投产后首根正式下线的海上风电单桩。

【“送王船”被列入联合国非物质文化遗产名录】 2020年12月17日，联合国教科文组织保护非物质文化遗产政府间委员会宣布中国与马来西亚联合申报的“送王船——有关人与海洋可持续联系的仪式及相关实践”项目（以下简称“送王船”），正式被列入联合国教科文组织人类非物质文化遗产代表作名录。其中，漳州开发区石坑社区保泉宫“送王船”是此次申遗的14个传习点之一。

（覃春生）

·常山华侨经济开发区·

【概 况】 2020年，常山华侨经济开发区（简称常山开发区）完成地区生产总值32.43亿元，固定资产投资12.54亿元，规模工业总产值60.42亿元，规模工业增加值16.73亿元，财政总收入2.01亿元，地方财政收入1.28亿元，外贸出口24.28亿元，实际利用外资5144万元，社会消费品零售总额3.64亿元，城镇居民人均可支配收入35484元，农村居民人均可支配收入19417元，完成年度节能减排任务。

【产业发展】 2020年，常山开发区新引进企业13家，增资扩建项目4家,新增规模企业4家。完成工业投资5.22亿元，完成技改投资1.93亿元。坚持用工业化理念发展现代农业，创建2个优质农产品标准化示范基地。推进闽台农业融合发展；完成522公顷高标准农田建设。培育“旅游+”“+旅游”等新产业新业态，乌山天池景区获“清新福建·避暑清凉福地”称号。

【项目建设】 2020年，常山开发区新引进电商、孵化、冷链物流商品厂房开发等项目17个，总投资30.61亿元；完成“五个一批”项目31个，总投资86.47亿元；实施省市重点项目8个，完成投资5.44亿元。

【乡村振兴】 2020年，常山开发区实施乡村振兴“串点连线成片”项目24个，总投资3131.4万元，重点打造梧园、双山、柘林“串点连线成片”的乡村振兴示范线。推进农村人居环境整治，深化高铁、高速沿线环境整治，清理垃圾及建筑废物80多吨，立面整治110栋。开展房屋安全隐患排查百日攻坚行动，排查房屋9124栋，拆除重大安全隐患房屋104栋。全力巩固脱贫攻坚成果，50户143人自我建档贫困户未发生因疫返贫情况。

【城区建设】 2020年，常山开发区完成房地产投资3.52亿元，商品房销售720套，基本建成液化气供气网，工业园区、多数小区实现供气，漳州南部生活垃圾焚烧发电厂年处理生活垃圾超33万吨，年发电量超1亿千瓦时。实施道路建设、污水处理、城区排水等领域26个民生补短板基础设施项目，年度总投资3.52亿元，铺设城区污水管网23.5千米，农村生活污水管网18.78千米，建设8座农村污水处理站，建设公厕5座，绿化提升3处。

【生态环境】 2020年，常山开发区完成69个污染源头治理，全年大气优良比例为97.5%，危险废物处置利用率达100%。对畜禽养殖整治、饮用水源地整治、矿山核查查处整治等生态环境保护问题开展专项行动治理。推进非法采砂生态修复工作，杜塘水库饮用水水质达标比例达100%。完成造林520公顷，森林覆盖率达到74.24%，下云管理区获得省级“森林村庄”荣誉称号。

【疫情防控与复工复产】 2020年疫情发生以来，常山开发区保持无确诊病例，具备5日内完成全区全员核酸检测能力。在抓好疫情防控同时力促企业复工复产，企业复工率、用工率均达100%。同时搭建政企银对接平台，帮助企业抗疫情保生产，共协调解决纾困企业资金5980万元。

【社会民生】 2020年，常山开发区实施18项为民办实事项目，完成投资4968万元。全年认定各类工伤事故22起，协调处理劳资纠纷50起，涉及人数188人，为农民工讨回欠薪279万元。落实就业优先政策，发放128.82万元用于企业稳岗稳工。开展以工代训职业技能提升培训，发放培训专债资金170万元。全年发放城乡低保补助、副食品补助、临时价格补助等246万元。设立常山疾病预防控制中心，投资建设核酸检测实验室，新建公办村卫生所6家。新增学位数102个，招聘教师29名，常山中学晋升“省三级达标高中校园”。加大教师工资保障力度，发放绩效工资等1269.4万元。完成5家养老服务站、幸福院建设。完成基层综合性文化服务中心点全覆盖。2处历史建筑通过专家评审，被列入市级历史建筑名录。

【常山城乡供水一体化项目合作签约】 2020年9月9日，常山开发区举行城乡供水一体化项目合作签约仪式，与福建省水利投资开发集团有限公司签署《城乡供水一体化项目合作协议》，与福建省水务发展集团有限公司《城乡供水一体化项目股东协议》，为常山城乡供水一体化项目打造成精品工程和示范项目。

【第三次归侨侨眷代表大会召开】 2020年12月31日，常山开发区第三次归侨侨眷代表大会召开，大会选举产生新一届侨联领导班子，印尼归侨子女沈明福当选为主席，大会推选出9位老归侨顾问。大会的召开进一步团结和动员广大归侨侨眷、海外侨胞，凝聚侨心、汇聚侨力、汇集侨智，促进该区统战和侨务工作再上新台阶，全力助推常山旅游华侨城建设。

（王雅云）

·漳州古雷港经济开发区·

【概 况】 2020年，漳州古雷港经济开发区（简称古雷开发区）完成地区生产总值80.68亿元，比上年增长0.1%，位居全市第四名。固定资产投资165.62亿元，比上年增长4.4%。规模工业总产值209.52亿元，比上年下降21.3%。实际利用外资16.5亿元，比上年增长24%。一般公共预算总收入28.56亿元，比上年增长85.5%；地方一般公共预算收入17.12亿元，比上年增长96.7%。其中，固定资产投资、一般公共预算总收入、地方一般公共预算总收入等3项指标增幅居全市第一名。

【项目建设】 2020 年，福海创 PX、PTA 项目年产 PX65.8 万吨、产值 88.22 亿元，PTA355 万吨、产值 109.68 亿元，PTA 产量创历史新高。总投资 202 亿元的综合管廊等 11 个项目开工。古雷炼化一体化一期项目 31 个主项完成中期交工。配套福华气体空分空压装置、35 万吨 / 年聚丙烯装置挤压造粒系统成功投料试车。中沙古雷乙烯项目完成全部 7 个批次 4326 亩用地报批，合资合同及全部商务协议完成小签。中石化原油商业储备基地项目实现当年签约、当年开工，施工作业全面展开，比计划提前 20 天完成桩基施工。

【招商引资】 2020年，古雷开发区新签约省港口集团系列项目、漳州港口公司古雷南20#—22#码头项目、漳州奇美30万吨/年PS项目、中石化福建原油商业储备基地工程项目等24个，总投资547亿元。

【项目配套】 2020年，古雷石化基地产业项目所需的供水、供电、供气、码头、管廊、污水处理等公用配套全面实施。15万吨级南8#码头竣工投用。园区唯一集装箱码头北1#北2#泊位完成主体结构建设。南15#—19#码头主体工程通过验收。国家增量配电改革试点项目有序推进，成立由国网省电力公司、区属建设公司、九龙江集团、华能集团福建分公司等4家单位组成的配电合资公司。220千伏海园变电站建成投用，可满足园区项目投产所需双回路供电要求。30万吨/日的区域引水工程完工验收。1.5万立方米每小时的华润燃气一期项目完成项目施工。15.8千米公共管廊开工建设，一标段（8.66千米）廊架完工交付。启动总长27千米的电力主管廊建设，已分段交付1.5千米。

【营商环境】 2020年，古雷开发区总投资2.2亿元的欢乐岛全国社会足球场试点项目已建成7片国际标准足球场并免费向社会开放。为古雷石化公司等11家企业兑现增值税增量留抵退税11.82亿元，退税规模居全市第一。全区不良贷款率由年初4.06%下降至1.83%，有效防范金

2020年4月28日，亚洲最大、全球第二大风塔设备在位于漳浦六鳌的福船一番重装码头完工下线 （林忠摄）

融风险。相对集中行政许可权改革试点方案获得省政府批复。梳理发布“一趟不用跑”审批事项1732项，占比96.17%，“全流程网办”1618项，占比89.84%。设置“企业开办一件事一站式”服务专区及“工程建设项目”服务专区、制定出台“一窗受理”工作规程，企业群众办事更便捷。

【安全监管】 2020年，古雷开发区完成第三轮、第四轮国务院危化品重点县专家指导服务工作协调组反馈问题整改285项，100%完成全区55063栋房屋结构安全排查及847栋重点隐患整改，排查企业安全生产隐患1645项并全部整改到位。引进国内领先的安全技术管理第三方服务机构——上海守安集团进驻园区开展常态化安全检查，园区特种设备安全监管入选全省特种设备安全隐患排查整治工作先进典型，投入552万元采购灭火侦察机器人、无人机等消防救援智能技术装备。

【生态环保】 2020年，古雷开发区全面完成5个大类327个污染源排查整治。完成全区30个矿山（取土点）整治，绿化面积31.6万平方米。投入8450万元实施道路清扫和垃圾转运处理市场化运作。启动总投资8.41亿元的古雷开发区农村生活污水收集与处理工程PPP项目。完成388公顷围填海历史遗留问题处置并获得自然资源部备案。完成第二轮中央生态环保督察移交16件信访件和国家森林督察15项反馈问题整改。累计投入9.14亿元实施“一岛两湾”海洋生态修复，超额完成时序任务。总投资2700万元的全国有毒有害气体环境风险预警体系项目建成，18个大气污染热点网格化监测投用点，大气6项污染物指标均达到国家二级标准。

【疫情防控】 2020年，古雷开发区全区保持无确诊、无疑似病例发生，古雷开发区疾病预防控制中心成立，建成投用沙西、霞美2所中医馆，核酸日检测能力7.5万人份，具备5日内全区全员检测能力。

【民生保障】 2020年，古雷开发区社会民生支出增长94%，占一般公共预算总支出56%以上。694户2047人全面脱贫，稳定实现“两不愁三保障”。总投资17.31亿元的37个为民办实事项目有序建设，杜浔中心学校、乡镇海防路等13个为民办实事项目建成。启动总投资10.8亿元的城乡供水一体化工程，成立区人力资源市场，新增就业500余人，消除整岛搬迁“零就业”家庭312户。

【社会治理】 2020年，古雷开发区推进市域社会治理现代化试点建设，古雷开发区人民法庭获批挂牌成立，实行“3+1”审判执行新机制。成功打击2起涉黑涉恶案件。办结“12345”便民服务平台诉求件2370件，满意率99.9%。

【2020中国化工园区与产业发展论坛举办】 2020年10月15日，由中国石油和化学工业联合会、福建省漳州市人民政府、中国化工经济技术发展中心主办，古雷开发区承办的“2020中国化工园区与产业发展论坛”召开。中国石油和化学工业联合会化工园区工作委员会在论坛上发布2020化工园区30强和潜力10强名单，古雷开发区首次上榜30强。本次论坛共设AICM专题会、石化产业高质量发展、智慧化工园区、化工园区环境管理、化工园区危化品安全生产风险监测与应急管理、化工园区开发建设与管理共8个分论坛。

【厦门大学古雷石化研究院揭牌成立】 2020年7月28日，厦门大学古雷石化研究院在厦门大学漳州校区揭牌成立。研究院作为古雷开发区管委会下辖公益二类事业法人单位，以厦门大学和古雷开发区共同出资3000万元作为启动资金，古雷开发区规划50亩土地用于建设研发、中试基地，厦门大学统筹引进高层次研发团队，并每年为研究院单列20名专业型硕士，增强研究院科研实力，前期已有3个研发团队入驻研究院，并依托厦门大学漳州校区开展工作，待研究院建设完成后，再整体搬迁至古雷开发区开展工作。

（陈艺龙 魏文彬）

·漳州台商投资区·

【概 况】 2020 年，漳州台商投资区（简称台商投资区）实现地区生产总值 359.9 亿元，比上年增长 2.5%，增幅全市第二；规模工业总产值 783.46 亿元，比上年增长 2.8%；一般公共预算总收入 30.36 亿元，地方一般公共预算收入 19.77 亿元；固定资产投资 177.4 亿元；进出口总额 135.08 亿元，比上年增长 7.8%；实际利用外资 1.62 亿元；社会消费品零售总额 68.9 亿元；城镇居民人均可支配收入 41054 元，比上年增长 2.5%；农村居民人均可支配收入 22191 元，比上年增长 6%；完成年度节能减排任务。台商投资区平安建设(综治工作）考评位居全市开发区系列首位。角美镇连续六届蝉联“全国文明村镇”。

【工业经济】 2020年，台商投资区新增规模以上工业企业23家。全社会研究与试验发展经费支出9.4亿元，比上年增长37.8%。新培育省级以上高新技术企业等27家、技术中心12家。航天科工漳州基地计算机产品成功下线，实现全市国产计算机整机生产零的突破。新增限上批零住餐、批发零售企业6家，服务业增加值增长8.2%，增幅位居全市第一。宝湾国际物流园等7个项目完成投资13.28亿元，丰树物流、龙瀚电商项目竣工投产。全年引进151户商家入驻厦漳油画城，兑现扶持资金180万元。

【项目建设】 2020年，台商投资区完成58个市级以上重点项目年任务，投资总量位居全市第二位，开发区系列首位。4个重点协作项目完成投资11亿元。获批专项债项目2个合计6.7亿元，争取抗疫特别国债项目2个合计5185万元。招商引资签约项目17个，总投资约169.3亿元，项目落地率比上年提升20.6%。通过中科智谷引进航天科工、华晴卫星产业园两个项目实现用十亿元的项目撬动百亿元的投资。漳州电商园直播、网红直播带货基地成立，实现销售额17亿元，拉动消费近350万元，兑现扶持资金1620.8万元。

【改革创新】 2020年，台商投资区区简化政务服务办事流程，压缩企业开办时限到半天以内，行政审批事项压缩率88.05%，全年8638件“好差评”满意率达100%，入选省级相对集中行政许可权改革试点。全年获批农转征1112亩、报批涉林63.27公顷，征迁土地35.64公顷，房屋、附属物等1198宗，惠尔康、协莉盛等6个重点项目完整交地。漳州台商投资区被纳入省级标准化工业园区试点，成为全市首批获准开展试点工作的园区之一。

【城乡环境】 2020年，台商投资区投入12亿元，新建改造道路、污水供水管网34.84公里，美化绿化7.19万平方米，饮用水源水质达标率100%，空气优良率98.8%。改建城市公厕7座，实施老旧小区、棚户区改造工程，中心城区安置房A区等2个项目顺利竣工。完成旧角美农贸市场搬迁、多棱农贸市场改造工作。龙池大道、疏港大道三期完工通车，恒仓北路、龙江支路全线打通。落实乡村振兴战略专项资金600万元。完成31个行政村“一镇一计划、一村一规划”五年实施方案。推进房屋整治和平改坡工程，落实河湖（长）制、河道社会化管养，完成117条黑臭水体治理。举办第二届角美丰收节暨沙洲甘蔗文化节。埔尾村获评省级乡村振兴实绩突出村，杨厝村、鸿渐村获评省级乡村治理示范村，其中，杨厝村还获评全省二级乡村旅游村。第一、二轮中央环保督察反馈信访件、角美城市污水处理厂环境问题顺利交账销号。围填海历史遗留问题、中央生态环保、土地例行和耕地保护督察等反馈问题有效整改。

【社会事业】 2020年，台商投资区城市居民低保人均补助水平提高至440元/月，农村居民低保人均补助400元/月，高于省定标准。发放残疾人、优抚对象抚恤补助1222.6万元。全省“两项督导”（县级人民政府教育工作督导评估和县级主要党政领导干部抓教育工作督导考核）评估验收顺利通过。幼儿园普惠率达92%以上，8所小学通过省级评估验收，角美中心小学获评省级文明校，双十中学漳州校区荣获教育部第三批国防教育特色学校，当年双十中学漳州校区本科上线率93.6%。第五医院病房综合大楼等3个医疗卫生项目建成投用，建成5个城乡养老服务设施，新增医疗人才126名。打造“家风家训馆”等3个主题展馆，建成村级农民体育健身设施逾30个。

【非物质文化】 2020年，台商投资区传统风炉、闽南红砖制作技艺等两个项目入选全市第八批非物质文化遗产名录。鸿渐村“送王船”项目列入联合国教科文组织人类非物质文化遗产代表作名录。

【疫情防控与复工复产】 2020年，台商投资区累计投入经费2507万元用于疫情防控，782名医务人员奋战一线，社会各界捐款逾370万元，排查重点人员71445人，完成核酸检测59320人次，实现辖区传播“零发生”、复工复产“零发病”、境外输入“零感染”。具备5日内完成全区全员核酸检测能力。食品安全抽检合格率达99.9%。制定实施促进企业和项目复工稳产增产八条措施，为企业减税降费3.6亿元，兑现扶持资金1.74亿元，促成辖区14家银行与77家企业达成复工复产贷款意向17.55亿元。

【首个保税物流中心（B型）封关运行】 2020年3月20日，台商投资区举办保税物流中心（B型）海关业务监管中心揭牌及封关运作仪式，宣布该中心正式封关运行。这是漳州首个、福建省第三个保税物流中心（B型），成为漳州重要的保税物流、仓储物流和城市、城际物流平台。至年底，完成进出口业务1539票，总货值1.71亿美元。

【首届“文物旅游年”举办】 2020年5月19日，漳州台商投资区举办首届“文物旅游年”暨全域旅游研讨会活动。来自北京、厦门、汕头等地的专家及旅游业者齐聚台商区，住主题酒店，赏国保文物，享文化旅游，谈合作发展，助推台商区规划开展“文物漫游”的全域旅游项目。启动仪式上，角美旅行社、鲸彩旅行社等本地旅行社与厦门建发国旅等旅行社进行签约合作。

【招商推介暨中科智谷新品发布会举行】 2020年11月13日，漳州台商投资区招商推介暨中科智谷新品发布会在中科智谷电子信息产业园举行。会上，以晴集团以晴i100多功能关爱手机新品在漳全球首发，并由紫光展锐同步发布i100功能机所搭载的展锐“T107”芯片新品。这标志着漳州已经初步具备完整的手机产业链生产体系，助力漳州市电子信息产业加快转型升级，为全市“大抓工业、抓大工业”提供强有力支撑。发布会上，北京邮电

2020年11月13日，以晴i100多功能关爱手机在漳州举行全球首发仪式。图为发布会现场 （游斐渊 摄）

大学——以晴信息通信产学研联合研究生培养基地揭牌。

（李胜武 黄安庆）

·漳州高新技术开发区·

【概 况】 2020年，漳州高新技术产业开发区（简称漳州高新区）实现地区生产总值123.5亿元，规模工业总产值164.79亿元，规模工业增加值57.12亿元，固定资产投资114.25亿元，社会零售品总额61.23亿元，实际利用外资0.16亿元，一般公共预算收入7.84亿元（不含车购税），地方级一般公共预算收入5.13亿元。2020年度国家高新区综合排名从2019年度的104名上升到99名（共169个）。截至年底，共有市场主体24758户，其中企业4847户；全年新增市场主体3911户，其中新增企业1043户，比上年增长52.7%。落实减税降费政策，为企业减免税费2.1亿元。

【项目建设】 2020年，漳州高新区组织集中开竣工活动4场，推动开工竣工项目176个，其中开工项目90个，竣工项目86个。审计办结征迁结算项目141个。南江滨路实现全线通车，圆山大道九湖段竣工通车，“安得广”惠民安居工程、九湖消防站等一批基础性项目正式建成投用。完成17个项目林地报批、面积102公顷，完成征地401.39公顷，拆迁46.28万平方米，获批项目用地14宗、面积82.59公顷，办理马洲污水处理厂（一期）、珍桂食品G2020－101号地块等项目供地42宗，片仔癀科技大楼、岁金智能装备产业园等项目开工建设。申报专项债券资金7.45亿元，向上争取资金8200万元，国企融资39.8亿元。制定项目准入相关细则，否决“负面清单”项目12个。盘活存量资源，处置批而未供土地17宗、面积52.59公顷，处置闲置土地4宗、面积13.11公顷。

【产业招商】 至2020年底，漳州高新区共有上海岁金投资（集团）有限责任公司等优质企业58家入驻。在全市创新引入“飞地孵化器”，设立驻深圳招商办，加快深圳与漳州两地资源互换导入。承办中国制造隐形冠军企业（闽西南）推介对接会、漳州市创新创业大赛、海峡两岸（漳州）水仙花文化论坛等大型活动，全年组织项目集中签约活动5场，签约上海岁金智能制造产业园、联东U谷•漳州光电产业园等项目52个，总投资171亿元。弘光半导体公司省级“集成电路光刻胶关键材料工程研究中心”获省发改委批复，京东花卉数字经济总部基地于12月上线运营。

【科技创新】 2020年，漳州高新区拥有国家高新技术企业31家，新增16家，比上年增长106.7%；科技型中小企业98家企业，比上年增加34家、比上年增长53%；科技小巨人企业共16家，新增5家（新申报6家，迁出1家，净增5家），比上年增长45.5%。圆山创客众创空间通过国家备案，纳入国家级科技孵化器管理服务体系。全年引进高质量高潜力科技企业37家，清退考核不达标企业14家，提升科创园区孵化质效。在第九届中国创新创业大赛、第八届福建创新创业大赛（漳州分赛区）暨2020漳州市创新创业大赛决赛中，漳州高新区5家企业获奖，获奖数在全市各县（市、区）中排首位。

【环境整治】 2020年，漳州高新区突出以九湖镇长福村、田中央村，颜厝镇洪塘村等9个示范村带头，靖圆办廊前大道等4条示范线引导，完成电力线、电信线、有线电视线“三线”整治732千米，整治裸房1164栋，改造农村户厕307户，拆除“两违”797宗36.5万平方米。15件第二轮中央环保督察信访件全部完成销号整改。整治污染源头988个，完成率99.8%。基本完成全域845场禽类养殖场清退，整治“散乱污”企业100家，推进南星支渠、小梅溪低排渠、高排渠等6条重要小流域水质提升，全区年度空气质量优良率99.2%，西溪上坂断面、南凌大桥断面水质、岱仙岩高排渠等省重点考核小流域断面均值达标。

【改革创新】 2020年，漳州高新区完成乡镇机构改革，漳州市公安局漳州高新区分局、漳州高新区疾病预防控制中心、漳州高新区消防救援大队筹建组等机构获批。完成区属国企组织架构调整，漳州高新区被列入全省8个相对集中行政许可权改革试点之一。工程建设项目审批制度改革走在全市前列，工业项目全流程审批提速至28个工作日。梳理公布“马上办”事项698项，“一趟不用跑”事项1405项，全流程网办事项1205项，政务服务“好差评”评价满意率达99.99%。

【脱贫攻坚】 2020年，漳州高新区强化困难群众兜底保障，为城市低保、农村低保、孤儿等11类群体累计发放各类补助2211.2万元。精准聚焦疫情影响脱贫不稳定对象帮扶，严格落实“四个不摘”要求，巩固全区243户625人建档立卡贫困户脱贫成果。

【民生事业】 2020年，漳州高新区新开工安居房1111套，加快回迁安置速度，全年推动涉迁户回迁选房4882套，面积52.8万平方米，解决2724户群众安置需求。引入名校帮扶机制，组建高新教育集团，漳州职教园区开学，幼儿园5所、小学1所竣工投用，新增小学学位1620个、幼儿园学位1830个，公办幼儿园在园幼儿数比上年增长24.23%。市医院总部业务楼封顶，颜厝卫生院医技综合楼、靖圆中心卫生院等卫生项目在建。引入智慧养老服务，居家养老服务实现全覆盖。

【疫情防控与复工复产】 2020年，漳州高新区建立疫情防控区领导挂钩到镇（办）、督导到村（居）工作机制，构建疫情防控责任监督网、出行监控网、出租监管网、健康监护网、物资监测网“五张网”，全天候做好漳州动车站疫情防控。全年累计检查国内重点地区人员1.4万余人次，境外及境外返漳人员5218人次，发现异常移送就医30人，辖区内无新冠肺炎病例。采取领导快协调、部门快指导、镇办快服务、企业快行动、安全快落实“五快”举措，破解复工复产用工难、供应链协同配套难等问题301个，推动全区569家工业企业、58个在建工程，54家限上社零企业3月8日前在全市率先100%复工复产复商复市。

【工程建设项目中介服务平台建成】 2020年8月，漳州高新区启动“互联网+中介超市”建设，在全省各县（区、开发区）率先建成工程建设项目中介服务平台。平台自10月起运行，选取中介服务时间平均缩短4个工作日，其中，选取环节最快仅需要2秒就能成交。

【漳州市首个市级方舱医院开建】 2020年12月10日，漳州首家市级方舱医院在漳州高新区奥体中心网球馆开工建设，建设单位为福建漳龙建投集团。项目病床区域共设置11个分区，311个床位。其中，场地层分为6个分区，可容纳171床；地下层分为5个分区，可容纳140床。

（朱加良 郑 莹）

责任编辑：张慧华

2020年8月25日，位于漳州高新区靖圆片区的漳州市职教园区建成投用。图为漳州市职教园区 （游斐渊 摄）

城乡建设

·城市建设·

【概 况】 2020年，漳州市住房和城乡建设局（简称市住建局）推进全市1081个民生基础设施建设项目，全年累计完成投资420.5亿元。新建改造道路158.4千米、雨水管网151.1千米、污水管网173千米、供水管网204.2千米、燃气管网128千米，新增建设绿道131千米，新改造城市公厕135座、乡镇公厕51座、农村公厕131座，新增公共停车泊位5151个。

【中心城区城市建设】 2020年，漳州市中心城区552个城建项目累计完成投资525.63亿元。北环城路西段（九龙大道—龙文北路）、龙文北路（迎宾路—九龙大道）、南江滨路、圆山大道等道路建成投用，延安南路、腾飞路、芳华北路改造等道路改造提升，完成16条背街小巷综合整治、33个老旧小区二次供水设施改造，持续对主城区37个老旧小区实施综合改造，实施提升老城区建设管理水平“十项行动”；东墩污水处理厂二期扩建工程扩建基本完成，新增污水处理能力6.5万吨/日，市区第三自来水厂基本建成，新增供水规模10万吨/日。

【园林绿化】 2020年，漳州市实施园林绿化建设提档提质工程，共实施城市园林绿化项目183个，完成投资13.6亿元，其中城市公园绿地项目161个，完成投资约10.9亿元，累计新增城市公园绿地面积145.33公顷；绿道项目22个，完成投资约2.7亿元，累计新增绿道131千米。龙海博览园景观绿化工程、南靖月眉公园改造提升、漳浦关帝庙文化公园北区建设工程、长泰浩瀚园林绿色基地（二期）以及龙文郭坑水泥厂地块绿道、南靖云水谣通美庄园绿道、长泰龙津园至鹤亭段绿道工程、华安平湖路公园绿道等园林绿化项目先后建成投用。

【供水行业管理】 2020年，全市完成新建改造供水管网212.1千米。市区完成33个老旧小区8230户的二次供水设施改造任务。全市城市水厂基本完成出厂水、管网水在线监测设施建设和重点部位视频监控联网工作，统一接入省住建厅信息平台，实时掌握供水水质和生产情况，供水管理更加精准可控。推动各地规范落实二次供水箱的清洗消毒工作（一季度清洗消毒一次）。

【黑臭水体整治】 2020年，漳州市开展污染源排查整治，完成6738户排水户的深度排查建档工作。实施管网排查修复，对建成区700公里市政雨污水管道开展清淤、CCTV检测，累计已完成约630公里。开展排口逆向溯源工作，对沿河旱季有水排口进行溯源整治，市区内河已完成310处排口的溯源排查和整治工作。累计对建成区葫芦潭、脚桶港等共计56千米河道进行清淤整治，完成清淤28.04万立方米。完成东墩污水处理厂二期扩建项目建设，新增污水处理能力6.5万吨/天。结合污染源排查整治，建立污染源大数据库、污染源收集项目化平台、排水综合管理系统平台等，陆续在城市内河、市政污水管网、污水提升泵站等关键点位布设水质水量检测分析仪表，逐步构建完善“源头—管网—水厂—河道”一张图，推进“管网维护—污染源巡查—污染源管理”闭环管理机制，提高设施联合调度和污染源联合管理水平。

【污水处理设施建设】 2020年，漳州市开展排水管网排查建档，针对排查发现的管网接驳、破损等结构性缺陷进行修复改造。加大污染源收集和截污纳管力度，提高城市生活污水处理厂进水浓度和污水集中收集率。全市生活污水处理总量达13500.39万吨，比上年增长12.5%；市区污水集中收集率53.47%，比上年增长8.37个百分点。完成市区东墩污水处理厂二期扩建项目建设，新增污水处理规模6.5万吨/日。

·村镇建设·

【农村“厕所革命”】 2020年，市住建局以补建、提档、升级为重点推进实施农村“厕所革命”。全年建成乡镇公厕91座，农村公厕890座，完成投资18251万元。

【农村生活污水垃圾治理】 2020年，漳州市完成修复整改并投入运行乡镇生活污水处理设施20座，新增乡镇污水日处理规模41740吨，新建改造乡镇生活污水管网281.95公里。鼓励推行农村生活垃圾治理市场化运作，强化保洁员管理，提升常态化保洁、收集、转运处理水平。整治交账销号28处农村简易生活垃圾填埋设施，实施10个乡镇生活垃圾转运系统提升项目，新增压缩转运车19辆。以云霄、东山、华安为试点推行全域农村生活垃圾治理市场化，全市86个乡镇、1039个村庄实行生活垃圾治理市场化，村庄占比达64.6%。

【农房整治】 2020年，漳州市持续推动裸房专项整治示范村工程三年行动，全年推进50个裸房专项整治示范村及15657栋农村裸房整治工作。各县（市、区）分别编制具有地域特色的农房立面图集，各地对接技术团队9个，开展设计下乡的村庄47个。

【高铁高速沿线环境综合整治】 2020年，全市完成投资7.22亿元，拆除乱建乱搭37.42万平方米；裸房整治4387栋，水箱整治11917个；平改坡2543栋；立面提升1451栋；绿化美化39.31万平方米；清理场地417处，治理畜禽养殖场145户；整治沿线建筑工地60个，整治农业大棚17.04万平方米；清理电杆86根，拆除广告牌120面。

【农村危房改造】 2020年，漳州市开展贫困户住房安全保障排查建账工作，全覆盖进村入户核查并鉴定危房等级，全面摸清贫困户家庭“住房安全保障”情况，并建立危房改造存量台账，排查为C、D级的全部完成整治。年内，完成全市12319户国定建档立卡贫困户住房安全有保障核验工作。

【传统村落保护】 2020年，市住建局指导有条件的村庄申报传统村落，东厦镇东崎村山后自然村等19个村庄被列入第三批省级传统村落。加强对现有传统村落的建设指导，促进传统村落的保护、传承和利用，全市入选中国传统村落名录的村庄全部完成挂牌保护工作。加强传统建筑工匠管理，制定下发《漳州市传统建筑工匠管理办法（试行）》，全市累计共有25名市级传统建筑工匠。

·住房保障·

【概 况】 2020年，全市开工建设棚户区改造项目3078套，基本建成各类棚户区改造 7560 套；年度完成投资 51.92 亿元。向上争取各类保障性安居工程专项补助资金 16.54 亿元，其中：中央保障性安居工程专项补助 1965 万元，中央保障性安居工程基础配套补助 671 万元，省级保障性安居工程建设专项补助 445 万元，垦区危房改造中央预算内投资补助 54 万元，垦区危房改造省级预算内投资补助 36 万元，政府债券 16.22 亿元。全市公积金增值收益已提取 2589 万元用于 2020 年棚户区改造项目。年内，漳州市被评为省级 2019 年棚户区改造工作激励对象，全年共发放租领补贴 592 户，发放金额 63.31 万元。

【保障性安居工程】 2020年，全市开工建设保障性安居工程建设3078套（户），年度基本建成7560套（含往年开工结转2020年续建基本建成套数），完成投资51.26亿元。

【城市棚户区（危房）改造】 2020年，全市实施城市棚户区（危房）改造项目15个，已签订拆迁安置协议919户，其中货币安置919户，完成投资24.59亿元；开工建设城市棚户区改造安置房9781套（含货币补偿安置919户），其中，竣工919套、基本完工1015套、封顶装修847套、基础施工7000套。

【垦区危房改造】 2020 年，全市实施垦区危房改造项目 7 个 303 套，完成投资 8596.79 万元；其中已竣工 282 套、基本完工 13 套、封顶装修 5 套、主体施工 3 套。

·房地产市场·

【概 况】 2020年，漳州市一手抓疫情防控，一手抓项目复工复产，支持企业共渡难关，促进房地产市场平稳健康发展。落实《促进城市开发建设平稳健康发展的若干措施》，拨付预售资金491笔，开展7期特殊消费类发票抽奖活动，2863户购房人参加抽奖，49人共获奖金264.92万元，全市完成商品房销售面积765万平方米。

【房地产开发投资】 2020年，全市完成房地产开发投资678.35亿元，比上年下降11.8%；市区完成房地产开发投资239.91亿元，比上年下降20.1%，占全市房地产开发投资35.37%。全市房地产新开工面积998.93万平方米，比上年下降0.6%；全市房地产施工面积4659.44万平方米，比上年增长4.8%；全市房地产竣工面积403.2万平方米，比上年增长38.6%。

【房地产市场交易】 2020年，全市新建商品房批准预售面积859.8万平方米，比上年下降4.69%，其中，新建商品住房批准预售面积620.5万平方米，比上年下降8.95%。全市新建商品房完成销售面积766.55万平方米，比上年下降11.5%；市区新建商品房完成销售面积261.24万平方米，比上年下降20.5%。全市二手房成交面积293.4万平方米，比上年下降7.25%，其中，二手住宅成交面积250.29万平方米，比上年下降6.72%。

【房地产去库存】 2020年，全市商品房存量面积为923.49万平方米，去化期限为18个月，比上年底分别增加83.24万平方米、3个月。其中，商品住房存量面积为718.81万平方米，去化期限17个月，比上年底分别增加156.39万平方米、5个月；非住宅存量面积为204.67万平方米，去化期限为22个月，比上年底分别减少73.16万平方米、6个月。市区商品房存量面积为230.36万平方米，去化期限为17个月。其中，商品住房存量面积为162.99万平方米，去化期限17个月；非住宅存量面积为67.37万平方米，去化期限为18个月。

【国有土地上房屋征收】 2020年，全市房屋征收项目（含集体）74个，征收总面积435.42万平方米，征收总户数16235户。已签订货币补偿协议4921户、已签协议面积173.2万平方米；已签产权调换协议10849户、已签协议面积184.96万平方米。漳州“中国女排娘家”基地项目被福建省住建厅认定为2020年度全省和谐征收示范项目。

·住房公积金监督·

【住房公积金归集】 2020年，全市新增开户单位1594个，新增开户职工4.09万人，住房公积金归集54.23亿元，完成年度归集计划的129.12%。截至年底，全市已累计归集住房公积金379.22亿元，实现缴存余额138.34亿元，全市共有8509个单位33.81万职工正常缴交住房公积金。全市实现增值收益1.24亿元，比上年增长45.97%，累计提取城市廉租住房（公共租赁住房）建设补充资金6.25亿元。

【住房公积金提取】 2020年，全市申请提取住房公积金38.51亿元（其中，住房类消费提取26.98亿元），完成年度提取计划的137.54%。截至年底，全市累计提取住房公积金240.88亿元。

【住房公积金贷款】 2020年，全市发放公积金贷款7312户34.56亿元，发放公转商贴息贷款307户1.52亿元。截至年底，累计发放公积金贷款236.91亿元，发放住房公积金贴息贷款47.81亿元，住房公积金贷款余额136.31亿元，公积金贴息贷款余额34.98亿元。全市住房公积金资金使用率98.88%，比上年增长4.04%。

·建筑业和工程建设管理·

【概 况】 2020年，全市完成建筑业总产值692.03亿元，比上年下降1.2%；建筑业增加值453.63亿元，可比价比上年增长0.9%，居全省第8位。年内，市住建局指导2家企业获批总承包一级资质，全市一级及以上总承包资质企业41家，全市有资质企业1138家。

【复工复产】 2020年，漳州市出台《关于因“新冠肺炎”疫情防控引起建设工程造价发生重大变化问题的指导意见》等文件支持房建市政工程项目开复工及满产达产，疫情期间在建工程所完成工程量可以计取施工降效费为全省首创。4月9日，全市建筑工程复工率100%。

【建筑产业现代化试点工作】 2020年，漳州市新办施工许可的房建项目采用装配式建筑的面积约181.05万平方米，占比15.69%。装配式建筑工作受到省住建厅通报表扬。福建省兴岩建筑科技有限公司预制构件生产基地入选国家级装配式建筑产业基地名录。

【建筑市场综合管理】 2020年，市住建局加强建筑市场违法案件查处力度，共立案处罚违法建筑市场行为案件22宗，共处罚金189.7万元。开展全市住建行业行风整治专项行动，加强对造价咨询企业和招标代理机构事中事后监管，推进工程建设领域诚信体系建设。联合市发改委等部门出台《关于规范房屋建筑和市政基础设施小规模工程承发包行为的实施意见》，营造公平、公正的营商环境。制定《关于加快发展建设工程电子数据化的实施意见》，为全省第一份系统性推动建设工程电子数据化工作的文件。

【开展根治欠薪攻坚战】 2020年，全市775个在建项目基本实现劳务实名制管理，考勤人数达到17万余人，农民工工资保证金缴存金额达到7.6亿元，项目农民工工资专用账户基本实现全覆盖，有效保障农民工工资。

【招标投标管理】 2020年，漳州市全面实行施工招投标网上公开运行机制，实现全市施工招投标监管办法、交易规则、评标办法“三统一”，规范类似工程业绩设置，完善项目报建制度，招投标信息网上全面公开。执行施工投标文件雷同认定办法，推行计价软件加密锁实名制管理，组织开展建筑市场专项治理两年行动，严厉打击围标、串标等市场违法行为，立案处罚招投标违法行为案件2宗，处罚金48.5万元。

【工程造价管理】 2020年，市住建局组织协调50场次工程造价纠纷，协调解决争议案值4800万元以上。对852个次项目开展合同履约评价，发出整改通知书199份，累计扣分5216分，每季度评价率均达100%。指导举办造价业务公益讲座1期、技能竞赛1场，共200多人参加。开展造价咨询行业行风整治专项检查及成果文件抽查工作，抽检工程造价咨询成果文件58份。

【服务企业】 2020年，市住建局营造住建行业良好营商环境，吸引一级总承包资质企业福建省博兴建设有限公司迁回漳州，带回产值5.2亿元。协调省住建厅争取设置培训点，共完成安管人员6期2083人、建筑施工特种作业人员5期284人培训发证工作。为列入省级增产增效行动重点企业培训施工现场专业人员2期共53人。配合人社部门对全市101个项目给予免缴或缓缴农民工工资保证金，盘活企业资金1.3亿元。开展政府投资项目施工合同抵押贷款试点，促成6家银行和5家施工企业达成2.3亿元授信额度。促成8家建筑企业与本地钢材产商在产品价格优惠、款项支付周期等方面达成共识，并签订项目承建协议15亿元。

【建设工程质量安全精细化监管】 2020年，全市在建受监项目共1437个，总建筑面积4814.63万平方米，市政总长度3540.57千米，举办3次全市建筑施工质量安全标准化观摩会。年内，获得“国家优质工程奖”项目1个、获得“闽江杯”奖项目6个。发生安全生产责任事故1起，造成2人死亡，比上年同比分别下降83.3%和66.7%。

【行业行风整治】 2020年，市住建局收到全市工程系统从业人员职业操守自查自纠表1218份，“回头看”已投入使用工程248个、抽查检查1114台建筑起重机械。对全市16家检测机构全覆盖检查，发现的2209条从业人员职业操守和质量安全问题悉数整改到位。对注册在漳州市的24家监理企业、16家工程质量检测机构、9家建机一体化企业全覆盖开展资质条件核查，对在漳州市承揽房屋安全鉴定业务的30家鉴定机构开展全覆盖检查，共抽查鉴定报告112份，核查53个项目现场，对12家出具虚假检测报告的鉴定机构给予行政处罚、全市通报批评并纳入差异化监管名单，对其中4家违规且问题突出的鉴定机构取消受理告知承诺，禁止在漳新承揽鉴定业务。

【建筑施工扬尘污染防治】

2020年，市住建局出台《漳州市中心城区建筑和拆迁工地扬尘污染治理专项行动方案》等文件，区两级立案查处施工扬尘案件12起（其中市住建局立案11起），发出停工整改通知书42份，约谈47起。市区空气质量持续提升，空气质量综合指数3.01，比上年下降15.69%；空气优良天数比例为98.1%，比上年提高0.8个百分点，六项污染物指标均同比下降。

·小资料·

施工扬尘“六有”措施，即工地围挡及喷淋封闭到位、出入口和工地主要道路硬化到位、冲洗设备安装使用到位、易扬尘物料和裸露土方覆盖到位、建筑垃圾及时清理到位、洒水车及风送式移动喷雾机等降尘设备配置使用到位。

·勘察设计和建设科技·

【勘察设计行业管理】 2020年，市住建局共核准11家勘察设计单位12项资质。至年底，全市勘察设计单位中，具有工程勘察综合甲级资质1家、勘察专业甲级资质4家、乙级7家、丙级1家；工程勘察劳务9家；具有工程设计建筑行业甲级1家、建筑专业甲级资质6家、乙级3家、丙级2家；具有工程设计市政专业乙级资质的有3家和丙级2家；其他水利、电力、公路等设计资质17家；具有工程设计专项资质46家。资质范围涉及工程勘察、建筑、市政、公路、水利、电力等行业，以及建筑装饰、建筑幕墙、建筑智能化、风景园林、轻型钢结构等专项设计资质。

【施工图审查工作】 2020年，市住建局推动施工图数字化审查。已基本运行施工图数字化审查，通过施工图数字化审查系统进行勘察设计文件的上传、审查、出具施工图审查合格书等全流程数字化办理。年内，根据福建省建筑工程施工图数字化审查系统，外地及漳州市施工图审查机构共审查通过全市工程项目1870项。其中，勘察工程710项；建筑工程690项，总建筑面积1767.22万平方米；市政工程179项；专项工程291项。漳州市施工图审查机构审查通过本市工程580项，占总项目的31%，其中，勘察工程273项，占勘察工程总项目的38.3%；建筑工程216项，占建筑工程总项目的31.3%，建筑面积431.23万平方米，占总建筑面积的24.4%。

【工程抗震设防】 2020年，市住建局贯彻执行建设部《房屋建筑工程抗震设防管理规定》，将抗震设防作为施工图审查的重要内容之一。年内，会同市地震局开展漳州市建设工程地震安全监管检查。

【绿色建筑发展】 2020年，全市通过施工图审查绿色建筑项目404项，建筑面积1455.7万平方米，占通过施工图审查的建筑工程总建筑面积的99.1%；全年竣工绿色建筑153项，总面积668.13万平方米，竣工绿色建筑面积占当年新建民用建筑面积比例为78.53%。

【绿色建筑评价标识认证】 2020年，全市6个项目获得绿色建筑评价标识。截至年底，全市40个项目获得绿色建筑设计评价标识，其中，三项获得绿色建筑运行评价标识，一项获得绿色建筑（工业建筑）设计评价标识。漳州西湖生态园区获得三星级绿色生态城区规划设计标识，为福建省首例。

【示范项目建设】 2020年，漳州市市区道路地下空洞检测项目、漳州高新区靖城园区古湖安置房（一期）项目等3个项目被确定为科技示范工程计划项目，福建省禹澄建设工程有限公司申报的“光纤传感技术在大体积混凝土温度监控中应用与研究”被确定为科技研究开发项目。

（侯伟超）

·城市管理·

【概 况】 2020年，漳州市城市管理局（简称市城管局）持续构建城市治理体系，提升城市治理能力，推进23项审批事项进驻行政服务中心，受理审批1450件。年内，荣获“2018—2020年度福建省省级文明单位”“2019年度福建省扫黑除恶专项斗争先进单位”称号，在全省住建系统扫黑除恶专项斗争工作视频会上典型发言。

【主城区生活垃圾分类】 2020年，市城管局于1月1日、9月1日、12月3日分三批次铺开主城次生活垃圾分类，主城区476个公共机构、644个生活小区、113个公共场所全部纳入分类覆盖范围，实现全覆盖目标。借助新闻媒体、微信公众号、朋友圈、电梯广告屏、生活垃圾分类体验基地和科普馆等渠道宣传垃圾分类，营造良好社会氛围。申报龙文区碧湖街道为省级首批示范片区。建设投用生态流转屋620座，设置爱心驿站5个、废旧衣服回收箱165个，投入分类运输车辆135部，加紧推进东西南北四座生活垃圾流转中心建设，投用蒲姜岭生活垃圾焚烧发电厂扩建项目等基础设施。

【漳州智慧城管建设运行】 2020年，市城管局推进漳州智慧城管暨城市综合管理服务平台建设，12月10日，通过国家行业专家组验收。系统平台综合运用大数据、物联网、人工智能等先进技术，建设大数据综合展示、智慧执法等12个子系统，拓展“消防车通道智能监控”子系统。重新梳理、编印《漳州市城市综合管理监督指挥手册》，事项精简至211项，案件派遣更精准。全年受理案件256249件，处置率96.84%，结案率96.79%。受邀参展第三届数字中国建设峰会，撰写漳州实践案例，入选全国市长研修学院（住建部干部学院）教材；应邀参加“数字化城市管理智慧升级暨城市综合管理服务平台建设培训班”，作经验交流；受邀参加编制《数字化城市管理信息系统》国家标准第九、十部分，成为20个参编城市之一。

【物业管理】 2020年，市城管局理顺市区两级城管职责，组织全市物业管理部门及物业服务企业业务培训8场次，提升物业管理服务人员业务水平。加强党对物业服务行业的领导，市、区两级先后成立物业服务行业党委。出台《漳州市物业管理专家库管理办法》，加强全市物业管理专家团队建设。及时化解群众诉求，处理物业服务投诉3250件。规范专项金管理，向业主发送住宅专项维修金（简称专维金）短信20万余条，开通“漳州市专维金管理平台”微信公众号，实现专维金微信缴存。年内，审核专维金申报材料840件，核准405件，归集专维金12788件，维修工程预算、决算造价审核126笔。

【首创物业项目负责人信用综合评级机制】 2020年，市城管局在全省首创物业项目负责人信用综合评级机制，出台《漳州市物业服务项目负责人信用综合评价暂行办法》，全市337家物业服务企业的806名项目负责人纳入信用综合评价。年内，29家物业服务企业和67名物业项目负责人被信用减分，1家企业被列入“企业失信黑名单”，1名项目负责人被列入“行业失信黑名单”。

【建筑垃圾处置管理】 2020年，全市共有建筑垃圾运输企业28家，建筑垃圾运输车辆926辆，管控平台11个，固定消纳场5个、临时消纳场9个，处置核准项目30个，核准建筑垃圾211万立方米。年内，联合交通、交警出台《漳州市建筑垃圾运输企业备案、信用评价、退出工作机制》，建立建筑垃圾运输企业、车辆“准入、评价、退出”机制，市区淘汰国五以下建筑垃圾运输车辆279辆，更新配备国五及以上车辆169辆，基本实现入库率、卫星定位安装率、在线率100%。启动扬尘整治专项行动，中心城区查处建筑垃圾运输车辆102辆，要求82家在建工地做好裸露地块绿网覆盖、密闭装载运输、净车出场，劝导整改未覆盖工地26处、清洗污染路面41次。与县级城管部门签订《行政执法委托书》，县（市）建筑垃圾管理相关职权正式委托属地城管部门实施。

【老旧小区改造】 2020年，市城管局持续推进老旧小区改造，分两批改造老旧小区项目61个，涉及建筑567栋、面积约198万平方米、惠及居民2万多户，其中22个项目被列入省委省政府和市委市政府为民办实事项目。继续沿用《漳州市区老旧小区改造工作协调机制》等，向住建部、省住建厅争取补助资金，获得补助1.76亿元。芗城、龙文两区分别成立国有物业企业，进驻东岳新村、教师新村、甘棠宫旧区等小区。红旗新村采取“社区居委会监督＋小区服务中心承包＋业主自治”模式，引导小区居民参与小区自治。继续牵头市区既有住宅增设电梯，核发施工许可证54件，受理财政补贴55件。

【中央环保督察问题整改】

2020年，市城管局牵头第二轮中央环保督察信访交办件办理，完成交账销号85件。年内，推进华安县垃圾焚烧厂、平和县垃圾焚烧厂建设，基本完成华安、常山2座配套飞灰填埋场建设。完成诏安县垃圾填埋场渗滤液外渗修复工程，基本完成华安垃圾填埋场渗滤液外渗修复工程。全覆盖检查全市6座垃圾填埋场，未发现存在问题。完成漳浦县垃圾填埋场存量垃圾挖运12.3

万吨、诏安县挖运31.9万吨，并上报省级行业审查。排查生态环境领域污染源头问题8509个。

【环境卫生】 2020年，市城管局重新梳理市区垃圾收集点，共撤移、合并垃圾桶536个。全国首创“秒收集”模式，450家餐饮单位的餐厨垃圾实行“秒收集”。出台实施《漳州市主城区道路清扫（洗）保洁质量标准与检查考核办法》，考核结果与直运费用拨付挂钩。督查芗城、龙文7条内河、91个垃圾收集点、177个桶位，发现问题并落实整改卫生问题1746处。推进垃圾流转中心项目建设。筹备厨余垃圾处理厂项目建设，选址九龙岭垃圾综合处理场建设厨余垃圾过渡期处理设施，积极推动厨余垃圾处理厂建设。新建、改造城市公厕160座，超额完成省级任务60座、市级任务25座。

【疫情防控与复产复工】 2020年初新冠疫情防控时期，市城管局成立应对疫情领导小组，设置综合协调、市容环境防疫和安全物业防疫3个工作组，建立联防联控机制。全市设置口罩专用垃圾桶3285个，指导、督促全市500多个物业小区参与疫情防控，消毒电梯9000余部、公共区域及重点部位4.2万处，发放、张贴宣传单30万余张。燃气企业推行“网上办公”“线上服务”。

【文明城市创建】 2020年，市城管局牵头市容环境专项整治组，开展创城暗访，积极网上材料申报，开展专项整治。年内，清理非法圈占停车位1300余起、警示锥520个、杂物13车次、乱堆放790起、乱拉乱挂579个，纠正汽车、电动车乱停放2630起、僵尸车17辆，劝离流动摊贩256起、烧烤摊25起，组织全员上路巡查。

【“门前三包”落实】 2020年，市城管局修补人行道2.8万平方米，设置隔离栏3168千米，增设机动车停车位3030个、施划非机动车停车线12.5万米；整治城区“牛皮癣”66.4万处、广告招牌6869块、圈占车位6513处、门前搭建1662起、占道经营9.7万起、车辆违停8万起。

【户外广告整治】 2020年，市城管局牵头草拟《漳州市户外广告设施和招牌设置管理办法》，摸查广告招牌6854起，户外广告审批备案243起，拆除设置不规范或破旧的户外广告招牌5531起，规范店牌店招587起。

【市场秩序整治】 2020年，市城管局检查全市43家大中型餐饮企业和31家单位食堂，约谈23家收运数据异常商户。常态化巡查主城区30个农贸市场周边，联合执法2次，取缔家禽商业宰杀与交易摊点106处，劝离白条禽占道经营87起。整治学校、农贸市场周边环境，劝离流动摊贩151起、纠正占道经营、乱堆乱放、圈占停车位522起。

【交通秩序整治】 2020年，市城管局强化市区新改造道路人行道物理隔离设施监管，发现问题19处，协调补增阻车石15个、升缩活动桩4个。整治客运站周边占道经营、流动摊贩150余起。

【“百路千村”治理】 2020年，市城管局围绕“百路千村”环境整治提档升级、世遗景点沿途环境治理、“两高”沿线整治、微“两违”整治等主题治违。紧盯“四零五到位”目标，“两违”智能监管APP接到举报信息6236条，核实6201条，认定“两违”案件3250起，结案2979起，结案率91.7%。全市“两违”处置突破700万元大关，处置“两违”890万平方米；完成“百路千村”“四零”整治9512个，“五到位”整改17223处，整治世遗景点沿线“两违”1504宗、“两高”沿线“两违”66870平方米、中心城区微“两违”1681宗。

【依法行政】 2020年，市城管局加强法制建设，起草《漳州市户外广告设施和招牌设置管理办法》《<漳州市建筑垃圾管理办法>实施细则》。制定生活垃圾管理、供排水类、建筑垃圾管理等三大项行政处罚自由裁量细化标准。组织全市城管系统案卷评查工作，继续推动行政执法“三项制度”建设。

【专项执法】 2020年，市城管局排查市区43个小区物业公司，检查物业报批专维金使用情况，深入40家房地产公司摸排未交存首期住宅专项维修资金情况。查处9家液化气供应站违规存储燃气、1家无证经营的“黑气点”，立案10宗、结案10宗，结案率100%。供排水执法方面立案11起，开具查询通知书62份、责令停止违法行为通知书14份、责令整改违法行为通知书13份、行政处罚告知书10份、行政处罚决定书10份。查处内河周边店面排水违法行为456家，拆除河道违法建筑8处。审核处理一般程序类违法案件64起，重大疑难案件24起；调整并承接公共服务事项生活垃圾焚烧处理岗位证书发放及17项住建领域行政处罚权，下放物业、室内装饰装修监督检查及行政处罚权27项。

【协调监督】 2020年，市城管局组织队容风纪检查等专项督查18次；处置信访件63件，12345诉求件1741件；办理市人大代表建议（议案）、政协委员提案41件；派发“芗里芗亲”群防任务21批次，文明交通劝导20批次；常态化督查主城区“牛皮癣”治理等6项工作，专项督查老旧小区改造等19项工作。

【安全生产检查】 2020年，市城管局组织开展全市燃气企业“双随机”检查6轮、专项整治3次，检查燃气企业149家次，检查市区供应站点236家次，检查市区餐饮店172家，检查场站1854次，全部完成整改。开展物业小区安全隐患大排查，办理9宗群众投诉件。动态跟踪垃圾焚烧厂安全生产，发现问题31个，积极督促落实整改。

（蔡建福）

责任编辑：蔡钰臻

环境·资源

·生态环境保护·

【概 况】 水环境状况：九龙江流域、漳江、诏安东溪等主要流域I—III类水质达标率100%，无劣V类小流域，市、县两级饮用水源水质达标率均为100%。

大气环境状况：漳州市市区环境空气质量符合国家二级空气质量标准，空气质量综合指数3.01，空气质量状况良。全年环境空气达到或优于二级的天数359天。AQI首要污染物统计，按大小顺序排序依次为臭氧、可吸入颗粒物、二氧化氮、细颗粒物、一氧化碳、二氧化硫，影响漳州市大气环境质量的主要污染因子为臭氧、可吸入颗粒物和二氧化氮。

土壤环境状况：全市受污染地块安全利用率100%，受污染耕地安全利用率93.2%，重金属排放量比2013年度下降32.93%。

2020年，漳州市生态环境保护局（简称市生态环境局）持续推动生态示范创建工作，东山县荣获生态环境部第四批“绿水青山就是金山银山”实践创新基地称号。推进芗城、龙海等7个地区完成生态文明建设示范市县规划编制并发布实施。

【“绿盈乡村”建设】 2020年，市生态环境局持续推进“绿盈乡村”建设。截至年底，累计完成1155个初级版绿盈乡村创建工作，占全市村庄数量的70%；推荐115个高级版绿盈乡村，占全市村庄数量的7%。

【乡村生态环境质量改善】 2020年，全市实施乡村生态振兴重点项目21个，年度完成投资17.5亿元，着力改善乡村生态环境质量。

【“四大工程”实施】 2020年，市生态环保局大力实施洁净蓝天、清新水域、清洁土壤、乡村生态振兴四大工程，共实施大气精准治理年度减排项目64个；各级环保部门核定23家排污单位初始排污权，为重大项目腾出环境资源容量，推动漳州市经济结构转型升级筑牢环境基础。

【小流域综合治理】 2020年，市生态环境局持续推进小流域综合治理，将7个省级小流域综合治理工程包纳入省委省政府“为民办实事”项目，完成投资3.02亿元，4个小流域断面水质跨类别提升至III类。两江两溪主要流域水质均达到考核要求。

【海洋治理】 2020年，市生态环境局持续推进九龙江—厦门湾排海总量控制试点，完成全市九龙江—厦门湾流域内涉及的7座县级以上城市污水厂的尾水一级A提标改造；实现乡镇污水处理设施建设全覆盖，流域365个村庄垃圾收集处置全覆盖，九龙江北溪、西溪河口水质、南溪河口水质达到考核要求，试点工作总体有序推进。开展入海排污口排查整治，截至年底，共排查各类入海排污口2364个。

【海漂垃圾治理】 2020年，市生态环境局加大海漂垃圾治理力度，全市出动打捞船舶5143艘次，打捞人员2.8万人次，清理江河海漂垃圾2.1万吨。

【海洋环境质量监测】 2020年，市生态环境局组织开展海洋环境质量监测。编制《2020年漳州市近岸海域海洋环境监测方案》和《2020年生态敏感区水域监测方案》，对漳州市主要海湾、重点养殖区、赤潮易发区、古雷石化园区，九龙江、漳江，诏安东溪入海口进行监测，监测结果显示，漳州市海洋环境总体稳定，年度近岸海域国考站位一、二类海水水质达标率达100%；重点直排海污染源达标率达到100%。

【污染防治】 2020年，市委、市政府在全市范围内组织开展市级环保督查，在全省范围内属于首创。通过督查，发现生态环境问题564个。开展全市污染源头排查整治工作，全市排查的18823个污染源头问题，完成整治18792个，745个污染源头治理支撑项目，完整项目数730个。

【环境监管】 2020年，市生态环境局深入开展“清水蓝天”环保专项行动、“环境执法大练兵”等专项行动，综合运用“四个配套”办法，严厉打击各类环境违法行为，推进漳州市污染整治成效。全市办理行政处罚案件255起，罚款金额1836.51万元，查封扣押71起，责令限产停产5起，移送行政拘留17起，移送涉嫌环境污染犯罪案9起。办结“12369”环保投诉件914件、按时办结率100%，办理群众环境问题来信101件、办结率100%。

【“平安福建2020”辐射事故应急演习】 2020年11月13日，市生态环境局牵头组织相关部门，举办“平安福建2020”辐射事故应急演习。本次演习熟练应用“生态云”平台和“掌上福安”APP大数据技术。

【环保行政审批】 2020年，全市累计完成环评审批960件，核发排污许可证1078家，核发辐射安全许可证69件，医疗废物经营许可证核发1件，废弃电器电子资格审批1件。年内，市生态环境局重新梳理行政审批和服务事项目录清单，保留行政许可事项25项，公共服务事项5项，行政确认事项4项。

【环境宣教】 2020年5月30日，市生态环境局启动环境日主题宣传系列活动，通过线上生态环保互动问答，线下生态环保展板宣传、现场咨询的方式以及短信、微信等多种方式开展公众宣传。6月5日，在“美丽中国，我是行动者”宣传活动现场设立咨询台与宣传展板，宣传水、气、土、生态、固废等环保法律法规，现场发放3200余份法律法规宣传单（册）、5000只口罩、1000多个可回收环保购物袋及逾2000个环保垃圾分类袋。年内，在《闽南日报》重要版面开设“污染源

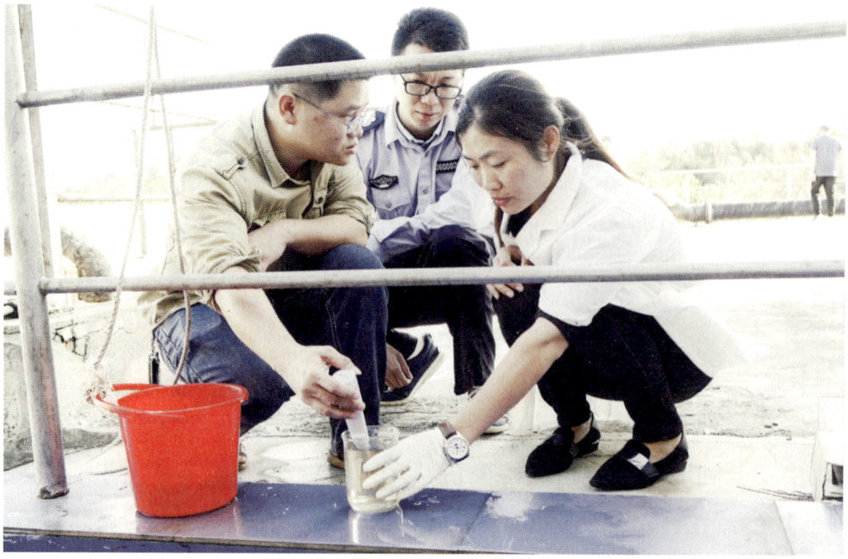

2020年11月6日，漳州市生态环境综合执法支队执法人员在漳浦某污水处理厂，监督处理厂工作人员污水采样检测工作　　（黄子君 摄）

头治理进行时”环保宣传专栏，“漳州生态环境”微信公众号在全国401个环保政务微信公众号榜单中名列前茅，连续3年全省排名第一，获漳州市2020年度“十佳优秀政务新媒体账号”。

（陈 静）

·自然资源管理·

【概 况】 2020年，漳州市自然资源局统筹推进耕地保护和粮食安全，大力开展全市农村乱占耕地建房问题专项整治行动，查处新增乱占耕地建房问题61宗。推进东山八尺门海洋生态修复。

【城市专项规划】 2020年，市自然资源局组织编制《漳州市国土空间总体规划（2020—2035)》，完成生态红线评估、城镇开发边界划定等基础性工作。做好《漳州市中心城区“十四五”建设规划（2021—2025)》《漳州市中心城区幼儿园布局专项规划》等专项规划编制工作。服务漳州市行政服务中心、中国女排娘家基地等重大项目建设，紧抓项目审批和规划设计。

【土地利用管理】 2020年，市国土资源局主动与省自然资源厅对接，协调联盛浆纸一体化、S318（联十四线）南靖县靖城棋盘社至牛崎头段公路工程（一期）项目等重点项目用地报批事宜。全市获批准用地54个批次、面积504.4公顷，属省重点项目用地5个批次、面积303.13公顷，其中福厦客专项目（面积69.4公顷）获国务院批准。处置批而未供土地674.67公顷（处置率17.37%），处置闲置土地1602.9亩（处置率27.71%）。

【用海项目保障】 2020年，市自然资源局全力做好古雷炼化一体化项目等重点用海项目要素保障工作，漳州核电、六鳌一级渔港、古雷航道三期工程等一批重点项目和民生工程用海获批用海面积1508.8公顷。持续推进古雷炼化一体化、东山海洋生物科技产业基地、东山玻璃新材料产业基地等5个重点项目围填海历史遗留问题处置工作。

【矿产监督管理】 2020年，市自然资源局通过制定净矿出让制、矿山长责任制、绿色矿山承诺制、非法违法采矿举报奖励制度等，完善矿山管理机制，强化矿山源头管控、闭合管理。全市3个矿山净矿出让，5个县级政府明确各级矿山责任长，26个应签订承诺书的露天矿山企业全部签订。推进建筑用砂石矿山出让，出让6宗机制砂、1150万立方米年产能；出让4宗建筑用碎石矿、85万立方米年产能。

【地籍测绘管理】 2020年，全市11个县级三调统一时点更新数据成果全部上报国家三调办核查，经国家级复核，成果质量全部合格。年内，开展农村房屋与地籍调查的行政村有1666个，开展率100%；完成调查的行政村有1664个，完成率99.88%。《漳州城市地图集》获福建省测绘地理信息优秀工程奖银奖。

2020年8月17日至21日，市国土空间总体规划编制工作团队深入各县市区开展调研工作。图为《漳州市国土空间总体规划》（漳浦县调研座谈会

（市自然资源局 供图）

【房地产市场调控】 2020年，漳州市部分地块以“竞地价、限房价”的拍卖，限制可销售商品住宅平均销售价格，在采取“限地价、竞房价”出让方式的情况下，向下“竞房价”的同时，设定住宅销售平均价格合理底价参考价。年内，市区出让经营性用地14宗，出让总面积57.27公顷，总出让价款77.12亿元。

【审批服务】 2020年，市国土资源局持续深化“放管服”改革，将审批事项动态调整为33个大项114个子项。为重点项目开设“绿色通道”，从进入模拟审批到开工建设缩短2至3个月，节省时间50%以上。深入实施工业企业不动产权属分割，全市工业分割15宗，分割后抵押企业6家，抵押金额3亿多元，帮助企业解决融资难题。

【村庄规划编制】 2020年，市自然资源局落实“多规合一”要求，分类指导，探索“多村联编”，推进漳州市120个省级乡村振兴试点村的“多规合一”实用性村庄规划编制（修编）工作。积极探索诏安县东门村、南门村“两村联编”和南靖县官洋村、坎下村、璞山村“三村联编”的村庄规划编制工作，形成试点示范。

【不动产权登记】 2020 年，市自然资源局提高产权转移登记速度，对部分不动产登记事项的承诺时限进行再压缩：房屋所有权首次登记压缩至 4 个工作日；抵押权首次登记等压缩至 3 个工作日；不动产转移预告登记压缩至 2 个工作日。改进缴费模式，启用电子化票据，开通支付宝、微信扫码快捷缴费，实现现金、pos 机、支付宝、微信扫码支付的多元化缴费模式。与漳州市中级人民法院联合开发完成不动产登记查询系统，在省内率先实现全市范围内司法查控“全流程网办”。推进市区 42 个项目 2.5 万套不动产登记历史遗留问题的解决。

【地质灾害防范】 2020年，市自然资源局累计下基层调查、排查、巡查防灾人员3265人次，派出专家61人次，对全市登记造册的326处地质灾害点及1830处高陡边坡点进行排查，累计发现灾险情22起，处置22起。年内，开展避险转移演练37场，参加演练人数1377人，地灾防治知识培训7场，参训人数347人。与市气象局建立地质灾害气象预警预报系统，及时发布地质灾害预警信息，实现全系统预警预报共享。

（朱 盛）

责任编辑：时万侠

科学技术

·综　述·

【科技企业发展】　至2020年底，全市拥有1家国家级和53家省级创新型企业，国家级试点创新型企业1家；15家省级企业重点实验室，43家省级企业工程技术研究中心，4家省级科技企业孵化器、7家省级新型研发机构。全市规模工业高技术行业增加值165.9亿元，高技术行业增加值占全部增加值比重达10.9%，纳入统计高技术企业数达150家。漳州市科学技术局（简称市科技局）首次获得全国科普工作先进集体荣誉。

【漳州高新区圆山创客获国家众创空间备案】　2020年5月，漳州高新区众创园圆山创客入榜2020年度国家备案众创空间名单。漳州高新区众创园自开园以来，与各大高校院所、平台机构等建立战略合作关系。截至2020年底，已设立漳州市知识产权保护服务站、漳州高新区人才服务中心、闽南师范大学的大学生创新创业基地、海峡股权交易中心（漳州）有限公司的创新创业基地、共青团漳州市委的漳州青年创业示范园区、台湾嘉义县青年创业协会的漳州创业实践基地、厦门华厦学院ICT产教融合创新创业实训基地、厦门华厦学院智能制造创新创业实训基地、闽南师范大学化学化工与环境学院产学研创新基地等。

·高新技术及新兴产业·

【高新技术产业】　2020年，全市465家企业通过科技型中小企业评价，新增“科技小巨人领军企业培育发展库”45家，“科技小巨人领军企业培育发展库”企业总数达204家。新认定国家级高新技术企业119家，备案省级高新技术企业175家。截至年底，全市国家级高新技术企业总数达359家，备案省级高新技术企业377家。全市规模工业高技术行业增加值165.9亿元，高技术行业增加值占全部增加值比重达10.9%，纳入统计高技术企业数达150家。

【科技创新创业基地】　2020年，市科技开发服务中心引进14家企业入驻漳州市高新技术创业孵化基地，6家企业毕业，25家企业在孵。至年底，全市共有4家省级认定的科技企业孵化器，4家省级互联网企业孵化器，7家市级孵化器。已建成并投用众创空间52家，其中，国家备案众创空间3家，国家级星创天地4家，省级众创空间19家，市级（示范）众创空间33家。孵化面积20万平方米，工位4000余个，入驻创业项目和企业600余个，创业人数5000余人，拥有创业导师400余人。

·科技计划项目与经费·

【科技项目立项与实施】　2020年，全市获省级及以上科技项

2020年8月24日，第九届中国创新创业大赛、第八届福建创新创业大赛暨2020漳州市创新创业大赛（漳州分赛区）在甲骨文(漳州)技术人才双创基地举行颁奖仪式。图为与会嘉宾在活动现场观摩机器人比赛

（市科技局 供图）

目立项81项，争取资金1.36亿元。其中，争取到2020年中央引导地方发展专项资金2项资助经费270万元；348家企业享受2019年度企业研发投入分段补助资金总额12845.81万元（其中省级资金3936.02万元、市级资金4057.73万元、县级资金4852.06万元）。下达市级科技计划项目89项，兑现《漳州市人民政府关于进一步支持和促进创新驱动发展八条措施的通知》配套措施、企业研发经费投入分段补助经费、省级高新技术企业补助经费等科技专项，安排经费7062.96万元。

【漳州企业获福建省创新创业大赛奖项】 2020年，漳州企业参加第九届中国创新创业大赛暨第八届福建创新创业大赛，21家企业进入复赛，6家企业入围省创新创业大赛决赛和全国创新创业大赛行业总决赛。

·科技服务·

【科技扶贫】 2020年，漳州市选派1000多名科技特派员挂钩服务企业102家、行政村1008个，新建省级星创天地2家。组织实施24个省（市）级科技特派员后补助项目，带动企业投资1627.61万元，引进推广新品种20个，培养技术骨干20人，带动农户1500户，建立示范基地12.67公顷，推广面积220公顷，新增产值1810万元。科技特派员服务百企千村为民办实事项目获“2020漳州十大暖民心项目评选”第一名。

【科技特派员工作】 2020年，漳州市选派省级扶贫开发工作重点县科技人员63名，审核推荐省级个人科技特派员256名，团队科技特派员57个，法人科技特派员3个，实现省级科技特派员创业和技术服务乡镇全覆盖。探索引进湖南师范大学院士刘少军及其团队的5名专家作为漳州市海洋水产领域的科技特派员。授予漳州职业技术学院邱小明副教授等10人漳州市“十佳科技特派员”称号。

【扶持“双创”人才】 2020年，漳州市按照《关于营造有利于创新创业创造良好发展环境的实施意见》，实施本地人才培养工程，评出2020年度“双创之星”10名、“首席科技官”9名。5名漳州人才获评福建省第一批“双创之星”。受2020年疫情影响，按财政资金压缩比例，给予每位“双创之星”获评者60万元的资金补助，补助资金分为两部分拨付，50%直接拨付个人，用于改善获评人才的生活条件；50%拨付用人单位，用于改善获评人才的工作条件。

·科技交流与合作·

【对外科技合作】 2020年，漳州市深化闽宁合作，选派2位科技干部到宁夏挂职，与海原县开展科技型企业产学研合作，促进香水梨饮料研发等项目的顺利对接合作，协助海原县建立首家众创空间，促进农产品加工项目落地。推动闽西南协同发展区科学仪器设备资源共享平台、海峡两岸股权交易中心闽西南科技板建设，至年底，全市共有81家企业在闽西南科技板上挂牌、展示。2个项目获得省对外合作产业化项目，4个项目获得中科院STS计划配套项目，7个项目获得省级科技成果购买补助项目。

【“蓝火计划”】 2020年，漳州市与西安交通大学联合开展智能制造线上对接专场，开展专项对接活动。邀请北京机电研究所来漳考察指导、洽谈对接。组织企业到北京科技大学、西交大、西工大、中冶建研院等高校科研院所对接，促进科技成果落地转化。与厦门大学建立市校战略合作关系，在石油化工、新能源新材料、装备制造、食品、海洋产业、现代农业等领域开展全方位合作；组建厦门大学漳州技术转移中心和科技服务团，与厦门大学共建古雷石化产业技术研究院。

·科技成果与奖励·

【科技成果奖励】 2020年，漳州市9项优秀成果荣获2019年度福建省科学技术奖，其中二等奖4项，三等奖5项。漳州钜宝生物科技有限公司黄瑞宝获得2019年度国家科学技术进步奖二等奖。

【技术市场交易】 2020年，全市8家单位被认定为漳州市重点科技服务机构，4家企业获批省级技术转移机构。市科技局组织14人参加省科技厅举办的技术经纪人培训班，为加强技术转移和成果转化储备业务人才。完成技术合同认定登记154项，其中，技术开发合同90项，技术转让合同8项，技术服务合同56项，合同成交总额1.21亿元（其中，技术交易额1.13亿元）。

【科技创新奖励】 2020年，漳州市人民政府下发《关于进一步支持和促进创新驱动发展八条措施的通知》，对漳州片仔癀药业股份有限公司等134家企业161个项目进行奖励，奖励金额2570.8万元。

·科技成果与推广·

【科技与农业】 2020年，市科技局组织实施2020年科技特派员后补助项目，鼓励科技特派员开展科技成果转化和产业化示范推广，对长泰康养村农业发展有限公司“七指毛桃种苗驯化与种植技术示范”等17个项目给予立项，投入市级科技经费116万元。漳州市同发生态农业有限公司“双孢蘑菇工厂化菌种繁育及高效栽培技术研究与示范”等13个项目获得省科技厅立项支持，争取省级科技经费480万元资助，带动申报单位研发经费投入2028万元，培育具有自主知识产权的农业新技术、新品种。

【科技与金融】 2020年，漳州市高新技术企业协会分别与兴业银行、交通银行、中信银行、浦发银行、光大银行、厦门银行、兴业证券、厦门国际银行和人保财险漳州市分公司等9家金融机构签署协议书，成立“金融赋能专业委员会”，为企业搭建与金融机构融资对接平台。大力推行“科技贷”，全市获授信额度14.66亿元，发放“科技贷”近7亿元，缓解中小微企业融资难融资贵问题。

【科技防疫】 2020年，市科技局开展应急防治技术科研攻关情况调查摸底，及时向省科学技术厅推报疫情攻关项目2个，在全市范围征集应对新型冠状病毒防控技术研究项目5个，对闽南师范大学申报的“新型冠状病毒（2019－nCoV）ORF1ab、E和N基因检测试剂盒（荧光PCR法）的研发”项目给予10万元的经费支持。

（陈元波 刘文杰 蔡志强 陈明木 王永兴 洪韬亮）

·地 震·

【概 况】 2020年，全市共有地震前兆台站（点）168个：测震台站4个，强震台10个，GPS观测台8个，烈度速报台13个，台阵1个(含16个子台)，伸缩仪观测台1个，重力仪观测台1个，地磁观测台2个，地下流体观测台1个，流动地磁13个，流动重力33个，流动水准观测场地5个，流动GPS观测点20个，宏观观测点41个。年内，漳浦县龙湖中学、诏安县怀恩中学通过国家防震减灾科普示范学校认定。

【地震活动】 据福建数字遥测地震台网测定，2020年，漳州市及其沿海地区共发生ML≥1.0级地震167次，其中1.9≥ML≥1.0地震154次，2.9≥ML≥2.0地震11次，ML≥3.0地震2次，地震主要分布在长泰地区及东山一漳浦海域，最大地震为12月12日发生在长泰县古农农场的3.3级地震。

【地震预警信息发布终端建设与管理】 2020年，市地震局按照《漳州市地震预警信息发布终端建设实施方案》，细化分解各地2020年地震预警信息发布终端建设任务。与各（市、区）地震部门及设备商沟通联系，协调解决建设有关事宜，签约建设847处。配合完成国家局25个预警信息服务试点建设，推进预警终端入企业、入医院、入商场、入科创园区。

漳州地区2020年ML≥2.0级地震目录一览表

表6

发震日期	发震时间	北　纬	东　经	震　级	参考震中
1月13日	07:47	23°20′	117°25′	2.5	东山一南澳海域
1月13日	08:03	23°21′	117°26′	2.4	东山一南澳海域
1月13日	15:06	23°20′	117°26′	2.0	东山一南澳海域
2月9日	01:18	24°14′	117°57′	2.0	漳浦东部地区
3月8日	11:01	23°21′	117°28′	2.3	东山一南澳海域
4月7日	16:27	23°31′	117°57′	2.0	东山一南澳海域
5月28日	21:20	23°52′	118°20′	3.1	漳浦海域
9月16日	18:05	23°47′	117°29′	2.1	东山一南澳海域
10月30日	12:35	23°17′	117°23′	2.1	东山一南澳海域
11月26日	21:31	23°21′	117°26′	2.3	东山一南澳海域
12月7日	05:40	23°19′	117°26′	2.2	东山一南澳海域
12月7日	05:41	23°20′	117°26′	2.8	东山一南澳海域
12月12日	16:03	24°42′	117°42′	3.3	长泰古农农场

【地震宣传】 2020年，市地震局充分发挥遍布在全市社区（村）、机关企事业单位、医疗机构等场所的2625处地震预警终端、782个电梯淘屏梯箱开展预警知识和疫情防控科普宣传，扩大预警信息覆盖面。

【原创《地震逃生自救歌》】 2020年，市地震局推出漳州市原创防震减灾公益歌曲《地震逃生自救歌》，在全市中小学、幼儿园开展歌曲传唱比赛，全市近百所中小学校、超过50部作品投稿，近万名拍摄MV踊跃参与。该歌曲MV在省电视台少儿频道、综合频道等7个频道以及预警终端、电梯淘屏等推广，提

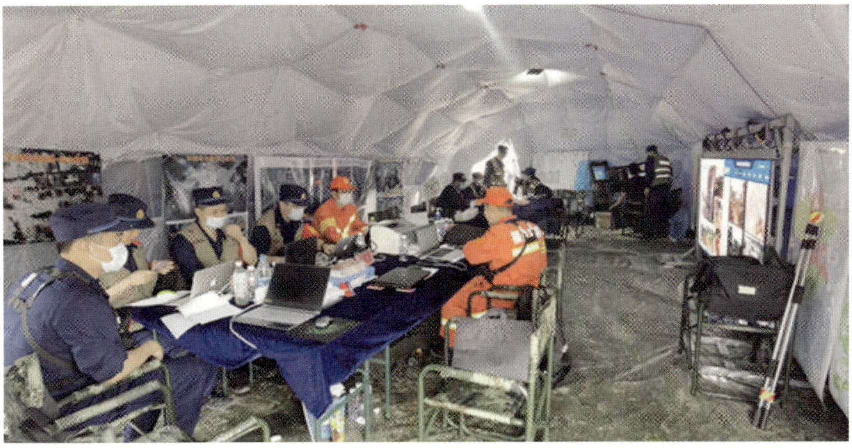

2020年5月18日至21日，福建省地震局、省消防救援总队联合在漳州市龙文区开展“闽动—2020”跨区域地震应急救援72小时联合演练

（市地震局 供图）

高广大孩子和家长的防震减灾意识。

【地震科普宣传】 2020年，市地震局在市地震局门户网站上微信公众号、全市1856个地震预警信息发布终端和近千个电梯淘屏梯箱在线开设“5·12”防震减灾宣传专栏，利用微信朋友圈特定人群精准投放防震减灾公益宣传图文视频，选定市区主公交路线进行公交车身防震减灾图文宣传。除在《闽南日报》开设防震减灾之窗专栏外，在福建导视频道、漳州电视台一套、二套进行防震减灾公益广告展播，在新浪网等媒体宣传报道，扩大公众对防震减灾知识的知晓率。以“提升农村应急防灾能力，筑牢人民安全防线”为主题深入龙文区漳滨社区开展防震减灾进农村宣教活动，整场活动网络直播给网民，吸引近50万名网民观看。通过线下线上相结合，让广大市民在寓教于乐中学习防震减灾知识，把地震应急避险和自救互救技能送进千家万户。

【防震减灾科普馆建设】 2020年，市地震局投资200多万元建设漳州市示范性综合实践基地东山中心防震减灾科普馆。云霄县元光中学防震减灾科普馆投入使用。

【全省地震救援队伍联合演练在漳州举行】 2020年5月18日至21日，福建省地震局、省消防救援总队联合在漳州市龙文区开展“闽动－2020”跨区域地震应急救援72小时联合演练。省消防救援总队、省卫健委、省地震局、省人民医院、漳州市卫健委、漳州市医院、漳州市急救中心以及民间救援队伍等单位共200余辆车、逾千人参与救援演练。

【建设工程地震安全监管检查】 2020年，市地震局联合市发改局、住建局、卫健委、教育局等9个部门，制定《漳州市建设工程地震安全监管检查工作方案》。联合市应急管理局、发改委、住建局、教育局、卫健委等8个单位组成3个督查组，对全市建设工程地震安全监管开展为期一周的实地监督检查，共抽查重大建设工程2项、高层建筑2项、医院建设工程18项、学校建设工程14项、一般建设工程9项，摸清全市建设工程地震安全底数。

（林文同 方宏芳 黄志乾）

责任编辑：江细珍

教育

·综述·

【概 况】 2020年，全市共有市属高职院校5所，电视大学1所，普通高中74所，普通初中133所，中等职业学校15所，高校附设中职班4所，普通小学824所，特殊教育学校10所，幼儿园1899所。市属高职院校招生25500人，在校学生99000人（本科44500人、专科54500人）；普通高中招生29400人，在校学生84600人；普通初中招生61600人，在校学生182200人；中等职业学校招生12400人，在校学生30700人；普通小学招生75600人，在校学生398200人；特殊教育招生327人，在校学生1371人；幼儿园入园幼儿82600人，在园幼儿215400人。

【教育基础设施】 2020年，全市258个教育补短板项目全部开工，完成年度投资24.25亿元，完成率105.3%。其中，52个封顶装修、48个项目竣工验收、84个项目交付使用。列入为民办实事的55个公办幼儿园项目完成年度投资2.61亿元，完成率118.64%。全市新增学位公办幼儿园1.6万个、中小学1.3万个。总投资近27亿元的漳州市职业教育园区、漳州一中新高中部建成投入使用，并在漳州一中芝山校区复办初中部。年内，将原漳州市高级技工学校校址调整给漳州第一职业中专学校使用，漳州华侨中学整体迁入原漳州二职校校园，原漳州财贸学校、漳州华侨中学划转给芗城区政府用于小学办学，优化市区学校布局。

【教师队伍建设】 2020年，全市新招聘中小学幼儿园新教师1334名，其中，本科以上学历占98%；市属3所公办高校常态化招聘教师和工作人员85名，其中博士3名，硕士67名；组团赴天津招聘紧缺急需教育人才签约64人，其中，博士研究生1名，硕士研究生58名、教育部直属师范院校本科生5名。年内，市教育局继续实施“品牌学校・卓越校长”培养工程，组织30名卓越校长培养对象到全国名校跟岗和在线精准培训。入选部级乡村优秀青年教师奖励计划2名、厅级乡村优秀青年教师奖励计划5名，入选福建省第五批中小学学科教学带头人47名，入选漳州市中小学第二届优秀名师15名。14名教师获评中小学正高级教师职务。遴选605名漳州市中小学骨干教师。核增2019—2020学年度义务教育教师奖励性绩效工资总量5.65亿元，确保2020年年底前“义务教育教师年人均工资收入水平不低于当地公务员年人均工资收入水平”政策落实到位。

【思政工作】 2020年，市教育局组织制定《漳州市深化新时代学校思想政治理论课改革创新行动任务清单》，遴选100名优秀思政课教师到谷文昌干部学院专题培训，征集评选疫情期间思政课优秀案例，获评第二批省中小学思想政治理论课百堂示范课建设项目12节。广泛开展社会主义核心价值观教育，深化“扣好人生第一粒扣子”、新时代中国女排精神“进学校”“制止餐饮浪费行为，培养节约习惯”等主题教育实践活动。组织第七届全市中小学校园读书节、“漂读云书房读懂漳州”、首届中小学创客大赛等校园文化活动。加强校园毒品预防教育，新建林则徐禁毒宣教室108个、完善原有宣教室152个。

【文明校园创建】 2020年，漳州市实验小学蝉联全国文明校园，漳州一中、龙师附小新获评第二届全国文明校园。

【心理健康教育】 2020年，市教育局成立漳州市校外未成年人心理健康教育辅导中心，招募53名志愿者组建讲师团举行27场心理健康教育讲座。成立漳州市学校心理辅导小组，全市454所学校开通心理支持热线和网络辅导服务平台，进行网络辅导服务41597人次。

【实践教育】 2020年，市教育局抓好学生实践教育、劳动教育，创建省级中小学劳动教育实践特色项目12个、研学实践教育基地2个，以漳州市全市域范围争创“全国中小学劳动教育实验区”；认定首批市级中小学生研学实践教育营地1个、研学实践教育基地10个，组织269所学校9.6万名学生开展研学实践教育活动。

【校园安全】 2020年，市教育局提升人防物防技防水平，加装以高层建筑楼顶楼层等重点部位的监控7581台，改造学校安全防护设施1681处，中小学专职保安员配备率达到100%。组织开展全市学校安全生产隐患排查治理专项行动，排查隐患1717项，下发整改通知119份，已全部完成整改。加强校园及周边安全治理，联合开展中小学幼儿园“护校安园”、校车交通安全跨部门抽查、消防安全整治、校园保安员情况摸排等专项工作，扎实推进扫黑除恶专项斗争，持续加大防“校园贷”“套路贷”、电信诈骗、校园欺凌等治理力度。推进校方责任保险，全市共有2119个单位完成投保，惠及学生近96万名，实现各级各类学校应保尽保。

【体艺卫语工作】 2020年，市教育局组织17支代表队1000多名中小学生参加全市中小学生田径运动会，17支代表队、200多名运动员参加全市教育系统教职工（机关干部）气排球比赛。创建全国校园足球特色校26所、幼儿园21所，篮球特色校23所、排球特色校11所，漳州一中高中羽毛球队蝉联福建省中学生羽毛球联赛八连冠，漳州三中高中女排在2020年福建省青少年校园排球联赛中荣获冠军并取得全国第八名的优异成绩。推进美育工作，推动落实《漳州市中小学艺术素质测评工作实施方案》，评选全市首批“非遗”传承特色学校39所。加强国防教育，认真配合做好征兵工作，市属5所高校完成在校生、毕业生征兵工作。创建第三批全国中小学国防教育特色学校2所。抓好语言文字工作，开展第23届全国推广普通话宣传周、中华经典诵写讲、“中国诗词大会”选拔赛等系列活动。

【教育扶贫】 2020年，全市共发放学前教育助学金677.52万元、受益幼儿7762人次，义务教育家庭经济困难学生生活费补助1161.17万元、受益学生29297人次，义务教育营养餐补助金2980.43万元、受益学生60280人次，普通高中助学金950.77万元、受益学生8057人次，普通高中免学费金额296.94万元、受益学生4143人次，中职助学金328.56万元、受益学生3286人次，高校助学金2786.17万元、受益学生3985人次。争取社会力量捐资助学，联合市扶贫协会资助建档立卡家庭学生196人共66.3万元，市关工委资助家庭经济困难学生35人共14万元，福建省富闽基金会资助40人共20万元。年内，市教育局持续实施精准脱贫“三千工程”，实施对象

1091人，年度发放学费补助款334.29万元。针对春季学期疫情期间学校延迟开学的问题，面向中学毕业班家庭经济困难学生开展“提网速、免流量”助学行动，完成1139户手机送流量、110户宽带提速升级工作。选派优秀教师开展教育扶贫，其中，选派10名优秀教师到3个扶贫重点县、2名赴西藏、22名赴新疆、10名赴宁夏支教。支持漳州第一职业中专学校、漳州第二职业中专学校推进闽宁对口职业教育扶贫协作。

【教育系统疫情防控】 2020年，市教育局抓好重点人群排查和重点学校防控。制定《开学前七天县（市、区）教育行政部门及学校疫情防控工作安排》等意见，联合市卫健委出台相关学段开学准备工作评估导则，举办8000多场次应急演练、2400多场次防控知识培训，协调2000多名医务人员进校指导，累计发放1058万个口罩、4573把测温仪（枪）等防疫物资，派出223批5400多人次开展开学前督导评估，保证全市3000所大中小学、幼儿园春季、秋季学期分批顺利安全有序复学。组织开展核酸检测教职员工113907人次、学生4500多人次，检测结果全部为阴性，守住“校园不出现疫情”这条底线。2月10日，漳州市教育局在全省教育系统应对新型冠状病毒感染的肺炎疫情防控工作视频会议上作典型发言。

·基础教育·

【学前教育】 2020年，全市公办园在园幼儿占比55.53%；普惠性幼儿园在园幼儿占比95.21%。按照“精准帮扶、托底提质”的要求，全市组织结对帮扶265所薄弱幼儿园。评估确认9所市级示范性幼儿园，创建2所省级示范性幼儿园。

【义务教育】 2020年，市教育局实施初中壮腰工程，建立第二批4个漳州市优质中学教育集团，举办初中教育质量管理课题组成员校校长培训会。开展第三期小学优质教育资源孵化工程，组织第一批19人（种子名师10人、校长9人）参加孵化培训。创建省级义务教育管理标准化学校253所。义务教育学校全面消除56人以上大班额问题，并将51—55人班级数控制在10%以内。全市初中教育质量持续稳步提升，中考初三7科平均分442.95分，比上年增加17.75分，均分率63.28%，比上年增加2.54%。初二地理、生物两科中考成绩双优率和均分率分别为36.93%、21.20%。组织学生参加省级数学、物理、化学、生物学科竞赛，其中高中数学联赛获奖总人数53人，比上年增长17%；厦大附中陈浩宇获2020年中国数学奥赛暨第36届全国中学生数学冬令营金牌。

【高中教育】 2020年，厦大附中、龙海一中、云霄一中等3所省级示范性建设学校通过省级中期评估，漳州一中、厦大附中、龙海一中等9所省级普通高中课改基地校开展创新实验。华安一中通过省一级达标高中复评，龙海实验中学、芗城北斗中学等6所创建省三级达标高中，全市达标高中比例提高到93.7%。高考全省理科前100名、文科前50名中，漳州市占22人，比上年增加83%，位居全省各地市第一阵营。本科录取率达64.1%，比全省平均水平高出近3个百分点。漳州一中、厦大附中、漳浦一中、龙海一中、诏安一中、双十漳州校区等学校本科录取率接近100%。

【职业教育】 2020年，《创建漳州职业技术大学工作实施方案》《培育漳州医学院工作实施方案》出台。全市4所中职学校和2所高职院校通过福建省示范性现代职业院校终期评估验收。年内，市教育局推进漳州职业技术学院的中国特色高水平高职学校和专业建设计划，漳州科技职业学院、漳州卫生职业学院的福建省高职院校产业学院试点项目建设。支持漳州理工职业学院建设南靖新校区，推动漳浦职校新校区建设和南靖职校、龙海职校、平和职校校园提升改造。支持 7 所中职学校新增 16 个专业点。市属高职院校生均拨款提高至 8000 元 / 年。创建“福建省达标老年大学”11 所、省“终身学习品牌项目”4 项，市、县两级设立老年开放（互联网）大学 10 所。

【民办教育】 2020年，市教育局对22所民办中学（中职）进行年检，审批筹设2所高中阶段学校、终止1所中职办学资格，辅导2所公办中职学校做好设立工作。加强校外教育培训机构清理整治，组织各县（市、区）对338家校外培训机构开展自查整改，市级随机抽查98家。

【特殊教育】 2020年，漳州市聋哑学校更名为漳州市阳光学校。年内，漳州市成立漳州市特殊教育专家委员会、特殊教育研究中心，全市适龄残疾儿童义务教育安置率达98.1%。

【漳州一中芝山校区迎来初一新生】 2020年9月1日，时隔近二十年，漳州一中芝山校区迎来1000名初一新生。漳州一中芝山校区初一年段共分为20个班。漳州一中芝山校区从2003学年起停招初一新生秋季漳州一中高中部整体迁到西湖，即为“漳州一中西湖校区”；老校区成为漳州一中芝山校区初中部；2016年，漳州一中复办初中，碧湖校区初中部（原称为“漳州一中龙文校区”）开始招生，已办学四年。至此，漳州一中形成“一校三区”（芝山校区、碧湖校区、西湖校区）“一山两湖”的办学新格局。

（市教育局）

·高等教育·

闽南师范大学

【概 况】 2020年，闽南师范大学设有18个学院，65个本科专业，拥有4个一级学科硕士授予点，30个二级学科硕士点，6个硕士专业学位授权点，1个博士人才培养特需项目。全日制在校本科生、研究生2万多人。年内，录取新生5000名（其中全日制本科生4960名，少数民族预科生40名），同年毕业生数4817名，应届毕业生就业率92.54%。现有专任教师1306人，其中享受国务院政府特殊津贴11人，闽江学者29人，“教育部新世纪优秀人才支持计划”2人。拥有国家级一流本科专业建设点1个、特色专业1个、一流课程2门、专业综合改革试点项目1项、教学成果奖1项、新农科研究与实践项目1项、创新教师培养模式示范项目1项、校外实践教育基地建设项目1个。

2020年，闽南师范大学现有“一带一路”国别与区域研究中心1个，省部级人文社科基地3个，省级重点实验室3个，省级工程技术研究中心1个，省级产学研合作示范基地1个，省高校重点实验室6个，省高校人文社科基地3个，省级行业技术开发基地1个，省高校工程技术研究中心1个，省高校特色智库1个，省大数据研究所1个，省教育示范基地1个，省级“协同创新”2个，两岸语言文化交流研究中心1个，省级创新团队6个，省社会团体“闽南文化研究会”1个。

【人才培养】 2020 年，闽南师范大学探索特色人才培养，扩大第二专业主干课程范围，2020 级共有 44 个专业开设第二专业主干课程供学生修读；开设卓越教师、卓越法治人才、卓越企业管理人才、卓越闽南文化人才等 6 个卓越人才实验班。大学生创新创业训练计划项目中，获准立项国家级 36 项、省级 59 项，第六届福建省“互联网＋”大学生创新创业大赛中，获银奖 2 项、铜奖 3 项。

【师资队伍】 2020年，闽南师范大学柔性引进高层次人才11人，聘用校内外专家169人，客座教授10人，返聘11人；省引高层次人才方面，1名教师入选B类人才，2名教师入选C类人才，1名拟引进教师入选B类境外人才。年内，公开招聘辅导员、专任教师8人，公开招聘校聘编外硕士教师11人，招录引进生4人，新聘用台湾师资14人（其中教授3人，副教授3人）。组织教师赴国内外访学、培训、进修582人次。

【学科专业建设】 2020年，闽南师范大学开展新增学位点申报工作，成为福建省唯一推荐新增博士学位授予单位，并申报中国语言文学、数学2个一级学科博士点，同时申报3个一级学科硕士点、6个专业硕士学位授权点。年内，获批人工智能、微电子科学与工程等4个专业。获批新文科试点院校，启动新文科建设工作；立项新工科、新农科研究与改革实践项目校级6项、省级3项，获批国家级新农科研究与改革实践项目1项。完成思想政治教育、心理学、英语等3个专业的师范类专业中学教育第二级认证工作，软件工程专业申报参加工程教育认证。

【科研服务】 2020年，闽南师范大学获批纵向科研项目271项，国家级22项（其中国家社科重点项目1项），各类合作项目、开放课题4项，人才项目2项；批准经费1740.5万元。签订横向技术合同195项，合同经费3283万元，到账经费2139.62万元。获授权专利45项（其中发明专利19项）；资助学术著作出版30本，资助金额234.36万元。发表论文669篇，8篇论文入选第十四届福建省自然科学优秀学术论文，其中一等奖1篇，三等奖7篇。获批39个省级科技特派员、11个省级科技特派员团队、1个法人科技特派员团队和18个市级科技特派员，新增3个省级科研平台和1个省级科技创新团队。

【闽南文化研究】 2020年，闽南师范大学招收闽南文化卓越人才实验班学生22人，录取硕士研究生10人，博士研究生9人（其中来自台湾2人），毕业博士8人（其中来自台湾1人）。在闽台研究领域获得国家社科基金研究专项2项、教育部人文社科项目1项、福建省社科基地重大项目1项。编辑出版《台湾族谱汇编续编》（20册）和《闽南文化》系列教材丛书。举办“探索两岸融合发展新路”研讨会，主办、承办“阳明学在福建”学术研讨会等一系列学术会议和活动。成立闽南文化学部，与全国台联共建圆山学院、全国台联干部暨优秀中青年台胞教育培训基地，举办涉台干部培训班，邀请两岸知名专家学者交流讲学。

【教师教育改革】 2020年，闽南师范大学在国家级师范生教学技能竞赛中获一等奖1项、二等奖2项，在省级师范生教学技能竞赛中，获一等奖7项，其中5名学生成绩位居全省第一。深化实习支教与留守儿童关爱教育，利用实习支教平台，在农村开展实习支教学生对留守儿童的关爱和帮扶活动，疫情期间发动实习生开展线上帮扶辅导，不断提升福建省云霄县火田镇新里村“守望学堂”办学水平。

【与澳大利亚堪培拉大学就合作办学举行视频会议】 2020年12月8日，闽南师范大学与澳大利亚堪培拉大学就合作办学举行视频会议，双方就进一步推进非独立法人的中外合作办学机构申报工作进行商谈。堪培拉大学被英国泰晤士报评为全世界最佳150

2020年12月8日，闽南师范大学与澳大利亚堪培拉大学就合作办学举行视频会议
（袁东斌 供图）

所大学之一，同时被墨尔本应用经济和社会研究院评为澳大利亚最佳10所大学之一。2020年泰晤士高等教育世界大学排名，堪培拉大学位列全球193位，年轻大学排名中位列全球18位；2020年QS世界大学排名中排在第484名。

【中国创新设计大数据（漳州）中心落户闽南师范大学】 2020年10月16—18日，由中国机械工程学会工业设计分会、中国工程科技知识中心创新设计分中心主办的“2020中国创新设计大会杭州峰会”及“第24届全国工业设计学术年会”在杭州举行。会议确定在深圳、武汉、南京及漳州四个城市设立中国创新设计大数据区域中心。其中，中国创新设计大数据（漳州）中心落户闽南师范大学。中国创新设计大数据中心是中国创新设计产业战略联盟在中国工程院重大咨询项目“创新设计发展战略研究项目”的成果基础上成立的科研机构。中心依托中国工程院创新设计知识服务系统，面向各地需求，构建连接政府、企业、高校、研究院所的创新设计大数据服务平台，汇聚资源数据，发挥平台“设计、服务、共享、交易、交流”等服务功能，为社会提供文化、艺术、科学等研究数据资料，为经济、科技、公共安全及社会管理等领域提供大数据服务。

（李书勤）

漳州职业技术学院

【概 况】 2020年，漳州职业技术学院通过“福建省示范性现代职业院校建设工程”评估验收。在2020年全国高职高专“院校满意度”排行榜位列第15位。完成校园网络光纤改造项目，实现“万兆级联，千兆到桌面”的高速网络，入选全国“职业院校数字校园建设样板校”。

【疫情防控】 2020年，漳州职业技术学院推进“互联网+教育”探索，开设在线课程438门，占总课程93.99%，参与授课教师480人，实现214个班级全覆盖。1个案例入选《福建省高职院校在线教学典型案例精选》，学校获省职业院校“停课不停教”优秀管理奖；弘扬践行抗疫精神，疫情期间国家级媒体转载报道3次，省市级媒体转载报道21次；收到各地表扬信、感谢信近40份。

【师资队伍】 2020年，漳州职业技术学院公开招考并录用教师39名（其中博士2名），聘请校内外技能大师10名，建设技能大师工作室4个，组建6个教师教学创新团队。

【产教融合】 2020年，漳州职业技术学院“漳职—泷澄建筑产业学院BIM技术产教融合实训基地”成功入选福建省第二批高职院校产业学院试点项目。面向退役军人、农民工、行业企业职工等开展职业技能培训近3万人次；开展职业技能鉴定、专项能力考试及（1+X）职业技能测试共3527人次。

【招生就业】 2020年，漳州职业技术学院实际录取新生4572人，录取率达94.04%。其中，外省录取率和报到率逆势增长，录取率达到72.77%，外省报到率90.65%。报名省级“三支一扶”167人；报名“服务社区”计划13人，申请求职创业补贴1084人，发放金额216.8万元。

【竞赛成果】 2020年，漳州职业技术学院承办福建省职业院校技能大赛赛点3个，获得2020年福建省职业院校技能大赛一等奖9个、二等奖14个、三等奖11个。在2020年全国职校技能大赛改革试点赛中，漳州职业技术学院旅游管理学院、机械工程学院参赛队荣获二等奖，餐厅服务获全国首届技能大赛优胜奖。荣获教师教学能力省级比赛一等奖2个，国家级比赛二等奖1个。获得省级创新创业大赛银奖3项、铜奖4项以及最佳创意奖和优秀组织奖。

【对台交流】 2020年，漳州职业技术学院智能制造专业教师赴台湾高校参加第四届海峡（漳州）工业设计创新大赛推介会，与高雄义守大学、台北大同大学、云林科技大学和高雄师范大学等高校就合作办学、专业建设、互派教师培训学习、继续教育（读博读研）等方面进行深入交流。

【入选全国“职业院校数字校园建设样板校”】 2020年12月，中央电教馆正式公布“职业院校数字校园建设样板校”，漳州职业技术学院入选。“样板校”是为充分发挥数字校园建设实验校示范引领作用，推动职业教育信息化深入发展，在全国428所职业院校数字校园实验校范围内，遴选推荐一批地位领先、敢于大胆应用创新、取得成效显著的实验校作为职业院校数字校园建设样板校，由中央电教馆组织专家进行综合审核最终确定。截至2020年，全国1400多所高职高专院校当中入选“样板校”81所，福建省有4所入选，漳州职业技术学院为其中之一。

【漳州市工艺美术学会成立】 2020年10月30日，漳州市工艺美术学会成立大会暨漳州工艺美术传习中心揭牌仪式在漳州职业技术学院举行。漳州工艺美术历史悠久、特色鲜明，工艺美术产业经过多年的发展和培育，形成“一县一品”或“一县多品”的格局，规模以上生产企业53家，规模以下生产企业、作坊、艺人工作室300多家。全市荣获中国陶瓷艺术大师称号2人、省级工艺美术大师称号14人、省级工艺美术名人称号23人。获市级以上非物质文化遗产传承荣誉34人，建成9个大师工作室，具备一定的人才基础。漳州市工艺美术学会以推动工艺美术学术研究、科技创新、行业发展为宗旨，致力于为漳州工艺美术工作者搭建学术交流、凝聚智慧的平台。

（郑俊峰）

2020年10月30日，漳州市工艺美术学会成立。图为漳州市工艺美术学会第一届第一次全体会员大会暨漳州工艺美术传习中心揭牌仪式现场

（沈昊鹏 摄）

漳州城市职业学院

【概 况】 2020年，漳州城市职业学院有学生8678人，教职工421人，专任教师288人，现有副高级职称以上94人。现有省级教学团队2个、省级专业带头人2人、省级教学名师1人。建设有校内实训室179间、校外实践基地120个以及大学生创新创业园，合作办学学校7所。年内，落实“漳州市人民政府2020年与厦门大学深化战略合作”部署，成立漳州城市职业学院教育研究院；获得“福建省2020年度学生资助宣传与育人工作优秀单位”称号。

【招生就业】 2020年，漳州城市职业学院高职专科招生录取2417人，录取率78.34%，其中高职分类考试录取1111人，录取率100%；普通高考福建省录取425人，录取率100%；省外录取261人，录取率33.85%；二元制录取155人，录取率51.66%；高职扩招（面向退役军人）137人，录取率91.3%；五年制转轨328人，录取率100%。五年制高职招生录取430人，录取率100%。2020届毕业生1954人，就业率81.01%，专业对口率约70.60%。

【师资培养】 2020年，漳州城市职业学院招聘工作人员30名，其中，硕士研究生27名。晋级聘任专技六级7人、七级1人、八级24人、九级52人、十级4人。2020年福建省终身教育研究课题立项1项；2020年度福建省高校哲学社会科学研究项目下子项目中青年教师教育科研项目（社科类）立项8项；2020年度福建省教育科学“十三五”规划课题立项3项。年内，漳州城市职业学院学生获全国职业院校高职组税务技能大赛团队赛一等奖，5支教师队伍参加“网龙杯”2019年福建省职业院校教师教学能力比赛，分获二等奖、三等奖。

（曾紫蓉）

漳州卫生职业学院

【概 况】 2020年，漳州卫生职业学院设有六系三部二中心，22个专业，其中有临床医学、口腔医学、针灸推拿、中医学4个国控专业，在校生9634人。学院现有国家“1+X”证书制度试点3项，教育部高等职业教育创新发展行动计划3项，全国首批职业院校健康服务类示范专业1个，“二元制”技术技能人才培养模式改革试点2项，省级实训基地4项，省现代学徒制试点1项。年内，为社会输送适用型技术技能人才2818名，就业率94.71%以上，专业对口率88.3%以上。被授予“全国红十字模范单位”“福建省高校毕业生就业创业工作先进单位”等荣誉称号。

【师资队伍】 2020年，漳州卫生职业学院有教职工470人，其中专任教师412人，博士8人，硕士283人，正高级职称20人，副高级职称123人，双师型专任教师占81%。引进博士2名，选派4名骨干教师参加国内访学进修，8名教师入选漳州市2020年度中青年人才和急需紧缺专业技术人才访学进修项目，135名专任教师下企业参加实践锻炼。现有全国中药特色技术传承人才2人，省级教学团队4个，省级专业带头人5人，省级教学名师3人，省级新世纪优秀人才支持计划1人，省级科技特派员12人，市级科技特派员4人。

【校企合作】 2020年，漳州卫生职业学院与区域行业、企业合作共建研发中心1个、协同创新中心1个及员工培训中心8家，为企业完成技术培训46302人次及职业资格鉴定21003人次，完成生产、咨询和技术服务69项，校企对接科技成果22项，技术服务到款5423.90万元，年均超学校总收入的4%。

【科学研究】 2020年，漳州卫生职业学院省市科研立项32项，获授权专利204个，向漳州市市场监督管理局推介专利成果14项；教师发表论文72篇；《漳州老菜脯传统制作技艺》和《漳州传统中药盐制作加工技术》入选漳州市第八批非物质文化遗产代表性项目名录。

【社会服务】 2020年，漳州卫生职业学院引入由美国心脏协会（AHA）授权、国际可认证的心血管急救培训项目，开展BLS培训和ACLS培训各2期；组织漳州市乡村医生新冠肺炎防控知识网络在线专项培训，超过4000人次参加学习；承接国家医师资格实

2020年10月22日，高职助产人才培养“政校行企”高峰论坛在漳州卫生职业学院召开

（漳州卫生职业学院 供图）

践技能考试、卫生健康行业职业技能鉴定考试、全国卫生执业资格考试等各类社会考试，服务考生19696人次。

【高职助产人才培养“政校行企”高峰论坛召开】 2020年10月22日，高职助产人才培养“政校行企”高峰论坛在漳州卫生职业学院召开。中国妇幼保健协会、漳州市卫健委、漳州市护理学会、福建水立方三维数字科技有限公司和学院领导、专家共同出席论坛。此次论坛围绕“高职助产教育改革紧密对接行业发展及社会需求”此热点问题开展研讨，共同探索高职助产人才培养“政校行企”四方联动新模式。

（马华明）

福建广播电视大学漳州分校

【概 况】 2020年，福建广播电视大学漳州分校（简称漳州电大）在职教职工60人，离退休干部48人。除芗城区和龙文区外，八县一市均设有县级电大工作站。全市电大系统招生2531人，分校直属招生682人，奥鹏网络教育招生46人，开展3期继续教育培训，累计96.21万学时。

【建校40周年纪念】 2020年，在漳州电大建校40周年之际，漳州电大建成漳州电大业大校史馆，制作《漳州电大业大四十周年》专题片，拍摄漳州电大校歌《丹霞新曲》，编印《漳州电大》40周年宣传专刊等。

【弘扬“丹霞文化”】 2020年7月，漳州电大“丹霞记忆”馆获批漳州市爱国主义教育示范基地，入选“省级终身学习品牌项目”。由著名设计师何跃明设计，中科院院士刘嘉麒亲笔题词的“七棵树科普园”正式开园。组织参加省电大“中华经典诵写讲活动”获得佳绩，其中谢晓君老师和林兴斌老师的作品被选送到省教育厅，获全省联评三等奖，学校获组织奖。

【社区教育】 2020年，漳州电大开展第三期“木偶非遗进社区、进养老院活动”活动共18场。编写出版《三溪草堂读画记》《诗联咏颂古代二十四忠》等校本教材，录制“手机摄影”等7门课程，入选第三批省终身教育重点项目继续教育网络课程名单。

【老年公益班】 2020年，漳州电大在疫情防控期间线上线下同步推进公益兴趣班“老年书法”“老年音乐”。鼓励学员进入“漳州老年开放（互联网）大学”平台进行网络学习，老师通过网络视频教学、布置作业和网上点评。音乐课堂采用“线上直播”＋“线下面授”同步推进的方式进行。

【“闽南童谣”“闽南谚语”入选市级非遗代表性项目】 2020年，漳州电大申报的“闽南童谣”及“闽南谚语”两项非遗项目均入选漳州市第八批非遗代表性项目。

【与甲骨文（漳州）基地签订校企合作协议】 2020年6月23日，漳州电大与甲骨文（漳州）基地

2020年6月23日，漳州电大与甲骨文（漳州）基地校企合作签约仪式在漳州高新区甲骨文技术人才双创基地举行　（漳州电大 供图）

校企合作签约仪式在漳州高新区甲骨文技术人才双创基地举行，同时还进行“漳州电大实践教学基地”的授牌仪式。签约仪式后，双方就校企合作的方向和内容进行深入沟通和交流。双方达成共识，依托各自优势和特色，以提高人才培养质量为目标，在人才培养、课程建设、教学实践、学生实训、实习就业等方面深度合作。

（苏 莉）

2020年11月22日，2020年“天福杯”海峡两岸名茶邀请赛在漳州科技职业学院举行。图为评委们在认真评审茶样

（漳州科技职业学院 供图）

漳州科技职业学院

【概 况】 2020年，漳州科技职业学院设6个二级学院，36个专业，在校师生近万人。年内，在全国工商企业管理技能大赛中，2支参赛队伍均勇夺一等奖。作品《东美糕闽南国保系列包装》获“第十届福建省高校艺术设计奖”教师组视觉传达设计类金奖；作品《东美糕闽南花语系列包装》获教师组视觉传达设计类铜奖。

【立项活动】 2020年，漳州科技职业学院有13个项目通过省教育厅验收、2个市自然基金项目通过漳州市科技局验收；11个项目获得福建省教育厅教科研项目立项、1个项目获漳州市科技局自然基金项目立项、2个项目获得漳州市社科联立项；新增发明专利申请2项、外观设计专利申请4项，获得外观专利授权4项；获批科技特派员39人。

【教育教学改革】 2020年，漳州科技职业学院在茶树栽培与茶叶加工等14个专业中开展二元制人才培养模式改革，招收学生550人。与13所中职学校开展“3+2”模式，联办14个专业。“业财一体化信息应用”等5个“1+X”证书试点获得全国优秀试点院校、全国优秀教学团队等称号。

【“锦医卫”爱心医疗服务团获奖】 2020年11月底，全国大中专学生志愿者暑期“三下乡”社会实践活动优秀集体和个人遴选结果出炉，由漳州科技职业学院组织的“锦医卫”爱心医疗服务团荣获“全国优秀团队”称号，是漳州市唯一获此殊荣的高校。与此同时，“锦医卫”爱心医疗服务团在2020年全国大中专学生志愿者暑期“三下乡”社会实践“镜头中的三下乡”活动中荣获“优秀视频团队”称号。

【2020年“天福杯”海峡两岸名茶邀请赛】 2020年11月22日，2020年“天福杯”海峡两岸名茶邀请赛颁奖典礼在漳州科技职业学院隆重举行。在本次大赛中，两岸茶农共选送4831个参赛茶样，包括台湾参赛茶样770个，经过16名两岸权威专家多轮筛选评审评定，共有243名茶农分获一、二、三等奖及优质奖，参赛人数与茶样数均创历史新高。其中，华安茶农张惠婷获铁观音组第一名、台湾茶农谢凤慈获高山乌龙茶组第一名、松溪茶农王春美获红茶组第一名、武夷山茶农董加富获大红袍组第一名、福鼎茶农陈劲获白茶组第一名。

（谢晓梅）

漳州理工职业学院

【概 况】 2020年，漳州理工职业学院新生报到4300多人，招生人数在福建省专科院校中排名前五，民办院校全省第一。截至年底，共有教师591人，其中高级职称178人，在校生10985人。

【科研能力】 2020年，漳州理工职业学院组织申报市级以上的科研项目有18项获批立项，包括福建省终身教育研究课题1项和2020年福建省中青年教师教育科研项目17项（科技类12项、社科类5项）。

【技能获奖】 2020年，漳州理工职业学院先后荣获第46届世界技能大赛福建省选拔赛“印刷媒体技术”项目一、二等奖；第七届海峡两岸大学生职业技能大赛一、二、三等奖。入选福建省首批职业技能等级认定试点院校。在第九届全国大学生机械创新设计大赛福建赛区预赛暨福建省大学生机械创新设计大赛决赛中获一等奖，在第六届福建省“互联网+”大学生创新创业大赛获金奖，在第一届中华人民共和国职业技能大赛暨第46届世界技能大赛全国选拔赛中荣获优胜奖并入选国家集训队，在福建省教育厅和福建省国防教育委员会共同举办的2020年福建省大学生军事技能比武大赛中荣获二等奖，是漳州高校中唯一获奖的学校。

（傅丽华）

2020年11月16日，漳州理工职业学院师生在第七届海峡两岸大学生职业技能大赛中喜获佳绩。图为参赛师生合影 （漳州理工学院 供图）

责任编辑：蔡婉玲

文化旅游

·综 述·

【文化经济】 2020年，漳州市文化和旅游局（简称市文旅局）各项工作有序开展，文旅产业深度融合，公共服务持续完善，文化艺术繁荣发展，文化遗产保护坚定有力。规模以上文化娱乐业、旅行社、景区管理企业97家，实现总收入8.2亿元。接待旅游总人数3224.67万人次，实现旅游总收入424.08亿元。

【文化市场监管】 2020年，市文旅局加大文旅市场执法力度，共出动执法人员15967人次，检查2056家次，办理案件53起，取缔14家，罚款9.7万元，平安市场建设考评位居全省优秀行列。删除有害信息2800多条，关闭违法违规网站（栏目）3个；实现2197个村居“扫黄打非”进基层，“扫黄打非”工作考评连续四年位居全省优秀行列。

·社会文化·

【文化场馆】 截至2020年年底，全市文化系统共有公共图书馆11个，文化馆12个，国有博物馆（纪念馆）13个，非国有博物馆1家。其中，公共图书馆图书总藏量370万册。剧场、影剧院40个，年度电影票房收入4170.80万元。

【公共服务】 2020年，漳州市加大公共服务力度。漳浦县佛昙镇东坂村、云霄县陈岱镇礁美村、东山县杏陈镇埕英村、长泰县陈巷镇上花村等4个点被省文旅厅评为基层综合性文化服务中心省级优秀示范点。南靖县梅林镇综合文化站、长泰县岩溪镇珪后村、长泰文庙游客服务中心等3个点被省文旅厅评为省级文旅功能融合试点单位。芗城区浦南镇双溪村、龙海市东园镇南边村、漳浦县绥安镇寨窑村、云霄县下河乡内龙村、诏安县霞葛镇溪东村、东山县铜陵镇下田社区、平和县五寨乡寨河村、华安县新圩镇绵治村、台商投资区角美镇金山村、高新技术开发区湖山村等10个点被省文旅厅评为提升服务效能点。

【文化惠民服务】 2020年，市图书馆总流通10万人次，书刊文献外借18.1万册次；书刊文献外借5.48万人次，书刊阅览读者1.5万人次，自习读者3万人次。全年数字资源浏览量约73万次，阅读8.79万册次。举办讲座、展览、培训班主题活动等线下活动68场，参加人数约2万余人次，举办线上活动8期，参加读者1000余人次。市艺术馆举办2期免费开放培训课程，免费培训项目30余项，惠及群众达708人。全年举办6场文化圩日系列活动，参与群众3万人次。市美术馆举办展览5场次，展出书画、雕塑、摄影作品700余件。市博物馆新馆开放6个专题展厅和2个临时展厅，展出文物3000余件，新馆累计接待游客参观4.6万余人次。放映农村公益电影19890场次，惠及群众162.47万人次。发行全域旅游卡（惠工卡）近3万张，带动出游人次近20万人。

【新闻出版】 2020年，全市3个点位（书店、村）被评为省级全民阅读示范点。5家书店获评首批全省示范书店。印刷企业68个产品参加全市省质量评比有56个获得优秀奖，位居全省前三。全市版权登记作品2778件，同比增长60.1%，居全省第三，创历史新高。

【“护苗2020”系列宣传】 2020年，市文旅局开展“护苗2020”系列宣传活动，印制融入“花样漳州”元素的“绿书签”海报12500张、书签35000张。全市16所中学、12所中心小学开展“护苗·网络安全课”专项教育活动。

【市博物馆新馆开馆】 2020年9月29日，漳州市博物馆新馆正式开馆。漳州市博物馆成立于1988年，为国家二级博物馆，是以展示漳州各个历史时期的发展脉络、文化风貌以及地域特色为主旨，集收藏、研究、展示、交流和服务功能于一体的地级市综合性博物馆。先后被授予“福建省文化系统先进集体”“漳州市爱国主义教育基地”“福建省志愿服务记录单位”“福建省第八届（2015—2017年度）文明行业创建竞赛活动示范点”等称号。馆藏文物以青铜时代虎林山出土文物、漳州窑瓷器、近现代名家书画作品、海丝贸易银元及地方非遗产品为主要特色，经鉴定的文物有11098件，其中一级文物81件、二级文物216件、三级文物1456件，尚有大量的标本及新征集藏品未鉴定。

【市艺术馆新馆开馆】 2020年10月15日，漳州市艺术馆新馆正式开馆。市群众艺术馆成立于1958年，起初依托于市文化局办公，1997年更名为市艺术馆，并先后租用芗城电影公司、八卦楼文化城等地开展活动。建成后的艺术馆成为漳州市群众文化的组织策划中心、创作研究中心、辅导培训中心、文化活动中心和非遗保护中心，对传承保护闽南优秀传统文化、推动文旅融合和对台文化交流起到推动作用。

【漳州木偶艺术表演馆和展示馆在漳州古城开馆】 2020年12月31日，漳州木偶艺术表演馆和漳州木偶艺术展示馆在漳州古城开馆。漳州木偶艺术表演馆和展示馆按照“朴素大气、厚重典雅、自然流畅”的设计原则建设布置，并结合漳州古城的建筑风格。其中，木偶艺术表演馆是以标准木偶表演舞台为中心建制的多功能演出场馆，有观众雅座65个席位，同时以图文和诸多木偶经典剧目角色实体，展示漳州市木偶剧团的发展史及剧团享誉世界的历代木偶艺术家的风采。木偶艺术展示馆分前后两个展馆，前馆两侧分别展示闽台两地木偶的道具与兵器、偶头雕刻艺术和木偶的服装帽盔，大厅中央设置仿古舞台，展示木偶雕刻艺术和舞台美术，后馆是木偶艺术体验馆，主要为木偶学术研究、非遗传承教学和木偶艺术交流座谈等活动提供场地。

·文化艺术·

【文艺演出】 2020年，市文旅局组织开展市委市政府2020年春节团拜会的文艺表演、“中国梦·古雷情”2020年新年慰问工人专场演出。开展“弘扬核心价值 坚定文化自信”文艺轻骑兵公益巡演活动14场。组织木偶戏下部队慰问演出活动14场。组织布袋木偶戏赴宁波参加“2020海丝之路文化旅游博览会”展演；赴北京参加由北京市文联主办的“2020北京（台湖）影偶艺术周”；赴福州参加“迎世遗、庆国庆 秋夜赏非遗——福建非遗精品展演展示活动”。举办第十四届福建音乐舞蹈节优秀节目惠民演出、“海峡两岸融晴文化艺术展”“最佳影视外景地”新闻发布会，组织闭幕式芗剧和木偶戏专场展演。芗剧《谷文昌》

2020年10月29日，芗剧《谷文昌》在漳州市人民剧场演出
（市文旅局 供图）

经过重新修改创作，在漳州人民剧场汇报演出。

【艺术成就】 2020年，漳州市举办第十届福建省中青年演员比赛（初赛），选拔14名参赛者进入省决赛，其中芗剧精品折子戏《死谏》《下金山》荣获金奖，芗剧《珍珠塔•跌雪》《换子》《秦香莲闯宫》和木偶剧《比武招亲》荣获银奖。年内，印刷出版闽籍书画名家抢救工程——《沈耀初书画作品集》和《漳籍书画名家画写漳州——柯云瀚书法作品集》。歌仔戏（芗剧）中心创排录播《疫情就是命令》《云开雾散享太平》等芗剧演唱作品。戏研所创作芗剧戏歌《云开雾散享太平》和京歌《春回大地尽欢颜》。《蔡新动本》和《祭囚》剧本获福建省第28届戏剧会演剧本征文一等奖；舞台剧《九棵木麻黄》荣获中共福建省委组织部八闽离退休干部舞台剧展演优秀编导奖；《哪吒鼓•韵》等4个节目荣获福建省第十四届音舞节三等奖。

【书画展览】 2020年，市文旅局推出“线上展馆”活动，推出“炫书翰墨，青春盛典——漳州市美术馆馆藏青年书法篆刻作品展”系列展览10期。举办“迎新春”漳州市美术馆馆藏精品展、“我们的中国梦”——漳州市女子书法作品展、漳州市“文艺战疫”书画摄影文学音乐作品展、“迎中秋庆国庆——漳州市美术馆馆藏精品展”、芗江之春•复园志——陈志光2020作品展等书画展。开展“迎世遗大会，绘漳州风华”等系列书画展活动。

【融晴文化艺术展】 2020年7月27日，海峡两岸（福建•漳州）融晴文化艺术展在东山开幕。这是新冠肺炎疫情发生以来闽台两岸共同主办的首个综合性文化交流活动。文化艺术展以“推动海峡两岸融合发展、建设闽台文化第一家园”为主题，举办第六期全国优秀中青年词曲作家高级研修班、首届水仙花微电影短视频展、第二届闽台电影展、“中国东山岛”全国摄影展和纪录电影《县委书记谷文昌》开机仪式。

【漳州市百映影视文化发展有限公司成立】 2020年10月22日，漳州市百映影视文化发展有限公司在漳州宾馆揭牌成立。漳州市百映影视文化发展有限公司由漳州市旅游投资集团与漳州电视台合资设立，旨在打造区域性文旅影视产业投融资运营平台，完善影视服务和产业发展链条，做大漳州影视文化产业。

·文化交流·

【与金门和台湾交流】 2020年，市文旅局推荐金门现代营造股份有限公司陈荣文作为“闽南传统民居营造技艺”项目代表性传承人，参与“第五批省级非物质文化遗产代表性传承人申报”。联合闽西南四市（厦泉三龙）在台湾设立“旅游形象店”。

【县区文化项目开展】 2020年，第29届海峡两岸（福建东山）关帝文化旅游节在关帝庙前广场举行，台商投资区白礁慈济祖宫举行2020年海峡两岸保生大帝信俗文化节，促进两岸民俗信仰交流。

【2020年家味·年味台湾青少年春节习俗研习营活动】 2020年1月17日至18日，“2020年家味·年味台湾青少年文化旅游研习营”活动在漳州市举办。此次活动由中华文化联谊会、省文旅厅主办，福建省闽台文化交流中心、市文旅局承办。“研习营”由35位台湾青年学子和17位福建省高校学生组成，在龙人古琴文化村“过小年”。

（姚 丹）

·文化遗产保护·

【概 况】 2020年，漳州市已登记不可移动文物4731处，其中世界文化遗产1处，全国重点文物保护单位27处39个点，新增6处省文物保护单位，累计达151处，市（县、区）级文物保护单位959处。拥有世界级非物质文化遗产项目3项，国家级17项，省级66项，新增40个市级非遗代表性项目，市级累计达175项。国家级代表性传承人14人，省级74人，市级238人。

【文物保护】 2020年，市文旅局完成南胜窑洞口陂沟窑本体保护设施、河坑土楼群阳照楼等10项文物保护重点项目。编制完成《关圣文化史迹申报世界遗产文本》（第2稿）并报国家文物局。加强文物安全保护，全系统组成工作组76个，出动检查人员613人次，检查文物单位557处，检查博物馆、纪念馆和非国有博物馆单位20个。全市24个文物保护单位完成电气线路改造补助工作，开展单位智慧用电试点改造工作，完成27个国有文博单位42台智慧安全用电系统的安装任务。

【文物布展】 2020年，市文旅局布展漳州窑精品展、海丝贸易番银展、南阳楼土楼博物馆、文化遗产摄影展作品、文化遗产采风书画展等精品展陈。

【非物质文化遗产保护】 2020年，市文旅局联合市教育局确定全市39所学校成为首批漳州市非物质文化遗产传承特色学校。拍摄漳州非遗小课堂，在央视频、福建教育电视台、学习强国、新浪微博等平台播放。出版“闽南话故事教育读本”音像书籍、制作闽南话专栏节目《厝边头尾》。组织开展2020年海峡两岸南词交流展演云端访谈，直播视频点击量高达10.27万人次。在新冠肺炎疫情期间，创作宣传抗疫非遗文艺作品，宣传点赞讴歌抗疫典型事迹和人物。

【送王船项目入选联合国非物质文化遗产】 2020年12月17日，漳州市送王船项目入选联合国教科文组织人类非物质文化遗产实践名册。年内，举办进发宫送王船暨疍民习俗文化节，呼应马来西亚兄弟宫庙的送王船活动，增强两国民间文化互动。

【闽南文化生态保护区建设】

2020年，闽南文化生态保护区建设纳入漳州市国民经济与社会发展第十四个五年规划纲要。年内，市政府办印发《闽南文化（漳州）生态保护区建设整改方案》，市文旅局印发《2020年闽南文化（漳州）生态保护区工作要点》，并在《闽南文化生态保护区漳州实施方案》的基础上，组织编制《<闽南文化生态保护区总体规划>漳州市建设提升方案（2021—2025）》。在“文化和自然遗产日”，在《闽南风》出版一期闽南文化（漳州）生态保护区建设成果专刊。

【“文化闽南 寻趣漳州”全国大V采风活动】 2020年，市文旅局组织“文化闽南 寻趣漳州”全国大V采风活动，邀请来自北京、杭州、江西以及福建省内的15名文化旅游“大V”，在互联网上集中宣传漳州非遗及民俗文化。

【中国非遗传承人群研修班在漳结业】 2020年12月23日，中国非物质文化遗产传承人群研修研习培训班在漳州结业，并举行汇报演出。此次培训班由文化和旅游部、教育部主办，上海戏剧学院承办，市文旅局协办，从11月10日开始，历时45天，培训对象主要为布袋木偶戏相关从业人员、演员、非物质文化遗产研究人员等，课程包括木偶表演创作、剧目排练、中国木偶皮影史、中国戏曲程式等多种科目，有效提升漳州市非物质文化遗产传承人才的综合素质及专业实践能力。

·闽南日报社·

【概 况】 2020年，闽南日报社选送参评2019年度福建新闻奖的作品中，共有9件作品分获一、二、三等奖。其中，一等奖1件。年内，漳州新闻网荣获2020全国媒体融合创新先导媒体奖，漳州新闻网团队获第十七届（2020）中国城市新闻网媒联盟联席会发布的网盟抗疫特别奖中的突出贡献奖，《“罩”见文明主题系列宣传》获策划组织奖，短视频《疫情一线的坚守者》被评为2020年福建省“新春走基层”活动优秀新闻作品。

【主题宣传】 2020年，闽南日报社把学习宣传贯彻习近平新时代中国特色社会主义思想和中共十九大精神作为首要的政治任务，举全力抓紧抓好。在报纸开设“两会”专题栏目，漳州新闻网开辟“两会”专题网页，制作一系列融媒体产品，报道文图并茂，收到良好的效果。推出“牢记总书记嘱托，书写新福建答卷”栏目，开辟“认真贯彻落实习近平总书记重要讲话指示批示精神，全方位推动高质量发展超越”栏目，深入宣传中共十九届五中全会精神，立体报道打赢脱贫攻坚战和决胜全面奔小康。

2020年12月23日，中国非物质文化遗产传承人群研修研习培训班在漳州结业。图为漳州木偶剧团汇报演出新编排剧目《凌波情》
（张旭摄）

【抗疫宣传】 2020年，闽南日报社进一步宣传党中央关于统筹做好疫情防控和经济社会发展工作的决策部署，在要闻版面开设“统筹推进疫情防控和经济社会发展”“一手抓疫情防控，一手抓企业和项目复工复产”栏目，全方位报道全市上下多措并举部署推进疫情防控和复工复产工作的态势。开设“心无旁骛抓落实，六稳六保促发展”栏目，生动体现市委、市政府围绕“六稳”“六保”目标，精准具体抓落实，全力加快复工复产步伐的实践。推出《最美人间烟火气——聚焦漳州“夜经济”》系列报道，通过全媒体渠道对漳州本地旅游资源做重构式解读，进一步推进漳州文旅行业复工复产。在报纸重要版面开辟专栏，打通“学习强国”APP供稿渠道，漳州新闻网制作短视频、H5等融媒体产品，通过微信公众号、新华社现场云、人民日报人民号等平台全力推广，多件新闻作品点击率达10万+，为统筹推进疫情防控和经济社会发展营造浓厚的社会氛围。

【融合创新】 2020年，漳州新闻网与闽南日报社旗下各类媒介互相借力，“闽南日报”学习

2020年6月19—20日，2020漳州“汽车后备箱”夜市文化节在市区红星美凯龙家居广场举办。图为活动现场（游斐渊 摄）

强国号、新华网客户端“新华号”、新华社终端号“漳州融媒”上线，截至年底，入驻央级平台达9个；自有传播载体“闽南云报APP”改版升级暨党媒聚合平台“闽南号”上线。融媒体系统工程第四期项目“智媒体大数据中心”建成投入使用，给读者全新的阅读体验，为提高媒体传播水平和舆论引导能力提供技术支撑。

【“大抓工业 抓大工业”重大战略决策宣传】 2020年，闽南日报社精心策划推出《漳州市部署“大抓工业，抓大工业”一周年》述评文章和新闻专版，开辟“加快打造工业新城，建设富美新漳州”“漳州改革发展进行时”“百行进万企，银行在行动”“服务企业，促进发展”等栏目或版面，从不同角度讲述漳州在“大抓工业”中的生动实践和经验做法。策划推出《旗帜鲜明抓工业，久久为功抓工业——漳州市部署“大抓工业 抓大工业”一周年掠影》专版，开展“工业发展大家谈”系列访谈和“关注企业记者行动”“工业影像记忆”系列摄影报道，组织记者编辑深入工业生产一线“走基层、转作风、改文风”，系列通讯文章见报后，营造重视工业、齐抓共管的浓烈氛围。

【“中国女排娘家”基地项目建设宣传】 2020年，闽南日报社在报纸和漳州新闻网同步开设相关专题，推出《缘来如此》系列报道，组织记者深入一线采访项目建设情况，先后推出《原漳州体训基地主任钟家琪：为女排插上“腾飞”的翅膀》等原创稿件。利用人民号、学习强国等对外平台，同步推送项目建设相关信息，形成“本地编发、多路齐发、全网推送”的协同“扩音”矩阵。

【2020漳州“汽车后备箱”夜市文化节开幕】 2020年6月19日，以“助燃烟火气 点亮夜经济”为主题的2020漳州“汽车后备箱”夜市文化节，在漳州市区红星美凯龙家居广场开幕。闽南日报、漳州新闻网全媒体对活动进行全程现场直播。活动举办两天，活动由闽南日报车友会主办，闽南日报（漳州）传媒发展有限公司、漳州报人网络传媒有限公司承办，漳州红星美凯龙家居广场协办，是闽南日报社深度介入漳州经贸文化活动、深度服务漳州经济社会发展的又一次有益尝试。

（邹璐璐）

·广播电视·

【概 况】 2020年，漳州电视台和人民广播电台工作紧紧围绕市委、市政府的中心工作，以抗疫为主线，坚持正确的舆论导向，创新开展新闻宣传工作，服务疫情防控工作。5月，漳州人民广播电台被中央人民广播电台授予“年度中央人民广播电台新闻报道优秀供稿奖”。漳州电台被福建省人社厅、省广播电视局授予“福建省广播电视系统先进集体”称号。

【疫情报道】 2020年年初，市电视台发布战“疫”电视消息5000多条；推送的微信帖子有17

条浏览量破10万人次；创作的抖音短视频有多件点击率破千万；拍摄的抗疫故事在央视《焦点访谈》《共同关注》《海峡两岸》《新闻直播间》播出；制作的抗疫系列短视频近百部；推出的抗疫MV三部曲获省创新创优节目表彰；策划点亮全市上千大屏用璀璨夜景致敬抗疫英雄。漳州人民广播电台策划推出“万众一心，守望相助——防控疫情特别节目”，节目每天从早上6:00至凌晨1:00，连续19个小时大直播，不间断播放第一手疫情防控信息，全面报道各项防控措施。全年共播出疫情防控相关新闻资讯近5500篇，推出微博近500篇，新媒体推出相关推文1000多篇。

【媒体融合】 2020年，漳州电视台与芗城区、东山县共建融媒体平台，探索漳州两级媒体融合联动新模式；与漳州旅投集团共建“花样漳州直播间”，探索媒企融合互动新模式；与漳州广播电视报完成整合，开启台报融合发展新模式。漳州人民广播电台实施“短频快”行动，进一步强化短音频和短视频齐上阵；交通广播直播节目实现可视化，借助新媒体开设美食节目《美时美刻》。至2020年年底，漳州市广播电台完成“短音频、短视频”节目超过6000分钟。其中，“漳台一家”系列微视频、司法微广播剧短音频等多个视听产品登载在“学习强国”平台上。

【节目创优】 2020年，漳州电视台4部作品获2019年度福建新闻奖电视消息类三等奖以上，其中，《以“烂”治污“盘活”污水》获得二等奖。漳州人民广播电台在各级各类作品评奖中共有38件作品获奖，其中《“失业”的书信代笔人》《知心法官黄志丽》等20件作品获省级以上奖项。

2020年9月11日，陆海空融合大直播 （漳州电视台 供图）

【网络直播】 2020年，漳州电视台开展活动直播、访谈直播、带货直播、追风直播等各类直播一百多场。实现了漳州首场5G直播；实现漳州首场全程信号不间断移动直播；实现空中＋地面＋海上10个机位的“陆海空”融合大直播。

【短视频制作】 2020年，漳州电视台拍摄制作短视频两百余部。《守望》《热起来》《着色漳州》《战疫纪》《两岸民艺》等精品短视频在央视网、学习强国等全网推送。《漳州·奔小康》短视频入选央视网“人民记忆：百年百城”展播。“漳视播音圈”抖音视频最高浏览量达4000万人次。

【八闽名播同说漳州故事】 2020年9月，漳州电视台主办“小康在福建·主播说脱贫”大型主题采风采访活动。邀请央媒、省媒及全省各地的23名新闻主播齐聚漳州，共话漳州脱贫故事。

【“村村响”系统广播宣传报道】 2020年，漳州人民广播电台设计制作有声宣传作品《致全市市民的一封信》《漳州市新型冠状病毒感染的肺炎疫情防控工作指挥部公告》普通话和闽南语两个版本，在“村村响”系统不断重复播出，有效地使防控宣传延伸至最后一公里。制作《“村

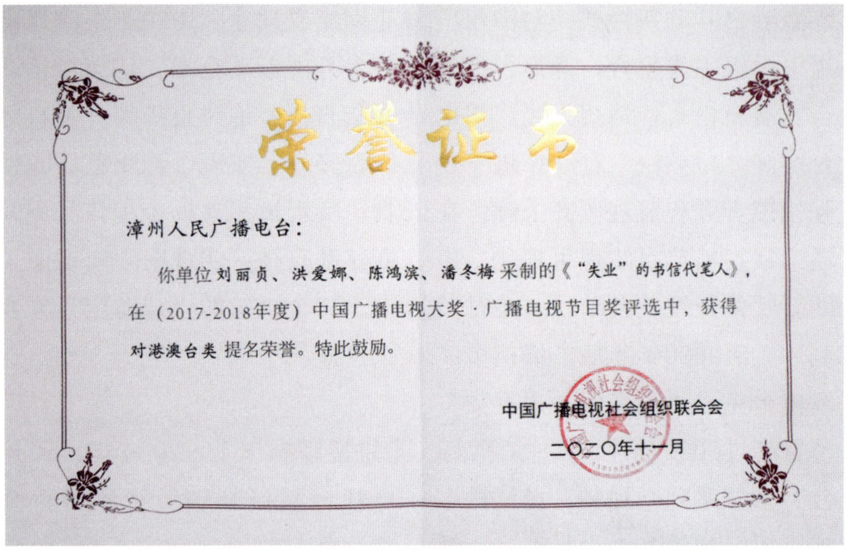

2020年11月，漳州人民广播电台制作的专题《"失业"的书信代笔人》在首届中国广播电视大奖·广播电视节目奖评选中奖对港澳台类提名荣誉

（漳州广播电台 供图）

村响"大喇叭疫情防控宣传》《1米的爱》等新媒体作品，普及抗疫常识。制作《科学精准！漳州500余个房建市政项目稳健复工》等原创推文，反映新春时期各行各业在疫情特殊时期下的复工复产情况。

【《武汉来音》制作】 2020年，漳州人民广播电台系列推文《武汉来音》，以独特的视角讲述漳州市援助湖北医疗队队员们在武汉方舱医院与武汉人民并肩作战，与新冠肺炎病毒作斗争的感人故事。其中有两篇推文浏览量达到20万+人次。重磅推出16部微广播剧，以声传情，以声驰援，多平台高密度播放，受到业内同仁的高度评价。营造了全市上下一手抓疫情防控，一手抓复工复产的良好舆论环境。

【五四—"筷"见文明短视频征集活动】 2020年，漳州人民广播电台与团市委面向漳台港澳四地，以当下青少年喜闻乐见的线上短视频征集模式，全面激发他们引领社会新风尚，投身文明创建活动的热情。活动累计有6000多人参与，共收到投稿作品近600件，发动点赞投票近28万票，浏览访问量累计近24万人次，在提升社会文明餐桌建设水平，推进全国文明城市创建工作上取得效果。

（胡小玲）

·旅游·

【概 况】 2020年，龙海白塘湾旅游区、福建省海丝钟表博物馆创建成为国家AAA级旅游景区，截至年末，全市A级旅游景区22家，比上年增加2家，分别为AAAAA级旅游景区1个、AAAA级旅游景区12个、AAA级旅游景区9个。年内，市文旅局配合市工信局推动漳州片仔癀药业股份有限公司、漳州天福茶业有限公司创建"福建省第一批省级工业旅游示范基地"，推动龙海市鹭凯生态庄园创建成为福建省养生旅游休闲基地。

【全域生态旅游示范县创建】 2020年，东山县入选国家全域旅游示范区创建名单；南靖县、华安县、长泰县、平和县入选省级全域生态旅游示范县创建名单。东山县、南靖县成为福建省首批全域生态旅游示范县。华安仙都镇创建成为福建省全域生态旅游小镇。

【星级旅游创建】 2020年，平和县坂仔镇创建成为省三星级乡村旅游休闲集镇，龙海市寨仔村、漳浦县城内村、诏安县南门村、东山县澳角村、长泰县珪后村、长泰县林溪村、华安县高石村创建成为省三星级旅游村。华安县官畲村、平和县蕉路村、南靖县塔下村被列入全国乡村旅游重点村名录。云霄县棪树村、平和县高寨村、华安坪水村、南靖塔下村列入福建省金牌旅游村。长泰县旅游集散服务中心建成，实现县级旅游集散服务中心全覆盖。东山县旅游集散服务中心获评全省十佳旅游集散中心称号。

【旅游项目发展】 2020年，市文旅局推进24个文化旅游项目纳入2020年省级文化和旅游系统重点项目库。梳理15个文化旅游招商项目被列入文化旅游体育会展夜间经济融合发展大会招商项目库。推进6个全国乡村旅游扶贫项目重点村完成乡村旅游扶贫规划编制。新建成旅游厕所36座，完成投资1071.97万元。

【优秀文创产品】 2020年，市文旅局组织推荐75件作品入围“全福游、有全福”最美福建旅游产品创意设计大赛，其中“漳州红色筑梦之旅”“漳州花筑澜溪美宿”“漳州Hilive南厝”等3件作品荣获三等奖，“福建省海丝钟表博物馆”“漳州文化美食之旅”“土楼木韵”等14件作品荣获“最佳创意奖”。组织31家企业参加第十三届海峡两岸（厦门）文化产业博览交易会，荣获“组织奖”和“最佳展览展示奖”铜奖。

【旅游推介】 2020年，市文旅局开展线上宣传，与人民网、新华网、新浪微博、去哪儿网合作开展“疫后走向春暖花开”线上旅游系列宣传活动。疫情期间，开展线上游博物馆、VR游景区、线上图书馆等系列宣传，丰富市民疫情期间文化生活。开展文旅专场推介活动，组织文旅企业赴厦门参加“闽西南e家人”旅游产品发布会和销售会。联合闽南日报社启动“花样漳州 美不胜收”迎世遗大会百处佳景任你游系列宣传活动。组织文旅企业赴宁夏参加“闽宁特色产品展览展示活动”，参加闽西南五市赴西安、重庆、南充开展联合推介活动，拓展西南客源市场。开展“花样漳州”品牌进厦门大学文旅宣传推广活动，针对大学生推出十大主题旅游线路。

【“首届文物旅游年”启动】

2020年5月19日，漳州台商投资区管委会、漳州市文旅局联合举办“首届文物旅游年”暨全域旅游研讨活动，赏住主题酒店，鉴赏国保文物，畅享文化旅游，共商合作发展。启动仪式上宣读漳州台商投资区的旅游优惠政策并举行签约仪式。“首届文物旅游年”可进一步凸显台商投资区五大国宝文物资源特色，推动漳州台商投资区与海沧台商投资区厦漳文旅共建，促进旅游产业优化升级，提升两区旅游环境，盘活两区旅游资源。

（姚丹）

责任编辑：江细珍

卫生·体育

·卫生健康·

【概　况】　2020年，漳州市累计增加医疗床位9372张，比上年增加45.56%，卫技人员2906名，千人均医师2.57名，千人均护士2.93名。每千人口医疗机构床位数达6.07张（按人口数519万测算），完成“十三五”规划指标和补短板工作指标。基本公共卫生服务项目人均补助经费由每人每年69元提高至每人每年74元，人均预期寿命提高到78.41岁。漳州市卫生健康委员会（简称市卫健委）安排在建补短板项目44个，累计投入12.36亿元。

【公立医院综合改革】　2020年，中共漳州市委漳州市人民政府印发《关于进一步深化医药卫生体制改革的实施意见》，市卫健委印发8个配套文件，涵盖药品耗材、医共体、医保、市属公立医院财政投入、互联网+医疗健康、社会办医等方面。市公立综合改革效果评价考核位列全省第二名，获得省级公立医院综合改革补助资金正向奖励。世行贷款医改促进项目得到国家世行项目管理专家肯定。

【分级诊疗制度建设】　2020年，全市有28家支援医院与108家受援医院签订对口支援协议书，其中漳州市医院、漳州市中医院、第909医院3家市级医院与12家县级医院签订对口支援协议书。支援医院共帮扶受援医院临床重点专科133个，下派帮扶医师2752人次，开展诊疗38886人次和手术636例，举办讲座577场次、培训9244人次。推进医联体建设，全市3家市级医院与21家县级医院和5家城区社区卫生服务中心建立医疗联合体，18家县级医院与79家乡镇卫生院和社区卫生服务中心建立了医疗联合体。上级医院共下派医生2578人次到基层医院服务，接收基层医院卫技人员进修培训157人，开展诊疗44617人次、手术2073例。

【“互联网＋医疗健康”建设】

2020年，市卫健委持续推广漳州市统一健康门户，开展门户二期功能拓展建设，新冠肺炎疫情期间紧急建立远程会诊平台、在线咨询平台、疫苗接种预约平台以及核酸检测预约平台，大力推行各类线上便民服务应用，截至年底，门户线上便民应用总点击量累计6612.35万次，预约挂号累计48.56万人次、报告单查询调阅量累计91.51万次、充值缴费交易累计99.24万笔、交易金额累计2.91亿元。10月，漳州市卫健委入选第三届数字中国建设峰会，展示漳州市“互联网＋医疗健康”最新成果；12月，漳州市统一健康门户被评为漳州市“十佳服务民生案例”。

【医政管理】　2020年，市卫健委积极推进市医院的儿科、泌尿外科、普外科和市中医院的康复科省级临床重点专科建设，共选派11名卫技人员到省外进修、引进高层次人才1名、科技成果转化项目1项、发表各类期刊论文16篇，专科门诊量36.74万人次、专科住院量4.51万人次、专科手术量1.52万人次。投入资金2亿余元，重点加强10所县级医院综合服务能力建设。同时，加强各综合医院设置和内科、外科、儿科、妇产科、急诊医学科等五大临床核心专科和精神科、康复医学科、重症医学科、新生儿科、血液透析科等五大临床薄弱学科建设。截至年底，10所县级综合医院均达到医疗服务能力基本标准要求。大力推行临床路径管理，全市公立医院实行临床路径管理的出院患者占比为54.19%，其中，县级公立综合医院实施临床路径管理的出院患者占比为55.99%。

【基层卫生】 截至2020年年底，全市公办村卫生所诊疗量151.91万人次，比上年增长29.80%。全市公办村卫生所建设工作被评为全国基层卫生综合改革典型案例。完善家庭医生签约服务，全市家庭医生签约服务218.58万人，常住人口签约率为42.36%，建档立卡农村贫困人口做到应签尽签。年内，实现医共体建设全市县域全覆盖。

【妇幼保健】 2020年，市卫健委推进妇幼保健机构标准化建设。提升妇幼保健服务能力，漳州市医院通过“体外受精—胚胎移植及卵胞浆内单精子显微注射技术”正式运行评审；被国家卫生健康委评为“2019年度国家级母婴安全优质服务通报表扬单位”。龙海市第一医院被中国妇幼保健协会认定为“母婴友好医院”。

【妇幼专科门诊规范化建设】 2020年，漳浦县、云霄县妇幼保健院儿童眼保健专科门诊建设通过省级专家现场验收；龙海市、南靖县妇幼保健院儿童眼保健和口腔保健专科门诊规范化建设顺利完成并投入运营。

【出生缺陷综合防治】 2020年，全市通过省级产前筛查诊断人员考试并取得资质31人，参加出生缺陷人才培训20人。全面启动新生儿疾病免费筛查。协助苯丙酮尿症患儿的特殊食品医保报销11.7万元，协助10名先天性遗传代谢病患儿申请并获救助金10万元。农村孕妇和城市低保孕妇免费产前筛查诊断13758人；地中海贫血防控试点项目免费筛查12069对；新生儿遗传代谢性疾病筛查44106人，新生儿先天性心脏病筛查11941人。

【计生服务管理】 2020年，全市农村妇女免费增补叶酸31332人，免费孕前优生健康检查26427人。农村妇女和城市已婚低保妇女宫颈癌免费检查56020人，乳腺癌免费检查38300人。

【疾病防控】 2020年，全市儿童预防接种率持续保持在99%以上。全市数字化规范化预防接种门诊达98家，覆盖率90%以上。完成省政府综治考核有关艾滋病患者治疗管理任务指标及全市“十三五”期间6个慢性病防控示范区创建任务和地方病三年攻坚任务。实现全市消除碘缺乏病和控制地氟病目标任务。

2020年4月1日，漳州市支援湖北首批返漳的两支医疗队共30人平安返回漳州。图为返漳队员走进漳州宾馆　　（游斐渊 摄）

【新冠肺炎防控】 2020年，市卫健委及时开展21例新冠肺炎患者和3例无症状感染者疫情处置工作，筛查检测发热疑似病例1542例，管理各类重点人群及密切接触者14616人，通过流行病学调查查清所有病例的传播链条，有效控制新冠疫情流行。积极督促指导疫情常态化后相关复产复工复市复学工作3500多人次，持续排查监测监管国内外中高风险地区入漳返漳人员7036人，全面开展冷链、农贸市场、医疗机构等重点场所和重点人群新冠预警监测33266份，成功处置国内相关部门通报的涉疫物品和人员的紧急疫情事件12起。

【综合监督】 2020年，市卫健委在落实新冠肺炎疫情“123”专项防控的同时，抓好卫生健康监督。全市查处案件数220件，比上年增长41.94%，增幅全省第一；双随机完结率89.60%；监督覆盖率83.19%。农村集中式供水卫生安全巡查乡镇覆盖率100%，公共场所卫生信誉等级公示率100%，涉水产品企业年监督覆盖率83.3%，学校卫生综合评价覆盖率100%。全市147家哨点医院，完成食源性疾病监测病例数128%，监测信息报送覆盖面、病例信息推送合格率均为100%，未发生聚集性食物中毒事件漏报瞒报现象。全市25家非营利性医疗机构纳入从业人员及劳动工资总额监测范畴。

【卫生“七五”普法】 2020年，全市共发放宣传册3.65万份、发送宣传短信8.47万条。年内，市卫健委组织法务实践、法律宣讲等专题授课11场次；举办14期卫生监督执法实践暨依法行政知识培训和1场监督技能竞赛；累计组织120名卫生监督员参加行政执法资格专业法律知识和综合法律知识考试，通过率达到85%。截至年底，实现县级卫健行政部门法律顾问全覆盖，72家医疗机构聘任常年法律顾问；全市通过法律顾问调处医患纠纷301起，参与协调法务问题、涉医案件613项次。

【全省首创新冠肺炎疫情防控“123专项监督模式”】 2020年，市卫健委在全省首创新冠肺炎疫情防控“123专项监督模式”，派出卫生监督员446批1752人次，检查市县乡村医疗卫生机构3088家次、各类宾馆商超、洗浴保健、学校托幼等涉疫场所1757家次，2104家监管对象被列入重点摸排检查范围，查见疫情防控问题2031条次，督促问题整改到位1920条次，出具监督意见书796份，运用大数据信息化手段获得监管预警信息602条次，整改完成率94.5%。

【启动卫健系统“信用+综合监管”国家试点】 2020年，市卫健委主动承接卫健系统“信用+综合监管”国家试点，联合市场监管、公安等部门，探索多元监管机制，完善事后惩戒，构建事前事中事后全链条衔接的新型监管模式。查办涉疫涉医案件36起，闽南日报、《健康福建》相继发布漳州市启动试点的工作动态，持续营造有温度、正能量的卫生健康服务软环境。

【卫生应急】 2020年，全市共组建医疗救治、实验室检测、流行病学调查、心理疏导、消杀指导等5类114支应急队伍726人，组织举办重大活动医疗卫生保障、安全生产反恐怖等2次培训班，开展或参与新冠肺炎疫情防控、地震救援实战、核辐射事故等3次应急演练，累计参加培训演练卫生应急管理人员和基层医护人员1400余人。市级卫健系统参与处置4起突发事件、救治伤员14人，累计执行医疗卫生保障24场，派出医疗卫生保障人员152人次，执行保障66天。年内，编印下发《漳州市卫生健康系统安全生产法律法规汇编》1000册，卫健系统安全生产形势持续平稳。

【应急预案】 2020年，市卫健委先后制订、修订、下发《漳州市新型冠状病毒感染的肺炎应急预案》等5部预案，累计编辑《全市疫情概况统计表》343份、《疫情快报》343期，为漳州市不同时期的疫情防控提供科学指导依据。

【无偿献血】 2020年，市卫健委加强临床用血质量控制，推进各临床用血单位信息化建设。开展“热血送暖，为生命接力”无偿献血暖冬行动，全市共有40812人无偿献血、献血量超过14.74万吨，机采血小板3053人，治疗量5329个。

【中医药事业】 2020年，全市11个基层中医馆建设项目获得中央补助资金165万元；全市创建4家省级示范基层中医馆，共获120万元经费补助；全市5家县级中医院入选国家级全面提升县级医院综合能力，共获350万元经费补助。年内，市卫健委与市场监督管理局、市人社局联合印发《漳州市名老药工评审办法》，评选出9位漳州市名老药工，并启动建设市级名老药工工作室。漳州市中药炮制技术被列入漳州市第八批非物质文化遗产代表性项目名录。漳浦县通过全国基层中医药工作先进单位复审。

【社会办医】 2020年，市卫健委考核查验社会资本办医院6家，协助获得省级财政床位补助资金321.66万元。截至2020年年底，全市社会办医院73家，床位数达8348张，占全市医疗机构床位总数的27.6%，位居全省前列。

【爱国卫生】 2020年，市卫健委推进“厕所革命”农村户厕新建改造，如期完成改厕0.94万户的年度目标任务。龙海市浮宫镇、长泰县岩溪镇、云霄县和平乡创建国家卫生乡镇通过省级评估考核；全市8个乡镇、71个村、7个社区创建省级卫生乡镇、卫生村、卫生社区通过考核验收。

【职业健康】 2020年，漳州市全面签订尘肺病防治攻坚行动目标责任书。推进职业病危害现状调查工作，调查2632家企业，超额完成2.6%。加强职业健康监管执法工作，检查11个县（市、区）30家企业，现场抽查涉及职业病危害岗位从业人员64名；全市11个县（市、区）均消除职业健康执法“零案件”。提升职业健康检查能力建设，完成省里提出的每个县（市、区）至少要有一个职业健康检查机构的要求。开展主题宣讲活动40场，开展宣传咨询活动75次，开展警示教育活动41次，印发宣传材料1.8万份，出动宣传员437人，宣传受众2.9万人。

【老龄医养】 2020年，漳州市继续推进漳州银龄保险专项承保工作，全市各级政府为享受城乡特困供养老人、优抚老人、计划生育特殊家庭的60周岁以上老年人以及年满80周岁以上（含80周岁）老年人（不含离退休人员），购买意外伤害保险，保障生活困难老年人抵御意外风险能力。由中国人寿漳州分公司继续承保老年人意外伤害保险业务，全年累计参保2451840人，提供保障119562.96万元。办理老年人优待证，全年为60周岁以上的老年人办理优待证26968本。

【医养结合】 2020年，市卫健委建设医养结合综合示范培训基地，在正兴新来福养护院，推进医养结合机构规范化、标准化建设，成为福建省第一批医养结合机构综合示范培训基地。将漳州市正兴养护院、龙海市和睦老年公寓、云霄县庆泰老年病医院等列为市级医养结合培育基地开展创建工作，推动医养结合全域发展。推进各县（市、区）以不同形式开展医养结合服务，加强对居家养老人群的医疗服务，为慢性病人、空巢老人、残疾人等重点人群实行动态管理，为其提供健康档案、电话咨询、入户访视、健康教育等家庭医生签约服务，全市65岁及以上老年人健康管理率73.79%。

【老年健康宣传周活动】 2020年，市卫健委在各县（市、区）开展以“提升健康素养，乐享银龄生活”为活动主题的老年健康宣传周活动，活动周全市共举办60多场健康知识讲座，大大小小开展300多次义诊活动，现场发放防治高血压、糖尿病等老年慢性病知识、健康素养66条、新冠肺炎疫情防控健康知识等宣传材料22000多份，提高老年人自我保健意识和健康管理能力。

【争创全国敬老模范】 2020年，市卫健委认真组织开展争创第三届“全国敬老文明号”和全国“敬老爱老助老模范人物”活动，发动单位和个人积极参与，经严格评审确定：福建省漳州市老年大学、福建省华安县微尚社区居家养老服务中心、福建省漳州市公安局出入境管理支队3个单位为全国敬老文明号单位，江河贵、杨连回、何华义、孙惜真、张惠群、蔡旭哲为全国敬老爱老助老模范人物。

【世行贷款中国医疗卫生改革促进项目典型经验交流培训会在龙海召开】 2020年11月19日至20日，国家卫健委在龙海市召开世行贷款中国医疗卫生改革促进项目典型经验交流培训会。中央项目指导委员会成员单位有关负责人、11个综合医改试点省卫健委医改负责人、福建省和安徽省卫健委医改负责人及漳州市所辖县（市、区）世行项目人员及相关授课专家约100人参会。人民日报APP、新华网客户端等媒体进行报道。

（吴杜建）

·人口计生·

【概 况】 2020年度计生统计年报（2020年1月1日至2020年12月31日）显示，全市期末总人口522.99万人，比年初增加1.63万人。出生4.58万人，比上年减少1.32万人，人口出生率8.77‰，人口自然增长率3.72‰。初婚1.82万人，比上年减少0.45万人，初婚率4.77‰。15—49周岁育龄妇女122.1万人，比年初减少2.4万人，占总人口23.35%，其中已婚育妇92.7万人，比年初减少3.8万人，占总人口17.73%；已婚育妇综合避孕节育率59.62%，长效避孕节育率48.31%。

【计划生育家庭奖励扶助】 2020年，全市农村部分计划生育家庭奖励扶助36435人（其中低保户2597人），兑现金额4683.7万元；城镇部分计划生育家庭奖励扶助33143人，兑现金额4022.2万元。计生家庭特别扶助（省级）2118人，兑现金额1787.2万元；计划生育家庭特别扶助（市级增加）2593人，兑现金额1579.56万元。手术并发症补助56人，兑现金额20.52万元。独生子女法定奖励发放221人，兑现金额22.10万元。2015年以前二女节育户奖励发放133167人，兑现金额4794万元。农村部分计划生育家庭贡献奖9697人，兑现金额349.1万元。计划生育家庭新农合补助593224人，市级兑现金额355.93万元。安居工程补助350户，市级补助资金42万元。

（吴杜建）

·体 育·

【群众体育】 2020年，漳州市体育局（简称市体育局）举办“8·8”全民健身日系列活动、云上运动会等各类全民健身活动（赛事），形成多元主体办赛的机制，全市体育活动（赛事）共开展463场（次）。年内，新成立4个市级单项体育协会和2个民办非公企业社会组织，至年底，全市有市级单项体育协会42个，社会组织兼合式支部20个。组织开展《全民健身实施计划》实施效果评估、国民体质监测和全民健身状况调查工作。开发漳州我爱运动微信小程序，推动体育场地预约平台建设。

【竞技体育】 2020年，围绕备战第十七届省运会，市体育局制定《漳州市第十四届运动会规程总则》（青少年部），首次将青少年部社会俱乐部组的设项融入漳州市运动会。规程总则设置比赛410项，为历史以来最高。与市教育局联合举办中小学生运动会，首次组织大型青少年体育赛事，参赛人数近1000人。漳州竹林中等体育运动学校、漳州臻冠青少年羽毛球俱乐部、漳州图特中小学体育科技活动发展中心、南靖祥云青少年体育俱乐部、龙海紫光青少年体育俱乐部、漳浦德才游泳培训中心等6个单位入选“福建省百家星级青少年社会

2020年11月22日，福建省全民健身运动会暨2020年全国百城千村健身气功交流展示活动在漳浦县举行　（陈美惠 摄）

体育俱乐部”名单。

【体育设施】 2020年，全市建成芗城、龙海、漳浦、云霄、诏安、平和、华安、长泰等8个笼式足球场，1个南靖和溪社区全民健身中心和1个南靖智慧体育公园。

【体育产业】 2020年，市体育局超额完成社会足球场地建设任务。推进漳州“中国女排娘家”基地项目、国家首批社会足球场地设施建设试点城市项目——古雷欢乐岛社会足球场、东山国家级福建省帆船帆板基地、东山南极岛冰雪世界等项目建设。福建龙海市鹭凯生态农庄、福建省长泰连缘漂流有限公司成为福建省体育产业示范项目。成功举办漳州市第五届业余羽毛球混合团体赛、漳州市第四届气排球公开赛、中国·东山岛企业家帆船赛等体育品牌赛事。年内，成立“漳州市体育产业协会”，协会成员单位超过100家。

【漳州籍运动员在全国赛揽金夺银】 2020年，漳浦籍运动员林鸿飞在河南省洛阳市宜阳县举行的2020年“洛阳家鑫杯”全国男子拳击锦标赛49公斤级决赛中，获全国男子拳击锦标赛冠军。福建羽毛球队在陕西省宝鸡市举行的2020年全国羽毛球锦标赛甲组女子团体决赛中获金牌，其中芗城区运动员韩悦、何欣颖作为主力队员出战。福建水球队在福建省将乐县举行的2020年全国u17女子水球锦标赛决赛中获冠军，长泰籍谢李艺、诏安籍黄思睿为其中的队员。

【首次启动贫困运动员关心工程】 2020年，市体育局根据疫情和运动员队伍的实际情况，首次启动贫困运动员关心工程，以助学补助的方式，对全市13名优秀且贫困的运动员进行资助。

【漳州“中国女排娘家”基地项目核心区正式开工】 2020年10月16日，漳州“中国女排娘家”基地项目核心区正式开工。“中国女排娘家”基地项目核心区供地面积5.3137公顷，规划建设面81340平方米，总投资额96087.9万元。总体布局上，以女排精神文化纪念轴、文体旅休闲绿带为骨架，形成“一轴、一带、三片、多节点”的空间结构。“一轴”女排精神文化纪念轴带；“一带”：文体旅休闲绿带；“三片”：体育训练核心片、体育文化辐射片、外围功能联动片；“多节点”：胜利公园、女排文化广场、艺术广场、跃动公园、公共服务长廊。

（黄荣才）

责任编辑：杨少毅

人力资源

·就业创业·

【概况】 2020年，全市实现城镇新增就业5.12万人，完成年任务的150.65%。城镇失业人员再就业1.86万人，完成年任务的207.21%，就业困难人员实现就业2010人，完成年任务的118.93%；城镇登记失业率3.59%，控制在5%以内，全市就业形势基本稳定。帮助420名受疫情影响未务工的建档立卡贫困户劳动力实现就业，增加务工收入。开发公益性岗位，累计安置建档立卡贫困家庭劳动力1588人在公益性岗位就业，发放公益性岗位补贴1533.6万元。在全市开发村（居）助老员公益岗位，安置444名助老员，确保疫情期间不能外出就业的就业困难人员就近就地就业。

【高校毕业生就业】 2020年，全市面向2020年漳州生源福建公费师范生专项招聘60人。市属重点国有企业共录取应届生72人。招募省级“三支一扶”高校毕业生91名。招募高校毕业生服务社区计划38人。增加195个机关事业单位就业见习岗位，吸纳1040名青年人员参与见习，截至年底共发放就业见习补贴179.53万元。开发200个基层公共管理和社会服务岗位以及250个公益性岗位，重点安置、兜底保障符合条件的建档立卡贫困家庭（含建档立卡贫困残疾人家庭）、城乡低保家庭、零就业家庭、特困人员未就业高校毕业生和退役大学毕业生士兵。

【用工服务】 2020年，针对新冠肺炎疫情影响，漳州市人力资源和社会保障局（简称市人社局）采取线上招聘、用工调剂、开发公益性岗位和开展“点对点、一站式”集中精准直达输送务工人员等举措，服务企业稳定生产，解决企业用工5.4万人。全年共组织开展113场线上招聘活动，4185家次用人单位参与，达成就业意向3.41万人次。调剂企业用工8615人次，缓解用工结构性短缺。开展远程用工对接，达成就业意向近600人。组织269辆专车为196家企业分别从云南、贵州、河南、湖南、四川、江西、重庆等地接返员工5513人。截至年底，全市已复工的务工人员达76.5万人，复工率98.07%。

【毕业生创业创新】 2020年，市人社局积极推动毕业生创业创新，推荐14个项目获省级创业资助，获奖数位列全省第三，其中2个项目获得最高10万元资助。组织参加第四届“中国创翼”创业创新大赛省级选拔赛，7个项目获优胜奖。强化创业担保贷款支持，发放创业担保贷款496万元，为4359名毕业生发放求职创业补贴871.8万元。

【落实惠企政策】 2020年，漳州市放宽受疫情影响企业稳岗返还政策认定标准，对受疫情影响不裁员、少裁员的中小微企业，企业及其职工上年度缴纳的失业保险费全额返还。共发放各类奖励补贴1.16亿元，涉及企业2321家。主要项目包括：发放稳岗补贴3787.92万元，涉及企业1592家；发放稳岗返还3848.74万元，涉及企业287家；发放2020年春节当月到疫情一级响应结束月一次性稳就业奖补276.94万元，涉及企业217家；发放2020年春节期间连续开工生产有关企业一次性稳就业奖补2724.46万元，涉及企业114家；发放疫情期间引进劳动力一次性用工服务奖补317.35万元，涉及企业83家；发放疫情防控急需物资生产企业职工生活补助649.04万元，涉及企业28家。

【创新线上招聘模式】 2020年9月25日，市人社局通过直播的方式开辟就业公共服务新窗口，举办“直播送岗 乐业漳州”网络招聘活动，这是全市首次将直播手段引入人才招聘，也是全省首次由人社局长“直播送岗”。此次直播有效招聘企业392家，岗位需求8300多人，吸引4.44万人次入场，截至年底共收到简历8326份。该做法已在各县区进行推广。11月18日，漳州首次以直播的方式举办闽西南协同发展区第二届人才创业项目推介会，共推介创业项目80个，吸引6.40万人次入场。

【开展劳务协作】 2020年11月25日至29日，市人社局组织部分重点企业赴贵州省遵义市、铜仁市开展劳务协作活动。此次活动以劳务协作“1+N”模式，即“劳务协作+人力资源合作+专场招聘+校企合作”为抓手，搭建多元化、互利性的劳务协作平台，进一步释放政策红利，缓解企业短期用工紧缺及常态化人力资源需求。

2020年9月25日，2020年“直播送岗 乐业漳州”网络招聘活动在漳州电视台漳视新闻直播间举办 （林颖 摄）

·人力智力·

【高层次人才引进】 2020年，全市共引进省级高层次人才80人，工科类青年专业人才100人，市级高层次人才28人，名校优生20人，主导产业技术人才75人。3人入选享受国务院政府特殊津贴专家。

【职业技能提升】 2020年，全市开展各类补贴性职业技能培训3.61万人次，8589人次获得职业资格证书，新增高技能人才1548人次。年内，市人社局指导福建龙溪轴承（集团）股份有限公司等6家企业开展企业新型学徒制培训，组织参加第一届全国职业技能大赛，2名选手获优胜奖，其中1人入选中国集训队，《漳浦剪纸》项目获评“最受欢迎的中华十大绝技”。全市获评第46届世界技能大赛福建省集训基地2家，新增国家级高技能人才培训基地1家、省级技能大师工作室10家。

【人才服务】 2020年，全市新增3家博士后科研工作站，是历年来新增科研工作站最多的一年。年内，市人社局牵头制定《漳州市人才驿站管理办法（试行）》，平和青创“人才驿站”

获评首批省级人才驿站示范站。

【开展专项公开招聘人才活动】 2020年11月，市人社局组织相关企事业单位赴天津开展专项公开招聘人才活动，采取现场报名、现场审核、现场考试、现场签约等“一站式”引才方式，最终择优确定并签订就业协议303份，其中，教育系统62人，卫生系统26人，国资系统37人，民营企业178人，为全市各类事业发展引进一批优秀的急需紧缺人才。

·人事管理·

【概 况】 2020年，全市专业技术人才总量为172039人，其中高、中、初级专业技术人才分别为17470、72555、82014人，比例为11.59∶41.53∶46.89。共核定56个事业单位的岗位设置（调整）方案，为市直185个事业单位1765名专业技术人员办理职称聘任备案手续。年内，市人社局审批正常晋升职务（职称）、特岗津贴、工作调动、转正定级、军转套改、工人技术等级晋升等工资业务累计近4000单，实现工资管理现代化。

【事业单位招聘】 2020年，全市面向社会公开考试招聘事业单位工作人员1698名，比上年同期增长98.8%。面向社会公开招聘中小学幼儿园新任教师1334名，比上年增长65.5%。

【人才评价机制改革】 2020年，市人社局落实关心关爱疫情防控一线医务人员相关人事激励措施，为30名专业技术人员办理优先晋升岗位等级。评审通过各级各类职称2134个，推荐594名人员参评高级职称。在漳州科华有限公司试行电子、机电工程专业初、中级职称评审。深化漳台合作，新增医师职业资格，不动产估价师、不动产经济人职业资格，记账师、会计师和汽车修护技工执照直接采认工作。

【教育队伍改革】 2020年，漳州市中小学正高级教师评审通过13人，中学高级教师140人，小学幼儿园高级190人，一级教师（中学）332人、一级教师（小学）353人。年内，市人社局对于在农村学校任教累计满25年且仍在农村学校任教的教师，已取得中、高级专业技术职务任职资格的，可不受核准岗位数限制定向聘用。推进高校教师职称制度改革，加强聘期考核，赋予漳州职业技术学院、漳州城市职业学院、漳州卫生职业学院和福建电视广播大学漳州分校等4所高校自主评聘权。实行民办校与公办校统一的教师职称评审制度，鼓励各类人才参与职称评审。

【工资改革】 2020年，市人社局落实临时性工作补助，发放一线人员临时性工作补助341.23万元。追加市直中小学幼儿园（含中职学校、技工学校）2020年度奖励性绩效工资额度6538.62万元。重新修订《市属公立医院工资总额管理办法》，核定市医院、中医院2019年度工资总额。提高机关事业单位退休人员待遇，市直机关事业单位人员退休安家补助费由每人150元调整为每人1万元。

【“1+X”事业单位绩效工资专项督查】 2020年，市人社局组织开展全市事业单位绩效工资“1+X”专项督查，共对31家市直事业单位绩效工资发放情况进行督查，向市纪委监委移交专项督查有关线索7条。

·劳动关系·

【概 况】 2020年，市人社局继续推进实施集体合同制度，建立工资集体协商制度，全市劳动合同签订率达98.03%，集体合同签订率达87.09%；开展“特别要约”行动，发放要约1347份，应约1068份。受理工资类案件39件，为215名农民工追讨工资202.54万元。年内，获省级和谐劳动关系工业园区1个、省三方四部门评选认定和谐劳动关系乡镇2个、省级模范和谐劳动关系企业11家。

【劳动人事争议调解仲裁】 2020年，全市共处理劳动争议案件2281件，主要以工伤赔偿、劳动报酬、经济补偿金、社会保险争议等为主，涉及职工2432人，结案率96.1%。

【工资保证金制度】 2020年，全市在建工程农民工工资保证金制度覆盖率达到100%，累计农民工工资保证实缴金额约5.3亿元，保函金额约1.7亿元。严格落实福建省人力资源和社会保障厅等六部门关于新冠肺炎疫情防控期间暂缓缴存工资保证金政策，全市共对91户企业落实了缓、免缴政策，其中，缓缴57户，合计9595.63万元；免缴34户，合计3714.68万元。

【保障工资支付】 2020年，市人社局组织开展建设领域保障工资支付“双随机检查”，根治欠薪夏季冬季行动等检查活动，对市直在建项目组织4轮110多户（次）的“拉网式”调研检查，有效督促企业落实工资支付保障制度和相关规定。配合市治欠办开展2轮对县市区开展根治欠薪工作情况调研检查，检查在建项目70多个，规范企业劳动用工管理和工资支付行为。年内，受理劳动保障监察工资类案件39件，为215名农民工追发工资约202.54万元，全市农民工工资案件、涉及金额、涉及人数分别比上年下降56%、61%和53%。

【工资支付诚信体系建设】 2020年，市人社局组织开展重大劳动保障违法行为社会公布工作、企业劳动保障守法诚信和用人单位工资支付行为信用等级评定工作和拖欠农民工工资“黑名单”管理工作，及时向社会公布。市一级共评选劳动保障诚信企业58家，全市共对54家用人单位工资支付行为进行等级评价，公布重大劳动保障违法行为3家，列入拖欠工资“黑名单”管理用人单位2家。

【劳动监察执法与刑事司法联动】 2020年，全市人社部门向公安机关移送涉嫌拒不支付劳动报酬犯罪案件2件，涉及21人，涉及金额15.2万元，有效打击拒不支付工资和恶意讨薪行为。

【劳动保障监察“网络化”管理工作全面实施】 2020年，全市各县（市、区）监察机构、乡镇（街道）劳动保障事务所均配备专用电脑，接入金保工程专网，利用劳动保障监察管理信息系统开展工作，对企业用工行为进行全面、动态的监管。全市案件录入率100%，拖欠工资金额和人数涉及偏差率为零。

（林颖 王丽萍）

责任编辑： 刘丽玲

社会民生

·居民生活·

【居民收入】 2020年，全年居民人均可支配收入30949元，比上年增长5%。其中，城镇居民人均可支配收入40008元，比上年增长2.7%。农村居民人均可支配收入21103元，比上年增长6.1%。居民人均可支配收入中，工资性收入17184元，比上年增长5.7%；经营净收入7594元，比上年增长3.3%；财产净收入2030元，比上年增长6.2%；转移净收入4142元，比上年增长4.8%。

【居民消费】 2020年，全市年居民人均生活消费支出20164元，比上年下降0.4%。其中，城镇居民人均消费支出26015元，比上年下降2.2%，农村居民人均消费支出13804元，比上年下降0.2%。在八大类生活消费支出中，居民食品烟酒支出比上年增长4.4%；衣着支出比上年下降4.1%；居住支出比上年增长5.1%；生活用品及服务比上年下降0.9%；交通通信比上年下降5.5%；教育文化娱乐比上年下降17.9%；医疗保健比上年下降4.4%；其他用品和服务比上年下降9.3%。

·医疗保障·

【概 况】 2020年，全市基本医疗保险参保人数482.61万人，其中城乡居民医保参保人数408.20万人，职工医保参保人数74.41万人，全市基本医保参保率位居全省第三。城乡居民医保基金收入32.99亿元，支出37.28亿元；职工医保基金收入29.49亿元（其中统筹基金收入15.2亿元），支出27.8亿元。

【城镇职工和城乡居民基本医疗保险】 2020年，市医疗保障局（简称市医保局）调整职工基本医疗保险及城乡居民医保缴费标准。从2020年7月1日起，按照2019年福建省全口径城镇单位就业人员年平均工资69768元计算，全市职工医保月缴费基数上限调整为17442元，下限调整为3488.4元，补缴基数按3488.4元/月执行，城镇灵活就业新增参保人员缴费基数为3488.4元/月。2020年度城乡居民医保参保个人缴费标准为250元/年•人，政府补助标准550元/年•人，2020年度城乡居民医保集中参保缴费期为2019年的9月1日至12月31日。2020年1月1日至6月30日，补缴人员仍按正常个人缴费标准缴费，7月1日起补缴人员按个人缴费金额和财政补助金额之和缴费。2020年1月1日后参保或补缴，自缴交款项之日起待遇等待期为50天后享受医疗保险待遇。

【生育保险】 2020年1月1日起，全市实施生育保险和职工基本医疗保险合并工作，并险后实现统一参保登记、统一基金征缴、统一医疗服务管理、统一基金管理和核算、统一信息系统平台，确保职工生育期间的生育保险待遇不降低。2020年7月1日起全市职工生育保险的月缴费基数调整为最低不低于3488.4元/月，最高不超过17442元/月。全市生育保险参保人数36.85万人。

【医疗改革】 2020年，市医保局组织全市公立医疗机构签订第一轮国家组织药品集中采购中选品种续约合同。4月27日、11月16日全面跟进国家组织第二轮、第三轮药品集中带量采购中选结果，中选产品价格平均降幅53%，最高降幅95%。全市医疗机构通过国家药品集中采购节约药品采购费用约1.3亿元。年内，深入推进高值医用耗材采购制度改革。联合市卫健委规范94个医疗服务项目及价格管理。推进以按病种收付费为主的多元复合医保支付方式改革，联合市卫健委出台第四批177个按病种收付费病种，其中西医165个、中医12个，从2020年12月15日开始实施执行。实施后，全市共有548个按病种收付费病种。

【医疗救助】 2020年，全市医保部门通过资助救助对象参加城乡居民基本医疗保险、特殊门诊救助、住院救助、一次性定额救助、重特大疾病救助等，构建多层次的医疗救助模式。全市医疗救助754292人次，总支出14444.44万元，其中，资助参保4751.05万元，特殊门诊医疗救助2467万元，住院医疗救助7002万元，一次性定额救助203.71万元，重特大疾病救助20.68万元。

【大病保险】 2020年，全市城镇职工享受大病保险待遇6.35万人次，职工大病基金支出1.89亿元；全市城乡居民享受大病保险待遇37.6万人次，居民大病基金支出3.37亿元。

【打击欺诈骗保】 2020年，市医保局组织全市医保系统稽查稽核人员对全市1267家定点医药机构进行全覆盖检查。对836家医药机构处以暂停、解除医保服务，约谈、警告、通报批评等措施，处理面65.98%，处理参保人35名；行政处罚5起，其中医疗机构骗取医保基金案件2起，行政处罚11.89万元；参保人骗取医保待遇案件3起，行政处罚2.3万元。主动通报违规定点医药机构243例，其中2起在省医疗保障局曝光台曝光。

【医保精准扶贫】 2020年，全市精准扶贫对象就医18.55万人次，获得医保各类补偿3.95亿元，其中，基本医保2.63亿元、大病保险0.38亿元、医疗救助0.36亿元、叠加保险0.17亿元、风险金0.41亿元，切实减轻建档立卡贫困人口医疗负担。

【村级医保全覆盖】 2020年，公益性村卫生所发挥“家门口”就医服务便利，全年医保刷卡达144.89万人次，总医疗费用4586.03万元，医保基金支付共2791万元。

【疫情防控医疗保障】 2020年，市医保局预拨16家定点救治医疗机构周转金1亿元，确保患者不因费用问题影响就医，确保收治医院不因支付政策影响救治。累计结算在漳州市就医新冠肺炎确诊和疑似患者医疗费用63.27万元，医保基金支付37.95万元。推行医保业务网上办、电话办、邮件办等“不见面”办理，全年共电话办理业务305件，E点通办理业务9.83万件，邮箱办理业务828件，窗口办理5万件。开通治疗防控药品绿色通道，实行应急采购，确保及时满足临床用药需求。减半征收参保企业职工医保单位缴费，全市阶段性减征16257家约20584万元，执行缓缴期及免收滞纳金政策，为全市申请缓缴的51家中小微企业办理延期缴纳职工医保费420.19万元，切实减轻企业负担。落实核酸检测降价政策，从新冠病毒核酸检测临时项目价格为每人次200元、新冠病毒抗体检测每人次80元分别降至每人次95元、50元。

2020年7月6日，医保工作人员深入街头向群众宣传异地就医相关政策
（市医保局 供图）

【医保服务】 2020年，市医保局完善微信公众号城乡居民参保缴费、医保电子凭证、特殊门诊定点医院登记自助变更、医保凭证自助打印等功能，“漳州市医疗保障中心”微信公众号关注人数突破106万人；跨省异地就医自助备案系统正式接入国家异地就医备案平台，漳州市成为福建省除省本级外第一个接入国家异地就医备案平台的地市，全年新增129家全国联网定点医疗机构，纳入全国联网医疗机构204家；完成省级家庭共济相关功能的本地化对接部署，12月起漳州市家庭共济代缴城乡居民医保费用系统作为福建省首批试点正式上线运行。全市激活医保电子凭证120.78万人；全市定点药店均支持医保电子凭证扫码结算，累计完成扫码85.32万人次；19家二级以上定点医疗机构和51家个账诊所支持医保电子凭证就医结算，累计完成就医扫码5213笔。

（陆夏凌 胡志军）

·社会保障·

【概 况】 2020年，全市城镇职工基本养老保险参保96.51万人，机关事业单位养老保险参保14.96万人，城乡居民基本养老保险参保224.9万人，工伤保险参保83.53万人，失业保险参保47.44万人，社会保险覆盖面进一步扩大。

【社保基金监管】 2020年，金保专网监督覆盖企业职工基本养老保险、工伤保险、失业保险三个险种，漳州市本级开展非现场监督9次，产生预警数据12521条，经社保经办机构核实后处理预警数据12521条，处理率100%。市本级通过非现场监督方式发现企业养老职工重复领取养老金9.35万元，失业保险金重复领取0.17万元，已通过停发待遇、追回待遇形式予以制止并挽回损失，维护社保基金的安全完整。

【减负降费】 2020年，全市减免三项社保费23.57亿元，涉及企业23277户，其中减免企业职工基本养老保险费21.55亿元，减免工伤保险费1.47亿元，减免失业保险费5582万元。完成阶段性退费9172.35万元，其中企业职工养老保险退费8046.86万元，涉及企业1.14万户；工伤保险退费869.66万元，涉及企业6260户；失业保险退费255.83万元，涉及企业8796户。

【全民参保计划实施】 2020年7月底，省人力资源和社会保障厅下达漳州市14437人养老保险扩面任务，8月，市人力资源和社会保障局（简称市人社局）下发通知，将工作任务及具体扩面名单下达至各地，并提出具体要求。年内，全市精准扩面20559人，超额完成扩面任务。

【退休人员养老金发放】 2020年7月，全市企业和机关事业单位退休人员基本养老金调整完成，待遇全部发放到位。调整基本养老金惠及全市15.6万余名企业退休（职）人员、4.84

万名机关事业单位退休（职）人员。其中，企业退休人员月人均增加139.81元，累计补发1—7月调待金额1.51亿元；机关事业单位退休人员月人均增加195.06元，累计补发1—7月调待金额6601万元。同时，城乡居民养老保险基础养老金省定最低标准从2020年7月1日起每人每月提高7元，提高后的养老金于12月底前足额发放到位。

【退休“中人”待遇重算】 2020年，全市共有退休“中人”13593人，已重算人数11792人，重算率为86.75%。

【社保精准扶贫】 2020年，漳州市有11.81万名贫困人员参加城乡居民基本养老保险，其中代缴6.96万人，代缴1391.52万元，实现应保尽保、应发尽发、应代缴尽代缴，社保扶贫代缴工作进度持续位居全省前列。

【失业保险保障范围扩大】 2020年，市人社局会同财政部门及时制定失业补助金和临时生活补助具体标准，畅通申领渠道，确保及时发放。全市共审核失业补助金和临时生活补助18822人，合计应发放失业补助金和临时生活补助1.02亿元。

【工伤预防宣传与培训】 2020年，市人社局指导市社保中心按照政府采购程序，与4家中标工伤预防宣传机构、1家工伤预防培训机构签订服务协议，并组织跟进中标机构和直接实施此项工作的福建七建集团有限公司、福建龙溪轴承（集团）股份有限公司按协议约定做好工伤预防宣传工作。

（林 颖 王丽萍）

·社会福利·

【概 况】 2020年，市民政局发放困难残疾人生活补贴和重度残疾人护理补贴1.67亿元，惠及5.62万困难残疾人和6.49万重度残疾人。截至年底，全市各类养老床位3.6万张，平均每千名老年人拥有养老床位数39张。年内，加强精神障碍患者救治工作，市福康医院接收肇事肇祸精神病患者167人次。全市民政福利机构“零”疫情。

【社会救助】 2020年，市民政局将2.05万名建档立卡贫困人口纳入低保（特困）救助。芗城、龙文两区城乡低保标准提高到每人每年8664元，其他县（市）、开发区（投资区、高新区）提高到每人每年7908元，为8.99万名城乡低保对象发放低保金3.93亿元（不含价格临时补贴和副食品补贴）。城乡特困人员供养标准平均达到21252元/年。全年实施临时救助2.98万人次，发放临时救助资金5127万元。启动社会救助和保障标准与物价上涨挂钩联动机制，发放价格临时补贴4962万元。

【保障脱贫成果】 2020年，市民政局对符合退保条件的，给予6—12个月的渐退期，帮助其稳定脱贫。对已脱贫但不够稳定的634户2198人和受疫情影响的409户1535人开展“一户一策”帮扶，有效防止返贫或出现新的贫困。

【生活不能自理特困人员集中供养】 2020年，市民政局引导生活不能自理的特困人员进入养老机构进行集中供养，提高集中供养标准，其中半护理特困人员集中供养标准由2019年2388元/月（2198元/月）提高至2464元/月（2250元/月），全护理特困人员集中供养标准由2019年的3548元/月（3265元/月）提高至3580元/月（3267元/月）。全市共为1.1万名特困人员发放供养金1.56亿元，全市生活不能自理特困人员集中供养率达到68.56%。

【养老事业】 2020年，漳州市加快推进龙海市社会福利中心二期建设；新建养老服务照料中心5所，标准化社区居家养老服务站85所，农村幸福院309所，长者食堂2所；改造提升13所高标准农村区域性养老服务中心，市社会福利中心配套建设达到综合医院二级标准的老年病医院，并已投入运营。推动建设7所民办养老机构，龙文区德润老年公寓建成投入使用。漳浦、东山和南靖县福利中心和乡镇敬老院实现“公建民营”。全市统一聘请第三方评估机构，对居家养老服务运营情况组织质量评估。配合人社部门，在全省率先开发444个村（居）助老员公益性岗位。华安县微尚居家养老服务中心被评为第三届全国“敬老文明号”。

2020年10月，全市首家社区“幸福”大食堂开张，受到居民点赞
（市民政局 供图）

【医养融合发展】 2020年，全市养老机构举办和内设医疗机构6家，医疗机构举办或内设养老机构8家，与村卫生所一起建设农村幸福院258所，距离在200米以内391所。

【疫情期间困难群众副食品补贴发放】 从2020年2月起，市民政局在全省率先向9.08万名城乡低保对象和集中供养特困人员发放每人每月100元的副食品补贴，至12月底已发放补贴款9600多万元，是全省唯一市域全覆盖、连续不间断发放疫情期间困难群众副食品补贴的设区市。此经验做法入选全市《深化全面从严治党保障“六稳”“六保”任务落实典型做法汇编》。

【《漳州市养老护理人员入职和在职补贴实施办法》试行】 2020年10月19日，市民政局联合市财政局出台《漳州市养老护理人员入职和在职补贴实施办法（试行）》，从实施范围、补贴对象、补贴条件、补贴标准、申请与办理程序等方便进行规定，吸引更多优秀人才从事养老护理工作。

【养老服务经验做法在全国推广】 2020年，福建省民政厅与漳州市民政局联合起草的《农村幸福院等级划分与评定》被采纳为省级地方标准，“三个一套”（构建一套联审机制、建立一套补偿标准、明确一套产权归属制度）配建机制破解养老用房“四同步”（养老设施与住宅同步规划、同步建设、同步验收、同步交付使用）落实难题的经验做法在全国得到进一步推广。

【农村留守儿童关爱保护】 2020年，漳州市全面配齐乡镇儿童督导员和村（居）儿童主任，建立90个农村留守儿童家园关爱保护示范点，3139名农村留守儿童、3116名困境儿童监护责任得到有效落实，将1307名事实无人抚养儿童纳入保障。

【流浪乞讨人员救助】 2020年，市民政局加强流浪乞讨人员的救助工作，持续开展“大爱寻亲、温暖回家”寻亲专项行动，全年共护送37名流浪乞讨对象平安返乡。

·社区工作·

【概 况】 2020年，全市新增59个社区，截至年底，共有502个社区、1559个村。年内，长泰县被确定为全国乡村治理体系建设试点示范单位。

【社工政策创制落实】 2020年，市民政局鼓励各地出台对具有社工资格人员的奖励激励政策，实现11个县（市、区）全覆盖。推进城乡社区“三社联动”（社区、社会组织、社会工作者）试点工作，项目覆盖16个社区。深入开展志愿服务工作，全国志愿服务信息系统登记人数占比达15.7%。

【社区治理新模式】 2020年，市民政局利用省级综合服务场所建设和市级社区建设以奖代补资金，补助全市26个社区建设综合服务场所。全市已建设完成规范化社区190个，标杆社区70个。锦绣社区治理工作经验被新华社政务智库刊发报道。

【建立常态化城乡社区协商工作机制】 2020年，市民政局制定《漳州市城乡社区民主协商议事规程》，推动全市社区（村）设立1635个民主议事厅。年内，联合市发改委等六部门出台《关于改进和规范基层群众性自治组织出具证明工作的实施意见》，建立基层群众性自治组织出具证明工作的规范化制度体系和长效机制，从根本上改变“社区万能章”等现象。

·社会组织管理·

【概 况】 2020年，市县两级民政部门完成902家社团、1322家民非组织和11家基金会的年检工作。新登记社会组织336个（社会团体81个、民办非企业255个）。

【社会组织监管】 2020年，市民政局常态化开展扫黑除恶专项斗争，将行业协会商会涉企收费纳入年度重点治理内容持续推进。注销社会组织80个（社会团体39个、民办非企业40个、基金会1个），取缔非法社会组织1个。

·民政事务·

【婚姻登记】 2020年，全市共办理结婚登记25645对，离婚登记9771对，完成婚姻登记历史数据补录113万对。年内，芗城区打造具有闽南特色的婚姻登记服务中心，平和县创新“结婚E办”做法。

【老区工作】 2020年，全市完成205千米革命老区村水泥路建设工作，扶持17个革命老区生产发展项目和10个革命遗址修缮项目。走访慰问革命“五老”人员及遗偶1126人，发放慰问金（实物）55万元。开展“阳光1+1”专项计划，组织126个社会组织与110个老区村进行结对帮扶，助力革命老区苏区脱贫奔小康。

【殡葬管理】 2020年，漳州市加快推进市殡仪馆改扩建项目建设，完成一期项目建设，启动二期工程。

【慈善管理】 2020年，全市认定（登记）慈善组织28家，开展慈善组织评估工作，规范慈善捐赠管理。年内，市民政局开展“慈善手拉手”专项行动，引导慈善组织策划实施慈善项目76个。

【行政区划调整】 2020年，市民政局开展行政区划调整工作，龙海市、长泰县撤县（市）设区行政区划调整方案获国务院同意批复。

（杨荣宗）

·老龄工作·

【概 况】 至2020年年末，按户籍人口统计，全市60周岁及以上人口90.86万人，占全市总人口的17.37%；其中65周岁及以上人口62.47万人，占全市总人口的11.95%。全市60周岁及以上人口超10万人的县（区、市）有4个，分别是漳浦县、龙海市、诏安县和平和县。全市有百岁老人405人。漳州市老年大学、华安县微尚社区居家养老服务中心、漳州市公安局出入境管理支队三个单位为被评为第三届全国敬老文明号单位，江河贵、杨连回、何华义、孙惜真、张惠群、蔡旭哲为被评为全国敬老爱老助老模范人物。

【老龄保障】 2020年，全市为享受城乡特困供养老人、优抚老人、计划生育特殊家庭的60周岁以上老年人以及年满80周岁以上（含80周岁）的老年人（不含离退休人员），购买意外伤害保险，保障生活困难老年人抵御意外风险能力。由中国人寿漳州分公司承保老年人意外伤害保险业务，全年累计参保2451840人，提供保障119562.96万元。为60周岁以上的老年人办理优待证26968本。

【老龄医养】 2020年，漳州市老龄工作在全市推进医养结合服务。正兴新来福养护院成为福建省第一批医养结合机构综合示范培训基地；漳州市正兴养护院、龙海市和睦老年公寓、云霄县庆泰老年病医院等被列为市级医养结合培育基地。各县（市、区）以不同形式开展医养结合服务，加强对居家养老人群的医疗服务，为慢性病人、空巢老人、残疾人等重点人群实行动态管理，提供健康档案、电话咨询、入户访视、健康教育等家庭医生签约服务，全市65岁及以上老年人健康管理率73.79%。

【老年健康宣传】 2020年，漳州市各县（市、区）开展以“提升健康素养，乐享银龄生活”为活动主题的老年健康宣传周活动，活动期间举办健康知识讲座60多场，开展义诊活动300多次，现场发放防治高血压、糖尿病等老年慢性病知识、健康素养66条、新冠肺炎疫情防控健康知识等宣传材料22000多份，提高老年人自我保健意识和健康管理能力。

【“敬老月”活动开展】 2020年，市卫健委采取慰问、座谈、演出、义诊等多样形式开展“敬老月”活动，大力宣传老龄工作的方针政策和法律法规。开展“家门口”的义诊等志愿服务活动，各县（市、区）卫健局抽调医护人员分别在辖区人口密集点开展义诊服务，发放健康素养宣传手册、宣传折页，普及秋冬季新冠肺炎疫情防控知识，指导老年朋友如何用手机下载“八闽健康码”，方便老年人出行。活动期间，共开展义诊服务75场，发放健康素养宣传手册、宣传折页25000余份，累计义诊老年人22000余人。全市各县（市、区）老年人参与“敬老月”活动10万多人次。

（吴杜建）

·民族事务·

【概 况】 2020年，漳州市常住人口有48个少数民族成分，分布在11个县（市、区）、5个开发区（投资区）。全市有3个民族乡、33个民族村、3个农场作业区。全市少数民族人口7.54万多人，占全市总人口的1.44%。

【少数民族脱贫攻坚】 2020年，漳州市下达少数民族专项资金1054万元，其中扶贫资金633万元。安排民族资金48万元，用于扶持市级扶贫开发重点村土塔村、后洞村、土田村。落实地质灾害少数民族人口叠加政策，支持平和县山格镇土田村地质灾害点搬迁少数民族人口56人、33600元。市直机关挂钩帮扶单位帮扶36个民族村（作业区）资金累计达366万元，用于改善民族村建设公共基础设施、促进农民增收和发展社会事业等项目，助推民族村巩固脱贫成果。

【少数民族乡村振兴】 2020年，华安县仙都镇送坑村、华安县高安镇坪水村、漳浦县赤岭畲族乡石椅村被推荐列入中国少数民族特色村寨。华安县官畲村、坪水村、大地村（高山族聚居村），诏安县四都村，云霄县大行村、顶坛村被列入省级乡村振兴试点村，其中官畲村、坪水村、顶坛村被列入省民宗厅首批民族乡村振兴示范点培育名录。坪水村入选福建省“一村一品”示范村、省金牌旅游村、省美丽休闲乡村。

【少数民族民生实事】 2020年，漳州市重点扶持长泰畲族

2020年6月23日至24日，漳州市少数民族特色村寨建设助推乡村振兴发展现场推进会在华安县召开。图为推进会现场　（市民宗局 供图）

文化长廊、合溪文化园、大南坂蓝厝文化公园等民族乡村发展文化建设项目22个，助推民族乡村文化振兴。加大对民族教育、卫生、科技等民生方面投入力度，支持赤岭卫生院基础设施建设，扶持龙海市民族中学、漳浦民族中学、漳浦民族华侨中学、华安县高山族表演队、漳州职业技术学院、漳州市德冠体育文化传播有限公司6个少数民族体育训练基地开展培训等资金达37万元。华安县高山族表演队被列入省级2021—2024年少数民族传统体育训练基地。

【少数民族团结进步】　2020年9月，漳州市民宗系统开展民族团结进步宣传活动，滚动播放民族团结进步宣传标语累计上万条次，与漳州市电视台合作拍摄民族团结进步微视频在市级主流媒体滚动播出，利用网站、宣传栏、手机短信平台等共同做好民族团结进步宣传工作。市民宗局为25名贫困少数民族大学毕业生发放助学金10万元。总结推广全国民族团结进步教育基地种玉堂交流活动教育成果，漳州一中、漳州三中、华安县官畲村被列入全省民族团结进步重点单位。

·宗教事务·

【概　况】　2020年，漳州市宗教主要有佛教、道教、天主教、基督教四大宗教，全市共有市级爱国宗教团体5个、县级爱国宗教团体29个。截至年底，依法登记的宗教活动场所490处，其中佛教231处、道教78处、天主教29处、基督教152处。认定备案宗教教职人员764人，其中佛教305人（比丘214人、比丘尼91人），道教正一派道士177人，天主教神甫4人、修女12人，基督教牧师、执事、传道计266人。漳州市民间信仰活动场所4700座（不含建筑面积10平方以下的场所）。

【宗教活动场所管理】　2020年，漳州市开展宗教及民间信仰活动场所"安全工程"和房屋结构安全专项治理三年行动，及时消除安全隐患。评选出"优美民间信仰活动场所"14座。开展市级、县级首批民间信仰活动场所备案管理工作，全市纳入省厅民间信仰联系点32座、备案管理27座；纳入市级民间信仰联系点87座、备案管理27座；纳入县级管理558座、备案管理36座。

【民宗领域疫情防控】　2020年，市民宗局成立疫情防控领导小组，下设工作专班，落实疫情督查检查制度，累计对各县（市、区）200多个宗教活动场所、民间信仰场所进行疫情防控督查检查，确保全市民宗领域疫情零发生。全市宗教活动场所（团体）和民间信仰场所投入疫情防控等公益慈善事业财物折合人民币500万元。

（李燕华　洪婉琳）

责任编辑：刘丽玲

县（市、区）概况

·芗城区·

【概 况】 2020年，芗城区实现地区生产总值714.98亿元，比上年下降2.2%。农林牧渔业总产值21.18亿元，比上年增长4.81%。规模工业总产值785.95亿元，比上年下降11.9%；规模工业增加值193.08亿元，比上年下降12.2%；固定资产投资248.92亿元，比上年下降12.3%。一般公共预算总收入29.25亿元，比上年下降4.43%；地方一般公共预算收入15.41亿元，比上年下降4.08%。实际利用外资1.1亿元，外贸出口58.6亿元。社会消费品零售总额296.46亿元，比上年下降5.3%。城镇居民人均可支配收入45163元，比上年增长3.3%；农村居民人均可支配收入21087元，比上年增长6.7%。完成年度节能减排降碳任务。新增就业人数9075人，城镇登记失业率控制在3.08%以内。

【产业发展】 2020年，芗城区培育创新主体，新增国家级高新技术企业20家，省科技小巨人领军企业5家。金峰经济开发区综合发展水平考核评价在全省89家国家级、省级开发区中位列第七，入选工信部“国家级绿色工业园区”。新增10家省级工业新增长点企业。三宝新1号高炉、顺兴食品、余气余热发电工程等项目竣工投产，三宝139万吨优质高速线/棒材等一批钢铁深加工项目开工建设。发展数字经济，漳州信息产业集团落户芗城区，南威科技城、美亚柏科等项目签约。女排娘家基地、金峰中心广场、三宝广场等重点项目开工建设。升级商圈消费，古城商圈获评省级示范商圈，古城、天下广场等美食街荣获“福建省美食街”称号。创新直播带货，全平台观看量超360万人次。

【营商服务】 2020年，芗城区梳理公布第一批“一趟不用跑”事项660项和“全程网办”事项663项，全面推行企业开办“一件事一站式”办理，企业开办时间压缩至一个工作日。争取各级财政补助资金8亿元、一般债1.1亿元、专项债11.51亿元、抗疫特别国债0.58亿元，有效保障产业园区、老旧小区改造和公共卫生等重点项目建设需要。全年报批农转用地98.53公顷、林地116公顷，保障重大项目用地用林需求。

【城市建设】 2020年，芗城区继续拓展城市发展空间，女排娘家基地项目完成41.88万平方米征迁任务。漳州古城延安南入口、侨芗剧场、文庙片区等老“地标”展现新形象。西湖片区8所学校开工，6个安置房及11条道路加快建设。市政设施水平提升，完成15条背街小巷整治提升，新增公共停车位206个，完成11个农贸市场、40个老旧小区改造。开展机动车违停集中整顿、电动自行车和人力客运三轮车等专项治理，查处交通违法违规行为上万起。规范“地摊经济”，做好夜市搬迁工作。成立国有芗江物业公司，接管41个项目物业服务。

【乡村振兴】 2020年，芗城区建成“四好农村路”29千米，完成芗城茶铺溪宝新中排整治工程等一批重大水利项目，新建高标准农田306.67公顷，建设4个优质农产品标准化示范基地，按时完成89个村（居）43585本股权证书发放。深入实施农村“一革命四行动”，清运农村垃圾5.1万吨，完成裸房整治632幢，拆除“两违”面积62.1万平方米，初步实现“路面干净、水沟畅通、边角清楚、门前整洁”，农村人居环境整治三年行动获评省级验收优秀等次。

【三大攻坚战】 2020年，芗城区坚决打赢脱贫攻坚战，巩固提升“两不愁三保障”和饮水安全工作，完成52户建档立卡贫困户住房改造修缮。严格落实河（湖）长制，扎实推进小流域治理，农村生活污水收集处理PPP项目全部完工，建立畜禽养殖污染常态化巡查检查机制。持续抓好中央生态环保督察反馈问题整改，完成6455个污染源整治。全区空气优良率达97.7%。为132家企业申请纾困贷款4.3亿元，联合多部门摸排并处置非法集资线索5起，办理金融案件2件、2人。

【疫情防控】 2020年，芗城区9900余名党员干部下沉村居、联防联控，入户摸排426万人次，落实新冠病毒核酸检测应检尽检32万份，做到排查全覆盖。严格落实“四早四集中”要求，1951名医务工作者坚守疫情防控第一线。迅速推动复工复产复商复市，深入开展“奋战下半年，勇夺双胜利”竞赛活动和“难、硬、重、新”工作行动，为企业纾危解困，落实各级稳增长、保发展政策，累计减税降费8.84亿元；兑现企业各级政策补助及奖励资金2.43亿元；强化银企对接、指导企业向上申报、推动动产抵押、知识产权质押贷款，累计帮助企业融资40多亿元。

2020年8月7日，漳州市芗城区“全民健身日”活动启动仪式在漳州古城北广场举行。图为活动现场表演（郑文典 供图）

【民生保障】 2020年，芗城区持续加大民生投入，实施180个民生补短板“三年行动计划”项目，民生支出占一般公共预算支出的79.41%。新建续建28个教育项目，新增学位8845个。普惠性幼儿园覆盖率超85%。整合成立医疗集团。建设2所养老服务照料中心、11所农村幸福院，提升27所社区居家养老服务站，开工建设23座小区养老“阳光亭”。建设8个社会足球场地、56个全民健身路径。出台《城市开发建设中文化自然遗产保护的实施意见》，公布芗城区第一批一般不可移动文物262处，重点实施7个文物保护单位修缮工程。强化住房保障，交付使用安置房项目6个，解决40万平方米征迁安置和11810套商品房、安置房不动产登记历史遗留问题。

【重点项目服务管理】 2020年，芗城区建立区级重点项目服务管理平台，对全区239个项目全周期跟踪管理。累计上报“五个一批”项目46个，省、市重点项目完成投资240亿元。招商引资签约亿元以上项目20个。

【三宝集团入选2020年中国钢铁行业品牌榜】 2020年5月10日，中国冶金报社发布2020年中国钢铁行业品牌榜。三宝集团股份有限公司入选“中国卓越钢铁企业品牌”，三宝集团股份有限公司（三宝牌）入选“中国钢材市场优秀品牌（线螺类）”。

【大通北路地下车库投用】 2020年6月19日，芗城区大通北路地下停车库投入使用。该地下停车库占地面积约1500平方米，建筑面积约2900平方米，地上一层为附属配套服务用房，地下五层为机械停车库，总计停车位99个。

【全省首个化工品公用型保税仓授牌投用】 2020年7月9日，由福建鑫展旺物流有限公司建设的全省第一家化工品公用型保税仓正式揭牌并投入运营。福建鑫展旺公用型保税仓设有甲、乙类化学品存储仓库2个，总面积约2700平方米，主要为漳州市及周边地区化学品进出口企业提供保税服务、海关商检抽样检查、运输配送、报关等一系列服务。

【金峰经济开发区入选国家级绿色工业园区】 2020年10月10日，工业和信息化部节能与综合利用司发布第五批绿色制造名单，金峰经济开发区成为福建省唯一入选的绿色工业园区。金峰经济开发区拥有国家级绿色工厂3家，省级绿色工厂7家，已形成钢铁循环经济产业、节能环保装备制造业、绿色农牧科技产业和现代服务业为主导的绿色产业体系，规模以上企业中绿色产业企业占比33%，绿色产值达到园区总产值的一半以上。

·小资料·

“难、硬、重、新”工作行动：全力破解当前面临的急难险重任务、多年难啃的“硬骨头”、经济社会发展和民生事业的重点工作、重大改革创新突破点。

乡村振兴重点工作“八项行动”：提升农业产业、脱贫攻坚稳质提升、农村水环境治理、农村道路建设、农村“厕所革命”、村庄清洁、农房整治以及镇、村品质提升等8项工作。

五个“三年行动计划”指教育、卫生健康事业、养老、文旅体、市政设施等五大领域补短板三年行动计划。

（林良益）

·龙文区·

【概　况】 2020年，龙文区地区生产总值349.07亿元，比上年下降3.6%。其中，第一产业增加值5.95亿元，比上年增长3.6%；第二产业增加值116.42亿元，比上年下降14.4%；工业增加值76.7亿元，比上年下降21.6%；第三产业增加值226.7亿元，比上年增长3.8%。规模以上工业总产值252.6亿元，比上年下降23.5%。农林牧渔业总产值10.55亿元，比上年增长3.7%。固定资产投资219.67亿元，比上年下降23.9%。社会消费品零售总额221.13亿元，比上年下降5.5%。实际利用外资15527万元，比上年下降48.8%。一般公共预算总收入17.49亿元，比上年下降2.5%，其中，地方一般公共预算收入11.47亿元，比上年下降0.4%。城镇居民人均可支配收入46019元，比上年增长3.6%；农村居民人均可支配收入22874元，比上年增长7%。

【产业发展】 2020年，龙文区入驻金融机构96家，融信金融中心年纳税超2亿元；90%的快递业企业市级总部落户，业务量占漳州市的47%；建筑业集聚，88家重点企业产值49.6亿元；跨境电商实现破局，线下展示体验中心、线上服务平台、海关监管服务场所等项目一体推进，交易额突破70亿元。出台促进产业集约发展提高投资效益政策措施，盘活闲置厂房22.8万平方米，新增国家高新技术企业31家、省级高新技术企业35家；新增76家科技型中小企业、7家科技小巨人领军企业，思特电子获科技部重点立项，东方食品获评省级工业和信息化龙头企业。

【城区建设】 2020年，龙文区实施城建项目172个，投资178亿元，北仓路等11条城市道路完工，建元东路等7条城市道路和5条农村道路通车，建成6个支渠引水工程，双向泵站投用，实施6个城市污水垃圾项目，东墩污水处理厂二期竣工，新增公共停车场2个。投入1746万元改造3个老旧小区，投入1970万元打造平安大数据系统，碧湖街道列入省首批垃圾分类示范片区并获奖励。年内，启动“龙江新城”“一江两岸”等重点片区城市设计。宝龙广场开业，海丝钟表博物馆被评定为AAA景区。推进高速沿线和农村人居环境整治，完成裸房整治416栋。

【疫情防控】 2020年，龙文区拦截处置一例输入性病例。启用集中隔离点，安全接收入境人员378人；启动“人”“物”同防，建成2个核酸检测实验室，摸排进口冷链企业43家。完成抗疫项目投资3750万元、省级卫生乡镇创建率100%、健康码申领率120.7%。没有本土确诊病例、疑似病例，持续定格“低风险地区”。

【巩固精准脱贫成果】 2020年，龙文区出台《漳州市龙文区关于建立防止返贫监测和帮扶机制的实施方案》，持续跟踪收入变化和“两不愁三保障”巩固情况，确保不发生因疫返贫或致贫现象。制定实施《关于落实社会救助兜底保障工作的实施方案》，救助低收入家庭306户，发放救助金120.88万元。落实对口帮扶，帮扶平和县1000万元、三明三元区1200万元，筹集社会帮扶资金100万元帮扶宁夏海原县。

【落实“六稳”“六保”】 2020年，龙文区以精准措施对冲疫情影响，促进复工复产复商复市，兑现各类奖励9765万元，兑现外贸扶持资金1260万元。签约66个项目，总投资259.8亿元，引进亿元以上项目24个，恒美丽姿等项目当年签约、当年开工、当年投产。省市在建重点项目分别完成投资27.47亿元、130亿元。完成征地5.4公顷、拆迁135万平方米。争取专项债券项目5个，资金5.22亿元。

【生态建设】 2020年，龙文区排查整治640个污染源，铺设雨污管道105千米，清淤20千米，北溪、西溪流域平均水质达到III类水质考核要求，集中式饮用水源水质达标率100%，小流域III类水质达标率100%；建设81个大气污染热点网格及预警处理系统，降尘抑尘专项行动深入开展，空气优良率98.7%；实施土壤污染防治，受污染耕地安全利用率98.3%。

【民生保障】 2020年，龙文区民生事业支出12.61亿元，占财政支出总额的79.4%。年内，加快市实小龙文校区等4所学校建设，建成6所公办幼儿园，新增学位2275个，学前三年入园率98%以上，普惠性学前教育覆盖面86.8%。重视后疫情时代医卫文体建设，可开放床位数1200张，省级慢性病综合防控示范区通过验收，亲子小屋获全国推广，举办赛事27场。严格落实“四个不摘”要求，跟踪巩固

2020年3月23日，龙文区2020年第一次项目签约仪式召开。图为“闽南老家”文旅产业综合开发项目举行网上视频签约现场

（龙文区委办 供图）

“两不愁三保障”，救助低收入家庭306户，发放救助金120.88万元。发放基础养老金4072万元、被征地农民养老保障金6329万元，城市农村低保标准提高到每年8664元。销售安得广住房545套，配租公租房842户。居家养老服务扩面至75周岁，建设1家社区食堂、3个养老中心、9个居家养老服务站，首家民办养老机构开业。

【“闽南老家”文旅产业综合开发】 2020年3月23日，“闽南老家”文旅产业综合开发项目举行视频签约。该项目计划总投资70亿元，由伟光汇通集团、中国世纪投资有限公司联合投资建设，选址朝阳街道（流岗村），打造集文化展示、民俗体验、商贸交流、休闲度假、生态居住为一体的体验型互动式文旅生活空间。

【首个市级新时代文明实践中心成立】 2020年12月5日，漳州龙文区新时代文明实践中心揭牌仪式暨“共创文明·情暖龙文”志愿服务活动在闽南水乡举行。龙文区作为全市3个新时代文明实践中心建设试点之一，围绕理论政策宣传、教育服务、科技服务、文化服务、医疗卫生服务、健身体育服务等文明实践内容，打造“七大服务平台”，构建“8＋N”的新时代文明实践志愿服务队伍，全区文明实践所（站）建设有力有序推进，试点工作由浅入深、由点及面，取得阶段性成果。

·小资料·

河长制“三三”机制：一是“三支队伍”全发力。流域河长善为、镇（街）河长能为、河道专管员有为。二是“三大效益”全提升。促进生态增色、经济增收、社会增质。三是“三方联动”全落地。实施专业管护、平台监护、社会共护。

（林建全 陈华俐）

·龙海市·

【概 况】 2020年，龙海市实现地区生产总值588亿元（不含高新区），比上年增长3.8%。其中，第一产业增加值61.02亿元，比上年增长1.1%；第二产业增加值326.55亿元，比上年增长5.0%；工业增加值214.41亿元，比上年增长6.7%；第三产业增加值200.44亿元，比上年增长2.6%。规模以上工业总产值712.37亿元，比上年增长5.7%。规模以上工业增加值200.86亿元，比上年增长5.4%。农林牧渔业总产值101.17亿元，比上年增长1.1%。固定资产投资144.98亿元，比上年下降32.2%。社会消费品零售总额162.13亿元，比上年增长1.0%。外贸出口额27亿元，增长6.5%；实际利用外资0.42亿元。一般公共预算总收入31.87亿元，其中地方一般公共预算收入19.70亿元。城镇居民人均可支配收入41054元，比上年增长2.5%；农村居民人均纯收入22191元，比上年增长6.0%。连续五年入选全省县域经济实力十强县（市）、全国工业百强县（市），“十三五”规划主要目标全面完成。

【工业发展】 2020年，龙海市完成技改投资43.15亿元，新增新上规模工业企业21家。完成规模工业总产值712.4亿元，比上年增长6.9%。组织开展“奋战下半年、勇夺双胜利”项目建设大会战，推动重点项目加快建设。华阳电业实现产值、税收双增长，正新橡胶产值、税收均创新高，金龙客车项目主体完工，漳州LNG接收站项目1号、2号储罐实现升顶。南太武汽车产业园、东园工业集中区等控制性规划编制完成。启动2批30个产业转型升级示范项目，总投资51.08亿元，盘活用地727亩。启动15条园区道路建设和4个园区污水处理设施项目，总投资7.19亿元，东园工业集中区污水处理厂投入使用。

【乡村振兴】 2020年，龙海市发展农业新型经营主体，新增市级以上农业龙头企业7家、农民合作社示范社12家、家庭农场示范场22家，东园镇入选“2020年全国农业产业强镇”建设名单。完成13个乡（镇、场）、165个行政村“一镇一计划”“一村一方案”编制工作。扎实开展“一革命四行动”，建成镇村公厕68座，完成“两高”沿线整治及房屋安全隐患大排查大整治任务，整治裸房1558栋，拆除“两违”74万多平方米。完成农村公路硬化12.33千米。

【项目建设】 2020年，龙海市90个市级以上重点项目累计完成投资173.39亿元，超年度计划3.27个百分点。实施重点交通项目11个，完成投资9.84亿元。围绕专项债和新增中央投资重点投向，积极争取上级资金支持，6个项目获批专项债8.59亿元。坚持“一把手”抓招商，新签约项目66个，总投资252.2亿元。引进万洋众创城项目，总投资100亿元，首期建设浮宫智能制造基地。长劲鹿新型建材等5个项目实现当年签约、当年投产。科学谋划“十四五”发展，策划储备项目146个，总投资1127亿元；谋划“两新一重”领域项目51个，总投资461亿元；新入库“五个一批”项目109个，总投资657.74亿元。实施现代农业项目48个，总投资30.07亿元；实施文旅体、会展和夜间经济融合发展项目106个，总投资146.15亿元。

【城区建设】 2020年，龙海市加快中心城区发展，实施“一江滨两新区”项目78个，完成投资64.23亿元。锦江大道海澄A段、平宁路竣工通车，罗锦路道路主体完工。“四馆一中心”主体完工，革命烈士陵园提升改造工程暨月港双拥公园竣工投用。完善城市公共配套，华侨大酒店重新改造装修并投入使用，引入“居然之家”家居建材龙头企业进驻，福门国际大酒店正式开工，海新丹夫国际中心签约。完成17条老旧街区改造提升，完成121公里雨污管道清淤检测，新增停车位460个。加快滨海组团建设，实施“南太武南溪湾”项目41个，完成投资118.2亿元。浮南大道（港尾段）竣工通车，丹宅水厂、金龙片区污水处理厂等基础设施投入使用，格林、卓岐安居工程封顶。

2020年7月10日，龙海金龙新能源汽车生产车间工人装配调试车辆
（林忠摄）

【创新驱动】 2020年，龙海市坚持创新驱动，组织10家企业申报国家高新技术企业、13家企业申报省高新技术企业备案，5个项目获得省级被科技计划项目立项，4家企业被列入省科技小巨人领军企业培育发展库。

【疫情防控】 2020年，龙海市成立党员突击队、服务队516个，10569名党员奋战在疫情防控和项目建设一线。龙海市第一医院3名医护人员参加全省第一批医疗队伍，火线驰援武汉并顺利完成任务，涌现出省级抗疫先进集体2个、先进个人4名。先后投入防控经费4600多万元，累计排查重点人员53375人，医学隔离观察344人，核酸检测6.68万人。率先制定企业复工防疫标准化流程，全市252家规模工业企业至3月8日全部实现复工。落实企业减税降费8.32亿元，推动13家银行机构与252家企业达成贷款意向40.29亿元。深化“放管服”改革，进一步压缩470个审批服务事项共计2034个工作日。鼓励食品企业抢抓消费市场、加快满产超产，食品工业产值保持13%以上的增长，全市21个工业大类行业持续正增长，产销率98%以上。

【脱贫攻坚】 2020年，龙海市巩固提升脱贫攻坚成果，244户509人贫困户实现高质量稳定脱贫。新增城镇就业6577人。做好对口帮扶泰宁县、漳平市工作，落实帮扶资金1800万元。

【污染防治】 2020年，龙海市持续深化污染源头治理，扎实做好中央环保督察反馈问题整改，第二轮中央生态环保督察交办的100件信访件全面销号，完成污染源治理1907个，完成率98.9%，空气质量综合指数优良率99.3%，集中式饮用水源Ⅰ—Ⅲ类水质达标率稳定保持100%。

【社会民生】 2020年，龙海市坚持财政投入向民生倾斜，民生支出32.01亿元，占财政总支出的82.06%。实施为民办实事项目28个，完成投资8.52亿元。高质量通过教育“两项督导”省级评估，龙海二中通过“福建省一级达标校”复评，龙海市职业技术学校通过“福建省示范性现代中等职业学校”评估。组建龙海市总医院，龙海市第一医院与厦门医学院缔结附属医院关系，新增有效床位218张。城乡供水一体化项目正式启动。

【文明创建】 2020年，龙海市创卫创城扩面提质，通过新一届“省级文明城市”总评，龙海市卫生健康局、浮宫镇浮宫村荣获第六届全国文明单位、文明村镇称号，双第华侨农场荣获“国家卫生乡镇”称号。

【社会治理】 2020年，龙海市深化扫黑除恶专项斗争，打掉涉恶犯罪集团2个，抓获涉恶犯罪嫌疑人299人。落实市领导信访包案化解制度，推进全域联片调解，信访量比上年下降31.96%。统筹抓好渔船管控和安全生产等工作，清理排查辖区内注册登记的内河船舶172艘、沿海船舶79艘，基本完成辖区内涉海非法采（运）砂船“清零”任务，打掉盗采河砂涉恶犯罪团伙1个，破获盗采海砂案件6起。

【创新人才房保障机制】 2020年，龙海市创新人才房保障机制，从已建成的人才安居工程项目中“切块”900套房源，保障重大产业项目人才需求。

【县管开发区体制机制改革】 2020年，龙海市实行“重点区域指挥部+管委会（办事处）+市属国有企业”的园区管理机制，新设立龙江办事处，与龙海经济开发区管委会分片联动，实现全市乡镇工业园区统一规划建设、统一招商运营。

【凯傲漳州工厂在龙海开业】 2020年9月29日，凯傲漳州工厂（林德物料搬运——林德中国叉车有限公司漳州分公司）在龙海市开业。该项目由欧洲第一大、全球第二大工业车辆及仓储自动化设备制造商德国凯傲集团与福建海山重工有限公司共同投资建设，主要生产达到世界一流、国内领先水平的新能源智能叉车、装载机等港口，仓储物流专用车产品。凯傲漳州工厂项目是助推本土企业转型升级、做大做强的一个成功示范，填补龙海市新能源港口机械的空白，对龙海市发展壮大装备制造产业链条、加快培育战略性新兴产业发挥重要推动作用。

（许英杰 曾思强）

·漳浦县·

【概 况】 2020年，漳浦县（不含古雷）地区生产总值414.93亿元，比上年下降6.1%。其中，第一产业增加值72.14亿元，比上年增长6.0%；第二产业增加值137.22亿元，比上年下降18.4%；工业增加值108.12亿元，比上年下降21.7%；第三产业增加值205.56亿元，比上年增长1.0%。规模以上工业总产值257.79亿元，比上年下降28.9%。农林牧渔业总产值

121.67亿元，比上年增长6.0%。固定资产投资107.66亿元，比上年下降53.5%。社会消费品零售总额189.44亿元，比上年下降2.0%。实际利用外资2.62亿元，比上年增长2.0%。一般公共预算总收入23.92亿元，比上年增长12.2%；其中地方一般公共预算收入15.55亿元，比上年下降10.1%。城镇居民人均可支配收入40788元，比上年增长3.4%；农村居民人均纯收入23111元，比上年增长6.5%。

【工业发展】 2020年，漳浦县实现工业投资105亿元，比上年增长12%；新上规模企业28家，截至年底全县规模以上企业总数达270家。强化“一把手”招商、“云”招商，与联盛纸业、明阳能源、中国物流、巨信器材等一批工业企业达成投资意向并顺利签约。深化项目服务攻坚和突破“难、硬、重、新”工作行动，处置批而未供和闲置土地110.4公顷，鹏利玩具、海新饲料等一批亿元以上项目开工建设，达川食品二期、欧康化妆用具等一批亿元以上项目建成投用。福船一帆亚洲最大风塔设备完工交付，天福纳税再上亿元，新华东、泉丰、元新等5家企业入选省级龙头企业。

【乡村振兴】 2020年，漳浦县投入1亿元，打造溪坂—东升—后坑、大埔—东厝—后垅、近院—轧内—东坂3条乡村振兴示范线。以农村人居环境整治为抓手，改造农村无害化户厕2609个。深化铁路高速公路沿线环境整治4.5千米，绿化美化花化7000平方米，推进湖西苏溪、赤土溪东等5个村裸房整治。绥安大埔入选全国文明村，盘陀官陂、长桥东升等5个村入选省级文明村，赤湖前湖、前亭桥仔头等17个村入选省级乡村治理示范村。漳浦台创园考核位列全国第一。在全省率先开展“百场带货直播”，销售总额超亿元。丰滋雅、丰收园等4家企业入选省级农业产业化龙头，荔海、农达等5个家庭农场入选省级示范。

【城乡建设】 2020年，漳浦县投入17.9亿元，实施城建项目115个。蓝理路、金鹿东路等市政道路建成通车，龙湖大道人行天桥开工建设，东平、朝阳2个小区列入国家老旧小区改造计划。古雷石化生活配套项目落户滨江南岸。朝阳水库进入全面建设阶段，导流洞实现贯通。启动建设浯江溪、赤湖溪等5条流域沿线村庄污水处理设施和马坪、长桥等5个中小流域整治项目。港城大道基本建成，万安、前亭、佛昙、湖西至沿海大通道连接线全面推进。

【疫情防控】 2020年，漳浦县建成县医院、县中医院、县妇幼保健院、县疾控中心4个核酸检测实验室。全县取得“零疑似、零确诊”的阶段性战果。年内，出台应对疫情促进企业发展十条措施，兑现奖励838万元，为企业减税降费3.45亿元。健德、源鸿等企业全力以赴生产防疫物资，万辰生物、美丽家香列入全国疫情防控重点保障单位。

【生态环保】 2020年，漳浦县深化矿产资源秩序整治，第二轮中央生态环保督察102件信访交办件全部办结销号。一体推进城市黑臭水体、流域水环境综合治理等18个水质提升项目。深入排查污染源头899个，完善污染源大数据库；近岸海域国省控站点及重点港湾水质100%达标。造林绿化813.33公顷；退养转产野生动物养殖场79家；在全国首创招聘森林土地资源保护协管员100名。漳浦县医院获评国家级节约型公共机构示范单位。

【社会民生】 2020年，漳浦县财政用于社会事业和民生支出39.7亿元，占财政总支出的80.7%。投入6250万元，新建、续建城关中心学校等10个教育项目，迁建前亭中心学校、漳浦职校；公开招聘教师133名。文体中心体育场、文化馆、工人文化宫主体建成，体育馆、博物馆、档案馆基本完工；广播剧《青山青史》《闽宁镇》获福建省百花文艺奖；入选中国县域经济调研基地。投入9500万元，推进第二医院和六鳌等卫生院迁改扩建；天福医院一期主体建成；县医院、中医院2个医共体总院挂牌成立。建成农村幸福院38个、社区居家养老服务站8个；发放城乡低保、城乡特困人员、残疾人两项补贴1.05亿元。统筹拨付1250万元，推动脱贫攻坚项目26个。新增城镇就业6000人，开发公益岗位189个。

【“漳浦百场带货直播”启动】 2020年5月21日，“漳浦百场带货直播”启动仪式在漳浦县前亭镇火山岛文化广场举行。该活动由县融媒体中心牵头，县直有关部门及乡镇场协办，通过福建日报“新福建”客户端、今日头条、漳浦县融媒体中心各平台等进行现场同步直播或录播，结合专业电商团队，利用京东漳浦特产馆，依托京东平台流量、仓储、物流等优势，为本地名优产品“触网”销售解决运营、销售和品牌策划等问题。年内，漳浦县共开展“百场直播带货”活动21场，平均每场直播浏览量超过360万人次，网上销售产品4万多单，销售总额超1亿元。

【第二届宁夏中卫市海原县名特优新农产品推介会举行】 2020年7月24日，第二届宁夏中卫市海原县名特优新农产品推介会在漳浦举行。会上，宁夏老庄稼农业科技有限公司与漳州市毅闽实业有限公司、漳州市芗城区冠泓食品商行、漳浦县福宁贸易有限公司、漳州市恒晟贸易发展有限公司4家企业签订长期合作协议，达成长期合作，签约总额达460万元。

【漳浦县获评“国家卫生县城”】 2020年7月29日，全国爱卫会公布《关于命名2017—2019周期国家卫生乡镇(县城)的决定》，漳浦县城被命名为国家卫生县城。2017年至2020年，漳浦县持续推进国家卫生县城创建工作，整体卫生水平达到《国家卫生乡镇（县城）标准》的要求，于2019年顺利通过评估评审。

【朝阳水库工程导流洞宣告全线贯通】 2020年5月10日，朝阳水库工程导流洞开工建设，12月30日全线贯通，工程总造价5000万元。该导流洞工程位于朝阳水库拦河坝坝体右岸，隧洞全长512米，隧洞采用城门型断面，进洞口30米开挖断面为宽10米、高12米，其余开挖断面为宽9米、高11.4米，衬砌后过流断面为宽7米、高9米，设计过水流量178立方米每秒。

（许建生）

·云霄县·

【概 况】 2020年，云霄县地区生产总值199.23亿元，比上年下降11.6%。其中，第一产业增加值36.11亿元，比上年增长1.5%；第二产业增加值76.93亿元，比上年下降20.3%；工业增加值85.85亿元，比上年下降21.7%；第三产业增加值86.18亿元，比上年下降6.2%。规模以上工业总产值199.92亿元，比上年下降22.6%。农林牧渔业总产值64.60亿元，比上年增长1.6%。固定资产投资120.19亿元，比

2020年4月30日，“县长带你买好货”系列网络直播活动在漳浦县净凉阁文化广场举行 （李顺杰 摄）

上年下降45.4%。社会消费品零售总额109.79亿元，比上年下降13.1%。实际利用外资3090万元，比上年下降13.7%。一般公共预算总收入10.42亿元，比上年增长5.2%；其中，地方一般公共预算收入6.88亿元，比上年增长1.6%。城镇居民人均可支配收入35484元，比上年增长2.3%；农村居民人均可支配收入19417元，比上年增长5.6%。年内，获全国信访工作“三无”县称号。

【产业发展】 2020年，云霄县深入开展“两区两园、四比四看”行动，完成工业投资65亿元，占固定资产投资总额的72.2%。成立长三角（沪云）商会，签约三维项目47个，计划总投资135.9亿元，已落地项目20个，落地率43%。出台《云霄县支持企业复工复产九条措施》，组建8个服务专班助力企业共克时艰，兑现惠企政策资金2470万元，帮助企业争取各类贷款45.63亿元，支持拓奇实业、瑞顿户外用品等3家企业快速转产医用防护领域，年度新增规模工业企业3家，实现工业税收2.12亿元，比上年增长3.67%。新增进出口权企业17家，豪锦化妆品外贸出口达7.8亿元，全年完成出口创汇12亿元，比上年增长71.2%。

【项目建设】 2020年，云霄县全力突破“一区三路两站四园”，成立10个重点工作攻坚指挥部，全县187个重点项目超序时进度完成年度投资计划，其中总投资亿元以上项目128个，国道357线（常山一陈岱）路面改造、顾恒茶叶等79个项目开工建设，峰头水源工程、诚发不锈钢等93个项目竣工投用（投产）。云平高速建成通车，富佳宝食品科技园一期28万平方米厂房建成投用。威惠庙片区全面完成改造建设，形成“夜间景观+民俗文化+餐饮娱乐”的夜间经济新业态。下港片区棚改项目奠基开工，产城融合新标杆——投资15亿元的华龙科技文化城项目正式启动。深入开展突破“难、硬、重、新”工作行动，累计向上争取资金21.36亿元，完成土地报批62.4公顷，盘活闲置用地50公顷，获批使用林地121公顷。

【农业农村工作】 2020年，云霄县持续推进“六十工程”建设，建成农产品产地初加工中心4个、优质农产品标准化示范基地7个，绿州农业入选国家农业科技示范展示基地，马铺乡百草园获评“福建省休闲农业示范点”。开展“百路千村”专项行动和农地“非农化”整治，深化“两违”综合治理，处置“两违”面积71.6万平方米。新建改造城乡公厕44座，整治裸房1300栋，全县生活垃圾全部实现焚烧发电处理。在全省率先成立地理标志产业协会，辖区地理标志商标增至37个，“下河杨桃”斩获2020中华品牌商标博览会金奖。举办线上枇杷节、丰收节等活动，下河、客寮两村跻身全国乡村特色产业亿元村。棪树村、下河村分别获评“福建省金牌旅游村”“福建省美丽休闲乡村”称号。

【生态建设】 2020年，云霄县紧盯中央环境保护督察反馈问题和“一点两库三区”生态环境敏感区域开展整治攻坚，突出抓好

2020年年底，云霄县首座高架桥绥阳路跨线桥竣工通车。图为绥阳路跨线桥 （吴建云 摄）

八尺门海域综合治理生态修复、涉河涉海非法采砂船清零行动和高塘断面水环境整治，红树林保护区提前4个月完成年度3411亩退养任务，排查治理污染源334个，完成人工造林更新19061亩。

【疫情防控】 2020年，云霄县2000多名医务工作者、1600多名机关（乡镇）干部职工、1300多名村（社区）“两委”干部、2500多名志愿者投身疫情防控一线，累计排查各类人员12万余人，“应检尽检”重点人群新冠病毒核酸检测4万余人次，2名确诊病例全部治愈康复，连续300多天没有新增确诊和疑似病例。

【脱贫攻坚】 2020年，云霄县认真开展脱贫攻坚“回头看”，严格落实“四不摘”要求，圆满完成脱贫攻坚稳定提质年度目标任务。全县41贫困村脱贫水平和贫困对象“两不愁三保障”水平得到巩固提升，建档立卡贫困人口人均可支配收入达到12500元，比上年增长12.6%；全县建档立卡贫困对象已入农村低保2803人，城乡低保保障标准从2019年的家庭人均年收入6960元提高至7908元，通过省组织的第三方评估和全省脱贫攻坚质量调研。

【民生保障】 2020年，云霄县完成26项为民办实事项目，全县财政民生支出占财政总支出的87.6%。二实幼建发分园、列屿紫阳等5所幼儿园顺利开园，新增学前学位1600个。推进优质医疗资源扩容，新增床位77张。全面落实计划生育优惠政策。完善公共文化服务体系，“一馆一园”落成投用，广播电视“村村通”建设实现县域全覆盖。携手省水投集团成立云霄水务公司，县第二自来水厂投建，城乡供水一体化工作稳步推进。实施“断卡”系列专项行动，有效遏制电信网络诈骗犯罪高发态势。打击制售假、安全生产、食品药品安全形势平稳有序。

【精神文明创建】 2020年，云霄县持续开展精神文明创建活动，涌现出全国模范人民调解员张顺龙、全国教育系统先进工作者吴云、省级见义勇为模范林志伟等先进典型，云霄县人民法院、陈岱镇礁美村分别获得云霄首个“全国文明单位”“全国文明村”称号。

【扫黑除恶】 2020年，云霄县开展扫黑除恶“六清”“六建”工作，打掉涉恶集团1个，宣判恶势力犯罪集团（团伙）3件28人，查处“保护伞”3人。

【商事制度改革获国务院办公厅通报奖励】 2020年5月8日，国务院办公厅发布通报，对2019年落实有关重大政策措施真抓实干成效明显的地方予以督查激励并相应采取奖励支持措施，云霄成为“深化商事制度改革成效显著、落实事中事后监管等相关政策措施社会反映好的地方”板块中福建省唯一入选的县区。

【创建全市首个民间应急物资储备平台】 2020年5月，云霄县创建全市首个民间应急物资储备平台，强化基层应急资金、应急物

2020年3月，云霄县兴起视商经济新风口，在全市率先成立一批田野直播间。图为下河田野直播间本土网红主播直播助农忙 （郭 扬 摄）

资、应急队伍等资源储备，进一步健全应急资源共用共享和协调机制。通过统筹社会救援力量物资储备，将社会救援力量现有的资源纳入应急物资保障体系，全面提升基层防灾减灾救灾能力，实现全县应急物资保障体系建设的新突破。该平台由云霄县教育局、民政局、应急管理局、县红十字会提供业务指导，县彩虹公益联合会、七彩虹志愿总队、彩虹社工中心等负责具体运营。按照“有患必备，潜患先备”的原则，建立完善民间应急物资储备制度、指挥调动系统和投放网络，实现应急物资储备从“储无序、备不齐、急难调”到“规划储、备量足、急调快”的转变。募集到一批救生衣、应急包、对讲机、救护用品等基本应急物资和救生避险装备，收集整理防灾减灾和安全生产课件、视频等2500套。同时招募应急志愿者和心理咨询师、社会工作师、应急救护师资、医护人员等专业人员，组建成员达150人的应急救援志愿队伍，实现民间应急救援队伍从“找得到、调得动、用得上”到“召即来、来能战、战能胜”的转变。

·小资料·

“两区两园、四比四看”：两区，即云霄经济开发区和竹港工业园区；两园，即电工设备产业园和食品科技园；四比四看，即比签约看落地、比投资看形象、比投产看贡献、比服务看效益。

“一区三路两站四园”：一区，即滨北新区；三路，即莆政路改造提升工程、将军大道北段拓宽改造工程和滨北路；两站，即核电站和抽水蓄能电站；四园，即云翔产业园、富佳宝食品工业园、亚琦商贸物流园和农业大观园。

“一点两库三区”：一点，即漳江高塘国控点；两库，即杜塘水库和峰头水库；三区，即红树林保护区、云霄经济开发区、饮用水源保护区。

“一馆一园”：一馆，即向东渠纪念馆；一园，即秋瑾故居文化园。

“六清”“六建”：“六清”，指“线索清仓”“逃犯清零”“案件清结”“黑财清底”“伞网清除”“行业清源”；“六建”，指建立健全源头治理的防范整治机制，建立健全智能公开的举报奖励机制，建立健全打早打小的依法惩处机制，建立健全精准有效的督导督办机制，建立健全激励约束的考核评价机制，建立健全持续推进的组织领导机制。

（罗煜阳 黄志钦 张琳）

·诏安县·

【概 况】 2020年，诏安县生产总值287.63亿元，比上年增长1.0%，其中，第三产业增加值95.99亿元。规模以上工业总产值383.09亿元，比上年增长2.0%，其中，规模以上工业增加值114.49亿元，比上年增长1.7%。农林牧渔业总产值100.74亿元，比上年增长5.3%。固定资产投资71.08亿元，比上年增长2.8%。社会消费品零售总额99.58亿元。实际利用外资0.4亿元。一般公共预算总收入10.94亿元，比上年增长6.1%，其中，地方一般公共预算收入6.92亿元，比上年增长8.9%。城镇居民人均可支配收入32992元，比上年增长2.7%；农村居民人均可支配收入18798元，比上年增长6.0%。

【工业发展】 2020年，诏安县出台应对新冠肺炎疫情扎实做好“六稳”工作等惠民惠企措施，兑现各类奖补资金1150.35万元，新增减税降费1.12亿元；召开7场政银企对接会，促成207家企业授信金额18.14亿元，保障实体经济复工复产。新增规模工业企业14家，春邦实业等79个工业项目新开工，益生健生物科技等59个工业项目新投产。线上线下同步招商，促成中闽渔鑫水产等48个项目签约，总投资155.3亿元。在全省首创“院士团队科技特派员”，安邦水产获评省级工业龙头企业，神爽水产科技通过省级重点实验室认定，实现零的突破。

【城区建设】 2020年，诏安县编制省级历史文化街区保护规划，启动实施古城文化旅游项目。完成老城区107千米雨污管道清淤，推进城西污水处理厂及配套管网项目，城东污水处理厂完成提标改造。开展省级文明县城创建工作，劝导整治占道经营2.85万余起，拆除违章搭盖5200余起。全面开展“百路千村”和“两违”综合治理提档升级行动，共拆除“两违”面积102.4万平方米。推进全域生活垃圾实行第三方保洁工作。

【生态建设】 2020年，诏安县推进中央环保督察反馈问题整改，深入开展污染源排查整治。在全市率先开展非法设置长袖定置网等违规违禁渔具专项整治行动，清理长袖定置网334槽，清理海域面积1266.67公顷，有效保护海洋生态。落实河（湖）长制，建立矿长制，空气质量优良率达99.2%，森林覆盖率65.21%。

【乡村振兴】 2020年，诏安县开展扶持壮大村级集体经济试点工作，培育14个村集体经济收入100万元以上经济强村。完成乡村振兴“一村一方案”编制，梅岭镇获评全省乡村振兴重点特色乡镇和省级乡村治理示范乡镇，太平镇获评全国乡村特色产业十亿元镇，9家企业获评农业产业化省级龙头企业。“诏安红星青梅”“诏安八仙茶”获国家农产品地理标志登记保护。

【疫情防控】 2020年，诏安县建立疫情防控常态化机制，在县总医院、疾控中心建立核酸检测实验室，抓好入境人员、高中风险地区来诏人员健康管理，扎实做好冷链物流疫情防控。在动车站、沈海高速、国省道等设立23个检查站，及时妥善处置2例新冠肺炎输入性病例，牢牢守住“福建南大门”。

【脱贫攻坚】 2020年，诏安县制定强化脱贫攻坚工作若干措施，建立“一月一帮扶”机制、“一键报贫”系统，全覆盖、地毯式开展贫困户“两不愁三保障”、住房“八有”和饮水安全排查，顺利通过全省脱贫攻坚质量调研评估。

【民生保障】 2020 年，诏安县12 个为民办实事项目完成投资1.48 亿元。诏安职校完成整体搬迁。四都镇、白洋乡、红星乡、秀篆镇卫生院门诊综合楼投入使用。建成 121 个基层综合性文化服务中心，举办海峡两岸大学生篮球赛和福建省首届女子篮球联赛。发放优待金、各类优抚资金4340 万元，发放低保、特困人员等各类救助金 1.33 亿元。出台解决不动产登记历史遗留问题处置意见，解决社保卡、不动产登记证“办理难”等民生问题。

【社会治理】 2020年，诏安县全面开展安全生产隐患大排查大整治行动，房屋结构安全隐患排查整治工作位列全市首位，获评省级食品安全社会共治示范县。全面启动市域社会治理现代化试点创建工作，深入推进城乡社区网格治理“2＋N”模式暨乡村（社区）110工作，荣获全国信访工作“三无”县称号。扫黑除恶专项斗争持续深入开展，共打掉恶势力犯罪集团、恶势力团伙2个，破获案件75起，社会大局保持安定稳定。

【效能建设】 2020年，诏安县制定《诏安县工程建设审批流程图》，各类项目前期审批时限压缩。出台政府投资项目初设及概算评审、建设工程招标代理行为等管理规定，实现项目前期全过程监管。

【获评“中国生态牡蛎之乡”】

2020年8月27日，中国水产流通与加工协会召开“中国生态牡蛎之乡”评审会。评审会上，专家组一致认为，诏安县牡蛎养殖区位生态优势明显，产品品质优良，产业规模全国领先，综合利用示范性强，产业政策配套完善，科技支撑有力，符合中国水产流通与加工协会“中国特色水产品”之乡的评审条件和要求，同意授予诏安县“中国生态牡蛎之乡”称号。

【获评“中国天然氧吧”】 2020年 11 月 24 日，“中国天然氧吧文化旅游活动周”推介会举行，会上宣布 2020 年度“中国天然氧吧”评审结果，福建省诏安县成为79个荣获“中国天然氧吧”称号的地区之一，成为漳州第一个获得“中国天然氧吧”称号的县。

（郑继武）

·东山县·

【概 况】 2020年，东山县地区生产总值198.25亿元，比上年下降23.4%。其中，第一产业增加值38.03亿元，比上年下降1.3%；第二产业增加值70.83亿元，比上年下降45.7%；第三产业增加值89.39亿元，比上年增长1.6%。规模以上工业总产值153.58亿元，比上年下降56.2%。农林牧渔业总产值82.82亿元，比上年下降0.2%。固定资产投资62.48亿元，比上年下降41.1%。社会消费品零售总额82.74亿元，比上年下降5.2%。一般公共预算总收入15.4亿元，比上年下降1.6%；其中，地方一般公共预算收入10.47亿元，比上年增长0.2%。城镇居民人均可支配收入39823元，比上年增长2.3%；农村居民人均可支配收入24141元，比上年增长7.6%。

【项目投资】 2020年，东山县落实税费减免、惠企资金超1亿元，引导53家水产品外贸企业拓展国内市场，销售额达28.5亿元。开展突破“难、硬、重、新”工作行动，积极向上争取项目资金2.2亿元，争取上级财政债券资金及抗疫特别国债资金8亿元，旗滨光伏玻璃等75个项目签约、48个项目落地，凯景水世界等66个项目开工，国旺水产等40个项目投产，重点项目完成投资超70亿元。

【脱贫攻坚】 2020年，东山县持续抓好“两不愁、三保障”及饮水安全，建档立卡贫困对象754户1718人脱贫成果稳定提质。

【乡村振兴】 2020年，东山县新建省级优质农产品标准化示范基地2个，新增市级农业产业化龙头企业3家，水产品总产量43.2万吨，比上年下降2%。建成水产品网上拍卖交易中心、跨境电商平台、西海岸直播基地，全县网络零售额16亿元，比上年增长29%，跨境电商出口160万美元，占全市出口额1/3以上，获评国家级电子商务进农村综合示范县。

【旅游产业发展】 2020年，东山县承办海峡两岸融晴文化艺术展系列活动，东山关帝庙被列入第八批中国华侨国际文化交流基地，全年累计接待游客463.3万人次，旅游收入49.07亿元，分别恢复到上年的64.3%和65.5%，成为全省首批全域生态旅游示范县。

【生态建设】 2020年，东山县成功创建国家“绿水青山就是金山银山”实践创新基地。全面完成352个污染源排查整治。启动八尺门海域综合治理生态修复工程。查处涉嫌非法销售海砂刑事案件29起。完成农村人居环境整治三年行动，入选全省首批农村生活污水治理试点县。成立东山城投环境公司，投用大件、园林及建筑垃圾处理厂，开展海漂垃

2020年5月12日，漳州旗滨玻璃有限公司五线冷修技改项目完成，正式点火投产 （欧东茵 摄）

圾综合治理，有力提升城乡垃圾常态化管护运维水平。推进“百路千村”整治，处置“两违”302宗80万平方米。

【城乡建设】 2020年，东山县推动农村住宅建设规范化管理，成为全省农房建设试点县。新建改造10条市政道路、建成6处停车场，完善交通微循环。完成3个老旧小区改造和61个村“三线”整治，实施“平改坡”558栋，整治裸房160栋，城乡面貌进一步改善。

【民生保障】 2020年，东山县财政民生支出占比保持在70%以上，32个为民办实事项目完成投资超7亿元。全县现有普通中学8所，在校生8945人；小学31所，在校生16541人；幼儿园141家，在园幼儿8611人。全县中小学教职工2115人，新增公办幼儿园学位774个。年末，全县共有县级医疗卫生机构12家；卫技人员1348人，千人均5.96人；执业（助理）医师405人，千人均1.79人。全县编制病床数1160张，千人均5.13张。省级慢性病综合防控示范区通过考核验收，康庄医院、东山县医院传染病配套用房投用，8个省级以上名医工作室常态化运作，率先在全市实现省级卫生乡镇全覆盖。落实稳岗补贴，城镇新增就业1100人、失业再就业379人。开展安全隐患大排查大整治行动、安全生产专项整治三年行动，承办全国渔业水上突发事件应急演练，全县生产安全事故起数和伤、亡人数“三下降”。

【社会治理】 2020年，东山县持续开展扫黑除恶专项斗争，争创“无毒示范岛”，推进城乡社区网格治理“2＋N”模式暨“乡村（社区）110”工作，信访事项化解率92.6%。

【依法行政】 2020年，东山县修订《政府工作规则》，完善民主决策等12项制度。组织开展国有资产保值增值、政府债务等21个审计项目，办理人大代表建议62件、政协委员提案79件。深化行政审批改革，进驻大厅审批事项1488项，累计压缩事项审批时限13797个工作日，压缩率达85.9%。

【谷文昌纪念馆“全国爱国主义教育示范基地”授牌】 2020年3月13日，谷文昌纪念馆“全国爱国主义教育示范基地”授牌仪式举行。这是在中华人民共和国成立70周年之际，中宣部新命名的39个全国爱国主义教育示范基地之一，也是福建省第二十个、漳州市第一个全国爱国主义教育示范基地。

【2020全国渔业水上突发事件应急演练在东山举行】 2020年9月11日，农业农村部联合武警部队、交通运输部和福建省人民政府在东山县大澳中心渔港西侧海域共同举办“2020全国渔业水上突发事件应急演练”。此次演练以一艘渔船与商船在海上发生碰撞事故为背景，模拟海难事故发生后，渔船自救互救，海上、空中和陆地救援组采用不同方式救助伤员和落水人员的情形。

【2020中国·东山岛企业家帆船赛开幕】 2020年12月26日，2020中国·东山岛企业家帆船赛开幕式在东山县海洋体育旅游休闲文化产业基地举行。本次活动由东山县人民政府、漳州市体育局联合主办，吸引超过300名来自全国各地的商界名流和企业精英组成40支队伍参赛。

（陈春亮　谢惠英）

·南靖县·

【概　况】 2020年，南靖县完成地区生产总值328.8亿元。第三产业增加值112.3亿元。固定资产投资76.8亿元。一般公共预算总收入12.5亿元；地方一般公共预算收入8.2亿元。实际利用外资8762万元。社会消费品零售总额103.8亿元。城镇居民人均可支配收入35816元；农村居民人均可支配收入20009元。人口自然增长率1.83‰。年度节能减排任务全面完成。

【工业发展】 2020年，南靖县扎实开展“三百行动”“五帮五促”，累计拨付涉企专项资金、产业扶持发展资金1亿元，减免企业税费1.4亿元。完成规模工业总产值424.2亿元、规模工业增加值121亿元、工业税收3.2亿元、工业投资43.5亿元、技改投资20.5亿元。新增新上规模工业企业20家，新认定国家级高新技术企业14家、省科技小巨人领军企业4家，6家企业入选市级重点上市后备企业名单，万宝能源科技、万利达科技分获省级企业技术中心、省级龙头企业称号。

【乡村振兴】 2020年，南靖县实施乡村振兴战略，举办现代农业发展暨乡村振兴大会，136个示范工程项目累计完成投资4.5亿元。举办农民丰收节、茶王赛等活动，鼓励发展直播带货新业态。完成农业总产值131.5亿元，比上年增长4.4%。创建国际标准农产品示范基地2个、省级优质农产品标准化示范基地7个，新增“三品一标”1个、省级“一村一品”示范村2个，被列为省级“农产品质量安全县创建试点单位”“家庭农场示范县创建试点单位”和“农民合作社质量提升整县推进试点县”，南靖丹桂荣获“中华品牌商标博览会金奖”，南靖兰花入选“福建十大农产品区域公用品牌”，南靖金线莲入选“第二批福建特色农产品优势区”。

【第三产业发展】 2020年，南靖县大力发展商贸服务业，新增限上贸易业企业6家，全县农村服务站点覆盖率达55%，实现电子商务交易额16亿元，比上年增长30%。开展“世遗文旅推进年”活动，举办“全域旅游融合发展大会”，上榜“首批福建省全域生态旅游示范县”，塔下村入选“第二批全国乡村旅游重点村”。持续加强土楼景区环境整治，成立土楼民宿协会，开展“土楼黄昏后”等营销活动，荣登《新闻直播间》等央视栏目。

【项目建设】 2020年，南靖县97个县级以上在建重点项目完成投资69亿元；“五个一批”项目完成91个；谋划储备“十四五”项目607个、总投资1792.7亿元。全年引进项目134个，总投资250.7亿元，其中上亿元项目87个。完成征地505.33公顷，拆迁19.7万平方米，补充耕地和水田35.4公顷，储备工业用地53.33公顷，处置批而未供土地90公顷，盘活闲置厂房21.1万平方米，建设标准厂房19.2万平方米。向上争取各类财政、债券资金19.4亿元；实现土地运作收入8.6亿元；荆江国投取得AA级企业主体信用等级，进入资本市场行列；县属国有投融资平台完成融资6.7亿元。处置企业不良贷款7.9亿元，政府债务风险良性可控。

【城乡建设】 2020年，南靖县投入5.8亿元，实施城建项目25个，打通雨林路、育新北路2条断头路，西环路、北环路“白改黑”工程加快推进。新改建市政管网51.9千米，新增城市公厕7座、公共停车位223个。完成东大路立面改造和湖心岛音乐喷泉提升改造，荆江智慧体育公园投入使用。编制国土空间总体规划和村庄规划，新改建农村公厕60座，整治裸房1600栋，拆除“两违”面积49万平方米，村庄绿化面积12万平方米。新改建输电线路127.3千米，建设农村公路30千米。新增“国家森林乡村”7个、“省级森林村庄”9个、“省级传统村落”7个。

【生态保护】 2020年，南靖县扎实推进污染防治攻坚战，靖城桥国考断面水质均值达III类水，3个省控断面和象溪饮用水源地水质达标率均为100%，县城空气质量优良天数比例达99.4%，完成造林绿化1600公顷，森林覆盖率达73.38%，第二轮中央环保督察信访件全部完成整改并销号。县污染源普查办公室荣膺“第二次全国污染源普查表现突出集体”，县法院2个“生态司法+”修复模式入选“全省生态司法十大修复方式”。

【脱贫攻坚】 2020年，南靖县聚焦“两不愁、三保障”，扎实推进打赢脱贫攻坚战稳定提质三年行动，积极开展“全省壮大村集体经济重点扶持县”试点工作，着力巩固脱贫成果。拨付各级扶贫资金3453.9万元，全力支持贫困村、贫困户发展产业；拨付37.8万元，完成126户贫困户住房修缮。

【民生保障】 2020年，南靖县新增城镇就业人员2050人，城镇登记失业率低于控制线。新改扩建农村幸福院和社区居家养老服务站31所，县社会福利中心和乡镇敬老院全部实行公办民营，居家养老服务实现村（居）全覆盖。6个乡镇安福堂投入使用。投入1.9亿元，实施南靖一中艺体馆、丰田华侨学校综合楼、第四实验幼儿园等教育项目36个，新增学位550个。投入1.6亿元，完成县医院新建病房大楼、龙山中心卫生院门诊综合楼主体建设；组建“南靖县总医院”。

【社会治理】 2020年，南靖县打好“扫黑除恶”收官战，“打财断血”战果位居全市第一。深入开展“党建带网建”试点工作，2个镇、15个村入选“省级乡村治理试点示范单位”。做好“七五”普法总结验收工作，南靖县检察院再获“全国先进基层检察院”称号，南靖县法院首创“执行三联动协作机制”在全省推广，南坑派出所入选全省首批“枫桥式公安派出所”。扎实开展安全生产专项整治三年行动和安全生产隐患大排查大整治，全县安全生产形势总体平稳。加强食品药品安全监管。深入开展第七次全国人口普查。

【南靖上榜“首批福建省全域生态旅游示范县”】 2020年11月9日，福建省文旅厅发布首批福建省全域生态旅游示范县（市、区）名单，南靖县位列其中。南靖县地处漳州市西北部，因拥有诸多土楼，被称作“土楼王国”，更有全市唯一国家AAAAA级旅游景区——福建土楼（南靖）旅游区。全县100多座土楼群落及单体土楼被评为国家级、省级、县级文物保护单位。其中“两群两楼”——田螺坑土楼群、河坑土楼群和怀远楼、和贵楼，是“客家土楼营造技艺”杰出的代表品，于2008年正式入选世界遗产名录。

【“世遗土楼·海丝文化”南靖高峰论坛举办】 2020年9月28日，由南靖县人民政府、福建省闽南文化研究会主办的“世遗土楼·海丝文化”南靖高峰论坛、福建省闽南文化研究会2020年学术年会在南靖县举办。本次论坛共收到143篇论文。研讨期间，专家学者们围绕“追溯世界文化遗产渊源，寻找闽南传统文化基因，对接海丝之路国际平台”主题，结合各自专业领域，分享《在文化传承和融合中推进两岸交流》《闽南海洋历史文化初探》等20多个学术报告，不仅有史学文献考证、田野调查报告，也有经济界的分析、文旅业的前瞻，有力推进闽南文化、海丝文化及两岸文化交流等多领域交叉融合。

【南靖法圆山与圣马力诺市提塔诺山缔结友好山峰线上论坛举行】 2020年12月8日，南靖县通

2020年8月19日，南靖县全域旅游融合发展大会暨世遗土楼文旅产品发布会在书洋镇田中赋土楼群举行　（张梦帆　摄）

过网上平台举行南靖法圆山与圣马力诺市提塔诺山缔结友好山峰线上论坛。会上，双方共同商讨了《福建南靖与圣马力诺市友好合作备忘录》，进一步增进相互了解、加强合作交流，实现优势互补、互利共赢，切实迈开缔结友好城市的新步伐。

·小资料·

三百行动：百名领导挂钩百家企业、重点企业，百日帮促。

五帮五促：帮助招工引工，促进企业复工复产；帮助畅通运输，促进人流物流商流；帮助疫情防控，促进企业破解难题；帮助减税降费，促进企业良性运营；帮助保障安全，促进企业平稳生产。

（钟丽萍）

·平和县·

【概 况】 2020年，平和县完成地区生产总值254.57亿元，财政总收入8.92亿元，地方级财政收入6.34亿元。社会消费品零售总额99.58亿元。城镇居民人均可支配收入34940元，比上年增长1.5%；农村居民人均可支配收入20770元，比上年增长7.7%。获“全国电商示范百佳县”“全国茶叶百强县”“国家农产品质量安全县”“中国特色农产品优势区”等荣誉。

【工业发展】 2020年，平和县规模工业总产值154亿元。唐宗家具生产、众合木业等开工建设，大芹陆宜威士忌酒业第三条生产线建成投产，规模工业增加值44.56亿元，工业投资成37.16亿元，技改投资10.5亿元。工业用电5.68亿千瓦时，比上年增长20.2%。

【农业发展】 2020年，平和县农业总产值101.7亿元，比上年增长3.3%。平和国家现代农业产业园创建通过国家考核认定，琯溪蜜柚文化展示馆、高标准生态柚园、大数据平台等相继建成；合益食品、益果园食品等蜜柚深加工生产线投用。举办第十六届平和蜜柚节、庆丰收蜜柚开采活动，打响“平和琯溪蜜柚正宗原产地”品牌，琯溪蜜柚首次出口美国。举办第十三届茶王赛，白芽奇兰茶入选福建2020年地理标志农产品保护品种。温氏、海新等企业采取“公司+农户”的饲养模式，生猪存栏超20万头。

【第三产业发展】 2020年，平和县推进“互联网＋”行动，实施“互联网＋蜜柚产业”试点项目，进入全国“农村淘宝试点县”20强。推出“柚趣平和·寻味十二时辰”直播日活动，打造“蜜柚＋X”促销模式，蜜柚线上销售9.75亿元、比上年增长175%；33家电商企业入驻电子商务服务中心，电子商务交易额完成27亿元。

【社会事业】 2020年，平和县提升医疗保障，投资10亿元的县医院迁建工程顺利开工。引进1家国家级、2家省级名医工作室，家庭医生签约24.95万人。新建73家农村幸福院，完善提升2家区域性养老服务中心、6家社会养老服务站，为40个老区村配套老年活动中心。平和县文博中心、4个乡镇综合文化站和107个村级综合性文化服务中心建成投用，保护修缮城隍庙、庄上大楼等文保单位，新增文保单位省级2个、县级12个。

【项目建设】 2020年，平和县39个省市重点项目完成投资53.87亿元，119个县重点项目完成投资73.57亿元，固定投资完成84亿元。新增“五个一批”项目134个，其中谋划21个、签约39个、开工41个、投产30个、增资3个。招商共对接项目55个、签约项目34个，大珩商超、俊鑫木业等项目落地，总投资91.4亿元。

【城乡建设】 2020年，平和县交通工程完成投资2.04亿元，北环路延伸段道路工程持续推进，云平高速、县道芦大线改建等建成通车。实施农村公路示范路、路面挖补项目3个、农村安保工程24千米。水利水保完成投资1.68亿元，完成2个中小河流治理、9条小流域水土流失综合治理、5个安全生态水系等项目，投资6亿元的官峰水库全阶段勘察设计工作全面开展。电力能源完成投资0.66亿元，110千伏文峰、西蝉输变电工程建成投用，新一轮农网改造升级工程完成147个。投入34.6亿元，建设市政道路9.6公里，新建改造污水管网13公里、供水管网20公里、雨水管网13.5千米。投资5亿元的垃圾焚烧发电厂开工建设。投资3.16亿元，实施乡村振兴“345”示范项目145个。小溪镇入选全国乡村特色产业十亿镇，蕉路村入选第二批全国乡村旅游重点村，新陂村获评第六届全国文明村，6个村入选省级“一村一品”示范村。

【第十六届平和蜜柚节开幕】

2020年9月22日，第十六届平和蜜柚节暨庆丰收蜜柚开采活动拉开帷幕。蜜柚节开幕式，结合2020年中国农民丰收节主题“庆丰收、迎小康”，采用线下搭台、线上直播方式，开采仪式效法古礼，展现平和500年贡品蜜柚历史，宣布平和蜜柚正式上市；联合电商平台，全程进行线上直播，创新推出“柚趣平和，寻味十二时辰”直播日，打造“蜜柚+X”概念，网红主播深入平和全域，展现平和各乡镇（场）丰富多彩的文旅特色，线上线下同步互动。其间，还举行蜜柚品质王评选，为“种出好品质、卖出好价钱”起示范引领作用，实现“优品种、提品质、护品牌、保生态”，促进蜜柚产业可持续发展。

【入选农业农村部首批“互联网+”农产品出村进城工程试点县】 2020年10月，平和县入选农业农村部首批“互联网+”农产品出村进城工程试点县。年内，平和县充分发挥“互联网+”优势，推动特色农产品销售，着力解决农产品“卖难”问题，促进产销精准对接，实现优质优价，带动农民增收，巩固产业扶贫成效，推动现代农业高质量发展超越。

2020年9月22日，第十六届平和蜜柚节暨庆丰收蜜柚开采活动开幕。图为小朋友和老师一起在柚子上作画 （黄子君 摄）

【“平和琯溪蜜柚”和“平和白芽奇兰”获世界地标金奖】

2020年10月29日，福建省平和县的“平和琯溪蜜柚”和“彭溪”牌“平和白芽奇兰”茶获2020世界地理标志产业博览会金奖。2020世界地理标志产业博览会由总部设在日内瓦的非政府国际组织——世界贸易网点联盟主办，由2020世界地理标志产业博览会组委会承办。由于新冠疫情原因，博览会临时由线下开展改为线上进行。评奖采取专家团线下现场考评与线上评审相结合方式进行。经评审，“平和琯溪蜜柚”和“平和白芽奇兰”获世界地标金奖。

·小资料·

六大特色旅游品牌：以闻名遐迩的千年古刹三平寺为代表的宗教朝圣游；以享誉闽南粤东的灵通山为代表的自然风光生态游；以“打响八闽第一枪”的“平和暴动”发源地长乐乡为代表的中央苏区县红色游；以高寨柚海“布达拉宫”为代表的回归田野、颇具魅力的农业观光游；以林语堂故居为代表的内涵丰富的人文景观游；以庄上大楼和绳武楼为代表的土楼民居游。

（刘小珠）

·长泰县·

【概 况】 2020年，长泰县实现地区生产总值344.5亿元，比上年下降3.6%。第一产业增加值19.8亿元，比上年增长4.3%；第二产业增加值225.7亿元，比上年下降6.7%；工业增加值185.1亿元，比上年下降8.8%；第三产业增加值99.1亿元，比上年增长4.2%。规模以上工业总产值545.2亿元，比上年下降12.8%。农林牧渔业总产值34.6亿元，比上年增长3.5%。社会消费品零售总额86.6亿元，比上年下降3.2%。固定资产投资135亿元，比上年下降35.3%。一般公共预算总收入18.32亿元，比上年下降13.6%。出口总额71.2亿元，比上年增长2%；实际利用外资4亿元，比上年增长14.3%。城镇居民人均可支配收入41660元，比上年增长3.5%；农村居民人均可支配收入22228元，比上年增长6.1%。年内，蝉联全省县域经济实力“十强县”，入选全国县域经济综合竞争力四百强、全国县域投资潜力两百强。

【工业发展】 2020年，长泰县新开工项目27个、投产43个，实施省级重点技改项目20个，新增新上规模工业企业22家。立达信获评国家技术创新示范企业，3家企业获评国家级专精特新“小巨人”企业，23家企业获国家高新技术企业认定。长泰经济开发区实际利用外资位居全省开发区第四。

【现代农业发展】 2020年，长泰县创建优质农产品标准化示范基地4个，建设省级现代水果产业园项目9个，引进新品种55个，落实耕地地力保护补贴1158万元，完成高标准农田建设686.67公顷、粮食种植面积6020公顷，新增无公害农产品认证2个，成为省级农产品质量安全县创建试点单位。

【第三产业发展】 2020年，长泰县旅游集散中心建成投用，哈啰广场等商贸综合体投入运营，新增服务业市场主体3120户，新增限上批零住餐企业4家。引导企业线上对接“进出口博览会”等重要展会，支持拓展跨境电商业务，带动开展直播带货等新型营销活动，实现电商销售额10.5亿元，第三产业增加值增速位居全市首位。

【项目建设】 2020年，长泰县161个县级重点项目完成投资189.6亿元，占年度计划的113.8%，项目服务攻坚活动重点项目得分位居全市首位。“五个一批”新增项目122个，新开工项目数位居全市第二。新批办内资工业项目47个、外资项目6个，计划总投资48.25亿元。开展突破“难硬重新”问题专项行动，攻坚首批急难问题17个。落实减税降费3.53亿元，兑现各级惠企政策资金1.11亿元。新增贷款16.27亿元，促成政银企、科技贷对接融资意向64亿元，惠及企业196家。征地526.73公顷，拆迁19.73万平方米，用28天时间攻克制约武德西路十年的征迁难题。处置批而未供土地52.67公顷，清理闲置土地28.53公顷，盘活闲置厂房30万平方米，获批用地21.93公顷，保障林地指标298.33公顷，枋洋水利枢纽工程下闸蓄水。

【乡村振兴】 2020年，长泰县财政落实乡村振兴专项资金1500万元，重点支持创建1个省级特色乡镇、7个省级试点村、1个省级实绩突出村。深化乡村振兴“一革命四行动”，农村生活垃圾收集率超95%、转运率100%。“网格化+云平台”智慧村居治理模式、农村厕所粪污处理及资源化利用模式成为全国先进典型，珪后村获评全国乡村治理示范村，叶高发荣获“全国先进工作者”称号。岩溪镇、坂里乡和10个村获评省级乡村治理示范镇村。

【城乡建设】 2020年，长泰县国土空间总体规划列入漳州新城重点布局区域，“百路千村”“两违”综合治理深入推进，县城区排涝工程改扩建项目启动实施，昌华小区完成老旧小区改造，人和农贸市场实现“农改超”。继续投入4000万元，实施石板材厂二级拆除。城乡供水一体化项目加快推进，农村污水处理设施建设项目基本完工，主要乡镇污水管网建设项目竣工，林丰线道路改建工程开工建设。县城至九洋、枋洋至青阳农村客运公交化运行，坂里至市区公交专线开通运营，缓解边远山区群众“出行难”问题。

【生态环保】 2020年，长泰县推进中央环保督察反馈问题整改，开展921个污染源头治理，完成率98.6%。深化大气污染源整治“百日行动”，实施7个省级大气环境精准治理减排项目，35个大气污染热点网络建成投用，县城区环境空气质量优良天数比例100%。落实河湖长制，银塘污水处理厂开工建设，20个水环境整治项目有序推进，可养区水禽整治完成率89.9%，国控及省控断面水质均值达标。

【疫情防控】 2020年，长泰县投入新冠疫情防控资金1亿多元，社会各界捐款751万元，捐赠口罩5万个。1000多名医务人员英勇奋战，2名护理人员驰援武汉，1名人员获福建省抗击新冠肺炎疫情先进个人。坚持外防输入、内防反弹，推进常态化疫情防控，全面细致排查，强化监测预警。开展爱国卫生运动，全力做好重点领域和重点对象管控。医护队伍、医疗设备、防护物资配足配强，每万人口拥有疾控人员1.5人，具备5日内完成全县全员核酸检测能力。落实防疫及复工复产惠企政策，出台复工稳产增产八条措施，抵御疫情造成的冲击和影响。

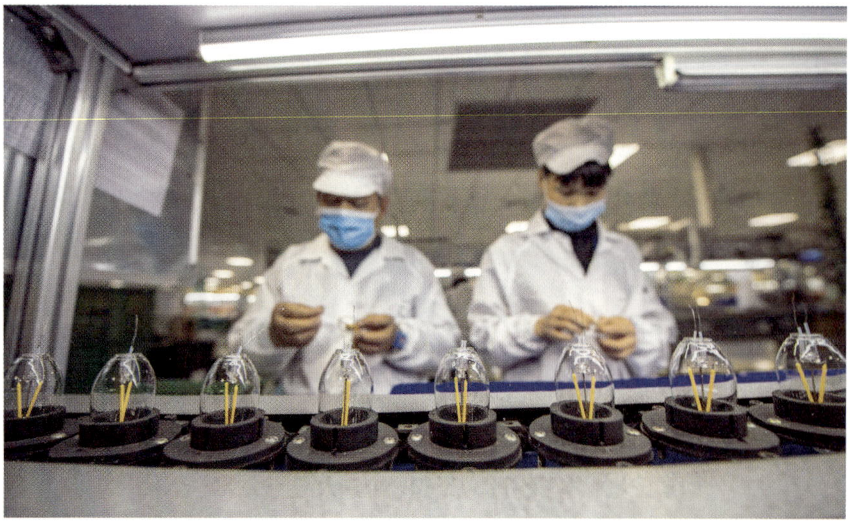

2020年3月19日，立达信智能物联网生产车间加快复工复产。图为生产现场 （长泰县融媒体中心 供图）

【脱贫成果巩固】 2020年，长泰县落实扶贫资金4445万元，“两不愁三保障”“一户一方案”有效实施，全县建档立卡贫困户年人均纯收入达到17261元，实现稳定脱贫。

【金融风险防范】 2020年，长泰县处置不良贷款大户3家、6835万元，不良贷款率下降至1.25%，为近3年来最低水平。

【民生事业】 2020年，长泰县民生支出19.23亿元，占一般公共预算支出81%。12件县级为民办实事项目完成投资5.7亿元。教育新增学位5860个。县中医院等3个医疗卫生项目建成投用，获评国家级慢性病综合防控示范区，再次荣膺国家卫生县城称号。3所乡镇敬老院、6个城乡养老服务设施建成。城镇新增就业3591人，再就业1692人，城镇登记失业率控制在市下达的指标范围内，新增公益性岗位73个。城乡低保和特困人员救助供养标准继续提高，发放保障金3108万元、惠及3915人。

【社会治理】 2020年，长泰县扫黑除恶、综治维稳深入开展，矛盾纠纷调解成功率98.4%，获评全国信访工作“三无”县，综治考评位居全市第一。村居干部报酬待遇得到提升，基层治理保障更加充分。

【效能建设】 2020年，长泰县各级审计反馈问题高效整改，实施效能问责3人次。行政执法“三项制度”全面推行，“七五”普法顺利收官。办理人大代表建议84件，办理政协委员提案38件，满意率分别为98.8%及100%，县级财政管理绩效综合评价位居全国第50名、全省第4名。审批服务事项全部实现“最多跑一趟”、85.4%实现“一趟不用跑”，企业开办时间压缩至1个工作日以内，行政审批时限压缩率达83%，市对县绩效考评全市第二。

【入选全省县域经济实力“十强”县（市）】 2020年12月，长泰县再次荣登福建省县域经济实力“十强”县（市）榜单，是继2016年、2019年以来，第三次获此殊荣。

·小资料·

行政执法“三项制度”：行政执法公示制度、执法全过程记录制度、重大执法决定法制审核制度。

（林冠福）

·华安县·

【概 况】 2020年，华安县完成地区生产总值170.76亿元。一般公共预算总收入7.94亿元，比上年增长1.5%；地方一般公共预算收入5.4亿元，比上年增长9.6%，增幅位居全市第一。规模工业总产值227.27亿元，规模工业增加值64.77亿元。固定资产投资79.21亿元，实际利用外资2400万元。社会消费品零售总额41.18亿元。城镇居民人均可支配收入3.73万元，比上年增长2.7%；农民人均可支配收入2.06万元，比上年增长5.2%。

【项目建设】 2020年，华安县开展“五个一批”项目服务攻坚，新增“五个一批”项目22个，总投资92.8亿元。20个省市重点项目完成投资37.62亿元，实现“在建项目零滞后、新建项目全开工”。铁路外移项目顺利开工建设、罗溪水库完成可研报告行业初审。聚焦厦门、上海、深圳等地“退二进三”产业，实施精准招商，全年新引进项目30个，总投资83.11亿元，其中上亿元项目15个，总投资74.94亿元。落实各项减税降费政策，为1232家企业减免税费1.2亿元。积极向上争取项目资金，全年到位资金16.66亿元。完成征地693.33公顷、林地报批70.53公顷，盘活闲置土地86.93公顷，清理闲置厂房9.3万平方米。

【产业发展】 2020年，华安县农林牧渔业总产值60.3亿元，比上年增长4.1%。建立“十大特色现代农业基地”，培育市级以上农业产业化龙头企业20个、“一村一品”特色农业产业示范村9个。谋划实施重点项目41个，总投资超40亿元。成功承办福建省2020年中国农民丰收节分会场活动。在全省率先成立县级乡村振兴研究会。在全市率先完成“一镇一计划、一村一方案”规划编制评审。全县茶叶产值达8.93亿元，水果种植5093公顷，建设高标准农田1367公顷。工业投资50.21亿元，占固定资产投资63.3%。新增新上规模工业企业16家。开发区新开工项目7个，总投资40.13亿元；新投产项目5个，总投资6.95亿元；9个省级重点技改项目投资2.3亿元。全县服务业增加值占GDP比重27.8%。商品房销售额5.73亿元。全年接待游客187.4万人次，实现旅游收入14.9亿元。

【防范化解重大风险】 2020年，华安县重大风险稳定可控，金融服务实体经济力度加大，累计向企业发放纾困资金8624.2万元；全县金融机构不良贷款率0.8%。“平安华安”建设持续推进，扫黑除恶专项斗争不断深化，成功打掉1个黑恶势力；严格落实安全生产“党政同责、一岗双责”，大力推进安全生产专项整治行动和房屋安全隐患大排查大整治大提升行动，安全生产形势稳定向好。

【精准脱贫】 2020年，华安县投入500万元对半岭亭、湖底等11个贫困村的安全饮水进行巩固提升。全县23个贫困村分两批入股国有华安县恒立丰水电有限公司、国有华安县旅游开发有限公司，实现全县23个贫困村资产收益扶贫全覆盖。截至年底，357户1201人贫困户“两不愁三保障”、饮水安全均得到解决；人均纯收入达17305元，比上年增长12.8%；23个贫困村村级集体经济收入平均26.78万元，连续三年实现稳定脱贫。

强化对12户脱贫不稳定户及8户26人受疫情影响贫困户的挂钩帮扶力度，下拨财政专项资金10万元扶持12户监测对象发展产业，为6户监测对象提供小额信贷29万元，为7户已有产业的监测对象购买产业扶贫保险4880元。2020年，全县重点监测对象20户（包括受疫情影响对象）人均纯收入达22596元。年内，支持贫困户发展产业项目，下拨34万元用于94户贫困户柑橘、百香果、烟叶、蔬菜等112个产业发展项目；投入285万元补助148户低保户和31户建档立卡贫困户改善提升住房条件。

全面落实贫困户政策兜底扶持，加大对建档立卡贫困家庭劳动力就业工作扶持力度，疫情期间，将有就业需求的建档立卡扶贫群体作为重点安置对象，新增保洁保绿公益性岗位安置建档立卡贫困人口16人。截至9月30日，全共设置公益性岗位安排贫困劳动力81人就业，涉及贫困户家庭78户；建档立卡贫困户整户低保兜底60户151人，享受低保115户235人，占全部建档立卡贫困人口的19%。

【污染防治】 2020年，华安县严格落实河湖长制，在全市率先建立“河（湖）长+检察长”协作机制治河新模式。年内，被确认为国家生态综合补偿试点县，空气质量优良天数比例、九龙江（华安段）水质环境功能区达标率、县城集中式饮用水源水质达标率均达100%。中央生态环保督察交办信访件全部完成整改销号。全县990个污染源全部完成整治。完成63家“散乱污”企业、69家石板材加工企业整治。

【旅游发展】 2020年，华安县出台《全域旅游高质量发展五年行动计划》等，与闽南师大商学院等高校建立沟通协作机制。核心景区加快建设，华特九龙水镇完成主体建设。投入1200万元，提升土楼景区道路和146亩农业观光项目建设。成功举办2020全域生态旅游融合发展大会，土楼云漫花谷等13个项目签约，总投资37.6亿元。仙都镇获评“全省首批全域生态旅游小镇”，官畲村被评为“全国乡村旅游重点村、中国美丽休闲乡村”，坪水村获评“省级一村一品示范村、金牌旅游村”，大坪村、高石村分别被评为“省乡村旅游村”“省级三星级乡村旅游村”。服务配套不断完善，上坪土楼群至大地土楼群公路建成通车。8座A级旅游厕所建成投用，新增民宿、农家乐4家。旅游形象标识广泛运用，“华安如意，我也想去”旅游营销口号实现推广全覆盖。

【城乡建设】 2020年，华安县县城中心区拆除危旧房7058平方米。荣成二期、雍华府等一批房地产完成主体建设；投入2500万元，完成真武山木栈道、平湖路文体公园景观提升；大同路、文化路等5条市政道路及配套工程动工建设。新改建城市污水、供水管网12.5千米、城市公厕5座，新增公共停车位210个。启动城乡供水一体化建设。全面落实“路长制”，荣获省“第四批‘四好农村路’省级示范县”。投入1527万元，完成20.2公里生态示范路、123公里农村公路安防。建立农村人居环境整治工作“流动红旗”评比制度，该经验做法在全省农业农村系统推广，上榜“省村庄清洁行动先进县”。完成裸（农）房整治1200栋、新改建镇村公厕17座。农村生活污水处理PPP项目30个村开工建设，完成97公里污水管网和4座污水处理站建设。拆除“两违”61.9万平方米，黄枣村“百路千村”“两违”治理成果成为全市先进典型。完成造林绿化和森林经营8933.33公顷。

【民生保障】 2020年，华安县民生事业支出11.28亿元，占公共财政支出的70.62%，28项为民办实事项目完成投资4.19亿元。在全市率先实现县城区公交全免费。完成“五馆一中心”主体、51个村级体育健身活动场所建设。城镇新增就业人员955人，发放城乡居民养老保险金、被征地农民养老保障金5558万元；21个养老补短板项目完成投资1449万元。实施《华安重振教育三年行动计划（2020—2022）》，新续建8个校舍项目、新增学位180个，普惠性幼儿园覆盖率100%。18所小学和基层中学实行课后延时服务管理，解决1002名随迁子女上学问题。县医院业务用房竣工投用，新增卫技人员22名，新增床位107张。2个核酸检测实验室投用。

【疫情防控】 2020年，华安县抓好疫情防控各项工作，广大医务人员、社区工作者、公安干警、镇村干部、志愿者英勇奋战，快递、环卫、物流坚守岗位，社会各界踊跃捐资捐物，全县构筑群防群控群治疫情防控全民大防线，实现“零确诊”，累计争取抗疫资金4496.53万元、政府专项债券5.74亿元，投入“六稳、六保”资金3.77亿元。

【效能建设】 2020年，华安县办理人大代表建议47件、政协提案60件，办结率100%。实行“网上办、掌上办、智能办、邮寄办、预约办”等方式，推动企业和群众办事线上“一网通办”，行政服务中心受理业务4.55万次，即办件率94.38%，审批时间压缩率94.12%。“最多跑一趟”“一趟不用跑”“全程网办”审批事项占比分别为99.79%、91.08%、85.27%。开展专项效能督查8次，效能问责4人。

【第二届“中国舞蹈艺术大展”系列活动视频直播】 2020年8月23日，第二届“中国舞蹈艺术大展”系列活动《56个民族56个舞蹈》全国民族舞蹈文化视频直播走进仙都镇送坑村和华安二宜楼，以现场直播的形式向全国的观众推介送坑村高山族民族特色文化与华安土楼文化。

【福建省2020年中国农民丰收节系列活动举行】 2020年9月25日，福建省2020年中国农民丰收节系列活动华安分会场启动仪式在仙都镇大地土楼群二宜楼景区举行。系列活动以“清爽华安 丰收家园”为主题，包含文艺演出、美丽乡村健康跑等内容。

【全市加强矿产资源管理工作现场会召开】 2020年10月8日，全市加强矿产资源管理工作现场会在华安县召开。会上，华安县整治经验在全市推广。华安县在矿山环境整治上力度加强，整治成效明显。

【“全福游嘉年华——世遗大地土楼文化旅游周”开幕】 2020年12月3日，2020中国·华安全域生态旅游融合发展大会暨“全福游嘉年华——世遗大地土楼文化旅游周”系列活动在华安县二宜楼开幕。开幕式后，举行华安旅游重点项目签约仪式，现场签约13个项目，总投资37.6亿元。

（郑雪慧）

责任编辑：林 绿

附 录

·漳州市机关部门和企事业单位正副职领导名录·

中共漳州市委

书　记： 邵玉龙
副书记： 刘　远　阮开森
常　委： 李东河　沈金水　张琳光　吴文团　黄水木　刘伟泽　张慧德　张世永　沈志平
秘书长： 张琳光
副秘书长： 余　溪　刘　晖　欧阳元成　庄跃庆

漳州市纪检监察机关

市纪委

书　记： 李东河
副书记： 李铁军　林文井　蔡总平
常　委： 张建兴　李文兴　林毅峰

市监委

主　任： 李东河
副主任： 李铁军　林文井　蔡总平
委　员： 张建兴　李文兴　林毅峰　庄银辉

中共漳州市委工作机关及直属单位

市委办

主　任： 余　溪
副主任： 卢炳全　蔡文忠　陈喜平
纪检组组长： 胡进辉
纪检组常务副组长： 郑煜辉

组织部

部　长： 沈金水
副部长： 刘跃光　黄志坚　陈四象　卢　锋　郭丹川
纪检组组长： 王永光
纪检组常务副组长： 蔡惠安

宣传部

部　长： 刘伟泽
副部长： 陈惠贞*　林立辉　黄仲芳*　沈龙石　陈敏杰*　池　毅
纪检组组长： 江少东

统战部

部　长： 黄水木
常务副部长： 沈诏坤
副部长： 陈东海　陈群霞*　黄文龙
纪检组组长： 吴国州

政法委

书　记： 吴文团
副书记： 陈青树　王文智　袁晓东
政治部主任： 童文山
纪检组组长： 江永辉

改革办

主　任： 张琳光
常务副主任： 翁耀琪
副主任： 方志活　罗宏坤

网信办

主　任：陈敏杰*

副主任：张东洲　郑雯雯*

编办

主　任：黄志坚

副主任：林炳清　肖永红　叶雪娟*

军民融合办

主　任：张慧德

常务副主任：方建平

副主任：张国海　许杰武　陈洪扣

台港澳办

主　任：林秀珍*

副主任：方龙辉　郭颖峰

市直机关工委

书　记：沈金水

常务副书记：戴学平

副书记、纪工委书记：戴金全

副书记：李恒超

纪工委常务副书记：周艺敏

委　员：陈宝生　黄亚杰　庄健民

巡察办

副主任：韩庚申　李坤毅

巡察一组组长：谢玉民

副组长：吴海映

巡察二组组长：杨智伟

副组长：蔡瑞明

巡察三组组长：梁　军

副组长：林燕军

巡察四组组长：陈　斌

副组长：李继军

巡察五组组长：郑凤义

副组长：许亚货

老干部局

局　长：陈四象

副局长：赵作泉　林美香*

文明办

主　任：林立辉

副主任：刘述冲　曾小玲*

党 校（行政学院、社会主义学院）

校　长：沈金水

常务副校长：沈志雄

副校长：黄邦辉　沈惠平

党史和地方志研究室

主　任：朱建池

副主任：曾一石　蔡春枝

档案馆

馆　长：黄镇平

副馆长：蔡春山　郑文福

市委、市政府接待处

处　长：卢炳全

副处长：洪佩瑄*

讲师团

团　长：黄瑞土

漳州市人大常委会

党组书记、主任：陈汉夫

党组副书记、副主任：吴达金

副主任：李珊珊*　方木荣　余　溪　欧龙光

秘书长：沈茂欣

副秘书长：何素平　林秋生　黄艺敏*

漳州市人大常委会工作部门和专门委员会

人大办

主　任：何素平

副主任：林勇一

研究室

主　任：郑智平

人事代表委

主　任：郭丹川

副主任：胡丽娜*

监察司法工委

主　任：沈钦坤

财经委

主　任：吴灿辉

农经委

主　任：王少华

副主任：欧阳振山

教科文卫委

主　任：林金波

侨台委

主　任：黄兆娟*

副主任：苏勇军

城环委

主　任：朱志宏

副主任：杨文辉

法工委

主　任：阮授智

副主任：欧阳建福

人大法制委员会

主任委员：余　溪

副主任委员：简清溪

人大财政经济委员会

副主任委员：黄建国

人大社会建设委员会

副主任委员：王雅秋*

人大监察和司法委员会

副主任委员：许才发

纪检组

组　长：李华英*

漳州市人民政府

党组书记、市　长：刘　远

党组副书记、副市长：张慧德

副市长：张翼腾　兰万安
吴卫红*　侯为东
李　勇　林晓东
崔为磊

秘书长：李亚树

副秘书长：马桂秋*　黄银寿
钟连海　李志勇
罗道焜　魏晓荣
洪海涛　张斗胜
陈作术

漳州市政府工作部门及直属单位

政府办

党组书记：李亚树

党组副书记、主任：马桂秋*

副主任：林瑞安　陈叶伟
戴明利　蔡加立
吴维桑

纪检组组长：陈庆华

纪检组常务副组长：杨武勤

发改委

党组书记、主任：蔡兴州

党组副书记、副主任：王劲东

副主任：陈　林*　唐云珍
陈顺国

纪检组组长：陈快荣

教育局

市委教工委书记、党组书记、局长：黄江辉

市委教工委副书记、党组副书记、副局长：洪维椿

副局长：许九山　侯漳明

市委教工委纪委书记、纪检组组长：陈燕翼

纪检组常务副组长：蒋林宾*

科技局

党组书记、局长：周俊雄

副局长：蔡亚河　方妙珠*

工信局

党组书记、局长：苏斌钢

副局长：周智生　林益生
方泗平　杨毅斌

民宗局

党组书记、局长：蒲少城

副局长：吴火进　郑溪华

公安局

党委副书记、常务副局长：黄跃欣

副局长：许　佳　吴　勇
陈建生

政治部主任：叶振煜

纪检组组长：陈朝松

民政局

党组书记、局长、市老区办主任：曾建新

副局长：蔡溪根　陈金生
罗永生

财政局

党组书记、局长：许毅忠

副局长：沈永智　林贤丽*
张海鹏　施晓莹*

纪检组组长：于开洋

纪检组常务副组长：简三景

司法局

党组书记、局长：林　方

副局长：洪春煦　郭龙庆
杨景德

政治部主任：叶文辉

人社局

党组书记、局长：李辉煌

副局长：杨火旺　吴苏武
张昆平　承继忠
林贵达

自然资源局

党组书记：何金才

局　长：陈　华
党组副书记、副局长：张其扬
副局长：沈建国　林泗桢
林远鹏　许德生
纪检组组长：林建盛
纪检组常务副组长：吴清辉

生态环境局

党组书记、局长：李志勇
副局长：谢卫东　陈秀宁*

住建局（市人防办）

党组书记、局长：周伟辉
副局长：王礼福　吴龙勇
张永金　陈琼辉
纪检组组长：黄启城
纪检组常务副组长：陈宙鸣

交通运输局

党组书记、局长：傅佳学
党组副书记、副局长：黄进安
副局长：黄卫民　林　云
胡特新　李　雯*
纪检组组长：沈建东

邮政管理局

党组书记、局长：李　雯*

水利局

党组书记、局长：吴　敏
副局长：方怡海　蔡英明
杨智聪　刘成城

农业农村局

党组书记、局长：郭福泉
副局长：叶明东　胡大义
苏明河　曾浩川

林可登
纪检组组长：陈义良
纪检组常务副组长：林美珠*

商务局

党组书记、局长：吴凌真
副局长：郑亚能　林建成
黄喆煜

文旅局

党组书记：于晓岩
局　长：林　菁*
副局长：赵金花*　蔡绿漪*
简奕耕　游　瑛
曹明福　杨勇琦
纪检组组长：黄秋杭
纪检组常务副组长：陈志强

卫健委

党组书记、主任：许鹃君*
副主任：张子华　李浩添
陈　红*
纪检组组长：潘庆禄
纪检组常务副组长：林巧玲*

退役军人局

局　长：林俊雄
副局长：黄顺权　杨志辉

应急局

党组书记、局长：蓝良木
副局长：许文辉　江荣山
谢栋明　余文胜

审计局

党组书记、局长：曾妙玲*
副局长：欧阳辉　郭翠琴*
吴春金

外办

党组书记、主任：何少华
副主任：何华成　沈河阳

国资委

党委书记、主任：庄文海
党委副书记：林　鹭
副主任：林纬奇　江志强
纪检组组长：林良寿
纪检组常务副组长：时登德

林业局

党组书记、局长：姚珠成
副局长：周佩钦　苏友聪
曾国容

海洋渔业局

党组书记、局长：刘亚良
副局长：李伟民　周宽哲
党组成员：苏碰皮　郭文钟

市场监管局

党组书记、副局长：陈木海
党组副书记、局长：朱东风
副局长：林绍稳　施文旭
许春桥　林丽卿*
卢蔚霖　张　红*
李新长　庄政江
李佳宁
纪检组组长：杨跃光
纪检组常务副组长：蔡晓军

体育局

党组书记：周志聪
局　长：杨素萍*
副局长：朱伟贤

统计局

党组书记： 李香英*
局　长： 黄井南
副局长： 李耀华　薛海州

医保局

党组书记、局长： 康元泰
党组副书记、副局长： 高文叶*

金融监督局

党组书记、局长： 李宏泰
副局长： 曾平西　林润森

信访局

党组书记、局长： 林瑞安
副局长： 刘宝明　王东兴
曾进兴

城市管理局

党组书记、局长： 吴志民
副局长： 甘从春　张国华
谢　武

行政服务中心

党组书记、主任： 黄银寿
副主任： 丁建木　许珠金
王云川

漳州市政府直属事业单位

发展研究中心

主　任： 江智诚
副主任 黄志坚　朱红李*

新闻办公室

主　任： 陈惠贞*

粮食和物资储备局

局　长： 王劲东
副局长： 蔡港溪　郭跃辉

供销社

党组书记、主任： 欧阳圣
副主任： 许伟明　林阳福

二轻联社

党组书记、主任： 林国瑞
副主任： 陈国宏　洪文吉

地震局

党组书记、局长： 王文生
副局长： 黄文斌　邹国财

疾病预防控制中心

党委书记、主　任： 蔡茂荣

医疗保障中心

主　任： 李国华

市医院

党委书记： 郭永林
党委副书记、院长： 蔡铭智

市中医院

党委书记： 张维波
院　长： 陈鲁峰

驻北京联络处

主　任： 陈爱棋
副主任： 陈亚俊

驻上海联络处

主　任： 罗道琪

驻深圳办事处

主　任： 蔡路生

驻福州办事处

主　任： 蔡志伟

政协漳州市委员会

党组书记、主　席： 张祯锦
党组副书记、副主席： 杨胜华*
副主席： 黄井南　周小华
吴芳华*　陈跃鸿
何伟燕*　戴鹏飞
卢　力
秘书长： 叶跃西
副秘书长： 许惠勇　李明清

漳州市政协工作部门

政协办

主　任： 许惠勇
副主任： 蒋一芬*

提案委员会

主　任： 黄文疆

经济委员会

主　任： 刘亚东
副主任： 黄加荫*

农业和农村委员会

主　任： 曹　阳*

教科卫体委员会

主　任： 陈勇谋
副主任： 谢艺麟

社会和法制委员会
主　任：叶淑端*

台港澳侨联络委员会
主　任：叶香雪*
副主任：邱晓辉

文化文史和学习委员会
主　任：谢文英

人口资源环境委员会
主　任：陈秀菊*
副主任：杨亚伟

民族和宗教委员会
主　任：曾贵森
副主任：陈　炜

研究室
主　任：陈俊朋

委员工作室
主　任：陈丽娟*

纪检组
组　长：陈家明

漳州市人民检察院

党组书记、检察长：黄秀强
副检察长：胡亚金　刘英俊　周跃武
纪检组组长：黄水城
政治部主任：陈中坚

漳州市中级人民法院

党组书记、院长：罗　雄
党组副书记、副院长：陈志福
副院长：盖志凌　郑通斌　翁志刚
纪检组组长：欧阳劲松
政治部主任：刘汉池

漳州市民主党派

民革漳州市委会
主　委：戴鹏飞
副主委：王少华　詹阿来　阮秀惠*

民盟漳州市委会
主　委：吴芳华*
副主委、秘书长：郭加丰
副主委：高建新　黄毓玲*　蓝寿义　陆銮眉*

民建漳州市委会
主　委：陈仁朝
副主委、秘书长：陈惠红*
副主委：林瑞生　庄启龙　吴海强

民进漳州市委会
主　委：黄井南
副主委、秘书长：林必强
副主委、副秘书长：杨素萍*
副主委：张　琳　林阳山

农工党漳州市委会
主　委：何伟燕*
副主委、秘书长：林如凤*
副主委：赵学田　连学坚　张少榕*　黄金明

致公党漳州市委会
主　委：兰万安
副主委、秘书长：王淑娟*
副主委：蔡溪根　刘志明　杨以茸*

九三学社漳州市委会
主　委：曹　阳*
副主委、秘书长：沈魁敏
副主委：许才发　杨丽阳　黄晓农

台盟漳州市委会
副主委、秘书长（专职）：陈红斌
副主委（兼职）：沈惠玲*　陈奕颖*　许　钢

漳州市人民团体社会团体

总工会
主　席：张琳光
党组书记、常务副主席：张哲青
副主席：杨立伟　曾景贤　郑清泉

团市委
书　记：远　洋
副书记：陈　昕*　高国亮

妇联
主　席：黄淑红*
副主席：陈银花*　卢阿娜*

科协
党组书记、主　席：林国强
副主席：王正刚　周云强

社科联

主　席：韩水海

副主席：刘声怡　蔡森成

计生协会

会　长：黄浦江

党组书记、常务专职副会长：林继锋

专职副会长：徐　萍*　曹建奇

文联

主　席：张文力

副主席：黄坤生

侨联

党组书记、主　席：林智勇

副主席　郭伯龄　周允玉*

台联

党委书记：林百荣

会　长：方丽云*

副会长：陈敬收　卢芸艺*

残联

党组书记、理事长：周建明

副理事长：吴燕聪　方志伟

贸促会

党组书记、会长：邱亚明

副会长：杨丽珲*　李跃祥

职教社

专职副主任：朱顺忠

红十字会

会　长：吴卫红*

常务副会长：方景伟

工商联

党组书记：黄文龙

党组副书记：张镇山

副主席（副会长）：陈　斌　苏艺峰　严炳仁　刘志明

关工委

主　任：李天森

执行主任：周亚冷*

副秘书长：许建华

县（市、区）

中共芗城区委

书　记：胡栋良

副书记：石振棋　朱永鑫

常　委：刘建英*　吴学恒　沈洪坤　肖扬权　王国辉　郭炎河　夏小锋　李昭君*　熊　洁*

芗城区人大常委会

主　任：严国梁

副主任：许木毕　刘南煌　雷黄文君*　张雅玲*

芗城区人民政府

区　长：石振棋

副区长：郭炎河　林建成　蓝础金*　陈建生　戴木典　黄艺群　朱学森　方锦洲

芗城区政协

主　席：曾勇平

副主席：胡敦金　杨美恋*

中共龙文区委

书　记：朱　真

副书记：林晓强　黄泽奇

常　委：汪清桦*　詹文华　赖晓勤*　赖耿生　杨荣武　周绍斌　魏　磊　林伟强　黄春兰*

龙文区人大常委会

主　任：戴志嵩

副主任：曾朝良　黄小兰*　刘　敏*　黄　毅

龙文区人民政府

区　长：林晓强

副区长：詹文华　卢　坚　陈再顺　陈爱国　方响宏　林旺盛　沈晓辉

龙文区政协

党组书记：李华胜

副主席：周黎鸣　张少鹏　严惠娇*　杨东黎

中共龙海市委

书　记：郑隆松

副书记：何才成　何　霭　韦贤康

常　委：赵　丰　陈群伟　许伟宏　刘蓓晖*　张文彬　张碧兰*　蔡祖宝　林文生

龙海市人大常委会

主　任：郑明福

副主任：李　晖　蔡丽枝　潘福宝

龙海市人民政府

市　长：何才成

副市长：赵　丰　黄全海　张志祥　卢秀云*　苏诚斌　林茂成　陈玉生　曾润伍　朱马哈孜·马吾提

龙海市政协

主　席：蔡国荣

副主席：苏森荣　郭丽瑞　蓝　炜　阮秀惠*

中共漳浦县委

书　记：戴平忠

副书记：黄庆华　沈顺来

常　委：叶　毓　黄海明　戴文利　林苏洪*　林志辉　杨艺明　韩晓东　童　颢　许建毅

漳浦县人大常委会

主　任：刘达文

副主任：王予军　张秀华*　王朱申　王赐义

漳浦县人民政府

县　长：黄庆华

副县长：叶　毓　陈美慧*　郑世然　蓝主保　陈伟强　陈志伟　冯建辉　陈石金　连少鹏

漳浦县政协

主　席：林兆波

副主席：吴水跃　何北贡　张少榕　涂平辉

中共云霄县委

书　记：王金狮

副书记：张明东　吴晶晶*

常　委：胡纯岗　方伟仪　林意纯*　林仁振　方毅强　黄伟强　林进财　郭明星

云霄县人大常委会

主　任：施仲达

副主任：郑逢源　方成江　张亚屋

云霄县人民政府

县　长：张明东

副县长：方伟仪　周志坚　林立鹏　蓝振强　汤永坚　吴荣辉　吴志英　蔡艺武　曹　威　李　娟*　杨进河

云霄县政协

主　席：林达祥

副主席：许师逊　吴淑芬*　汤志远　张永久

中共诏安县委

书　记：陈文聪

副书记：李亚容　尤宇川

常　委：沈义东　蓝文华　罗云生　林同池　张宸珲　周兴鑫　陈龙跃　陈志亮

诏安县人大常委会

主　任：沈义和

副主任：许秋平　林伍妹*　陈应华

诏安县人民政府

县　长：李亚容

副县长：林同池　林惠溪　叶　芳*　林向阳　林培利　赵飞羽　沈东生　许秀彬*　郭孟超　张海潮

诏安县政协

主　席：陈一森

副主席：陈细勇　钟雪英*　陈炎林　李毅军

中共东山县委

书　记：洪泰伟

副书记：黄键鹏　李　斌

常　委：蔡力颛*　刘汉池　朱文挺　方艺荣　沈义勇　欧阳宇　刘兆民　王彩平*

东山县人大常委会

主　任：柳亚殊

副主任：林进平　朱德生　徐惠玲*　黄林晖

东山县人民政府

县　长： 黄键鹏

副县长： 刘兆民　陈汉武　王朝玲*　林　晖　肖华顺　林裕辉　蒋惠典

东山县政协

主　席： 朱展发

副主席： 许春燕*　刘炜丹　吴敏燕*　李达生

中共平和县委

书　记： 郭德志

副书记： 吴丁顺

常　委： 林德志　陈恩平　黄榕城　叶胜发　王毅伟　郭毅置　李　真*　林炳仁

平和县人大常委会

主　任： 曾　民

副主任： 江益权　庄汉土　林慧颖*　蔡云英*

平和县人民政府

县　长： 吴丁顺

副县长： 黄榕城　朱新丰　林文利　曾庆丰　周志伟　林丽玲*　林英强　王振惠　蒋启财

平和县政协

主　席： 李瑞林

副主席： 林启明　曾文汉　蔡立保

中共南靖县委

书　记： 黄劲武

副书记： 李志勇　黄添木

常　委： 黄庆云　何艳水　林文生　周　广　黄永健　姚晓明*　胡继城

南靖县人大常委会

主　任： 曾连端

副主任： 吴王平　杨志成　肖振龙　陈立平

南靖县人民政府

县　长： 李志勇

副县长： 黄永健　杨燕明　刘升蔚　赖国贤　张鸿钦　蔡俊文　窦秉政　简伟翔

南靖县政协

主　席： 李涌华

副主席： 宋　斌*　黄庆荣　黄武松　庄龙图

中共长泰县委

书　记： 潘全胜

副书记： 蔡绿璇*　郭永忠

常　委： 张海涛　赖武平　沈龙兴　杨尚庞　刘丰泰　叶水山　许育元　孙　可　熊济斌

长泰县人大常委会

主　任： 叶亚强

副主任： 黄健坡　王高发　李　华　黄荣文

长泰县人民政府

县　长： 蔡绿璇*

副县长： 叶水山　王杰东　林清发　沈元标　叶泳达　陈贵芬*　蓝志勇　戴永福

长泰县政协

主　席： 曾剑平

副主席： 连维明　陈海霞*　黄南山

中共华安县委

副书记： 简洪坤　李　琳*

常　委： 叶景林　曾阿生　叶文辉　陈　志　戴建敏　方木德　罗云漳

华安县人大常委会

主　任： 曾果生

副主任： 庄启龙　邱龙生　陈锦白　李五洲

华安县人民政府

县　长： 简洪坤

副县长： 杨子川　郑燕娟*　韩建华　杨　波　宋秋明

华安县政协

主　席： 林炎山

副主席： 蔡旺根　杨龙辉　邹瑞国

重点开发区（投资区）

漳州招商局经济技术开发区

党委副书记： 黄强中
纪委书记、副主任： 孔晓华
副主任： 蔡志勇　刘永祥　林朝晖
党委委员： 韩春生　肖洪光

常山华侨经济开发区

党委书记： 蓝武汉
党委副书记、主任： 施爱武
党委副书记： 何金水
副主任： 高振灵　杨福星
纪委书记： 周育民

古雷港经济开发区

党工委书记： 沈志平
党工委副书记、主任： 候为东
党工委副书记： 詹　伟
纪工委书记： 王一鸣
副主任： 李　翀　章　洲　林培兴　陈阳升　杨达怡*　何胜火

漳州台商投资区

党工委书记： 蔡丽芬*
党工委副书记、主任： 陈艺章
党工委副书记： 戴以礼　张延能
纪工委书记： 黄平源
副主任： 刘　猛　徐玮琳　纪志鹏　陈溪南　游瑞辉　傅毅琳*　屈　拓

漳州高新技术产业开发区

党工委书记： 苏孝道
党工委副书记、主任： 蔡志斌
党工委副书记： 杨怀生　谢宏坤
纪工委书记： 江华泉
副主任： 田允瑞　陈建进　蓝　磊　黄伟斌　唐　耿　陈映煌
党工委委员： 陈六郎　林清池　林琰标

高等院校

闽南师范大学

党委书记： 吴彬镪
党委副书记、校长： 李顺兴
党委副书记： 钟发亮　肖庆伟
副校长： 何绍福　蒋一婷*　林致远　张龙海
纪委书记： 戴福康

漳州职业技术学院

党委书记： 曾建成
党委副书记、院长： 康溪顺
党委副书记： 李秀玲*
纪委书记： 蔡向东
副院长： 戴延寿　杨传民　何小海

漳州城市职业学院

党委书记： 洪亚勇
党委副书记、院长： 刘惠河
党委副书记： 朱镇生
纪委书记： 李德胜
副院长： 林良海　郑文平

漳州卫生职业学院

党委书记： 林　忠
党委副书记、院长： 沈国星
党委副书记： 黄乃光
纪委书记： 宋志海
副院长： 沈小美*　陈义三

福建广播电视大学漳州分校

党委书记、校长： 李　然
党委副书记： 林之枫*
副校长： 陆志洪*　吕峰鹏

漳州科技职业学院

校　长： 朱国辉
副董事长： 黄铁枝
党委副书记： 蓝顺宝
副校长： 李奠础　林超融　林炎平

漳州市新闻媒体

闽南日报社

党委书记、社长： 陈惠贞*
党组副书记、总编辑： 叶明义
副总编辑： 刘长乐　吴鹏举　赖雄伟
副社长： 杨少勇

漳州电视台

总支部书记、台长： 胡红光

漳州广播电台

总支部书记、台长： 刘丽贞*

漳州市属重点国有企业

漳州市九龙江集团有限公司

党委书记、董事长： 潘　杰
党委副书记、总经理： 林柳强
党委副书记： 魏育健

纪委书记： 杨秀灵*
副总经理： 陈杰华　吴跃泉　陈　东　何惠川　陈志言

漳龙集团有限公司

党委书记、董事长： 赖绍雄
党委副书记、监事会主席： 马太源
纪委书记： 杨辉荣
副总经理： 欧阳黎明　林善荣　骆向阳　张毅宾

漳州发展股份有限公司

党委书记、董事长 赖绍雄
总经理： 林阿头
纪委书记： 曾高武
副总经理： 韩金鹏　林惠娟*　杨智元　李　勤　许浩荣

漳州城投集团有限公司

党委书记、董事长： 曾凡沛
党委副书记、总经理： 吴国伟
党委副书记、监事会主席： 陈明松
常务副总经理： 陈毅建
副总经理： 卢海军　田明生

漳州市交通发展集团有限公司

党委书记、董事长： 蔡艺良
党委副书记 总经理： 张小兵
党委副书记： 刘向荣
纪委书记： 黄亚晟
常务副总经理： 方伟钊
副总经理： 王国华　吴庚晨

漳州片仔癀药业股份有限公司

党委书记、董事长： 刘建顺
党委副书记、总经理： 洪进明
党委副书记： 洪东明
副总经理： 陈纪鹏　陈建铭　刘从盛

龙溪轴承（集团）股份有限公司

党委书记、董事长： 陈晋辉
常务副总经理： 陈志雄
党委副书记： 刘明福
纪委书记： 郑建成
副总经理： 郑长虹　张逸青

漳州投资集团有限公司

党委书记、董事长： 庄伟廉
党委副书记： 陈德慧
常务副总经理： 赖文宁
副总经理： 周月萍*　颜有清　吴智明　朱建美*

漳州市旅游投资集团有限公司

党委书记、董事长： 杨志滨
党委副书记： 康安伟
纪委书记： 胡南海
副总经理： 陈连升　魏蕙雅*　吴杰彬

漳龙实业有限公司

董事长： 吴泽宇
副总经理： 张仰强　黄军英

漳州信息产业集团有限公司

党委书记、董事长： 赖小强
党委副书记： 李伟国
纪委书记： 林镇国
副总经理： 罗进章　林通灵

漳州农业发展集团有限公司

党委书记、董事长： 吴子毅
党委副书记、总经理： 陈海波
党委副书记： 林丽冰*
纪委书记： 陈左耘
副总经理： 黄木顺　庄仁龙　王建洋

漳州人才发展集团有限公司

党委书记、董事长： 许建华
党委副书记： 陈国华
纪委书记： 蔡进城
副总经理： 陈钦茂　郑　彦

驻漳中央和省属机关企事业单位

中国人民银行漳州中心支行

党委书记、行长： 郑寿明
纪委书记： 康佩芬*
副行长： 林进忠　李明金　吴晋勇

中国银行保险监管会漳州监管分局

局　长： 傅盛阳
副局长： 方育民　林松火
纪委书记： 叶建文

市税务局

党委书记、局长： 王　彬
副局长： 肖　文　陈智聪　翁锦晖　黄瑞銮*
纪检组组长： 黄秀兰*

国家统计局漳州调查队

队　长： 沈天敏
副队长： 曾长福　黄瑞璇*

纪检组组长：郝红丽*

漳州海关

党委书记、关长：孙锦先

纪检组组长：王其毅

副关长：周宽彧*　丁芸青

林　鑫

漳州海事局

党委书记、局长：吴　蔚

党委副书记、纪委书记：朱紫雨

副局长：周文庆　崔国春

陈木材

古雷海关

党委书记、关长：黄顺光

副关长：林海铭　林俊伟

王以农　何　岩

漳州海关缉私分局

局　长：朱正文

政　委：吴续峰

副局长：蔡文川

东山海关

关　长：张晓晖

副关长：吴文忠　吴泽霖

曾志高　赖晓明

陈鸿龙

漳州边检站

站　长：温　亮

副站长：王哲恺　郑　飞

厦门港口管理局漳州协调中心

主　任：林奕华

市气象局

副局长：林坤生　官义明

刘锦绣*

纪检组组长：黄建忠

漳州烟草专卖局

党组书记、局长、经理：

罗万达

副局长：姜传碧　陈明章

纪检组组长：李阳辉

副经理：林亚头

市无线电管理局

副局长：俞建明

国网漳州供电公司

党委书记、副总经理：赖国书

党委副书记、总经理：洪卫东

纪委书记：陈聪法

副总经理：黄炜宏　张茂林

林惠文

邮政公司

党委书记、总经理：周文俊

副总经理、纪委书记：李春生

副总经理：沈钦辉　徐　旭

中国电信漳州分公司

党委书记、总经理：张文福

纪委书记、副总经理：曾志聪

副总经理：张　晨　陈建忠

甘忠现

中国移动漳州分公司

总经理：沈火平

副总经理：姜建军　李志勇

中国联通漳州分公司

党委书记、总经理：王启文

副总经理：李新宇　刘启明

王春峰　周炜玉*

福建广电网络集团股份有限公司漳州分公司

党委书记、总经理：林　涛

党委副书记、副总经理：

朱卫东

纪委书记、常务副总经理：

方玉梅*

副总经理：沈　崑

漳州盐业有限责任公司

总经理、盐务局局长：蔡启辉

中国农业发展银行漳州分行

党委书记、行长：戴志勇

副行长：陈素芬*　沈永春

郑运辉

中国银行漳州分行

党委书记、行长：黄学松

纪委书记：林　毅

副行长：方国梅　詹　艺

陈　仪

中国工商银行漳州分行

党委书记、行长：王黎强

副行长：陈祥华　杨　鹏

郭毅晖：纪小国*

纪委书记：刘曾山

中国农业银行漳州分行

党委书记、行长：方学文

党委副书记、副行长：

林丽芳*

副行长： 胡逸生　周毅斌*

郑朝辉　郭贵林

纪委书记： 李仙弟

中国建设银行漳州分行

党委书记： 吴　炜

副行长： 欧阳亚榕　欧阳曙光

杨建斌

纪检组组长： 张国振

福建兴业银行漳州分行

党委书记、行长： 谢　斌

副行长： 蔡和生　傅永灿

纪委书记、副行长： 洪跃峰

福建漳州农村商业银行

党委书记、董事长： 王惠山

中国人民财产保险股份有限公司漳州分公司

总经理： 许捷宏

副总经理： 林　强　杨惠民

许励坚*　林少红*

中国人寿保险公司漳州分公司

党委副书记、副总经理：

黄瑞金

纪委书记、副总经理：

方丽勤*

副总经理： 张　蓉*　吴玉华

沈文奇

中国太平洋人寿保险股份有限公司漳州中心支公司

总经理： 卢　睿

副总经理： 许建生　李丽苹*

沈阿芬*

注：

1. 标*为女同志；

2. （名单以2020年12月31日在职者为准，相同职务人员做适当归类，不作为排序依据）。

·2020年度获五一劳动奖状、奖章的单位和个人·

福建省五一劳动奖状

古雷港经济开发区消防救援大队

龙海市职工服务中心

福建省漳州第二职业中专学校

福建龙溪轴承（集团）股份有限公司

福建天福投资有限公司

百威雪津（漳州）啤酒有限公司

嘉文丽（福建）化妆品有限公司古雷港经济开发区消防救援大队

福建省五一劳动奖状（抗击新冠肺炎疫情专项）

福建省漳州市医院

福建省五一劳动奖章

吴永文　漳州万宝能源科技股份有限公司董事长

韩金鹏　福建漳州发展股份有限公司副总经理、董事会秘书、工会主席（兼）

郑连花*　福建荣树实业有限公司行政人事文员

张鹭媛*　漳州鑫展旺化工有限公司生产车间主任、党支部书记、工会主席（兼）

石武团　福建省腾龙工业公司树脂车间主任

沈端珠*　漳州安然燃气有限公司行政专员、党支部书记、工会主席（兼）

郭旭斌*　雷勃动力传动（漳州）有限公司HR部门安全工程师

柯毅群　国网福建省电力有限公司漳浦县供电公司运检部配电带电作业班班长

黄丽玲*　万顺通集团有限公司计量工程师

邹少强　福建立兴食品有限公司研发中心研发总监

方　宇*　漳州圆山新城建设有限公司总工办副主任

俞立雄　漳州市通顺交通建设有限公司综合部经理

沈　峰　漳州市住房和城乡建设局城建科科长

肖宝扬　漳州市司法局多元调处中心主任

刘文山　漳州市芗城区疾病预防控制中心传染病与慢病防治科主管医师

杨文火　福建省南靖国有林场高级工程师、工会主席（兼）

周文强　福建省平和第一中学物理教师

潘四梅*　厦门大学附属实验中学化学教师、工会主席（兼）

郭碧珠*　泰山企业（漳州）食品有限公司行政副理、总支部书记、工会主席（兼）

兰祖容　中国邮政储蓄银行

股份有限公司漳州市分行行长、党委书记

福建省五一劳动奖章（抗疫专项表彰）

蔡铭智　福建省漳州市医院院长、党委副书记

陈玉凤*　福建省漳州市中医院肺病科护士长

康　德　漳州正兴医院急危重症医学科主任

翁文孝　东山县卫生健康局卫生监督所四级主任科员

郑林泉　漳州市古雷港区医院急诊科主任

梁力权　龙海市公安局颜厝派出所所长

·2020年度获全国三八红旗集体、三八红旗手的集体和个人·

全国三八红旗手

何　滢*　漳浦天福观光茶园有限公司妇委会主任

全国三八红旗手（抗击新冠肺炎疫情专项）

郑义春*　漳州市医院感染科护士长

福建省三八红旗集体（抗击新冠肺炎疫情专项）

漳州市医院新冠肺炎救治团队

福建省三八红旗手（抗击新冠肺炎疫情专项）

郑迎春*　漳州市芗城实验小学高级教师

吴惠珍*　漳州市南靖县金山镇河墘村党委书记

许瑞梅*　漳州市漳浦县南浦乡后坑村妇联主席

张慧芳*　漳州招商局经济技术开发区教育卫生局卫生科科长

郑丽琼*　漳州人口和家庭公共服务中心副主任

游岚岚*　漳州市中医院重症监护室护师

高艺滨*　龙海市第一医院主管护师

·2020年度获五四奖章集体和个人·

全国五四红旗团支部

共青团漳州古城保护开发有限公司支部委员会

全国优秀共青团员

邱婉婷*（漳州市人民医院护士）

吴忱恬*（漳州一中高三16班学生）

全国优秀团干

林炜坚（漳州驻深团工委书记、团市委兼职副书记、东莞市荣誉五金制品有限公司总裁）

第十七届“福建青年五四奖章”集体

漳州市检察院未检“水仙花”团队

平和县公安局巡特警反恐大队

国网漳州供电公司无人机作业班

长泰县融媒体中心记者部

第十七届“福建青年五四奖章”个人

张长禄　漳州市公安局巷口派出所所长、一级警长

郑艺娟*　南靖县特殊教育学校一级教师

卞国平　漳州市芗城区人民法院审判员、第五支部书记

陈明伟　福建省泷澄建设集团有限公司董事长

潘进格　漳州市龙文区人民检察院一级检察官

刘博娴*　谷文昌纪念馆讲解员

庄智敏　漳浦县医院住院医师

蔡志阳　漳浦台丰山生态农业有限公司总经理、高级农艺师

省五四红旗团委

共青团漳州卫生职业学院委员会

共青团福建七建集团有限公司委员会

共青团厦门大学附属实验中学委员会

省五四红旗团（总）支部

共青团龙文区蓝田街道鹤鸣社区支部委员会

共青团漳州市芗城区西桥街道华南社区支部委员会

共青团长泰县绿港园支部委员会

共青团东山县西埔镇中兴社区支部委员会

共青团国网福建省电力有限公司平和县供电公司总支部委员会

共青团华安县仙都镇大地村支部委员会

共青团漳州台商投资区角美镇龙池社区支部委员会

共青团诏安一中高中2018级4班支部委员会

国网福建省电力有限公司漳州供电公司变电检修室团支部

注：

1.标*为女同志；

2.名单以2020年12月31日在职者为准，相同职务人员做适当归类，不作为排序依据。

责任编辑：蔡钰臻

·重要文献·

漳州市2020年国民经济和社会发展统计公报

漳州市统计局　国家统计局漳州调查队

2021年8月13日

一、综合

初步核算，全年实现地区生产总值4545.61亿元，其中，第一产业增加值498.71亿元，第二产业增加值2056.79亿元，第三产业增加值1990.11亿元。三次产业比例由上年的10.3∶48.2∶41.5调整为11.0∶45.2∶43.8。

2020年末全市户籍总户数147.46万户，户籍人口523.95万人，比上年末增加1.65万人，增长0.315%。全年户籍出生人口6.11万人，出生率为11.67‰；死亡人口3.35万人，死亡率为6.40‰；自然增长率为5.27‰。

全年全市新增城镇就业人数5.12万人，其中，城镇失业人员再就业1.86万人，城镇困难群体再就业0.2万人。新增农村劳动力转移就业3.79万人。城镇登记失业率为3.59%，低于全年调控目标。全年组织职业技能鉴定11528人，获得职业资格证书8347人，取证率72.41%。

全年市辖区居民消费价格比上年上涨1.7%，分行业看，食品烟酒类价格上涨6.6%，衣着类价格下降1.6%，居住类价格下降0.5%，生活用品及服务价格类下降0.9%，交通和通信价格类下降2.8%，教育文化和娱乐类价格持平，医疗保健类价格上涨0.4%，其他用品和服务类价格上涨3.3%。

全年一般公共预算总收入350.65亿元，比上年下降1.6%。其中：地方一般公共预算收入218.56亿元，下降0.4%；上划中央收入132.09亿元，下降3.4%。一般公共预算支出447.76亿元，增长1.7%。全年财政用于民生支出为348.02亿元，比上年增支0.49亿元，增长0.1%，占公共财政支出比重为77.72%。

二、农业

全年农林牧渔业完成总产值919.75亿元，比上年增长3.3%。粮食总产量41.97万吨，增长2.8%，油料产量3.27万吨，增长1.4%，糖料产量2.69万吨，增长30.9%，茶叶产量5.82万吨，增长4.1%，园林水果产量357.98万吨，增长3.5%，蔬菜产量241.75万吨，增长3.9%，食用菌产量39.58万吨，下降1.8%。

木材产量207.90万立方米，比上年下降6.6%。年末林地面积85.62万公顷，新造林面积1.03万公顷，林木绿化率为64.8%，活立木总蓄积量5218万立方米。

肉类总产量35.22万吨，比上年增长2.4%。禽蛋产量7.31万吨，增长9.0%。牛奶产量1.88万吨，增长538.4%。年末生猪存栏122.69万头，增长56.8%；生猪出栏177.43万头，增长9.8%。

2020年主要农产品产量表

表1

产品名称	产量(万吨)	比上年增长(%)
粮食	41.97	2.8
油料	3.27	1.4
糖料	2.69	30.9
茶叶	5.82	4.1
园林水果	357.98	3.5
蔬菜	241.75	3.9
食用菌	39.58	-1.8

水产品总产量204.47万吨，增长0.7%，其中，淡水产品产量29.72万吨，增长1.4%；近海捕捞31.79万吨，下降4.7%；海水养殖139.36万吨，增长4.4%；远洋捕捞3.6万吨，下降47%。

三、工业和建筑业

2020年末规模以上工业法人企业2376家，比上年末增加73家。其中，年产值过5亿元、50亿元、500亿元的企业分别为158家、10家和0家。

全年全部工业增加值1606.63亿元。规模以上工业的36个行业大类中有4个行业增加值增速在两位数以上。其中，化学纤维制造业增长26.4%，医药制造业增长15.5%，石油加工、炼焦和核燃料加工业增长12.6%，金属制品、机械和设备修理业增长12.6%。高技术产业产值增长1.5%，占规模以上工业总产值的比重为9.2%。

2020年规模以上工业企业主要工业产品产量表

表2

产品名称	计量单位	产量	产量(万吨)
饲料	吨	6442705	11.41
精制食用植物油	吨	108410	-39.53
成品糖	吨	150057	38.13
冷冻水产品	吨	502120	-43.54
速冻食品	吨	48854	-9.91
罐头	吨	1425897	-14.51
酱油	吨	17068	-9.64
饮料酒	千升	315352	-6.78
饮料	吨	2049313	-0.03
精制茶	吨	15536	-36.69
纱	吨	27352	19.18
服装	万件	2269	-16.58
轻革	平方米	13258870	-33.4
鞋	万双	732	-76.43
人造板	立方米	10314220	-8.54
家具	件	50314723	-15.59
纸浆（原生浆及废纸浆）	吨	39537	-9.77
机制纸及纸板（外购原纸加工除外）	吨	4688900	-0.59
纸制品	吨	1258141	-12.46
合成氨（无水氨）	吨	22554	-88.56

续表2

产品名称	计量单位	产量	产量(万吨)
中成药	吨	18407	39.76
橡胶轮胎外胎	条	1233604	-4.55
水泥	吨	6018792	-9.13
砖	万块	204967	-46.97
瓷质砖	平方米	107338204	-30.12
陶质砖	平方米	6088618	21.91
平板玻璃	重量箱	31549428	-4.42
钢化玻璃	平方米	5936695	-7.07
卫生陶瓷制品	件	10956679	-18.97
生铁	吨	2314928	5.11
钢材	吨	4675373	-0.35
金属集装箱	立方米	3408773	104.07
滚动轴承	万套	1131	-11.2
改装汽车	辆	2691	-2.89
锂离子电池	只	152848106	-6.74
铅酸蓄电池	千伏安时	842110	15.44
家用房间空气清洁装置	台	1624683	384.79
家用电风扇	台	24067	-96.68
电饭锅	个	543542	-3.62
家用电热烘烤器具	个	12920603	36.95
电光源	万只	3015	-44.98
灯具及照明装置	套（台、个）	844452	24.2
电子计算机整机	台	5180247	5.23
显示器	台	66601	-11.85
卫星导航定位接收机	部	18267	-27.72
电话单机	部	467737	4.09
移动通信手持机（手机）	台	15993956	538.1
彩色电视机	台	61510	-20.37
数字激光音、视盘机	台	8337	-51.02
光电子器件	万只(片、套)	618131	-3.68

续表2

产品名称	计量单位	产量	产量(万吨)
钟	只	40741603	0.44
表	只	711272	-43.12
眼镜成镜	副	16871758	53.18

全年规模以上工业企业规模以上工业营业收入5257.49亿元，实现利润总额440.19亿元，实现利税545.36亿元。工业产销率为98.0%，全员劳动生产率为39.12万元/人。

全年建筑业实现增加值453.63亿元，比上年增长0.9%，其中，国有控股企业产值80.82亿元，增长16.8%；非国有控股建筑企业产值611.21亿元，下降3.1%。全市具有资质等级的总承包和专业承包建筑业企业486家，比上年增加36家，完成建筑业总产值692.03亿元。其中，特级和一级建筑企业39家，比上年增加15家，完成建筑业总产值481.61亿元。

四、固定资产投资

全年固定资产投资比上年下降27.8%。分产业看，第一产业投资下降50.6%；第二产业投资下降35.7%，其中，工业投资下降35.6%；第三产业投资下降21.4%。

2020年固定资产投资情况表

表3

指　标	比上年增长(%)
固定资产投资	-27.8
第一产业	-50.6
第二产业	-35.7
其中：工业	-35.6
第三产业	-21.4
按行业分	
农、林、牧、渔业	-52.3
采矿业	-56.0
制造业	-40.4
电力、燃气及水的生产和供应业	1.4

续表3

指　标	比上年增长(%)
建筑业	-95.7
批发和零售业	-21.9
交通运输、仓储和邮政业	-19.1
住宿和餐饮业	-0.4
信息传输、软件和信息技术服	-67.7
金融业	-5.8
房地产业	-14.0
租赁和商务服务业	-62.3
科学研究和技术服务业	68.6
水利、环境和公共设施管理业	-35.5
居民服务、修理和其他服务业	-22.3
教育	-10.9
卫生和社会工作	-30.6
文化、体育和娱乐业	-37.1
公共管理、社会保障和社会组织	102.0

全年房地产投资完成额678.35亿元，下降11.8%，其中，住宅投资494.64亿元，下降12.3%；房屋施工面积4659.44万平方米，增长4.8%，其中，住宅施工面积3368.11万平方米，增长3.8%；房屋新开工面积998.93万平方米，下降0.6%，其中，住宅新开工面积678.56万平方米，下降4.5%；房屋竣工面积403.20万平方米，下降38.6%，其中，住宅竣工面积281.94万平方米，下降36.3%。

2020年房地产开发和销售主要指标情况表

表4

指　　标	单　位	绝对数	比上年增长(%)
投资完成额	亿元	678.35	-11.8
其中：住宅	亿元	494.64	-12.3
房屋施工面积	万平方米	4659.44	4.8
其中：住宅	万平方米	3368.11	3.8
房屋新开工面积	万平方米	998.93	-0.6
其中：住宅	万平方米	678.56	-4.5
房屋竣工面积	万平方米	403.20	-38.6
其中：住宅	万平方米	281.94	-36.3
商品房销售面积	万平方米	766.55	-11.5
其中：住宅	万平方米	529.12	-22.9

五、国内贸易

全年社会消费品零售总额1697.1亿元，比上年下降5.0%。分规模看，限额以上消费品零售额535.6亿元，下降11.4%；限额以下消费品零售额1161.5亿元，下降1.7%。

在限额以上企业商品零售额中，家具类零售额22.51亿元，下降4.6%，服装鞋帽针纺织品类零售额12.56亿元，下降17.1%，粮油食品饮料烟酒类零售额144.76亿元，下降8.7%，通信器材类零售额2.51亿元，下降17.3%，汽车类零售额109.85亿元，下降9.7%，金银珠宝类零售额3.75亿元，增长9.8%，家用电器和音像器材类零售额31.75亿元，下降8.1%，化妆品类零售额4.54亿元，下降2.2%，日用品类零售额20.05亿元，增长7.6%，石油及制品类零售额50.38亿元，下降20.6%，体育、娱乐用品类零售额1.37亿元，下降7.1%。

六、对外经济

全年进出口总额807.5亿元，比上年增长11.3%。其中，出口538.2亿元，增长14.6%；进口269.2亿元，增长5.1%。进出口顺差269亿元，比上年增加55.6亿美元。

批准设立外商直接投资项目104个，注册合同外资52.9亿元，下降9.6%。实际利用外商投资（验资口径）41.1亿元，增长8%。其中，制造业实际使用外资36.1亿元，增长3.4%；服务业实际使用外资5亿元，增长83.4%。总投资过亿元项目17个，合同外资41.5亿元，分别增长5.6%和7.2%。

2020年分行业外商直接投资情况表

表5

行　　业	合同项目(个)	合同外资金额(万元)
总计	104	528847
农、林、牧、渔业	9	12968
制造业	35	320944
电力、燃气及水的生产和供应业	0	2500
建筑业	1	3770

续表5

行　业	合同项目(个)	合同外资金额(万元)
批发和零售业	19	20932
交通运输、仓储和邮政业	1	9900
住宿和餐饮业	1	33
租赁和商务服务业	15	98966
居民服务、修理和其他服务业	2	462
文化、体育和娱乐业	1	52
科学研究和技术服务业	15	16425
教育	2	7185
房地产业	0	22157
信息传输、软件和信息技术服务业	2	200

七、交通、邮电和旅游

全年交通运输、仓储和邮政业实现增加值188.79亿元，比上年增长15.3%。年末公路通车里程1.29万公里，比上年增加0.03万公里，增长2.45%，其中高速公路通车里程673公里，比上年增加78公里，增长13.1%。货物运输总量7914.18万吨，增长3.7%。铁路、公路、水路共完成客运量1264.97万人次，下降51.7%；

沿海港口货物吞吐量3748.34万吨，下降19.2%。其中，外贸货物吞吐量916.17亿吨，下降0.9%。集装箱吞吐量32.10万标箱，下降25.0%。

年末全市汽车保有量（含三轮汽车和低速货车）66.61万辆，比上年末增长9.92%，其中私人汽车保有量58.89万辆，增长9.46%；全市轿车保有量36.94万辆，增长10.01%，其中私人轿车保有量34.61万辆，增长9.93%。

2020年各种运输方式完成货物运输量情况表

表6

指　　标	单　位	绝对数	比上年增长(%)
货运量	万　吨	7914.18	3.7
铁路	万　吨	16.63	-42.0
公路	万　吨	7824.80	5.3
水运	万　吨	72.75	-57.3
货物周转量	亿吨千米		
铁路	亿吨千米		
公路	亿吨千米	90.45	5.1
水运	亿吨千米	2.07	-69.7

表7

2020年各种运输方式完成旅客运输量情况表

指　　标	单　位	绝对数	比上年增长(%)
旅客发送量	万　人	1264.97	-51.7
铁路	万　人	578.63	-39.0
公路	万　人	608.52	-67.7
水运	万　人	77.83	-55.7
旅客周转量	亿人千米		
铁路	亿人千米		
公路	亿人千米	3.77	-67.7
水运	亿人千米	0.07	-57.9

全年完成邮电业务总量454.61亿元，比上年增长29.2%。其中，邮政业务总量67.24亿元，增长75.8%；电信业务总量387.37亿元，增长60.1%。邮政业全年完成邮政函件业务71.77万件，包裹业务3.66万件，快递业务量29906.13万件。年末全市电话用户总数593.2万户，其中，固定电话用户71.27万户，移动电话用户521.92万户。全市互联网用户628.83万户，增加2.47%，其中，固定宽带用户192.21万户，增加2.93%，移动互联网用户436.62万户，增长2.26%，移动电话基站3.51万个，增长16.7%。

全年接待国内旅游人数3224.672万人次，比上年下降30.5%；接待入境游客21.39万人次，下降73.7%。其中，接待外国人4.50万人次，下降78.9%；台湾同胞10.10万人次，下降72.6%；港澳同胞6.79万人次，下降70.6%。全年旅游总收入424.08亿元，下降35.8%。其中，国内旅游收入414.64亿元，下降31.6%；国际旅游收入13688万美元，下降82.7%。年末A级旅游景区22家，比上年增加2家。

八、金融

年末全市金融机构本外币各项存款余额3492.15亿元，比年初增加312.38亿元；金融机构本外币各项贷款余额3447.42亿元，增长17.98%，比年初增加525.48亿元。其中，涉农贷款余额1523.56亿元，增加259.97亿元；县域贷款余额2067.22亿元，增加138.95亿元；小微企业贷款余额434.14亿元，增加79.14亿元。

表8

2020年全部金融机构本外币存贷款情况表

指　　标	年末数(亿元)	比上年末增长(%)
各项存款（本外币）	3492.15	9.82
1.住户存款	2017.33	13.54
2.非金融企业存款	895.05	10.77
3.机关团体存款	493.13	-4.91
4.财政性存款	20.44	-52.42
5.非银行业金融机构存款	34.83	253.27
各项存款（人民币）	3460.36	9.94
各项贷款（本外币）	3447.42	17.98
1.住户贷款	2070.20	13.30

续表8

指　　标	年末数(亿元)	比上年末增长(%)
（1）短期贷款	457.96	7.81
（2）中长期贷款	1612.24	14.96
2.企（事）业单位贷款	1375.67	25.82
（1）短期贷款	546.07	25.01
（2）中长期贷款	723.17	28.03
（3）票据融资	106.44	16.39
3.非银行业金融机构贷款	0.04	——
各项贷款（人民币）	3438.79	17.86

全年内外资保险公司保费收入86.75亿元，比上年增长6.25%，其中寿险保费收入41.08亿元；健康险和意外伤害险保费收入21.15亿元；财产险保费收入24.52亿元。支付各类赔款及给付31.50亿元，其中寿险业务给付6.84亿元；健康险和意外伤害险赔款及给付9.1亿元；财产险赔款15.56亿元。

九、人民生活和社会保障

全年全市居民人均可支配收入30949元，比上年增长5.0%；其中，农村居民人均可支配收入21103元，增长6.1%；城镇居民人均可支配收入40008元，增长2.7%。城镇居民人均消费支出26015元，下降2.2%，恩格尔系数为35.4%；农村居民人均消费支出13804元，下降0.2%，恩格尔系数为40.1%。

年末职工基本养老、失业、工伤保险参保人数分别达到80.06万人、47.44万人、83.53万人，分别比上年末增加5.24万人、3.44万人、5.12万人。年末职工基本医疗、生育保险参保人数分别达到74.4万人、49.74万人，分别比上年末增加2.17万人、3.32万人。全市16.45万名企业退休人员养老金月人均提高到2468.13元，比上年增加89.31元。工伤保险长期待遇的伤残津贴由2746元调整为3225元；生活护理费由2567元调整为2774元；供养亲属抚恤金由1184元调整为1382元。全年办理劳动能力鉴定2347件，办理工伤认定案件7114件。年末全市纳入城市最低生活保障的居民8.99万人，其中，城镇最低生活保障人数1.30万人，年人均保障标准6231.29元，比上年提高1295.47元；农村最低生活保障人数7.69万人，年人均保障标准4314.28元，比上年提高167.21元。

年末各类养老服务机构和设施1825个，比上年增加407个，其中社会福利院11家，社区服务设施1684个。年末全市养老机构床位数增至3.61万张，每千名老人拥有养老床位39张。全年销售社会福利彩票2.39亿元，全年彩票公益金支出0.76亿元。

十、教育和科学技术

全年全市新建、改扩建学校258所，新聘教师0.13万人。新建、改扩建校舍面积205万平方米，新建、改扩建幼儿园102所。新招研究生0.067万人，普通本专科生2.55万人。年末有普通高等学校7所，中等职业教育学校14所，普通高中74所，普通初中133所，普通小学824所，成人高等学校1所。普通高等学校专任教师4512人，中等职业教育学校专任教师1373人，普通高中专任教师7192人，普通初中专任教师14504人，普通小学专任教师21057人。全年全日制研究生教育招生672人，在学全日制研究生1173人，毕业生287人；普通高等教育招生25509人，在校生26090人，毕业生20939人；中等职业教育招生12415人，在校生30679人，毕业生9030人；普通高中招生29445人，在校生84666人，毕业生25391人；普通初中招生61633人，在校生182166人，毕业生55582人；普通小学招生75647人，在校生398238人，毕业生60792人；成人高等教育招生4123人，在校生8159人，毕业生490人。特殊教育在校生1371人。幼儿园在园幼儿215421人。

2020年末全市拥有15个省级企业重点实验室，43个省级企业工程技术研究中心，4个省级科技企业孵化器，1个产业技术公共服务平台。全市有国家级、省级创新型（试点）企业分别2家、53家；高新技术企业356家；工程技术研究中心43个。

全市专利申请受理15311件，专利授权12200件，分别比上年增长9.51%和35.95%。其中，发明专利申请1793件，比上年增长8.34%，发明专利授权447件，比上年增长51.53%。截至2020年底，全市共拥有有效发明专利2200件，比上年增长30.56%；每万人口发明专利拥有量4.264件，比上年增加0.986件。

十一、文化、卫生和体育

年末全市文化系统共有艺术表演团体9个，全市共有公共图书馆11个，文化馆13个，博物馆14个。公共图书馆图书总藏量370万册。文化系统各类艺术表演团体演出350场。年末共有剧场、影剧院10个，年度电影票房0.417亿元。广播电台12座，电视台12座，广播电视台9座。年末广播节目综合覆盖率为99.71%；电视节目综合覆盖率为99.74%。全年出版报纸（不含校报、副牌）1种，总印数2426.1万份；期刊1种，总印数2.64万册。

年末全市共有各级各类医疗卫生机构3980个，医疗机构床位28834张，其中，医院91个，卫生院107个，医院、卫生院床位数26835张。年末共有卫生技术人员36010人，其中医生13796人，注册护士14829人。

全市举办赛事活动463项次，比上年增加121项次；参与总人数达到10.69万次，比上年增长21.06%。获得国内最高水平比赛奖牌4枚，其中，金牌4枚。体育产业发展引导基金规模达到700万元。

十二、资源、环境和安全生产

全年全社会用电量增长2.9%。

全年平均气温22.9℃，年平均相对湿度77.2%，全年日照时数2036.1小时，降水量1155.0毫米。

九龙江流域（漳州段）省考断面Ⅰ-Ⅲ类水质比例100%。市、县集中式饮用水源地水质达标率分别为100%、100%。2020全年空气质量达到及好于二级标准359天，二级达标天数比例52.5%，其中一级优的天数164天、二级良好的天数195天。

初步测算，全市森林覆盖率约64.78%。全年植树造林总面积15.46万亩，其中沿海防护林建设175亩。商品材产量207.89万立方米，下降6.06%。全市共建立各级自然保护区31个，其中国家级2个、省级2个，自然保护区总面积9461.20公顷。全年共发生森林火灾8起，死亡0人，受伤0人，直接经济损失31.3万元。

2020年，全市共发生各类生产安全事故125起，比上年下降0.8%。亿元地区生产总值生产安全事故死亡人数0.016人，下降26.19%。全年共发生道路交通事故810起，死亡156人，受伤1025人，直接经济损失95.08万元。

2020年全市共有地震前兆台站（点）168个：测震台站4个，强震台10个，GPS观测台8个，烈度速报台13个，台阵1个(含16个子台)，伸缩仪观测台1个，重力仪观测台1个，地磁观测台2个，地下流体观测台1个，流动地磁13个，流动重力33个，流动水准观测场地5个，流动GPS观测点20个，宏观观测点41个。

注释：

1.本公报中数据均为初步统计数，“规模以上工业”指年主营业务收入2000万元及以上的工业企业；“限额以上批发零售与住宿餐饮业”指年主营业务收入2000万元及以上的批发企业(含外贸企业)、年主营业务收入500万元及以上的零售企业和年主营业务收入200万元及以上的住宿餐饮企业。

2.地区生产总值、各产业增加值绝对数按现价计算，增长速度按不变价格计算。

资料来源：

本公报中城镇登记失业率、社会保障数据来自市人力资源社会保障局；医疗、生育保险数据来自市医疗保障局；财政数据来自市财政局；税收收入数据来自市税务局；林业相关数据来自市林业局；公路通车里程、交通运输数据来自市交通运输局、漳州开发区运输管理处、中国铁路南昌局集团有限公司漳州车务段；港口货物吞吐量数据来自厦门港口管理局漳州协调中心；邮政业务数据来自市邮政管理局；互联网业务、电话用户等数据相关数据来自市通管办；货物进出口、外商直接投资等数据来自市商务局；汽车保有量、道路交通事故数据来自市交警支队；户籍人口相关数据来自市公安局；货币金融数据来自市人民银行；保险业数据来自市银保监局；教育数据来自市教育局；专利数据来自市市场监督管理局；气象观测站数据来自市气象局；地震台站数据来自市地震局；艺术表演团体、博物馆、公共图书馆、文化馆、广播电视、电影、报纸、期刊、图书数据来自市文旅局；体育竞技、体育彩票数据来自市体育局；卫生数据来自市卫健委；社会服务、低保和五保供养、福利彩票数据来自市民政局；环境监测等数据来自市生态环境局；安全生产数据来自市应急管理局；居民收支数据来自漳州调查队；其他数据均来自市统计局。

在全市决战决胜脱贫攻坚推进会上的讲话

中共漳州市委书记 邵玉龙

2020 年 4 月 13 日

同志们：

今天，我们召开全市决战决胜脱贫攻坚推进会，主要任务是深入学习贯彻习近平总书记在决战决胜脱贫攻坚座谈会上的重要讲话精神，全面落实中央、省委省政府部署要求，分析当前我市脱贫攻坚形势，坚决克服疫情影响，对决战决胜脱贫攻坚进行再动员、再安排、再部署，以更大决心、更强力度推进脱贫攻坚，确保如期完成脱贫攻坚目标任务，确保全面建成小康社会。

刚才，平和县、漳浦县、云霄县火田镇、诏安县霞葛镇的主要负责同志作了交流发言，讲得都很好，各具特色，值得学习借鉴。这里，我强调四点意见：

一、提高政治站位，切实增强责任感紧迫感

到2020年现行标准下的农村贫困人口全部脱贫，是全面建成小康社会、实现第一个百年奋斗目标的标志性指标，更是我们党向人民、向历史作出的庄严承诺。党的十八大以来，以习近平同志为核心的党中央，始终坚持以人民为中心的发展思想，把脱贫攻坚摆在治国理政突出位置，习近平总书记亲自挂帅出征，驰而不息抓脱贫攻坚，2015年以来先后组织召开了七个专题会议，精准研究部署推动。在习近平总书记亲自指挥、亲自带领下，全党全国人民全面打响脱贫攻坚战，取得了决定性成就，贫困人口从2012年年底的9899万人减少到2019年年底的551万人，贫困发生率从10.2%下降到0.6%。今年脱贫攻坚任务完成后，我国将有1亿左右贫困人口实现脱贫，提前10年实现联合国2030年可持续发展议程的减贫目标。成就举世瞩目，意义非同寻常，充分体现了习近平总书记掌舵领航的作用，彰显了中国共产党领导和我国社会主义制度的政治优势。

在决胜全面建成小康社会、决战脱贫攻坚的收官之年，在统筹推进疫情防控和经济社会发展的关键时期，习近平总书记出席党的十八大以来脱贫攻坚方面最大规模的会议。习近平总书记在会上发表重要讲话，响鼓重锤、战鼓如雷，充分肯定脱贫攻坚取得的决定性成就，深刻分析打赢脱贫攻坚战所面临的困难挑战，对加强党对脱贫攻坚的领导、高质量完成脱贫攻坚目标任务提出明确要求，具有很

强的思想性、政治性、指导性和针对性，吹响了脱贫攻坚战最后总攻的冲锋号，为我们夺取脱贫攻坚战全面胜利、确保全面建成小康社会指明了方向、提供了根本遵循。在全省决战决胜脱贫攻坚推进会上，省委于伟国书记对深入学习贯彻习近平总书记重要讲话精神、高质量打赢脱贫攻坚战，作出了具体部署。我们要认真学习，深刻领会，切实把思想和行动统一到习近平总书记重要讲话精神上来，按照中央、省里的部署要求，把准方向、步调一致推进脱贫攻坚，用实际成效增强“四个意识”、坚定“四个自信”、做到“两个维护”。

习近平总书记指出，脱贫攻坚战不是轻轻松松、一冲锋就能打赢的，从决定性成就到全面胜利，面临的困难和挑战依然艰巨；强调越到最后越要紧绷这根弦，不能停顿、不能大意、不能放松。从今天算起，距离完成脱贫攻坚任务，满打满算不到9个月的时间，而且今年下半年中央就要对各地脱贫攻坚开展考核普查，实际上真正有效的工作时间也就三个月。时间一晃就过去，大家千万不要以为我市已经完成脱贫任务了，就松劲懈怠、精力转移，而是要慎终如始、一鼓作气，尽锐出战、攻坚克难，不获全胜、决不收兵。

二、准确把握形势，进一步增强信心坚定决心

近年来，我市深入学习贯彻习近平总书记关于扶贫工作的重要论述，传承弘扬习近平总书记在福建工作时推进扶贫开发的重要理念和创新实践，组织实施“推进精准扶贫打赢脱贫攻坚战三年行动”“打赢脱贫攻坚战稳定提质三年行动”，深入推进七大脱贫攻坚工程，脱贫攻坚取得决定性成就。至2019年6月底，全市建档立卡贫困人口21668户66157人、贫困村183个、贫困县3个全部脱贫摘帽，实现全域脱贫。我市电商助力精准扶贫案例，入选2019年国务院扶贫办《脱贫攻坚典型案例选编》。全市建档立卡贫困户人均可支配收入从2015年不足3500元增长到2019年1.1万元，年均增长33%。群众出行难、用电难、通信难和饮水安全等问题基本解决，贫困户无户籍信息人员的基本医疗保障问题全面解决，在全省率先实现建档立卡贫困户住房安全全部达到B级以上（含B级），有效保障贫困户住房安全。

在充分肯定成绩的同时，我们也要看到巩固脱贫成果任务还很艰巨，还有不少短板需要加紧补齐。一是脱贫质量总体不高。已脱贫人口中靠社会救助、兜底保障的占18%，建档立卡贫困户已脱贫的不稳定重点对象还有634户2198人。此外，还有边缘人口145户537人，由于收入来源不固定，极易成为新增贫困人口。二是疫情带来新的挑战。全市受疫情影响可能存在返贫风险的贫困户有409户1535人，有420人外出务工受阻，人均收入减少3000元左右。产业发展受影响，主要是农产品滞销，占57%。部分贫困村集体经济收入减少，村集体生产经营性项目店面、厂房等固定资产出租收入普遍减少，有10个村共减收约10万元。三是主体内生动力不足。建档立卡贫困户文化程度偏低，中专以下占73%，普遍缺乏技能，导致收入低且不稳定。部分贫困群众存在“等、靠、要”思想，习惯坐享其成，存在不愿脱贫、不想退出的心态。四是公共服务欠账较多。教育、医疗、养老等民生社会事业发展相对滞后，公共服务供给总量不足、质量不高、分配不均。此外，基础设施虽然有较大改善，但偏远山区供水、道路、水利等设施建设还是相对滞后。五是基础工作不够精准。有的地方出现档案资料收集、手册填写、信息采集录入不及时、不规范、不完整等问题。个别地方未能对贫困对象及时动态调整、自然增减，导致帮扶对象识别不够精准。个别部门资金拨付使用不及时、结余率偏高，在这次省里考核中被扣分。各级各部门要深刻认识到，任何一个问题不解决、任何一项工作不到位，都会影响整个战役的最终胜利，要果断采取措施，认真加以解决。

三、坚持精准方略，高质量完成目标任务

脱贫攻坚是当前的头号硬任务，是最大的政治责任、最大的民生工程。要紧扣“一个都不能少”的目标，坚持目标导向、问题导向、结果导向，坚

持靶心不偏、焦点不散、标准不变，严格对标对表，着力固强补弱，坚决夺取脱贫攻坚全面胜利。

一要努力克服疫情影响。这项工作，在前段时间的全市工作会议上，都作了部署安排。就是要立足各地实际，认真落实我省积极应对疫情影响决战决胜脱贫攻坚19条措施，打通操作链条，坚决防止因疫致贫、因疫返贫。要全面摸清底数。坚持实而又实、细之又细，一村一村去排查、一户一户去排查、一人一人去排查，摸清疫情影响底数，做到心中有数、心里有底。因疫情影响可能返贫致贫的，要建立台账，另册管理，落实一户一方案，逐一化解销户。要支持务工就业。在企业复工复产、重大项目开工、物流体系建设等方面，点对点优先组织和使用贫困劳动力，鼓励企业更多招用贫困地区特别是建档立卡贫困家庭人员。同时，要加快资金拨付进度，帮助解决原材料、用工等问题，确保扶贫项目早开工早见效。要着力解决“卖难”问题。加强农产品产销对接，鼓励大型超市、农产品批发市场等优先采购贫困地区农产品，积极拓宽销售渠道，充分利用“互联网+”开展消费扶贫，确保农产品运得出、能销售。

二要持续巩固脱贫成果。脱贫既要看数量，更要看质量。虽然我市已全部实现脱贫摘帽，但是稳定脱贫的基础还不够牢固，要多措并举、持续发力，确保脱贫攻坚质量更高、成色更足。要防止返贫致贫。我市边缘人口总量不大，但千万不能因为人数不多而心存侥幸和懈怠，更不容忽视的是，我们还有近3800人存在返贫风险。这个要作为今年脱贫攻坚的重中之重，因户因人施策，落实差异化的精准扶持政策，防止脱贫人口返贫、边缘人口致贫。要着力提升质量。持续抓好产业扶贫，以工业化、产业化思维，加快发展特色现代农业、农业生产性服务业、农村生活性服务业，加强产前、产中、产后全过程的农业社会化服务，强化新型经营主体与贫困户的利益联结机制，着力解决扶贫产业“小而散”问题。加大就业扶贫力度，有针对性组织实施就业技能培训，加强劳务输出组织服务，支持扶贫龙头企业、扶贫车间尽快复工，提升带贫能力，带动贫困劳动力就近就地就业。抓好易地扶贫搬迁后续扶持，集中力量解决好搬迁群众产业发展、就业安置、公共服务、社区治理和社会融入等问题，确保搬得出、稳得住、能就业、逐步能致富。要加快补齐短板。从我市情况看，“两不愁”基本解决了，但“三保障”还存在不少薄弱环节，要组织开展“回头看”，及时查缺补漏，持续开展控辍保学行动，落实资助政策，强化基本医疗和住房安全保障，实施农村引水安全巩固提升工程，确保“三保障”和饮水安全不留死角。关于住房安全，在全省推进会上，于伟国书记强调，这是政治问题，考验的是我们的责任心到不到位、工作落不落实。我们要结合正在开展的房屋安全大排查，开展贫困户住房安全“回头看”，对新增危房或改造不够到位的，及时采取措施，应改尽改，确保贫困户住房安全。

三要压茬推进乡村振兴。脱贫攻坚是乡村振兴的“基础版”，乡村振兴是脱贫攻坚的“升级版”。脱贫攻坚任务完成后，要针对主要矛盾的变化，抓紧研究谋划，推动减贫战略和工作体系平稳转型，统筹纳入乡村振兴战略，努力推动全面脱贫与乡村振兴无缝对接、有机融合。要注重有效衔接。对脱贫攻坚进程中实践证明行之有效的体系、机制、政策、举措等，要总结梳理、充实提升、衔接完善。比如，在工作方法上，保持责任不变、力度不减、队伍不撤的同时，把重心从解决绝对贫困转向解决相对贫困，把方式从集体作战调整为常态推进，探索走出具有漳州特色的乡村振兴之路。要完善基础设施和公共服务。加快实施乡村基础设施提档升级工程，加强“四好”农村公路、农田水利工程、电网等设施建设，加快补齐教育、医疗、养老等民生社会事业短板，不断提升群众的满意度。要提升农村人居环境。深入实施农村人居环境整治三年行动和铁路高速沿线环境综合整治专项行动，扎实推进“一革命四行动”，加强“两违”和卫生环境整治，打造“干干净净、整整齐齐、亮亮堂堂、安安全全”的环境。

四要深化拓展对口协作。习近平总书记强调，要深化东西部扶贫协作，而且把这项工作上升到了国家区域发展总体战略的高度，这是一个重要的政策导向。我们要持续深化漳浦县与海原县、台投区与闽宁镇的对口协作，加快落实既定项目，管好用好帮扶资金，最大限度用好东西部扶贫协作力量。要加大帮扶力度。重点支持建档立卡贫困人口直接受益的项目，大力发展带贫减贫产业，打造消费扶贫新业态，强化劳务协作，持之以恒提升就业质量，携手推动高质量发展。要创新协作机制。持续深化“联席推进、结对帮扶、产业带动、互学互助、社会参与”机制，在完成规定动作的同时，创新自选动作，大胆探索扶贫协作的新办法，打造巩固脱贫成果的新途径。要培育特色亮点。聚焦优势资源，打响闽宁镇品牌，打造一批闽宁示范村，建设闽宁产业园，促进“产、城、人”融合。同时，要高质量完成对口支援任务。

四、加强组织领导，确保脱贫攻坚圆满收官

打赢脱贫攻坚战，已经到了最后的紧要关头。越是这个时候，越是要加强和改善党的领导，推动各项工作落地落实。

一要强化责任担当。脱贫攻坚工作，各地都层层签了责任书，责任书就是军令状、承诺书。承诺了就要兑现，没有任何退路和弹性。各级党委(党组)要坚决扛起脱贫攻坚政治责任，加强组织领导，履职尽责，不辱使命。主要领导要把“乌纱帽”别在腰上，坚决杜绝思想上盲目乐观、麻痹大意，行动上敷衍了事、松劲懈怠的倾向，以决战完胜的精神状态扎实推进精准脱贫各项工作。要组织县区交叉督导，开展全面自查，摸清情况，找准问题，推动整改，巩固提高，把基础工作做扎实，迎接国家脱贫攻坚普查。这项工作，一定要高度重视，不能有半点水分，不能出半点差池。

二要强化机制保障。脱贫攻坚，既要立足当前，更要着眼长远，加快构建完善脱贫长效机制，从根源上解决贫困问题。要保持现有帮扶政策总体稳定，对退出的贫困县、贫困村、贫困人口，主要政策措施不能急刹车，不能搞“一脱贫就撒手”，而是要扶上马、送一程，做到摘帽不摘责任、摘帽不摘政策、摘帽不摘帮扶、摘帽不摘监管。要加快建立防止返贫监测和帮扶机制，全面推行缓解相对贫困人口的扶持机制，着力解决好“夹心层”问题。要研究制定扶志扶智政策措施，引导贫困群众自力更生、艰苦奋斗，养成健康文明生活方式，进一步激发贫困群众发展的内生动力。

三要强化作风建设。脱贫攻坚任务能否高质量完成，关键在人，关键在干部队伍作风。要持续用“绣花”的功夫抓好脱贫攻坚工作，继续深入开展扶贫领域腐败和作风问题专项治理，力戒形式主义、官僚主义，坚决杜绝虚假脱贫、数字脱贫，确保脱贫工作务实、脱贫过程扎实、脱贫结果真实，脱贫成效经得起历史和人民检验。要针对省对市实地考核和第三方评估反馈的问题，强化表单化、清单化、项目化、责任化管理，落实整改措施，盯紧整改进度，逐一对账销号，确保整改到位。

四要强化宣传引导。脱贫攻坚不仅要做得好，而且要讲得好。要认真总结脱贫攻坚成效经验、生动案例、伟大精神，组织开展脱贫攻坚系列宣传报道，重点宣传党中央关于脱贫攻坚的决策部署，宣传各级各部门统筹推进疫情防控和脱贫攻坚工作的新举措好办法，宣传脱贫攻坚典范，讲好漳州脱贫故事，认真做好舆论引导，进一步凝聚人心、鼓舞斗志，为全面打赢脱贫攻坚战营造浓厚社会氛围。

同志们，打赢脱贫攻坚战，重任在肩，使命必达。我们要更加紧密地团结在以习近平同志为核心的党中央周围，不忘初心、牢记使命，一鼓作气、乘势而上，以决战决胜之势发起最后总攻，奋力夺取脱贫攻坚战全面胜利，向党中央、向全市人民交出合格答卷！

在全市脱贫攻坚工作推进会上的讲话

漳州市人民政府市长 刘 远

2020 年 6 月 23 日

同志们：

今天，我们召开全市脱贫攻坚工作推进会，主要目的是进一步深入学习贯彻习近平总书记在决战决胜脱贫攻坚座谈会、全国“两会”期间以及考察浙江、陕西、山西、宁夏时关于脱贫攻坚工作的重要讲话重要指示精神，结合上级检查和全市模拟考核交叉调研发现问题，努力克服疫情影响，加快推进问题整改，一鼓作气、连续作战、全力攻坚，确保如期完成脱贫攻坚目标任务，顺利通过国家脱贫攻坚普查。刚才，福泉同志通报了近期省委巡视、省纪委检查和全市模拟考核交叉调研发现的问题，并提出了整改措施；开森同志对下一步工作进行了全面部署，讲得都很好，很有针对性，我都赞同，请大家认真理清思路、扎实抓好落实。这里，我再强调四点意见：

一、拧紧螺丝、上满发条，决不允许在收官大考中掉链子

党的十八大以来，以习近平同志为核心的党中央坚持把脱贫攻坚摆在治国理政的重要位置，习近平总书记亲自挂帅、亲自出征、亲自督战，亲自召开了七次专题会议进行深入、全面的研究部署，开启了当今世界最为波澜壮阔的减贫进程，取得了人类史上最为轰轰烈烈的脱贫成效。今年3月，习近平总书记出席党的十八大以来脱贫攻坚方面最大规模的会议并发表了重要讲话，明确要求各级党委和政府要“以更大决心、更强力度推进脱贫攻坚，坚决克服新冠肺炎疫情影响，坚决夺取脱贫攻坚战全面胜利，坚决完成这项对中华民族、对人类都具有重大意义的伟业”。全国“两会”期间，习近平总书记在参加内蒙古代表团和湖北代表团审议、看望参加全国政协十三届三次会议的经济界委员时，多次强调脱贫攻坚工作，指示要“坚决完成剩余贫困人口脱贫任务”“推动脱贫攻坚和乡村振兴有机结合”。4月份以来，习近平总书记在浙江、陕西、山西、宁夏考察时，都把脱贫攻坚作为调研重点，并作出重要指示，上周在宁夏考察时强调“坚决打赢脱贫攻坚战，对标‘两不愁三保障’，瞄准突出问题和薄弱环节，一鼓作气、尽锐出战，确保如期实现脱贫目标”。今年是脱贫攻坚决战决胜之年，收官之年又遭遇疫情影响，脱贫攻坚工作任务更重、要求更高。上周我们开展了模拟考核交叉调研，在前一段大抓问题整改的基础上，还是排查出八个方面45项具体问题，有些问题反复出现、久治无功，从根本上来说主要还是思想上不够重视，使命感、责任感、紧迫感不强。当前距离脱贫收官大考只有半年时间，在这紧要关头、冲刺阶段，全市上下更要认真学习、深刻领会习近平总书记关于脱贫攻坚工作的重要论述和最新指示，自觉站在全面建成小康社会这个第一个百年奋斗目标的高度抓攻坚，切实把脱贫攻坚工作作为检验地方执政水平和治理能力的重要指标，作为衡量自身“四个意识”“四个自信”“两个维护”坚定与否的重要标尺，全面贯彻落实党中央、国务院关于决战决胜脱贫攻坚的各项决策部署和省委省政府、市委市政府的具体工作安排，坚决杜绝厌战情绪、侥幸心理、松劲心态，坚决扭转一般化思想、平常化作风，坚决克服各项艰难险阻、风险挑战，以不获全胜、决不收兵体现责任担当，以不漏一户、不落一人践行初心使命，全力推进收官之年各项工作落实，确保如期高质量完成脱贫攻坚目标。

二、矢志全胜、尽锐出战，坚决完成脱贫攻坚硬任务

下半年的脱贫攻坚工作关系整个脱贫攻坚战成效，全市上下务必绷紧弦、拉满弓、使全力，全员

上阵、尽锐攻坚，坚决啃下硬骨头、拿下硬任务。

一要立足当前，全面消除疫情影响。各地要高度重视疫情对脱贫攻坚工作的冲击，分门别类，精准施策，全力帮扶，努力把疫情影响降到最低。突出保贫困群众就业，常态化跟踪贫困群众就业动态，综合运用好扶贫产业、扶贫项目、公益事业等岗位，确保每个有劳动能力和就业意愿的贫困群众都能就近就地就业，切实巩固脱贫成效。突出防因疫致贫返贫，建立防止返贫监测帮扶机制，充分发挥“一键报贫”信息平台作用，及时精准辨别认定。特别对634户2198名脱贫后不稳定重点对象、受疫情影响可能存在返贫风险的409户1535名对象和145户537名相对贫困人口，要因户因人落实差异化的精准扶持政策，全力防止脱贫人口返贫、边缘人口致贫。突出抓消费扶贫行动，针对疫情期间贫困村农副产品滞销问题，各地要借助当下时兴的县长、网红、农户直播带货和网络营销等模式拓宽销售渠道，进一步发挥政府采购、交易市场、社会公益组织作用，组织好产销对接，解决扶贫产品滞销问题。

二要夯实根本，培育脱贫内生动力。要实现脱贫成效稳得住、可持续，归根结底得靠内生动力。在当前各项扶贫政策、资金、机制、举措等保障要素上足用尽的同时，必须着力补上内生动力这块短板。要坚持扶贫同扶智、扶志深度融合。脱贫攻坚战开展以来，党中央、国务院和各级党委、政府密集出台了一系列扶贫政策措施，为贫困户带来了“福音”。但也有个别贫困群众滋生了惰性和依赖思想，躺在扶贫政策上“睡大觉”。各地要深入宣传讲透扶贫政策，教育引导他们树牢自力更生意识，有针对性地加强技能培训，着力推动脱贫劳动力立志向、富脑袋、长本事，切实转变“等靠要”思想，最大限度调动其脱贫致富的积极性、主动性，形成外部多元扶贫与内部自我脱贫的良性互动机制。要坚持贫困村“输血”与“造血”有机统一。全市183个建档立卡贫困村中有89个村集体经营性收入在5—10万元左右，对财政转移支付“输血”的依赖性较大。各地要注重增强贫困村自身“造血”功能，以提高经营性收入为抓手，充分挖掘资源禀赋、谋划扶贫产业、寻找发展路子，多渠道增加贫困村集体收入，激活自身发展能力。要坚持政策扶贫与依法治贫同步推进。在扶贫过程中，有部分脱贫户片面认为政策无“边”、贫困有“理”，不守法律、不讲诚信。比如，个别贫困群众享受扶贫信贷政策后，恶意欠贷不还，导致全市小额信贷逾期率偏高（1.14%）；个别不符合贫困条件的群众三番五次无理上访，等等。对这些问题，各地要坚持依法治贫，在教育引导无果的情况下，要及时采取法律手段解决，不能让这种风气扩散蔓延。

三要着眼长远，构建长效脱贫机制。习近平总书记指出“脱贫摘帽不是终点，而是新生活、新奋斗的起点”。脱贫攻坚的主战场在农村，乡村振兴的主战场也同样在农村，我们要结合研究制定“十四五”规划，接续推进全面脱贫与乡村振兴有效衔接。着力抓好机制衔接，要按照习近平总书记提出的“推动减贫战略和工作体系平稳转型，统筹纳入乡村振兴战略，建立长短结合、标本兼治的体制机制”的重要指示精神，着眼发展需要，理清工作思路，在组织领导、配套政策、工作内容、队伍建设、检查考评、宣传引导等方面尽早构建机制，确保脱贫攻坚与乡村振兴有效对接、接续推进。着力抓好产业衔接，把扶贫产业项目纳入乡村产业振兴规划，着力推动脱贫农户与现代农业产业发展有机衔接，为扶贫产业项目提供更好的支撑保障，提高产业扶贫的可持续性。着力抓好政策衔接，加强现有扶贫政策梳理，对可作为常态化扶持乡村振兴的优惠政策，要尽可能转化优化，保持政策的连续性、可持续性，推动特惠政策向普惠政策转变。

四要加大帮扶，统筹推进对口协作。全面落实党中央关于深化东西部扶贫协作的各项决策部署和省委省政府对闽宁对口协作的具体工作安排，持续深化漳浦县与海原县、台投区与闽宁镇的对口协作，重点针对转移就业稳岗率低、产业发展基础较为薄弱、乡村结对帮扶力度不够等问题，深入加强产业、人才、就业、消费等领域协作，持续加大乡村、企业、社会组织（协会）结对帮扶深度贫困村力度，进一步加快社会帮扶资金筹集拨付和选派专业技术人员进度，不折不扣落实各项协作任务，确保与对口协作地区一道打赢脱贫攻坚战。

三、紧盯问题、靶向发力，确保顺利通过国家脱贫攻坚普查

各地要紧盯省委巡视、省对市扶贫考核、省纪委监委检查、省发改委异地扶贫搬迁交叉检查以及上周全市模拟考核交叉调研发现的问题，坚持清单管理、靶向发力、全面整改，确保以高质量的脱贫成效迎接国家普查。

一是规定动作一个都不能少。脱贫攻坚战开展以来，党中央和省、市都对各级各单位脱贫攻坚责任、政策、举措提出了全方位的要求。从上级考核和我市自查情况来看，我们在落实规定动作上还有不少欠缺，突出表现在主体责任落实不到位，比如，个别新调整的乡镇党委政府主要负责同志还没有全覆盖走访辖区内建档立卡贫困户，个别部门当年未专题研究扶贫工作，未根据部门职能制定扶贫政策文件。资金管理不规范，比如，去年市本级财政扶贫资金投入比上年度下降8.62%，是全省唯一的财政投入负增长的设区市，直接导致我市考核成效排在全省倒一；扶贫资金超时拨付问题，省对市考核就已经指出，这次模拟考核又发现云霄、平和、华安、漳浦、古雷开发区“知错未改”。基础工作不扎实，“一户一档”不清楚、扶贫手册不规范、上墙明白卡不明不白，贫困户安居工程几年过去了还有很多基本手续没补全，等等。各地各部门要切实引起高度重视，认真对照检查、举一反三、自查纰漏，坚决做到组织领导、政策落实、挂钩帮扶“三个到位”。组织领导要到位，各地各部门要全面对照反馈问题、工作部署和文件规定，精准掌握本级本部门脱贫攻坚工作要求，切实加强对扶贫工作的组织领导，确保规定动作、规定举措、规定程序高标准落实到位。去年部分市、县部门整年度都没有研究扶贫工作，没有制定具体的扶贫措施，今年决不能再次出现。政策落实要到位，全面梳理本地区本部门政策落实短板和问题，特别要把规范资金使用和管理作为重点，进一步完善扶贫资金监管平台，规范拨付使用流程，加大监管力度，确保各类扶贫资金按期拨付到位、使用精准高效。下个月开始，各地各部门再出现资金管理不规范问题的，第一次约谈，第二次问责。挂钩帮扶要到位，市、县、乡、村各级帮扶责任人要挂实钩、挂铁钩，按规定加强走访帮扶，严格对照扶贫手册内容，确保全部落实到位，决不允许叫不出名字、说不清情况、问不出对策。要把挂钩成效体现在基础工作做实做细上，确保各方面台账、档案、数据清清楚楚、明明白白。

二是基本标准一点也不能降。“一收入两不愁三保障”是我国脱贫的基本标准，今年虽然受到了疫情影响，但这个标准国家明确不会变也不会降。从检查情况来看，我市“三保障”和饮水安全仍然存在不少问题。义务教育保障方面，个别贫困人员未享受到教育扶贫相关补助政策，个别县控辍保学措施不力；基本医疗保障方面，宣传、服务和帮扶还不到位，个别贫困户家庭因病产生较重负担；住房安全保障方面，部分贫困户住房未达标准甚至存有安全隐患，个别贫困户住房经鉴定为危房；饮水安全方面，部分农村集中供水点、分散式供水点水质不达标，存在饮水安全隐患。脱贫标准就是扶贫工作底线，各地在主动认领问题的基础上，要始终围绕“一收入两不愁三保障”标准，举一反三找不足、查短板， 一户一策抓整改、促提升，确保每户每人都是真脱贫、真达标。特别是住房安全问题，各地和住建部门要再次开展“回头看”，集中精力抓整改，加快进度促落实，务必在台风季到来之前全面完成住房安全问题整改，确保贫困户住房安全。

三是考核指标一项也不能漏。国家脱贫攻坚普查是检验我市脱贫工作的终极大考，事关全市五年脱贫成效，事关全面建成小康社会成败，容不得半

点马虎，来不得一丝懈怠。市扶贫办要紧密跟进、全面加强与省扶贫办沟通对接，系统掌握普查各项指标和检查内容，进一步加强业务指导和培训，坚决避免临阵磨枪、仓促应战。各级各部门务必高度重视，抓紧对照普查考核指标，提早准备、反复核查、认真比对，扎实做好各项迎检工作。全市所有下派驻村扶贫干部这段时间要集中精力，摸清自家底数，逐项自查自评，推动存在问题全面整改、对账销号，确保全部合格达标，力争高标准高质量通过国家脱贫攻坚普查。

四、压实责任、锤炼作风，坚决杜绝扶贫工作中的虚假浮

夺取脱贫攻坚最后胜利，必须靠强烈的责任担当和过硬的工作作风来保障，全市上下务必以铁的决心、铁的措施、铁的纪律抓攻坚，确保脱贫攻坚成果经得起历史和人民检验。

一要铁肩担责。当前，脱贫攻坚已经进入倒计时，更需要广大党员干部主动担当、履职尽责。我们要严格落实“党政一把手负总责、五级书记抓扶贫”责任机制，压紧压实各级领导干部、各行业主管部门的政治责任、领导责任、工作责任，把脱贫攻坚力量拧成一股绳，把各项工作抓实抓细抓到位。特别是县乡两级党政主要领导要守土有责、守土尽责，不仅要带头研究部署，还要带头解决实际问题；不仅要当好指挥员，还要当好施工队长；不仅善于督，还要善于战，切实把脱贫攻坚责任落到每一件踏踏实实的工作上、每一处扎扎实实的成效中。

二要铁腕履责。脱贫攻坚越到最后时刻，越要响鼓重锤、铁腕攻坚。各级各部门要剑指顽疾积弊，真正动真碰硬，以攻城拔寨的勇气、坚忍不拔的毅力、严谨细致的作风，切实瞄准坚中之坚，攻克难中之难，确保如期实现脱贫攻坚目标。要持续开展扶贫领域腐败和作风问题专项治理，精准施治脱贫攻坚中的形式主义、官僚主义，坚决克服“数字”脱贫、“指标”脱贫，确保脱贫工作务实、脱贫过程扎实、脱贫结果真实。

三要铁面问责。动员千遍，不如问责一次。当前脱贫攻坚工作中存在的短板弱项，归根结底还是思想不重视、责任不落实的问题。要针对本次模拟检查发现的典型问题进行追责问责，切实给各级各部门敲响警钟。下个月开始，市扶贫办要继续组织常态化督查，市政府督查室和效能办要主动介入，做到一月一督查一通报一问责，坚决把该打的板子打下去，防止责任空转虚转，以铁面问责倒逼履职尽责、工作落地，激发各级干部主动担当、主动作为，确保向党和人民交出一份满意答卷。

同志们，脱贫攻坚的历史交接棒已经传到我们手中，我们有幸成为第一个百年奋斗目标的“冲锋手”，有幸成为脱贫攻坚这一伟大事业的见证者和亲历者，务必要只争朝夕、全力冲刺、攻坚克难，坚决打赢脱贫攻坚战，为全面建成小康社会奠定坚实基础。

2020年漳州市精准扶贫大事记

1月8日，《中国漳州市委　漳州市人民政府关于表彰漳州市2016—2018年度脱贫攻坚先进集体和先进个人的决定》（漳委〔2020〕1号）印发，表彰中共漳州市纪律检查委员会（漳州市监察委员会）等33个单位为漳州市2016—2018年度脱贫攻坚先进集体、叶致文等92人为漳州市2016—2018年度脱贫攻坚先进个人。

1月22日，《中国减贫奇迹怎样炼成——全国脱贫攻坚案例选》由中国研究出版社出版，“漳州市‘一户一店一码’电商扶贫模式”被编入该书，为福建省唯一入选的案例。

4月13日，全市决战决胜脱贫攻坚推进会召

开，市委书记邵玉龙对脱贫攻坚进行再动员、再部署、再落实、再推进。

4月16日，全市脱贫攻坚专题培训会召开，全市乡镇以上扶贫干部参加了培训。

4月26日，漳州市财政局、漳州市农业农村局联合印发《关于漳州市扶贫发展专项资金管理办法的通知》（漳财农〔2020〕12号），规范扶贫发展专项资金管理。

5月19日，全市脱贫攻坚工作和东西部扶贫协作工作推进会召开。

6月23日，全市脱贫攻坚推进会召开，市长刘远对全市脱贫攻坚工作进行再次部署。

8月27日，全市抓党建促乡村振兴推进会召开，对脱贫攻坚工作、探索全面脱贫与乡村振兴的有机衔接工作进行部署。

8月31日至9月3日，市委书记邵玉龙率团赴宁夏回族自治区考察交流，深入贯彻习近平总书记重要讲话重要指示批示精神，推动漳州与宁夏有关地市深入开展互学互助、对口协作工作。

9月5日，《中国样本——全国电商精准扶贫（案例与点评）》由红旗出版社正式出版发行。“漳州市电商助力扶贫案例”和“云霄县打造电商助力精准扶贫生态圈”两个案例入编。

9月25—26日，省长王宁深入漳州调研脱贫攻坚和乡村振兴工作。

9月28日，福建省“决胜全面小康、决战脱贫攻坚”系列主题新闻发布会（漳州市平和县发布推介专场）在福州举行。

9月，漳州市人民政府机关刊物《漳州经济研究》2020年第3期增设“脱贫攻坚”和“乡村振兴”专栏。其中：在“脱贫攻坚”专栏中刊发了市扶贫办的《把稳减贫基本盘　筑牢返贫防火墙——漳州脱贫攻坚用实招出实效》、市扶贫开发协会的《坚持示范引领　助推产业扶贫》、云霄县扶贫办的《建设现代农业大观园　谱写产业扶贫新篇章》、诏安县政府办的《诏安县党建引领打造扶贫新模式——以司下村、走马村、山河村为例》、平和县政府办的《医疗兜底保险　严防因病返贫——平和县“健康扶贫”助力“精准扶贫”的探索与思考》等5篇文稿，宣传展示漳州市脱贫攻坚创新实践、工作成效、推进扶贫开发情况和典型案例等。

10月15—18日，副市长谢毅泰带队前往银川参加闽宁特色产品展示展销活动，考察漳州市对口扶贫协作工作。

10月，市人大常委会组织委员代表对脱贫攻坚工作进行考察调研，听取和审计市政府脱贫攻坚报告，对脱贫攻坚工作进行测评。

11月2日，漳州市扶贫开发领导小组办公室和漳州市人力资源和社会保障局联合印发《关于在全市事业单位集中开展脱贫攻坚专项奖励的通知》（漳扶办〔2020〕14号），组织开展专项奖励一批脱贫攻坚的先进集体和先进个人。

11月17日，以“深化闽宁协作　助力消费扶贫”为主题的宁夏消费扶贫产品推介展销活动漳州专场在漳州宾馆举行。宁夏回族自治区扶贫办二级巡视员马振江、商务厅副厅长肖立卫、驻福建办事处主任朱东，以及福建省农业农村厅副厅长黄书荣，商务厅二级巡视员吴霏，漳州市人民政府党组成员、一级巡视员谢毅泰出席活动。

（苏英顺）

责任编辑：江细珍

索引

说明

一、本索引采用主题词分析法，按主题词首字汉语拼音字母顺序排列。
二、栏目、分目标题用黑体字。“特载”“大事记”“附录”内容不作索引。
三、索引主题词后的数字表示页码，数字后的a、b、c表示栏别左中右。

C

D

E

F

G

H

J

K

L

M

N

T

X

Z